디지털 시대와 미디어 공공성

미디어, 문화, 경제

나남
nanam

나남신서 1594

디지털 시대와 미디어 공공성
미디어, 문화, 경제

2011년 10월 28일 발행
2011년 10월 28일 1쇄

지은이_ 그레이엄 머독
옮긴이_ 이진로 外
발행자_ 趙相浩
발행처_ (주) 나남
주소_ 413-756 경기도 파주시 교하읍
출판도시 518-4
전화_ (031) 955-4600 (代)
FAX_ (031) 955-4555
등록_ 제 1-71호(1979.5.12)
홈페이지_ http://www.nanam.net
전자우편_ post@nanam.net

ISBN 978-89-300-8594-6
ISBN 978-89-300-8001-9(세트)
책값은 뒤표지에 있습니다.

나남신서 1594

디지털 시대와 미디어 공공성

미디어, 문화, 경제

그레이엄 머독 지음

임동욱 · 정수영 · 김승수 · 한찬희 · 이남표
박태순 · 신현호 · 이진로 · 정연우 · 김수정
이영선 · 김은규 · 최은경 · 유동주 옮김

나남
nanam

Media, Culture and Economy: Critical Interrogations

by

Graham Murdock

나는 1950년대 중반 발행된 밀스의 《사회학적 상상력》을 읽으며 첫 학위로 사회학을 공부하기로 마음먹었다.[1] 그 책은 "가장 비인간적이고 멀리 있는 변화에서부터 인간 자신의 가장 친숙한 특징까지 아우르면서 이 둘 사이의 관계를 관찰할 수 있는"(밀스, 1970) 연구 스타일을 강력히 천명하는 것이었다. 이러한 '관계들'(*relations*)이 어떻게 작동하는가 하는 문제는 엥겔스가 쓴 저서 중(당시에는 편지형태) "인류는 스스로 역사를 만들어간다. (하지만) 그들에게 주어진 환경과 조건 아래에서 만들어간다"라는 구절에서 해답을 얻었다(맑스와 엥겔스, 1968). 이러한 통찰은 나로 하여금 행동을 가로막는 숨겨진 장애들과 더불어 사람들이 자신의 잠재력을 최대한 실현하도록 돕는 자원들 모두를 조명하고자 애쓰는 비판적 현실주의 인식론을 수용하도록 이끌었다.

그때부터 나의 연구는 구조의 역학과 그것이 만들어내는 환경이 어떻게 자기실현을 위해 필요한 능력에 대한 접근을 촉진하거나 억제하

1) 옮긴이 주: 찰스 라이트 밀스(Charles Wright Mills)는 미국 사회학자로 베버, 프로이트, 맑스 등의 사회과학방법론을 흡수하면서 현대사회의 분석에 가장 유효한 방법론을 세우려 했다. 미국 지배계급을 분석한 《파워 엘리트》, 중간계급을 분석한 《화이트칼라》 등의 저작이 있다.

는가, 그리고 실천을 위한 핵심자원들을 어떻게 하면 좀더 평등하게 배분할 수 있을 것인가를 이해하려는 시도였다. 나는 제2차 세계대전의 여파가 남아 있는 런던을 배경으로 성장했는데 이때의 경험은 이러한 자원들이 물질적인 만큼 문화적이라는 것을 확신시켜 주었다.

영국은 전쟁 직후에 사회주의 정부가 선출되면서 완전한 시민권을 위해 필요한 자원에 대한 접근을 보장하는 사업에 착수했다. 의료 서비스를 국유화하고, 사회공동주택(복지주택)을 짓고, 연금과 실업급여를 보장하는 이른바 복지국가가 시작됐다. 이는 모두에게 열려 있는 것으로, 시민이 안심하고 자존감을 가지고 살 수 있게 하려는 의도를 보여준다. 이러한 (국가)개입은 민주적 절차에 대한 자긍심을 고취시키고 활발한 참여를 유도하는 시민권의 문화를 견고하게 하려는 노력을 수반했다. 텔레비전 방송이 재개되었을 때, 공공서비스 방송사 BBC는 영국의 유일한 프로그램 공급자로 인정받았다. 예술위원회(Arts Council)가 설립되어 창작활동 자금을 지원했고, 공공도서관이 늘어났다. 무엇보다 중요한 것은 보편적 중등교육이 도입되면서 의무교육 연령이 16세로 높아진 것이다.

문제는 이러한 문화적 공공시설이 '문화'를 지식인 엘리트가 표방하는 지식과 표현으로 정의하는 가부장적 온정주의 정신에 입각했다는 것이다. 이 프로젝트는 배제된 그룹들이 자신들의 경험과 열망의 목소리를 공공문화의 중심으로 밀어붙이려고 시도함에 따라, 재현(*representation*)을 둘러싼 게릴라전을 낳게 되었다. 반면 이와 더불어 또 다른 제도적 구조물이 형성되고 있었는데 이것은 대중적 요구, 특히 일찌감치 새로운 소비재 시장의 주요한 시장으로 여겨진 젊은이들의 요구에 더 잘 부합하는 것이었다.

영국에서 식료품과 의류를 비롯한 필수품을 배급하던 것은 1950년대 중반까지 지속됐다. 이러한 내핍의 시대가 끝날 무렵 새롭고 일반적인 소비문화가 급속하게 성장했다. 실질임금이 인상됨에 따라 점점 많은 가정이 기초 생활수준을 유지하기 위한 몸부림에서 벗어나,

자신을 치장한 소유물을 통해 나는 누구이며 또 누구이고 싶은가를 알리는 라이프스타일을 추구하기 시작했다. 자동차 소유가 급격히 증가했고, 슈퍼마켓도 늘어났으며, 격렬한 갈등을 겪은 후에는 상업 텔레비전도 도입되었다. 가정용품 광고와 미국에서 수입된 시트콤 속의 세련된 집안 인테리어가 성인들의 열망에 대한 본보기를 제공했다면, 10대를 움직인 것은 로큰롤의 폭발과 그 여파였다.

거리에서 표출되는 청년 하위문화의 물결은 즉각 분석의 눈길을 끌었다. 일부 연구자들은 그것을 토착문화 창의성의 지속력, 즉 이후 '능동적 수용자'(*active audience*)에 대한 많은 연구에서 일반화되는 주제인 주류 문화에 대한 거부와 저항을 보여주는 일단의 증거로서 환영했다. 반면 나를 포함한 다른 사람들은 청년 하위문화를 계급문화의 확장과 표현, 즉 삶의 조건과 기회에 대한 근본적 변화와 계급 불평등의 지속력 모두에 대응하는 방식으로 보았다. 새로운 학교 시스템은 학생들을 두 그룹으로 나누었다. 11세에 치르는 국가 공인시험에 통과한 학생들은 대학진학과 전문직을 준비하는 학교로 진학했다. 통과하지 못한 학생들은 육체노동자가 될 것이었다. 나는 젊은이들의 삶에 대해 두 가지 주요 연구를 수행했다.

어떻게 하면 그 결과를 가장 잘 해석할 것인가를 생각하며 내가 점점 이끌리게 된 것은, 개인의 신댁을 만들어내는 '지휘자 없는 오케스트라'로서 가정과 학교에서 형성된다는 부르디외(Pierre Bourdieu)의 아비투스(*habitus*) 개념[2]과, 고전적 계급분석에 그가 가한 수정을 통해 구조적 위치와 행동을 위한 자원 모두를 경제적 차원뿐 아니라 사회적이고 문화적 차원에서 정의하는 것이었다. 나는 이러한 생각

2) 옮긴이 주: 아비투스 개념은 프랑스 사회학자 부르디외가 만들어낸 여러 독창적 개념 가운데 가장 널리 인용되고 논의되는 것으로, 아비투스는 통상 '습속'으로 번역되며, 개인이 어떤 옷을 입고 어떤 음악을 듣는지 등의 취향의 문제는 개인적인 문제처럼 보이지만, 사실은 계급적 질서를 반영한다는 의미를 담고 있다.

을 다시 '디지털 격차'(*digital divides*)의 역학에 관한 나의 최근 연구에 접목시켰다.

젊은이들의 하위문화에 관한 연구에 만연했던 행위자(*agency*) 및 행동에 대한 낙관적 담론의 저변에는, 저항적 하위문화가 대체로 소비의 영역에 국한되어 있다는 것과 그것은 상업 미디어의 영향력을 전복하기는커녕 오히려 확산시킨다는 사실을 거부하는 고집이 있었다. 어떻게 반란이 하나의 스타일이 되는가에 대한 내 자신의 인식은 내가 발전시켜온 커뮤니케이션에 대한 비판적 정치경제학을 통해 얻을 수 있었다. 많은 대중문화를 통제하는 상업적 핵심을 찾고 그것이 어떻게 작용하는가를 분석하는 작업을 시작하게 되었다. 대학에서 부전공으로 경제학을 공부한 나는 내 연구를 '정치경제'와 동일시하기로 신중하게 선택했다. 왜냐하면 나는 경제적 분석과 시장지향적 경제학이 내동댕이쳤던 도덕철학과의 관계를 복원하고 싶었기 때문이다. 경제학은 과학적 학문으로 자신을 정립하려는 노력 속에서 실증적 분석은 가치판단과는 엄격하게 분리되어야 한다고 고집했었다. 나로서는 재화의 생산과 유통을 어떻게 조직할 것인가의 문제가 자유, 평등 그리고 상호성을 고취하는 문제와 분리될 수 없는 것이었다. 커뮤니케이션의 비판적 정치경제학을 발전시키려는 노력은 다음의 3가지 방향으로 나를 이끌었다.

첫째 나는—미디어 집중의 패턴, 소유 및 통제의 구조, 그리고 광고 재원을 통해 작동하는—조직화된 민간 경제력을 탐색하기 시작했다. 두 번째로 나는 텔레비전 드라마 제작의 조직화를 사례연구로 삼아 어떻게 이러한 구조적 특성들이 창작활동의 다양성에 영향을 미치는가를 밝혀내고자 했다. 당시 하버마스의 탁월한 저서 《공론장의 구조변동》(*The Structural Transformation of the Public Sphere*)이 이제 막 영어로 번역된 상태였다.[3] 나의 많은 동료 정치경제학자들이 그

---

3) 옮긴이 주: 위르겐 하버마스가 1962년 발표한 책으로 국내에는 《공론장

의 정치적 공론장 논의에 초점을 맞추어 뉴스와 정보의 제공과 정치적 논쟁의 조직화에 집중했을 때, 나는 그의 문학적 공론장, 좀더 정확히 말하자면 문화적 공론장 논의에도 똑같이 빠져들었다. 우리가 역지사지하는 법을 배우는 것은 소설과 예술에 관계맺음을 통해서라는 하버마스의 주장은 그동안 영화감상, 독서 그리고 그림을 통해 나 스스로 경험했던 것을 말해주고 있었다. 타인에 대한 공감과 교감의 능력을 키우는 것은 상상력의 도약이다. 그것이 없다면, 공동의 문제에 대해 공평한 해결책을 세우기 위한 집단적 숙의(*deliberation*)는 닫혀 있는 입장들 간의 싸움으로 퇴보하여 거기서는 원초적인 힘이 설득력 있는 논증의 힘을 압도하게 된다.

이러한 사실은 정치경제학을 연구하는 내게 가장 중요한 세 번째 실마리를 찾게 해주었다. 어떤 특정한 커뮤니케이션 기관과 시스템을 평가하고 비평할 수 있는 척도가 되는 상징적, 커뮤니케이션적 권리들의 집합으로 구체화되는, 문화 시민권의 모델을 발전시키는 것이었다. 나는 정보, 지식, 재현 그리고 참여라는 4가지의 핵심권리를 상정했다. 대중적 경험의 중심에 있다는 점에서, 방송은 비판 정치경제학으로서 수행한 나의 많은 연구에서 초점이 되었다.

방송이 시장 논리와 공공서비스 논리 사이의 점점 더 격렬한 싸움터가 되어온 영국에서 이것은 특히 중요한 문제다. 잇따라 들어선 시장지향적 정부들의 지원과 장려에 힘입어, 상업 미디어의 이해관계는 지속적으로 BBC의 약화 혹은 해체를 꾀했다. 이에 대응하여 비판을 달래기 위해 BBC가 고안한 전략들은 결과적으로 복합적 시민권이 요구하는 권리들을 온전히 구현하는 능력을 희석시켰다. 그러나 BBC 고유의 관심과 중요성 이상으로, 방송 분야의 싸움에 대한 연구를 통해 나는 국가, 시장 그리고 시민사회 간의 긴장관계를 19세

의 구조변동: 부르주아 사회의 한 범주에 관한 연구》(한승완 역, 나남: 2001)로 번역되어 있다.

기 초 이후 유럽과 북미의 근대사를 관통하는 중요한 균열선의 연장으로 볼 수 있었다. 이렇게 제도화된 긴장은 일상에서 서로 다른 사회 정체성인 시민, 소비자 그리고 — 구성원들 스스로 조직하는 창조적 활동을 묘사하기 위해 내가 파리코뮌에서 빌려온 용어인 — 코뮤나르드(*communard*) 사이의 긴장으로 나타난다.[4] 근대의 상업적 정보 및 오락 산업의 등장은 자본주의의 공고화, 그리고 민주적 형태의 통치에 기반을 둔 근대 민족국가의 출현과 동시에 일어났다. 이러한 3가지 과정은 처음부터 자본주의와 민주주의 모두에게 필수적인 조직화를 뒷받침한 커뮤니케이션 시스템과 불가분하게 연결되어 있으며, 상업적 기업과 선출된 정부 그리고 국가기구의 확대는 거꾸로 미디어가 작동하는 환경과 미디어가 종속되는 힘을 형성해갔다. 이러한 이중과정을 이해하는 것이야말로 현 상황에 대한 의미 있는 분석을 위해서는 필수적이다.

안타깝게도 그동안의 미디어 연구는 현재 무엇이 일어나고 있고 앞으로는 어떻게 될 것인가에 너무 집중하는 경향이 있었다. 비판적 관점을 제공하고자 하는 사람이라면 현재와 미래 현안에 치우친 이러한 태도에 확고하게 맞서서, 갈등과 분쟁의 격변뿐만 아니라 지속성에 대해서도 꾸준한 관심을 가져야 한다. 이러한 생각은 나로 하여금 처음부터 포스트모던 이론의 안일한 가정을 거부하게 했고, 근대성은 여전히 전개되는 과정이며 해체되기는커녕 핵심분야에서는 오히려 심화되고 확장되고 있다고 주장하도록 했다. 나의 이러한 신념을 확인하게 된 계기는 베이징대학 100주년 기념강연에 초대되었을 때인

---

4) 옮긴이 주: 본문의 코뮤나르드는 원래 1871년 파리코뮌(인민회의)의 참여자를 뜻하는 말로 파리코뮌(Commune de Paris)은 프랑스 파리에서 민중들이 세운 세계 최초의 사회주의 자치정부였다. 세계 최초로 노동자 계급의 자치에 의한 민주주의 정부라고 평가되는 파리코뮌은 세계사에서 처음으로 사회주의 정책들을 실행에 옮겼으며, 단기간에 불과하였지만 사회주의와 공산주의 운동에 큰 영향을 주었다.

데, 그때 중국은 국가 건설과 집단노력에 기반한 문화로부터 소비와 개인의 발전이 중심인 문화로 변화하는 경제개혁 단계가 시작된 상태였다. 그 이후로 중국과 그 밖에서 일어난 모든 것들은 자본주의적 근대성 모델의 세계화가 여전히 진행 중임을 확인해주었다. 서구 모델이 어디서든 성공할 것이라는 뜻이 아니다. 우리는 아마도 다양한 근대성을 보게 될 것이다. 시장경제가 자동적으로 대의 민주주의를 가져다주는 것은 아니다. 그러나 기본적인 구조변화는 언젠가는 겪어야 할 것으로 남아 있다.

인류 역사상 처음으로 시골지역보다 도시에 더 많은 사람들이 살고 있다. 소비에트연방의 붕괴와 중국과 인도의 시장개방은 마침내 자본주의를, 그리고 그와 함께 개인주의 정신—소비주의 이데올로기를 통해 가장 매혹적으로 표현되는—을 보편화시켰다. 이렇게 완벽하게 매혹적인 생활의 양식은 개인이 구매를 통해 공공의 문제로부터 벗어날 수 있다고 약속하며 좋은 삶을 위해 유일한 실체로서 상품을 찬양한다. 함께 공유해온 비전과 상호존중에 대한 의무와 약속은 개인의 선택과 이익이라는 욕조 속에서 흔적도 없이 녹아버리는 것이다. 뿐만 아니라 시장의 약속을 실현하기 위한 경제성장 모델과 '진보'는 증가일로의 위험을 낳고 있으며 그중 가장 광범위하고 심각한 문제로 떠오른 것이 인간에 의한 기후변화이다.

이러한 위험과 그에 대한 사회적 대응을 분석하는 것은 처음부터 내 연구의 주요한 맥락 중 하나였다. 사회와 문화가 어떻게 작동하는가를 이해하는 하나의 방법은 인식된 위험에 어떻게 대처하는가를 관찰하는 것이다. 불확실성의 상황에서는 평상시에는 숨겨져 있던 것이 드러나는 법이다. 이러한 연구의 관심분야 중 하나는 민주주의사회가 용인의 경계를 넘은 사회적 행위와 정치적 행동을 어떻게 다루는지를 탐구하는 것이었다. 여기에는 대중시위, 폭동, 테러리즘 그리고 정신질환이 대중적 미디어에서 표현되는 방식에 관한 연구들이 포함되었다. 다른 연구를 통해서는 유럽에서 유전자조작(GM) 농작물을 상업용으로 재배하는 것에 대한 대중의 반대를 사례로 하여, 환경위험을 표현하고 대응하는 방식에 초점을 맞추었다. 이 연구는 종교와 민족의 풍부한 도상학(*iconography*) 자원들에서 가져온 이미지의 탄력성을 강조한다.[5)]

이를 통해 나는 오늘날의 세계 문화를 생각과 상상력을 이끄는 3개의 주요 시스템이 점점 격렬하게 싸우게 되는 장소로 생각하게 되었다. 소비주의(*consumerism*), (종교적이든 민족적 형태든) 근본주의(*fundamentalism*), 그리고 사회적 정의와 환경의 지속성을 위해 운동하며 부상하고 있는 범세계적 시민권(*cosmopolitan citizenship*)이 그것이다.

이러한 개념의 발전은 나의 연구를 뒷받침하는 비판적 관점에 대한 커다란 도전일 뿐만 아니라 타의 추종을 불허하는 기회를 제공한다. 비판적 정치경제학자라면 최근 세계 곳곳에 뻗어나가는 멀티미디어 재벌들의 확장 현상에 대해 놀라지 않을 것이다. 또한 구글이 이끄는 새로운 디지털 주류가 인터넷 이용의 핵심적 부분에 대한 통제권을 장악하는 현상도 놀랄 일은 아니다. 상업적 판촉활동이 확산되어 학교 복도나 공공 아트갤러리에서부터 소셜 네트워크 사이트(SNS)의 모든 구석까지 광고에 의해 잠식당하는 현상 역시 그러하다.

마찬가지로, 현대화된 국가의 학생들이라면 9·11 공격 이후 강화된 시민들에 대한 감시가, 거의 한 세기 전에 현대적 정보수집의 시작과 더불어 본격화된 과정의 논리적 확장이라고 보는 데 아무런 어려움이 없을 것이다. 능동적 수용자 이론가들은 사람들이 반항적인 소비자를 넘어 제작자가 되고, 인터넷의 쌍방향성과 수평적 네트워크를 이용해 정보의 집단적 창조와 집적을 새롭게 발전시키는 것을 보며 반긴다. 불행히도 대중적 참여를 응원하는 너무 많은 사람들이 다음의 3가지 경고를 잊고 있다. 첫째, 실질적 참여를 위해 요구되는

5) 옮긴이 주: 본문에서는 상징성, 우의성(寓意性), 속성 등이 어떤 의미를 가지는 도상을 비교하고 분류하는 미술사 연구방법을 의미하는 도상학(*iconography*) 기법을 구체적으로 제시하고 있다.

경제적, 문화적, 사회적 자원은 불평등하게 분배되어 있다. 둘째, '우리'와 '그들', 외부인, 불신자, 이민자에 맞서는 내부인, 정의로운 자, 진짜 국민을 절대적으로 구분하는 근본주의적 주장은 여전히 너무도 쉽게 이용 가능한 준거 틀로 남아 있다. 셋째, 우리의 일상생활은 개인의 자유에 새로운 제한을 부과할 잠재력을 지닌 국가 및 상업적 감시에 지배받고 있다.

이러한 과정은 비판적 커뮤니케이션 관점에 대해 다음의 3가지 과제를 부여한다. 첫째, 소비주의와 근본주의를 공고하게 만들고 일상의 행위가 일어나는 조건과 장소를 재형성하는 핵심적인 제도적 형성물—국가적이든 상업적이든—의 구조와 전략을 분석하는 것이다. 둘째, 이러한 세계관들이 어떻게 대중문화 형식으로 옮겨지며, 이러한 상상력 프로젝트들이 어떻게 일상적인 사고와 토론 그리고 행위를 만들어가는가를 연구하는 것이다. 셋째는 공공문화 제도에 어떻게 새로운 활기를 불어넣어, 상호존중과 이해에 기반을 두며, 공동의 문제를 함께 풀어간다는 의식을 뒷받침하고 지속시킬 수 있는 진정한 코스모폴리턴의 감수성을 위한 문화적 자원을 개발할 수 있을 것인가를 탐구하는 것이다. 여기서 특별히 관심이 가는 부분은, 대중문화 제도들 사이를 연결할 수 있고 전문지식과 보통지식, 직업적 창작과 자발적 창작 사이의 새로운 관계를 만들어갈 수 있는 디지털 기술의 긍정적 잠재력을 동원함으로써, 초국가적 네트워크로 연결된 새로운 공유지(*public commons*)를 건설하는 초석을 놓을 수 있는 가능성이다. 이것이 현재 필자가 몰두하고 있는 연구 프로젝트다.

C. 라이트 밀스는 독자들을 창의적인 사회과학으로 초대하면서, "단일가족 연구에서부터 세계 국가들 예산의 비교연구까지, 신학교에서 군사시설까지, 그리고 석유산업의 고찰에서부터 현대 시문학 연구까지" 아우르는 분석을 요구했다(같은 책). 우리 모두는 제도적이고 상징적이고 일상적인 삶의 모든 측면을 뒷받침하고 형성하는 데 중심적 역할을 하는 커뮤니케이션 시스템을 연구하는 학생으로서,

밀스의 이러한 열정을 하루빨리 되찾아야 한다.

이 책에 엮어진 글들이 어떻게 이런 과업을 시작할 것인지에 대한 약간의 실마리와 그 시도를 위한 자극이 되기를 바랄 뿐이다.

비록 나의 연구가 우선적으로는 내가 자랐던 사회문화적 풍경을 탈바꿈시킨 변화의 과정을 이해하기 위한 것이었지만, 나의 주요 관심사와 내가 그것을 개념화하고 조사해온 방법은 좀더 일반적으로 적용할 수 있다.

오늘날의 세계에서 모두가 겪고 있듯이, 한국은 최근 시장화(*marketization*), 세계화(*globalisation*), 디지털화(*digitalisation*) 라는 3가지의 역동적 변화가 교차되며 만들어내는 엄청난 변화들과 씨름하고 있다. 이러한 과정이 경제적, 사회적, 문화적 삶을 재구성하는 방식은 물론 나라마다의 특정한 역사에 크게 좌우된다. 하지만 거기에는 일반적 패턴을 목격할 수 있을 만큼의 충분한 공통성도 함께 있다.

나는 그동안의 연구에서 변화를 이끄는 핵심요소로 시장화를 지목했다. 세계 곳곳에서 우리는 사기업이 경제와 사회적 공급의 영역에 대한 통제를 점점 더 많이 떠맡고 있고, 주주가치(*shareholder value*)가 기업수행을 평가하는 최고의 척도로 제시되고, 소비주의가 현대 자본주의의 지배 이데올로기로 올라서는 것을 보아왔다. 이런 현상이 의미하는 것은 일부 논평자들의 주장처럼 국가는 이제 무관하다는 것이 아니라, 국가가 좀더 제한된 역할만 수행하도록 압력을 받고 있다는 것이다. 공공영역은 축소되고, 정부 보조금은 삭감되고, 복지는 사기업에 위탁되고 있으며, 공공기관들은 기업화되면서 사실상 영리기업과 효과적으로 경쟁할 수 있는 능력에 따라 평가되도록 장려된다. 그러나 자본과 국가의 관계를 재정립하는 이러한 과정은 갈등으로 점철되어 있는데 한국도 예외는 아니다.

1997년 경제위기 이후 한국정부는 신자유주의 정책을 열렬히 끌어안아왔다. 그럼에도 불구하고 동시에 한국은 사회와 경제의 운영에서 정부가 여전히 주도권을 행사하는 나라로서 '개발주의 국가'의 특징을 많이 갖고 있다(임해란, 2010). 그러나 대중 커뮤니케이션 시스템은 정책이 짜놓은 틀에 꼭 들어맞는 것은 아니다. 그것은 산업인 동시에 문화적 시스템이기 때문에, 고용을 창출하고 수출소득을 올릴 것으로 기대되는 동시에 국민의 문화 역시 표현한다. 진달영(2006)의 연구가 보여주듯이, 1999년부터 2003년까지 한국정부의 자국 영화산업 투자는 국내 제작을 촉진시키는 데 중요하게 기여했으며, 2003년에 한국에서 상영된 영화의 거의 절반(48.7%)이 국내에서 제작됐다. 당시만 해도 할리우드가 독점하고 있던 세계 영화시장을 고려할 때 그것은 대단한 성과였다.

이렇게 대단한 성과는 텔레비전 제작을 포함한 한국 시청각 콘텐츠 제작의 전반적 부활의 일부였으며 이는 '한류'(韓流)로 알려지게 되었다. 〈겨울 연가〉 같은 텔레비전 미니시리즈가 특히 그 지역의 문화 강국인 일본에서 엄청난 판매수익을 올리면서 상당한 성공을 거두었고(하나키 외, 2007), 촬영지를 방문하기 위해 해외에서 팬들이 모여들면서 관광산업을 부양하기도 했다(인유산·황중응, 2008). 그러나 자국의 제작물이 오늘날 자국민들의 복잡한 삶의 특징들을 대변하고 있는가? 아니면 널리 통용되는 이른바 '한국적인 것'(*Koreaness*)을 동원하여 과거에 대한 향수와 유산을 이용하고, 사회적 환경의 어려운 면을 회피하고, 자국의 시청자들을 자신의 나라에서조차 관광객으로 격하시키고 있을 뿐인가?

디지털 기술을 통해 정보를 다루는 보편적 능력에 기반한 새로운 자본주의의 토대를 구축하려는 한국정부의 맹렬한 추구에도 갈등이 존재한다. 어떤 면에서는 지속적인 노력의 결과로 한국은 세계에서 가장 잘 디지털화된 사회로 확고히 자리매김하는 눈부신 성공을 거두었다. 하지만 갈등이 없는 것은 아니다. 한편으로 새로운 네트워크는 수평적 연결, 풀뿌리 운동, 이용자 그룹 사이(*peer-to-peer*)의 교환을 가능하게 하는 유례없는 기회를 제공한다. 그 반면에 또한 디지털 기술은 감시 장비를 막대하게 확산시키고 있다. 사회질서나 비즈니스 기업, 또는 국가 안보를 위협할 가능성을 지닌 개인들에 관한 정보를 얻기 위한 데이터베이스는 그 어느 때보다 효율적으로 수집하고 검색할 수 있다. 얼굴인식 기술은 폐쇄회로 텔레비전(CCTV)을 통해 촬영된 군중들 속에서 특정 개인들을 찾아낼 수 있다. 인터넷 트래픽을 모니터하여 비판적 언설이나 의심스런 사회동원을 포착할 수 있다. 불법 다운로드는 기업의 지적 재산권에 대한 강력한 보호로 대응하고 있다. 이강숙(2007)이 논의했듯이, 그 결과는 새롭고 보다 포괄적인 '통제사회'(*control society*)의 기초를 놓는 디지털 그물망의 출현이다.

열린 커뮤니케이션을 위한 가능성과 국가 안보의 요구 사이의 갈등 관계는 오늘날 보편적으로 존재한다. 하지만 한국의 경우 그러한 갈등에 낙인을 찍는 것은 바로 북한의 적대적 군사행동이라는 항시적인 가능성이다. 이러한 상황은 세계질서의 변화라는 좀더 일반적인 맥락에서 바로 볼 필요가 있다.

제2차 세계대전의 여파로 일본 및 유럽 제국들은 몰락했고 미국이 세계 자본주의의 주요 강대국으로 부상했다. 비록 미국이 자신의 패권을 공고히 하기 위한 시도가 일련의 군사적 공격과 점령으로 이어졌지만, 미국의 경제적 제국주의야말로 더욱 폭넓은 영향을 미쳤다. 미국은 브레튼우즈(Bretton Woods) 협정을 통해 형성된 세계 경제기구들을 구축하는 데 중요한 역할을 담당했다.[6] 그 기구들 중 하나로 1944년에 설립된 국제통화기금(IMF)은 본래 국경을 넘나드는 지불을 관리하는 시스템으로 고안되었으나, 최근에는 사유화와 자유화

6) 옮긴이 주: 1944년 7월 세계의 44개국 대표들이 미국의 뉴햄프셔 주 브레튼우즈에 모여서 논의를 벌인 끝에 합의한 브레튼우즈 체제는 제2차 세계대전 후 국제금융 구조를 재편했다. 국제통화제도 사상 최초로 명시적 국제협약에 근거하여 미국 달러화와 금의 가치교환에 바탕을 둔 통화체제를 탄생시켰고 그 결과 IMF와 IBRD가 설립되었다. 이후 보완을 거쳐 국제통화질서를 유지했으나 1971년 8월, 미국 달러화의 금태환정지로 혼란을 겪고 변동환율제도를 인정하는 킹스턴 체제로 전환했다.

정책을 가속화함으로써 국내 시장을 개방시킬 목적으로 구조개혁을 촉진하는 방향으로 확고히 이동했다. 1997년의 경제위기로 한국에 구제금융을 제공한 것은 이러한 전략의 적용을 보여주는 아주 적절한 사례다(윤일현, 2005 참조). 게다가 최근 몇해간 미국은 다자간 무역협정에서 양자간 무역협정으로 움직이는 것을 볼 수 있다. 세계무역기구 내의 많은 협상들은 미국과 충돌할지 모르는 이해관계를 가진 신흥 경제국들의 순수를 필요로 하는 반면, 미국의 입상에서는 관련된 한두 나라의 무역 파트너와 협상을 하는 것이 이익을 확보하는 데 더 쉽다.

미국과 한국이 맺은 자유무역협정의 경우가 바로 그 좋은 예다. 하지만 이 글을 쓰는 현재까지도(2011년 8월) 양국이 아직 비준을 남겨둔 상태라는 것은 많은 논쟁이 있다는 것을 보여준다. 그러나 FTA의 조항들을 집행하지 않은 상태인 지금조차도, 1997년 경제위기 이후 밀어붙인 신자유주의 개혁들은 이미 광범위한 결과를 낳아서 외국인의 기업 지분권이 상당히 늘어났고 사회적 불평등은 더욱 깊어졌다(코르티와 이강국, 2006; 박준영과 Jai S Mah, 2011).

커뮤니케이션 시스템은 오랫동안 역동적 사회변화의 중심에 있었지만, 디지털 기술로 인해 그것의 중요성은 한층 더 높아졌다. 때문에 오늘날의 환경을 이해하려는 어떤 노력이든 그 중심에는 커뮤니케이션과 경제적, 정치적, 사회적 그리고 문화적 삶 사이의 변화하는 관계를 분석하려는 작업이 있어야 한다.

커뮤니케이션 시스템이 적극적 시민권이 발휘되도록 정보와 문화적 자원의 제공으로 민주주의를 성숙시켜야 한다는 열망은, 모든 인간적 표현의 형식을 상품판매와 소비주의 촉진에 복무하도록 포섭하려는 기업들의 야망에 의해 계속 전복되고 있다. 막대한 액수의 PR예산으로 무장한 미디어 소유주들과 광고업자들, 그리고 기업들의 사적 이익추구는 공익을 방어하려는 노력을 계속해서 무력화하고 있다.

대중적 창의력과 사회적 연결의 새로운 유형을 만들어낼 잠재력이 디지털 기술에 의해 뒷받침되고 있지만, 동시에 이 똑같은 기술이 상업과 국가의 통제를 위해 조종되고 있기도 하다.

정부의 디지털 미래 진흥계획에 의해 지속되어온 커뮤니케이션에 대한 보편적이며 제한 없는 접근의 보장 약속은, 똑같은 정부가 추구하는, 보다 '유연한' 노동과 보다 적은 사회보장을 강요하는 신자유주의 정책이 낳은 불평등의 심화로 인해 점점 희미해지고 있다.

특정한 국민의 역사와 현재의 상황이 가진 특수성과 복잡성을 탐구하기 위해 커뮤니케이션을 활용하려는 시도는 계속해서 위협받고 있는데, 우선 기존의 지배적 제작자들은, 자신들의 핵심적 전제와 가치에 기반을 두고 그들이 만들어내서 세계적으로 통용시킨 표현형식과 포맷에 국내시장을 개방하라고 압력을 넣는다. 이와 더불어 이러한 모델을 국내 제작에 적용해 세계로 진출할 가능성을 찾고 싶어 하는 유혹도 있다. 비판적 분석의 첫 번째 과제는 이러한 갈등과 모순을 분석하고 그것들이 우리 인류가 온전한 번영을 성취하는 것을 가로막는 방식을 추적하는 것이다. 다음 과제는 그 돌파구를 찾아 실현 가능한 대안들을 정립하는 것이다.

2011년 8월

그레이엄 머독

참고문헌

Hanaki, T. et al. (2007). Hanryu sweeps East Asia: How *Winter Sonata* is gripping Japan. *International Communication Gazette*, *69*(3), 281~294.

James, C., & Lee, K. K. (2006). The effects of neoliberal 'reforms' on the post-crisis Korean economy. *Review of Radical Political Economics*, *38*(4), 669~675.

Jin, D. Y. (2006). Cultural politics in Korea's contemporary films under neoliberal globalization. *Media, Culture and Society*, *28*(1), 5~23.

Lee, K. S. (2007). Surveillant institutional eyes in Korea: From discipline to a digital grid of control. *The Information Society*, *23*, 119~124.

Lim, H. (2010). The transformation of the developmental state and economic reform in Korea. *Journal of Contemporary Asia*, *40*(2), 188~210.

Lin, Y. S., & Huang, J. Y. (2008). Analysing the use of TV mini-series for Korean tourism industry. *Journal of Travel and Tourism Marketing*, *24*(2), 223~227.

Marx, K., & Engels, F. (1968). *Selected works: In One Volume*. London: Lawrence and Wishart.

Mills, C. W. (1970[1959]). *The Sociological Imagination*. Harmondsworth: Penguin Books.

Park, J., & Jai S Mah (2011). Now liberal reform and bipolarisation of income in Korea. *Journal of Contemporary Asia*, *41*(2), 249~265.

Yoon, I. H. (2005). The changing role of the IMF: Evidence from Korea's crisis. *Asian Perspective*, *29*(2), 197~201.

이 책 전체를 관통하는 정치경제학적 비판 논리의 초석이 된다.

1장에서 저자는 신자유주의 시대에 다양한 변화의 특징을 재사유하고, 비평의 부활이 필요하다고 역설한다. 이 글은 커뮤니케이션과 변화에 대한 최근의 이슈로서 포스트 모더니티, 디지털 혁명, 문화 세계화라는 3가지 중심적 아이디어를 다룬다. 저자는 이 3가지 이슈들이 '새로운 것'을 과대평가하고 역사적 연속성, 구조적 불평등과 경제적 재구조화의 규모와 범위에 대해 충분한 설명을 제공하지 못하고 있다고 주장한다. 즉, 커뮤니케이션 분석에서 자본주의 불가피성의 세계화와 그것이 국가논리로 변화하는 과정, 그리고 커뮤니케이션 제도가 산업적, 문화적으로 형성되고 일상 자원으로 재구성되는 가변적이고 모순적 방법에 대한 탐구를 계속해야 한다고 제안한다.

2장은 문화 시장화의 비판을 위한 자원을 다룬다. 맑스의 저작과 사상을 바탕으로 하여 자본주의 팽창과 신자유주의 조류 속에서 문화와 도덕, 노동 등을 포함한 모든 것들이 상품화되고 있으며, 소비주의라는 구호 속에서 새로운 형태의 착취와 빈곤이 생성되는 등, 많은 모순이 보이지 않게 축적되고 있음을 지적한다. 마치 유토피아처럼 일컬어지고 있는 신자유주의적 풍토 속에 감추어져 있는 이러한 모순과 시대적 과제를 해결하고 변화와 개혁을 추구하기 위해서는 범세계적 시민권이라는 원칙을 토대로 대중적 커뮤니케이션의 글로벌 네트워크를 확보해야 한다.

3장은 현대 커뮤니케이션과 계급문제를 다룬 내용이다. 사회과학이 신자유주의나 포스트모던 등을 통해 탈계급화를 지향한 결과, 민주주의와 언론의 위기, 양극화가 더욱 심해졌다고 지적한다. 그동안 사회과학은 계급론 대신에 계층론에 의지했다. 저자는 이에 대한 문제점을 짚는 동시에 생산수단의 소유에 기초한 전통적 계급론에서도 탈피할 것을 주장한다. 그리고 부르디외의 문화자본론, 베버의 조직론 등을 적극적으로 수용해 커뮤니케이션의 계급론 연구를 활성화할 것을 요구한다.

4장은 문화분석 방법론의 문제를 다룬 내용이다. 실증주의 연구와 해석학적 연구의 차이점 및 연구자와 연구대상의 관계에서 상이점을 지적한다. 실증주의자들은 엄밀한 과학적 방법론을 이용하는 자신들만이 사회와 문화를 연구할 수 있다고 주장하는 반면에 해석주의자들은 당대의 삶을 연구하는 것은 인문학적인 영역으로서 물리학적인 방법론을 따르는 사회과학과는 다르다고 각각 주장한다. 실증주의자들이 과학적 방법론에 몰입할 때 해석주의자들은 구조주의에 몰입한다. 그러나 구조주의는 동시대의 문화를 설명하는 데 적합하지는 않다. 문화연구 진영의 수량화에 대한 양보, 민족지학(*ethnography*) 연구수행의 어려움이 '빈약한 기술'(*thin description*)을 낳았기 때문이다. 동시대 문화의 의미를 형성하고 쟁점화하기 위해서는 '두터운 기술'(*thick description*)을 통해 은폐될 수 있는 진실에 보다 가까이 다가가야 한다.

다음에 2부는 디지털의 가능성에도 불구하고 시장화에 따라 공공성이 상실되는 현상을 유럽의 현실 분석에서 드러내고 있다. 또한 저자는 커뮤니케이션 테크놀로지와 궤를 같이하는 전 지구적 자본주의의 확산은 새로운 저항과 잠재성의 토대를 마련한다고 지적한다. 이처럼 2부의 주요 내용은 기업에 포획되어가는 미디어 현실을 다루면서 이에 대한 대응을 모색한다.

5장은 디지털의 가능성과 시장의 현실에 관한 내용이다. 커뮤니케이션 기술의 진보가 새로운 사회관계에 대한 낙관적 전망을 가져왔고 전자 아고라의 가능성을 보여주기도 했지만, 디지털화는 여전히 사회적 불평등과 강력한 상관관계가 있다고 주장한다. 인터넷 역시 직접적인 시민 민주주의의 가능성을 보여주었지만 정치적 통제의 집중화, 사적 기업으로의 권력이동 촉진을 비롯해 커뮤니케이션 영역에서도 사유화, 자유화, 탈규제화, 기업화 등을 통한 시장화가 지속적으로 진행됐기 때문이다. 저자는 이로 인해 발생한 문제 해결을 위해 시민들이 필요로 하는 자원을 제공할 수 있는 공적 커뮤니케이션 조직이 더욱 필요해졌다고 지적한다. 새로운 커뮤니케이션 기술이 세계주의적 시민권을 제공하는 디지털 공유지로서의 토대가 될 수 있도록 하기 위한 비전을 계발하고 이를 위한 인프라를 구축하는 것이 민주주의를 위한 과제다.

6장은 유럽에서의 자본주의, 커뮤니케이션 그리고 변화에 관한 내용이다. 자유시장 이면의 식민지와 대도시 뒷골목의 땀에 젖은 작업장에서 진행되는 비열한 노동의 실체를 본 맑스의 관점은 시장과 경쟁을 중심으로 한 고전적 접근과 비판적 접근 간 분열의 시발점이 되었다. 이는 오늘날 문화와 미디어 영역에 있는 대립적 전망으로 이어진다. 저자는 오늘날 '문화산업'이 비판적 내용을 결여한 채, 시장은 사유화, 자유화, 상품화, 탈규제화, 기업화를 중심으로 광범위한 경제 및 정치적 재조정을 통해 진화했다고 지적한다. 또한 미디어 자본은 무한자유를 구가하며 정치적 행위에 영향을 미치게 되었으며, 이 과정에서 정치적 공론장과 문화적 공론장이 중대한 사회적 결정공간으로 부상했지만, 시장화에 대한 강요는 점차 이 공간을 폐쇄시켰다. 이런 가운데 새로이 등장한 디지털 공론장은 논쟁의 촉진과 함께, 비판적 정치경제학에 새로운 기회를 제공할 가능성을 보여준다.

7장은 글로벌 커뮤니케이션 산업을 특징짓는 코스모폴리턴과 정복자들을 제국, 민족국가 그리고 네트워크의 관점에서 접근한다. 자본의 지배와 코스모폴리터니즘 사이의 역학관계를 서구와 민족국가 또는 종속화와 자율성 사이의 변증법적 논리를 통해 고찰한다. 또한 자본의 포섭에 의해 창출된 물질적 기초, 특히 커뮤니케이션 메커니즘에 의한 자본주의적 지배의 확산이 역설적으로 해방적인 잠재성의 수단으로 어떻게 전유될 수 있는가에 대한 고민을 비판적 코스모폴리턴이라는 논지를 통해 제시한다. 근대와 더불어 시작된 자본의 축적은 본질적으로 무한한 이윤의 확대와 그러한 자본의 질서를 시장과 상품을 통해 제도화, 보편화하려는 충동을 내재하고 있다. 그러나 근대로의 이행은 또 다른 가능성, 즉 전 지구적 교통이라는 잠재적 가능성을 창출함으로써 새로운 전 지구적 시민사회인 코스모폴리터니즘의 기초를 창출했다. 즉, 전 지구적 자본주의의 확산은 커뮤니케이션 테크놀로지의 비약적인 발전을 가져왔고, 그러한 발전을 통해 가능했지만, 동시에 코스모폴리턴적 시민권의 확산을 위한 새로운 생산적 공간들을 창출했다. 그리고 새로운 물질적 토대는 자본의 확산뿐만 아니라 새로운 사상과 저항의 잠재성 역시 창출하고 있다.

또한 3부는 영국 역사의 인클로저 사례를 통해 방송을 공유지로 지키지 못하는 현상을 비판하고, 인디넷의 공유지 수호 가능성에 주목한다. 이와 함께 공영방송과 민주주의 문화를 지키기 위해 소비자와 시민의 차원을 넘어서 참여하는 공동체 시민의 중요성을 강조한다. 이어 방송의 상업화, 시장화 추세 속에서 공영방송이 숙의(熟議) 민주주의를 위해 시민의식을 고취시켜야 한다고 말한다. 3부는 공공문화를 방어하기 위한 주체인 시민과 공영방송의 역할에 관해 본격적 논의를 펼친다.

8장은 영국에서 토지의 인클로저에 대한 저항의 역사를 통해 커뮤니케이션과 문화 공유지를 이해한다. 문화적 공유지인 방송은 시장과 자본으로부터 끊임없이 사유지로 만들겠다는 압력을 받아왔다. 전신기술의 등장은 사회적 유대를 회복하고 포괄적 동포의식을 만들어낼 수 있는 기대와 가능성을 열었고, 지성과 공감의 친화성에 의해 널리 퍼져 있는 인류가 하나로 묶일 수 있다는 희망을 주었다. 그러나 무선통신의 공익적 가능성은 기업자본과 관료국가 때문에 제대로 발휘되지 못했다. 상업적 텔레비전은 대중 수용자에 대한 접근권을 얻으려는 광고주에 의해 광고와 게임쇼, 소비적 드라마를 제공하게 되었다. 또한 유료가입 채널의 등장으로 텔레비전은 문화공간에서 상품으로 변화했다. 하지만, 인터넷은 탈집중화와 상호성이라는 특성으로 디지털 공유지라는 수평적 커뮤니케이션의 새로운 가능성을 열고 있다. 기본 문화적 권리는 저소득층 누구나 디지털 공공 소유물에 접근할 수 있을 때 실현된다.

9장은 공영방송과 민주주의 문화를 소비자, 시민, 공동체주민의 개념으로 접근한 내용이다. 방송은 하버마스가 주장하는 숙의 민주주의를 위한 시민 양성의 역할을 수행할 수 있다. 능동적인 시민사회를 만들기 위해 뉴스, 시사문제, 다큐멘터리 프로그램을 지원하여 정치적 공론장을 만드는 것이다. 또한 사회적 연대의 원천으로서 국민 통합의 역할도 수행한다. 성공에 필요한 문화적 자본에 대한 접근권을 동등하게 함으로써 계층이동의 기회를 제공한다. 방송은 벽이 없는 교실, 박물관, 도서관 그리고 콘서트 홀 역할을 할 수도 있다. 공영방송은 이러한 이상을 구현하기 위해 상업적인 시장압력을 배제하고 정부나 국가로부터 독립을 유지해야 한다. 1980년대 들어와서 텔레비전 시장에 경쟁을 도입하려는 추세가 더욱 강화되면서 시장화가 촉진됐다. 하지만 디지털 기술에 따른 전파의 희소성 약화에도 불구하고 공영방송은 문화적 전략과 정치적 필요의 산물이고, 디지털기술은 시민을 위한 문화적 자원이자 열린 공간으로서 그 잠재력을 구현할 수 있는 기회를 제공한다. 모든 서비스의 자유로운 접근권, 광고로부터의 자유, 가장 광범위한 정보와 해석에 필요한 자원 접근권이 요구된다.

10장은 디지털 공유지 건설이란 관점에서 인터넷 시대 공영방송의 의미를 다룬다. 역사적 측면에서 공영방송이 시민의식과 문화를 성숙시키는 시민과 공공을 위한 '문화적 공유지'라는 것을 고찰했다. 특히 공영방송은 정보, 지식, 숙의, 표현, 참여 등 시민의식을 고취시키기 위한 공공기관으로서의 역할을 담당했다. 공영방송은 국가의 개입, 상업화, 시장화 환경 속에서 그 역할이 더욱 중요하다는 것이 저자의 주장이다. 따라서 지금과 같은 디지털화와 인터넷을 통한 네트워크 시대에도 공영방송의 본래적 기능과 역할은 필수적이거나 그 이상이라는 철학적 근거는 여전히 유효하다.

마지막 4부는 소비자, 시민 그리고 공동체를 주제로 오늘날의 대안, 특히 디지털 공유지의 잠재력을 현실화하기 위한 방안을 모색한다. 시민권 개념을 통해 방송이 시민의 표현과 참여, 다양성 촉진, 서비스 확대에 나설 것을 제안한다. 또한 비판적 시각의 수용자 연구에서 경제적 분석과 더불어 상징적 현상에 주목할 필요성을 제기한다. 이와 함께 인터넷에 의해 형성되는 디지털 공유지를 지킬 것을 강조하고, 공영방송이 디지털 격차 해소를 위해 나설 것을 기대한다.

11장은 권리와 재현의 시각으로 공적 담론과 문화 시민권을 논의한다. 저자는 시민권과 텔레비전의 관련성을 살펴보고, 시민권에 대한 논쟁이 역사적으로 국가 혹은 정부와 시민사회의 갈등구조 속에서 격렬하고도 광범위한 투쟁을 겪어왔음에 주목한다. 시민권은 자유민 수수의 핵심요소임에도 텔레비전에서 복합적 시민권의 요구에 부응하는 내용이 축소되는 경향을 비롯해 제작시스템과 편집, 편성에서 시민을 배제하는 모순적 현상, 채널의 급증으로 인한 시청자 분열 속에서 채널의 성격이 시청자의 상품 구매에 의해 좌우되는 등 여전히 해결되지 않은 문제를 갖고 있다. 시민권 프로젝트 추구를 통해 ① 열린 표현의 장 확보, ② 재현과 참여가 가능한 형식의 발전, ③ 다양성 촉진, ④ 서비스 범위의 확대 등이 가능하도록 문화적 시민권 확보를 위해 실천할 때다.

12장은 비판 연구와 수용자 활동을 다룬 내용이다. 비판 연구의 특징은 설명적이라는 것이다. 수용자 활동에 대한 연구 역시 그 맥락과 자원을 제공하는 잠재된 구조를 분석하기 위한 것이어야 하며, 수용자들이 어떻게 일상에서 의미를 만들고 취하는가를 보여주는 것이어야 한다. 따라서 수용자 활동 분석에서 경제적 역학과 더불어 소득과 불평등한 접근권, 노동분업과 소비형태, 상품성, 기술과 사회친화성 같은 상징적 영역도 똑같이 중요하다. 수용자 연구의 발전은 구조, 문화, 작용, 정체성이라는 4가지 핵심개념의 상호작용에 대한 총체적 이론을 통해 가능하다.

13장은 디지털 기술과 도덕경제에 관한 내용이다. 저자는 최근 인터넷 조직을 지배하는 3가지 도덕경제를 분석하면서, 웹의 미래가 상업적 행위에 지배되면서 증가하고 있는가, 새로운 디지털 공유지는 모든 사람들에게 공개되었는가, 시장 밖에서도 활동할 수 있는가를 탐구한다. 이러한 질문에 대한 저자의 현실진단은 다음과 같다. 웹의 확장과 디지털 커뮤니케이션의 경합적 접속 그리고 이해관계에 얽힌 기업 간의 공격적 경쟁이 심화되고 있는 디지털 시대 속에서, 인터넷의 증가가 '공정한 이용'을 보장한다는 지적 재산권의 역사적 균형을 흔들고 있다. 또한 '거대 미디어에 떠밀려' 새로운 규제를 촉구하고 있다. 저자는 해답을 모색하는 과정에서 우리가 공공 문화시설을 어떻게 공유하고, 그것이 창의적인 무대가 될 수 있도록 협력하여 어떻게 건설해야 하는가의 문제의식이 중요하다고 주장하며 나아가 인터넷의 긍정성과 순기능에서 디지털 미래의 대안적 시나리오와 해법의 실마리를 찾고 있다.

14장은 '디지털 격차'라는 용어를 해체하여 참여와 배제의 역학을 재고하는 내용이다. 저자는 디지털 격차 및 인터넷 접근권의 격차를 논의하기 위해 인터넷 접근권의 소유 여부뿐만 아니라, 구체적으로 소유한 접근권의 이용방식을 관찰하는 것이 필요하다는 입장이다. 저자는 공영방송을 디지털 공간에서 사회적 커뮤니케이션을 공유하는 이상적인 대안으로 본다. 왜냐하면 보편적 접근권이 보장된 통신망 사회를 건설하기 위해 모든 사람에게 개방적이고, 개인적 창의성과 참여에 친화적이며, 온전한 시민권을 보증할 만한 장점을 가지고 있기 때문이다. 공영방송의 수평적 운영, 그리고 공공 인력과 전문성을 동력으로 활용하는 것은 보편적인 인터넷 접근권 보장과 민주적이고 참여적인 인터넷 사회 건설의 가능성을 높일 것이다.

그레이엄 머독 교수가 14편의 글에서 다룬 내용은 디지털 미디어 시대에 공영방송 시스템을 근간으로 한 커뮤니케이션 공유 철학과 제도가 시민들의 접근권을 확대시키고, 참여도를 높임으로써 문화복지의 향상을 가져온다는 것으로 요약된다. 이러한 결론은 특히 영국의 미디어 역사와 민주주의적 관계를 비판적으로 고찰한 데서 나온 산물이다. 우리나라의 방송 역사에서 공영화와 사유화는 경제적 발전 수준이나 또는 민주주의의 위상과 밀접히 연계됐다.

1960년대 이후 약 20년간 지상파 텔레비전 방송 제도의 구축 과정에서 민영화가 중심을 이루었고, 신문과 방송의 교차소유가 허용됐지만 재벌소유 언론의 재벌이익 추구와 억압적 정치구조인 유신체제 하에서 언론의 민주주의 기능약화라는 비판을 받았다. 1980년의 신군부 정권은 언론의 통폐합과 공영방송 체제구축을 통해 언론의 체제유지 기능을 강조했지만, 시민의 광범위한 저항에 직면했다. 1987년 민주화 요구의 수용에 따라 등장한 노태우 정권 이후 지상파 방송의 공영구조와 공영 미디어렙 광고 제도가 2010년까지 30년 가까이 유지되는 가운데, 수도권과 지역의 민영방송, 케이블방송, 위성방송, DMB, IPTV의 등장으로 공영과 사영의 조화와 균형을 추구했다. 하지만 2009년의 방송법 개정과 정부의 방송정책 개입 확대 현상은 공영구조의 약화로 민주주의를 위협한다는 점에서 언론학자와 시민단체의 비판에 직면했다.

이러한 우리의 상황은 공영방송과 디지털 미디어의 공공성에 대한 논의 수준을 심화할 것을 요구한다. 이 책은 영국의 사례를 중심으로 분석했지만 우리의 과거와 현재에 대한 평가, 그리고 미래 방향의 모색을 위해 어떤 길이 바람직한지를 보여준다. 머독이 주장한 공영방송의 중요성과 논리 그리고 디지털시대 시민의 접근권 확대를 통한 민주주의 기능 회복의 필요성은 일반 시민에게는 공영방송에 대한 이해를 돕고, 방송학도와 연구자에게는 다양한 사례분석과 이론적 근거를 제시하고, 방송 정책과 산업의 전문가에게는 시민을 위한 바람직한 정책과 경영방향 수립을 위한 기초자료로 활용될 수 있다.

끝으로 이 책이 발행되기까지 각별한 관심을 갖고 참여해준 번역진과 교열진, 출판사 등에 마음속으로부터 감사의 말씀을 전한다.

2011년 10월

한국언론정보학회 매체자본연구회장 이 진 로

디지털 시대와 미디어 공공성

미디어, 문화, 경제

차 례

제3부 공공의 문화를 방어하며

제4부 소비자, 시민 그리고 코뮤나르드

일러두기

1. 이 책은 그레이엄 머독이 학술지와 저서를 비롯해 각종 매체에 발표한 논문들 중에 '디지털 시대와 미디어 공공성'이라는 주제와 관련된 것들을 저자가 추천한 것으로, 저자의 동의하에 한국어로 번역한 것이다.
2. 원 논문에서 이탤릭체로 강조된 부분은 고딕체로 표시해 강조했다.
3. 원주는 각주로 처리하고, 옮긴이의 주와 설명은 '옮긴이 주'라는 표시를 달고 각주 처리하거나, 본문 중에서 〔 〕 안에 해당 내용을 적고 '—옮긴이'로 표시하였다.

제 1 부

비판을 위한 자원

제 1 장

포스트를 넘어서

변화의 재사유와 비평의 부활 *

새로운 것을 끌어안기

> 우리의 세계는 변화하고 있고, 그 변화의 중심에 커뮤니케이션이 있다(Byers and Smith, 2000, p. 1).

> 이 세계에 매우 새로운 무엇인가가 발생하고 있다. … 수많은 경향들이 반복해서 나타나고 있는데 (그러나) 그중에서도 우선적이고, 그리고 내가 보기에 어떤 면에서 가장 중요한 것은 범세계적 커뮤니케이션 혁명이다. … 놀라워 열광하는 유형의 사람들은 … 과거와 급격히 단절하는 세계를 본다. … 대체로 나는 그런 사람들에 동의하는 편이다(Giddens and Hutton, 2000, pp. 1~3).

위의 인용문들, 즉 방송과 통신을 관장하는 규제 시스템의 근본적

* 원 논문 출처: Murdock, G. (2004). Past the posts: Rethinking change, retrieving critique. *European Journal of Communication, 1*(1), pp. 19~38.

변화를 제안한 영국 정부의 백서(White Paper) 서문에서 인용한 첫 번째 것이나, 영국의 잘 알려진 사회이론가 앤서니 기든스(Anthony Giddens)의 글을 인용한 두 번째 것이나 모두 변화에 대한 설명으로서 점점 더 통용되는 관점을 대변한다. 주류 사회과학이 지배해온 이론 영역의 주변부에 밀려나 있었으며, 방송 드라마 탐구에 시간을 허비하고 있다는 문화 엘리트들의 조롱을 받아온 미디어 학자들에게, 커뮤니케이션 시스템이 이제 산업이자 문화형태이자 일상적 사회 실천의 장으로서, 경제적이고 창의적인 삶의 재조직에 중심적인 것으로 여겨지고 있다는 것은 충격적인 사실이다. 이러한 새로운 중요성이 알려지면서 지적·정치적 논쟁의 핵심에서 미디어 전문가들이 기여할 수 있는 커다란 기회가 제공되었다. 하지만, 이러한 기여는 커뮤니케이션과 변화에 대한 오늘날의 담론에서 보이는 두 가지 중심적 경향, 즉 '새로운 것'에 대한 과대평가와 미디어 중심주의의 유혹을 거부할 때 가능해진다.

동시대의 많은 사람들이 프랑스혁명을 구질서와의 완전한 단절로 보았던 반면, 보수인사인 에드먼드 버크(Edmund Burke)는 사건들에 휩쓸리지 말 것을 조언했다. 버크는 거리에서의 혼란을 관찰하면서 "광란의 가스와 응축된 공기가 분명 깨져 분출되고" 있다는 점을 인정했지만, "우리는 우리의 판단을… 요란하고 거품이 이는 표면의 변동보다 더 깊은 무엇인가를 볼 수 있을 때까지 유보해야 한다"고 주장했다(Wilhelm, 2000). 지난 20년 동안의 변화에 관한 많은 저술들은 이 충고를 무시하고 표면적인 사건을 근본적 단절의 지표로 여겼다. 이처럼 과거를 떠나보내려는 만연된 감성은 현대세계를 규정하는 형태를 묘사하는 근대성, 산업주의, 자본주의, 국가 그리고 식민주의 등의 라벨에 '포스트'(*post*)라는 접두어를 붙임으로써 매일의 토론에 끼어들었다. 커뮤니케이션에서의 변화와 현대의 보다 광범위한 변화 유형 사이의 상호작용에 대해 좀더 적절하게 설명하기 위해 필수적인 전제조건은 이 '포스트들'(*posts*)을 뒤로하는 것이다. 따라서 이 글에 전개된 관점은 "어떻게 우리가 우리의 현재 상황을 가장 잘 해석하고 대응할 것인가에 대한" 토론을 열어가기 위해서 "표면적인 모든 혼란과 변동 아래에서 일어나고 있는 보다 깊은 변화의 일단을 밝혀내는 것"을 추구한다(Harvey, 2003). 좀더 구체적으로 말하면, 나는 자본주의 조직에서 일어나는 변화와 자본주의가 만들어내는 모순을 분석하는 것이 이 도전의 가장 생산적인 출발점을 제공할 것이라고 주장하고 싶다.

기 술(*technologies*)

이것은 커뮤니케이션 전문가로서는 별난 선택처럼 보인다. 왜 아날로그에서 디지털 기술로의 변화에 의해 촉발된 미디어 시스템의 조직 변화에서 시작하지 않는가? 그 이유를 몇 가지 제시하고자 한다.

첫째, '디지털 혁명'과 '새로운 매체'의 등장이라는 관념은 과거의 커뮤니케이션 시스템과의 단호한 단절을 시사한다. 많은 평론가들은 이것을 정치와 경제 권력의 수직적 네트워크가 해체되고 사용자와 소비자들에게 통제권을 돌려주는 것이라고 규정한다. 이는 지나치게 낙관적이다. 기계가 발달하더라도 제도와 시스템은 변화에 대해 회복력이 크다는 점을 입증하고 있다. 지난 5년 동안 우리는 문화산업에서 기업의 힘이 유례없이 집중되는 현상을 경험했다. 미디어 생산에서 최근 일어나고 있는 변화는 "포맷과 플랫폼 … 의 지속성 이야기—'뉴 미디어'가 올드 미디어의 가능성을 지탱하고 부활시키고 증폭시킨다는—를"(O'Regan and Goldsmith, 2002) 폭로하는데, 여기에는 판촉과 마케팅을 위해 쌍방향 및 P2P(*peer-to-peer*) 네트워크를 광범위하게 사용하는 것이 포함된다(Murdock, 2000a). '뉴 미디어' 연구를 자신의 출판물과 연구자 네트워크를 가진 독특하며 자기제한적인 영역이면서, 동시에 저널 출판업자에게 상업적으로 수지가 맞고

고정된 지점으로부터 전달되는 음성전화 방식이 독점하고 그 접근이 보편적 서비스 원칙에 의해 규정되었던 상황에서 이는 그리 큰 문제가 되지 않았다. 그렇지만 텔레커뮤니케이션 연결이 이미지, 비디오, 음악 등 모든 범위의 표현형태를 운반하는 상업화된 커뮤니케이션 상황에서, 이러한 연결망을 다루는 정치경제학은 접근과 사용의 사회적 조직을 본격적으로 분석하는 데 점차 중심적이 것이 되고 있다.

일단 우리가 네트워크와 인공물에 대한 비판적 정치경제학을 구성하는 데 착수한다면, 그 연결망은 우리를 예상치 못한 방향으로 이끈다는 것을 알 수 있다. 휴대전화에서 전하(電荷)를 모으는 축전기를 만드는 가장 효율적인 물질로 탄탈룸의 일종인 콜탄은 일부 지역에서만 발견된다. 그것이 가장 많이 분포된 광산의 하나가 콩고민주공화국에 있다(Agar, 2003). 1999년 이래 콩고에서의 피비린내 나는 내전으로 수천 명의 사람이 죽었고 약 25만 명의 사람들이 고향을 떠났다. 최근 UN의 조사는 외국의 이해관계가 콜탄을 포함한 희귀 원료를 공급받는 대가로 콩고의 무장세력에게 불법적인 지원을 하는 방식으로 전쟁을 끌어왔다고 결론지었다.

부유한 사회에 대한 질적 연구는 휴대전화가 친밀함과 상호작용을 일상적으로 확장시키는 새로운 필수품으로서 기능하는 다양한 단편들을 보여준다. 서울의 한 쇼핑몰에서는 한 여학생이 보내고 받는 휴대전화 메시지를 10대 여학생들이 둥그렇게 둘러서서 함께 바라보며 웃고 재잘거리고, 때로는 그것을 크게 읽기도 한다(Yoon, 2003). 소매점에서 일하는 25살의 영국 여성은 연구자에게 말한다. "내가 어디 있든지 누구나 나를 찾을 수 있기 때문에 휴대전화를 좋아해요. … 휴대전화를 집에 두고 오면, 다시 집에 돌아가야만 해요"(Harkin, 2003). 한편, 콩고에서 전쟁은 "1,800만 명의 사람들을 어떤 종류의 서비스 — 깨끗한 물, 의료, 교육, 교통수단, 또는 주택 — 도 없는" 상태로 만들어버렸다(Hunt & King, 2003). 이렇게 극단적으로 대비되는 상황들을 같은 개념공간 안에서 함께 논의할 수 있는 이론적 분석틀을 만들어, 그들 사이의 관계를 풀어내는 것이 비판적 분석가의 책임이다. 라이트 밀스가 비판적 사회 탐구를 위한 선언에서 강력하게 주장했듯이, "〔개인적인〕 남자와 여자의 일대기는 그들의 일상생활 환경을 조직하는 역사적 구조를 언급하지 않고는 이해될 수 없다"(Mills, 1970). 이와 마찬가지로, 변화의 구조적 힘의 영향에 대한 분석은 일상의 실천에 대한 세밀한 민족지학적 작업에 기반을 둘 필요가 있다(Murphy & Kraidy, 2003). "가장 비개인적이고 먼 곳에서 일어나는 변화에서부터 인간 자신의 가장 친밀한 성질에 이르기까지를 아우르는 방법을 찾는 — 그리고 이 둘 사이의 관계를 보는" 밀스의 도전은, 그가 처음 제기했을 때와 마찬가지로 지금도 유효하다. 사실, 현대의 관계들은 훨씬 더 풀어내기가 어렵다고 주장되기에 그의 문제제기는 더 유효하다. 그 이유 중의 하나는 현대의 관계들이 변화에 대한 오늘날의 논쟁에서 두 가지의 주요 영역 — 근대성의 변형과 세계화의 도래 — 을 둘러싸고 성장해온 지배적 학술담론에 의해 체계적으로 모호해져왔기 때문이다.

근대성

'탈근대성' 이론의 보다 강경한 입장에 의하면, 현 시대는 1840년대에서 1970년대 사이에 형성되어 굳어진 근대성의 조건들을 형성했던 제도, 문화형태 그리고 일상의 실천들과 단호하게 단절했다는 특징이 있다. 근대성의 말소에 대한 이러한 고집은 깊숙한 구조적 변형이 최근 근대성 내에서 일어나고 있다는 주장에 꺾여버렸다. 이들 변화는, 무거운 것에서 가벼운 것으로, 고정된 것에서 유동적이고 이동적인 것으로, 장소에서 공간과 유동으로의 운동이라는 일련의 되풀이되는 은유로 특징화된다.

1848년에 작성된 이래 19세기 유럽 문헌에서 가장 많이 인용되는 구절 중의 하나에서, 맑스와 엥겔스는 자본주의가 행하는 기존 구조의 창조적 파괴에 대하여, "모든 고정되고 빠르게 굳어진 관계는 사라지고", "모든 단단한 것이 허공 속으로 녹아버리는" 과정이라는 유명한 찬사를 남겼다(Marx & Engels, 1968). 지그문트 바우만(Zygmunt Bauman)은 단단하게 형성된 제도들—공장, 관료제, 민족국가—이 차례로 용광로에 던져지면서 자신이 '유동적 근대', '액체성 근대' 또는 '가벼운 근대'라고 다양하게 부르는 어떤 시대가 시작되는 것 속에서, 지금도 반복되고 있는 그 동일한 과정을 본다(Bauman, 2000). 공업적 근대성이 "묵직하고 커다란 기계들"과 "한없이 넓은 공장 바닥을 둘러싼 한없이 긴 공장 벽의 시대"인 반면(Bauman, 2000), 서비스와 정보와 상징적 상품의 거래로 둘러싸인, "'무게 없는 경제'의 도래"(Giddens & Hutton, 2000)는 전례 없는 유동성과 이동성의 시대를 안내하는 것처럼 보인다. 생산의 중요 거점이 컨베이어 벨트에서 노트북 컴퓨터로 옮겨간다.

공업적 노예상태로부터의 해방이라는 이 그림은 작업규율과 강제의 새로운 거점을 애써 무시한다. 콜센터의 응답부서에 앉아 있는 노동자들의 빽빽한 줄은 기계 옆에 서 있는 공업노동자들의 빽빽한 무리와 확연히 닮아 보인다. 공장은 고층 아파트로, 발전소는 아트 갤러리로 바뀐 듯하지만, 자본주의 체제가 내리는 명령—이익 극대화와 축적—이야말로 현대세계의 모습을 근본적으로 계속해서 만들어내는 것이다. 사실상 그 명령이 미치는 범위는 지금이 과거보다 더 광범위하다. 그러나 울리히 벡(Ulrich Beck)과 같이 근대성에 대한 가장 창조적인 해설자들의 일부도 이 단순한 진실을 놓치곤 한다.

벡에게 있어, '유동적 근대성'의 도래는 단순히 조건들의 새로운 유동성이 아니라 근대성의 핵심적 구조를 지탱해온 것으로서 당연하게 여겨진 전제의 근본적인 위기를 알리는 신호이다. 그는 진보를 지속하고 위기를 관리하려는 근대성의 시도가 낳는 다수의 부작용을 바라보는데, 이것은 근대성의 시금석이 되는 관념들에 의문을 던지고, 19

세기와 20세기의 '단순한' 또는 '첫 번째' 근대성으로부터 '근대화의 의미와 가치에 대한 끊임없는 논쟁'에 의해 특징화된 '두 번째' 또는 '재귀적'(*reflexive*) 근대성으로의 이동을 재촉한다(Beck et al., 2003). 그는 "경험적이고 이론적인 좌표가 기본 제도와 동시에 변하고 있기" 때문에 이 변화를 '메타-변화'라고 특징짓는다(Beck et al., 2003). 그가 적절히 지적한 것처럼, '포스트적' 사고가 특정한 한정적 영역(대부분 현저하게 문화와 경제) 내에서의 변화에 초점을 두고 있는 반면, 그는 현대의 변화를 분석하기 위한 광범위한 틀을 제공한다. 이는 상찬할 만한 목표이지만 두 가지 점에서 실패하고 있다. 첫째, 그의 틀은 '두 번째' 근대성을 모두가 거의 동등한 무게를 갖는 다수의 힘들의 교차점에서 생산되는 것으로 본다. 벡은 특별히 중요한 변화의 지렛대로서의 "시장의 팽창, 법적 보편성, 그리고 기술혁명의 경계를 뒤흔드는 힘"을 지적하였지만, 그것들 간의 우선순위를 매기는 것은 거부한다(Beck et al., 2003). 특히 우리가 전 지구적 상호연결이나 반향을 이해할 수 있는 틀을 구축하기 원한다면, 현대적 변화의 핵심 동력으로서의 '시장 팽창'에 우선순위를 두어야 하는 충분한 이유들이 있다. 그렇지만 이는 벡의 과제가 아니다. 반대로, 그는 아주 솔직하게 그의 틀은 "두 번째 근대성이 와해시키거나 변화시키는 제도는 우선적으로 유럽에 있다고 당연시하기" 때문에 "완전히 **유럽 중심적**"(강조는 원문)이라고 인정한다(Beck et al., 2003). 그러므로 그가 언급하듯이, 유럽 본국으로부터의 영향이 "탈식민주의의 왜곡된 집합"(Beck et al., 2003)으로 잔물결을 일으키는 경우를 예외로 하면, 그의 틀은 저소득 국가들과는 관련이 없다.

이에 비하여, 근대성의 변화를 해설하는 다른 사람들은 전 지구적 범위를 주장의 중심에 놓는다. 영국의 주요 사회학자 중 한 명인 존 어리(John Urry)는, 사회학이 '사회'를 '민족국가'와 편리하게 융합시키는 것과 단호하게 단절하지 않는다면, 그리고 "'사회이기에 사회적인' 것을 '이동성이 있기에 사회적인' 것으로 실질적으로 재구성하고 있는 다양한 이동성"에 대한 연구로 자신을 재정립하지 않는다면, 사회학은 점점 더 부적절한 학문이 될 것이라고 주장한다(Urry, 2000). 그는 "일국적 사회의 명백히 하락하는 힘"을 감안한다면, 우리는 "네트워크, 이동성 그리고 수평적 유동성으로 조직된" 새로운 거점 안에서의 주요 활동에 따를 수밖에 없다고(Urry, 2000), 그리고 "사람, 정보, 돈의 이미지와 위험요소가 지역들을 가로질러 불균등하고 파편화되어 흐르는 것"을 탐구하면서, 새롭게 떠오르는 "전 지구적 유동체"에 초점을 맞출 수밖에 없다고 주장한다(Urry, 2000). 다수의, 교차하는 이동성에 기초하여 건설된 "국경 없는 세계"라는 이러한 비전에 대한 해석은 사회과학 전반에서 점점 지지를 얻고 있다. [그러나] 그것은 두 가지 점에서 도움이 되지 않는다.

첫째, 민족국가가 정치적이고 행정적인 조직의 핵심단위로서 중요성이 하락하고 있다는 것은 누가 보아도 경험적으로 맞지 않다. 그와는 반대로, 우드(Ellen Meiksins Wood)가 설득력 있게 주장하듯, 오늘날 자본주의적 강제의 국제화를 지탱하는 것은 우호적인 작동환경을 보장하려는 능력과 의지가 있는 안정된 국가들의 네트워크에 근본적으로 의존하고 있다(Wood, 2003). 둘째, 흐름의 공간을 수평적인 것으로 상정함으로써, 이동성의 옹호자들은 전 지구적 시스템 내에서 경제적 정치적 권력이 계속 집중되면서 수직적으로 작동한다는 것을 편리하게도 무시해버린다. 아이러니하게, 이동성에 대한 차별적 규제야말로 이 과정이 작동하고 있다는 특히 좋은 사례이다.

마누엘 카스텔스(Manuel Castells)가 지적하듯이, "만약 세계화가 우리 시대의 근본적인 특징으로 광범위하게 인식된다면, 이는 기본적으로 세계 금융시장의 출현 때문이다"(Castells, 2000). 자본은 쉽게 새로운 세계적 순환을 따라 그리고 압도적으로는 그 자신에 의해 선택된 조건하에서 움직이는데, 그러면서 국가적 제약을 피하는 다수의 방법들을 찾는다. 이에 반해 노동은 어렵게 움직이거나 전혀 움직이지 못하고, 그것도 대부분 어디선가 결정해버린 조건하에서 움직인다. 1994년, 멕시코, 캐나다 그리고 미국은 자유무역협정(NAFTA)에 들어갔다. 같은 해에 불법이민단속시스템(Operation Gatekeeper)[1]은 미국-멕시코 국경을 불법 이민자들을 추적하기 위한 적외선 포열, 이동 조명등, 진동감지 마그네틱 센서로 무장한 '군사화된 전쟁 지역'으로 변모시켰다(Schome, 2003). 선진 자본주의 국가의 국경에 모여드는, 종종 필사적인 '경제 이주자들'의 숫자와 관련하여, 우리는 전쟁, 기근 그리고 개발 프로젝트에 의해 고향에서 쫓겨난, 2천만 명이 넘는 세계적 난민들과 2천만 명이 넘는 보다 내부적인 난민들을 추가할 필요가 있다(Castells, 2003). 강제 이주자들 및 그들을 만들어내는 과정은 새로운 세계적 흐름에 열광하는 사람들에 의해서 편리하게 지도에서 사라져버렸다. 이런 부재는 '세계화' 이론이 비판적 분석의 시작을 위한 적절한 논점을 제공하는 데 일반적으로 실패하고 있다는 것의 한 측면이다.

세계화

내가 주장하듯이 지난 20년 동안 자본주의적 강제의 전례 없는 세계화가 현대세계에서 변화의 중심적 동인이라면, 미디어와 문화 연구에서 이 변화에 대한 토론을 지배했던 문화 세계화 이론의 변종들은 그 변화의 역학을 보여주거나, 또는 커뮤니케이션의 구조와 실천에 대해 그 변화가 갖는 함의를 이해하기에는 몹시 빈약하다. 그것들이 실패하는 이유는 관련된 역사, 지속되는 구조적 불평등, 경제적 구조조정의 규모와 범위 등에 대해 충분히 설명하지 못하기 때문이다.

1) 옮긴이 주: 클린턴 대통령 시절인 1994년 9월, 미국이 캘리포니아와 멕시코 국경의 보안을 강화하기 위해 선포한 보안작전이다. 멕시코로부터의 불법이민을 막기 위해 8억 달러의 비용을 들여 장벽과 장애물들을 설치하고 순찰활동을 대폭 강화했다.

'근대화'와 '서구화' 관념을 통해 구축되었던 세계 변화에 대한 초기 이론이 사건의 연대표에 강하게 의존한 반면, 문화 세계화 모델은 세계를 "동시성, 중첩성 (그리고) 일관되지 못하게 덧붙여진 일관성"을 특징으로 나날이 통합되어가는 공간으로 보고 있다(Buck-Moss, 2003). 결과적으로 거기에는 "역사적 깊이가 없다. 그리고 '지금'이 곧 새로운 것으로 여겨진다"(Burawoy, 2000). 역사적 변화의 긴 고리에 대한 이러한 무관심은, 오늘날의 자본 국제화가 일어나고 있는 가변적인 기반들을 만들어온 이전의 역사로부터 분리함으로써 분석을 무능화시킨다. 1840년에서 1980년 사이에, 여러 민족과 지역은 다양한 경로를 통해 서구의 근대성과 관계했다. 식민의 근대성과 더불어 우리는 (일본의 메이지 유신처럼) 서구 따라잡기를 지향하는 '반작용적 근대성', (중국과 소련같이) 자본주의 없이 산업주의 발전을 추구하는 '혁명적 근대성', '근대화' 프로젝트라는 강력한 국가 지도에 기반하는 '개발의 근대성'을 보고 있다. 이들 역사와 그것들의 구조적이고 문화적인 유산을 이해하는 것은 현대적 변화의 역학과 그것이 발생시키는 새로운 모순을 이해하기 위한 기본적 전제조건이다.

문화 세계화 모델의 두 번째 문제점은 초국적 만남과 반응을 분석하는 체계적 틀로서 지역/세계의 이원화를 중심에 두는 데 기인한다. 모든 이원적 구성과 마찬가지로, 거기에는 '지역'을 진정성이나 자기 창조의 영역으로, '세계'를 미리 포장되고 진정성 없는 영역으로 구축하면서 두 용어를 본질화하려는 경향이 있다. 여기서 다시 구체적 역사를 되찾아오는 것이 유익한 교정이 된다. 로버트 포스터(Robert Foster, 2002)가 파푸아뉴기니의 일상적 미디어에 대한 예리한 분석에서 보여주는 것처럼, 상당히 파편화된 국가는 지속적인 '민족적 이미지'를 형성할 수가 없으며, 사람들은 한 민족의 시민이라는 느낌을 표현하기 위해 다른 상징적 장소를 찾는다. 아이러니하게도, 즉각적으로 이용 가능한 자원은 시민의 정체성을 대체하여 초국적 소비주의를 형성하는 데 선봉인 코카콜라와 같은 다국적 기업의 상품을 판촉하는 현지 광고에 의해 제공된다. 분명히, '새로운' 민족을 상업적으로 재구성하려는 시도는 항상 기업들이 바라거나 문화제국주의 이론이 예측하는 방식으로 작동하지는 않는다.

그 이유 중의 하나는 지금의 개입은 과거의 만남으로부터 전승된 복잡한 망에 즉각적으로 사로잡혀 있기 때문이다. 특히 탈식민 사회에서 그러한 개입은 "유럽인, 북미인(그리고 대만, 한국, 중국의 경우 일본인)이라는 다양한 계층들이 다양하게 식민화된 사람들과 맺은 다면적이고 문제투성이인 관계, 그리고 제 3세계 민족국가들과 그 국경 내의 부족민 사이의 똑같이 비대칭적인 접촉과 전투"의 특성을 기반으로 하는 것이었다(Thomas, 1991). 이런 얽힘의 체계적 유형을 구축하기 위한 괴란 테어본(Göran Therborn)의 최근 시도는, 생산의 중심지에서 유래하는 미디어의 구조물과 인공물이 세계적으로 거치게 되는 통로에 대한 연구를 위한 특히 유익한 출발점을 제공한다(Therborn, 2003). 그의 연구의 윤곽은 두 가지 질문에 대한 대답들로 엮어진다. "무엇이 복잡하게 얽혀 있는가?" — 재정, 기업, 기술, 사람, 이데올로기 또는 상징적 형태. 그리고 "어떤 장소에서 이러한 얽힘이 발생하고 있는가?" — 제도, 인공물, 또는 생산과 소비의 판에 박힌 일상.

문화 세계화 모델은 얽힘에 관한 하나의 설명을 제공하지만 그것은 전적으로 표현과 정체성을 위한 새로운 공간을 열어주는 새로운 조합을 끊임없이 풍성히 생산해내는 것으로 간주되는 '혼종성'(*hybridity*)의 관념을 중심으로 구성되어 있다. 이 과정을 주로 또는 전적으로 긍정적인 것으로 평가하면서, 많은 설명들은 거기서 발생하는 상실의 고통이나 심각한 모호함을 탐구하기를 회피한다. 그런 설명들은 자신을 다시 만들어내려는 사람들의 시도가 물질적이고 문화적인 박탈의 결과라기보다는 자유롭게 선택된 것으로 가정한다. 그런 설명들은, 정확히 보면 '우리'(정당하고, '진정한' 국민)를 '그들'(믿음이 없는 자, 나중에 온 자들, 그리고 피난처를 찾는 사람들)로부터 분리시켜

주는 경계를 방어하는 데 근거하는, 민족적이고 종교적인 근본주의의 범세계적 물결을 무시한다. 세계적 얽힘에 대한 이러한 모순적 반응들을 이해하기 위해 우리는 다면적 차이라는 평면적인 풍경에서 계급이라는 수직적 구조로 옮겨 갈 필요가 있다(Murdock, 2000b).

지금의 자본주의 세계화는 국가와 지역 내에서나 그 사이의 계급 불평등을 심화시킬 뿐 아니라, 확장된 초국적 자본가계급, 시장화로 이익을 얻는 새로운 상업적 중간계급, 그리고 패자가 되는 국제적 노동 예비군을 창출하며 계급관계를 국제화하고 있다. 개인적 컴퓨터 자원에 대한 차별적 접근에 관한 최근의 주장들이 분명히 보여주고 있듯이, 계급적 지위는 두 가지 이유에서 분석을 위한 불가결한 출발점으로 남아 있다. 첫째, 커뮤니케이션 자원에 대한 접근이 점점 더 가격체제를 통하여 이루어지고 있는 시장화된 경제에서 가처분 소득에 대한 능력은 선택을 조절하는 데 덜하기는커녕 보다 더 중요해지고 있다. 둘째, 경제적 위치는 자기선택적 이용에 요구되는 사회적 문화적 자원의 범위에 접근할 수 있는 주요한 결정요소로 남아 있다(Murdock & Golding, 2003 참조).

문화 세계화 이론가들이 계급문제에 관여하기를 꺼리는 것은 정치경제적 분석에 대한 좀더 일반적인 반감의 일부이다. 제임스 커런(James Curran)이 지적하듯이, 그들의 설명은 "경제적인 힘에 대해 비판적으로 관여하는 데" 거듭 실패하고 있다(Curran, 2002). 스튜어트 홀(Stuart Hall)은, 문화제국주의 이론을 지탱했다고 볼 수 있는 경제결정론에 대한 배척이 "다른 실천의 '존재조건'으로서 경제적 관계와 그 '효과'에 관한 문제를 사고하는 대안적 방식을 만들어내지 못하고", 그 대신 거대하면서도 웅변적인 부정(*disavowal*)으로 귀결되었다고 주장하면서, 탈식민 이론에 대해서 동일한 의구심을 제기했다(Hall, 1996). 최근의 자본주의 세계화의 범위와 포괄성에 직면하여 이는 단순히 적용될 수 없는 이론이 된다. 아리프 디르릭(Arif Dirlik)이 지적하듯이, "만약 세계화가 무엇인가를 의미한다면, 이는 사회를 자본주의 근대성으로 통합하는 것이다"(Dirlik, 2003). 이 과정은 적어도 한 세기 동안 펼쳐졌지만 이전에는 결코 세계적 범위로 달성되지 않았다. 현대적 변화의 중심적 구조화 원리를 만들어내는 것이 바로 이런 압박이다. 앤서니 기든스에게 있어, "어느 정도 세계화 동력의 하나인 새로운 자본주의라는 것은 일종의 수수께끼이다"(Giddens & Hutton, 2000). 이는 근원적 논리와 그 결과들을 편리하게 융합시킨다. 세계화된 자본주의의 영향과 이에 대한 반응은 복잡하고, 종종 모순적이며, 상세한 민족지학의 기반에 의해서만 충분히 이해할 수 있다. 하지만 이 과정을 추동하는 중심논리는 명백하다.

자본주의

그것은 두 개의 교차하는 역학이 만들어낸 산물이다. 1973년 이래 선진 자본주의 경제가 경험한 과잉축적 문제의 증대(Harvey, 2003)와, 공산주의, 탈식민 그리고 복지국가에서의 국가관리에 의한 근대화의 위기 심화가 그것이다. 전자는 새로운 시장과 투자 기회를 합심해서 찾도록 이끌었고, 후자는 그것을 제공했는데 영토, 영역 그리고 자원의 범위를 사업에 추가로 개방함으로써 그랬다. 세계에서 가장 인구가 밀집된 경제지역인 소비에트블록, 중국, 인도의 개방은 특히 중요했는데, 이들 모두는 제2차 세계대전 후 세계 자본주의 체제로부터 폐쇄되었거나 상대적으로 고립된 지역이었다. 소련의 붕괴, 좀 더 일반적으로 사회주의적 해결책에 대한 신뢰의 손실은 또 하나의 주요한 이데올로기적 계기가 되었다. '발전'에 대한 주요한 대안적 비전이 제거됨으로써 그것은 "자본주의 밖의 가능성을 제거했다"(Dirik, 2003). 이들 변화는 시장화를 향한 일치된 압박에 의해 추진된 것인데(Murdock & Golding, 2001 참조), 4개의 주요 전선에 걸쳐 있다.

첫째, 자본주의 기업에게 할당된 활동영역이 이전에 보호되던 시장을 개방하는 것(자유화)과 공공기관에 의해 관리되거나 공동의 소유였던 자원과 시장을 재할당하는 것(사유화, 여기서는 민영화 의미보다 개인의 의한 소유의 문제를 강조 — 옮긴이)에 의해 급속하게 확대되었다. 이 '박탈을 통한 축적'(Harvey, 2003)은 중상 자본주의 시대에 농업용 공유지를 제거하는 것에서 시작된 인클로저(*enclosure*)의 논리를 확장한 것이다(Murdock, 2001).

둘째, 이들 구조 변화는 확립된 '공공재' 개념이 주로 개방시장, 무한경쟁 그리고 소비자 보호에 관련해 효과적으로 해체되고 재규정되는, 규제체제의 근본적인 재방향성을 수반하는 것이었다.

셋째, 시장의 논리와 평가기준이 아직 공식적으로 공적인 영역에 남아 있는 것들을 포함하여 모든 조직을 평가하는 척도로 정립되었다. BBC의 최근 역사는 이러한 기업화 과정에 의해 진행되는 모순의 완벽한 사례이다.

마지막으로, 이 변화는 새롭게 힘을 얻은 소비주의(*consumerism*)라는 주요 이데올로기에 의해 정당화되었는데, 이는 사람들로 하여금 자신에 대해 처음부터 끝까지, 상품과 서비스를 구매하는 것을 통해 자신을 재정립하고 열망을 실현하는 주권(심지어 의무)을 가진, 시장의 개별적 주인공으로 생각하도록 부추긴다.

이 시장화의 과정은 여전히 진행 중이고 미디어와 문화 연구에 두 개의 중요한 도전을 부여한다. 이 과정은 이전의 서로 다른 역사에 토대를 두고 있는 대비되는 국민적 공간들을 가로질러 펼쳐지기 때문에, 그것이 공공 커뮤니케이션과 문화 제도의 조직과 정향에 미치는 가변적인 영향들에 대한 광범위한 비교 설명을 발전시킬 필요가 있다는 것은 무엇보다 분명하다. 우리는 대부분 공영방송의 전 세계적 변화와 관련하여 이런 설명의 단편들을 가지고 있지만, 틈새를 메울 필요는 긴급하다. 우리는 또한 변화를 정당화하는 데서 판촉문화가 갖는 중심적 역할에 대해 지금보다 더 지속적인 관심을 기울일 필요가 있다.

광고가 그 자체로 중요한 문화적 형성물일 뿐 아니라, 동시에 상업 미디어의 주요 재정기반이라는 것을 감안한다면, 광고에 대한 미디어 학자의 상대적 무시는 놀랍고도 유감스러운 것이다. 그렇지만 광고연구로는 더 이상 충분하지 않다. 판촉담론은 오래전에 옥외 포스터, 신문광고 그리고 15초 방송광고의 제한으로부터 탈출해버렸다. 판촉은 도처에 깔려 있고, 우리를 감싸고 있고, 항시적으로 확산되는 일상적 인공물과 환경의 범위에 통합되었다. 이런 풍경을 그려보고 사람들이 그것을 통해 자신의 길을 찾아가는 방식을 이해하는 것은 우리로 하여금 문화적 텍스트와 미디어 수용자에 대한 연구의 방향을 재설정하도록 요구하고 있다.

분석은 텍스트가 아니라, 문화적 인공물과 장소를 둘러싸고 공생하는 다수의 대상과 담론에서 수집된 상호텍스트를 해독할 것을 요구한다. 우리는 (엘비스, 다이애나 왕세자비, 데이비드 베컴과 같은) 상징화된 인물로부터, 디즈니에 의해 선도된 다중-장소적 마케팅 전략으로부터 어떻게 이 의미의 무리들이 조합되는지를 알고 있다. 하지만 상호텍스트성이 재현의 형식이 되고 있는 것을 감안한다면, 우리는 보다 폭넓게 범위를 설정할 필요가 있다. 이는 이번에는 읽기, 영화보기, 로그 온, 음악 듣기 그리고 텔레비전 시청을 보다 광범위한 상품의 세계로 들어가는 출발점으로 보기 위해 미디어 수용자에 대한 분석을 요구한다. 우리는 소비 연구, 물질문화 및 시각문화에 대한 지금의 연구에 긴급히 관계할 필요가 있고, 우리의 주제를 집에서 나와 (상품)몰까지 이끌고 갈 준비를 해야 한다(Murdock, 2000c).

제국

기업권력의 강화와 판촉문화의 확산과 함께, 냉전 종식은 정치적 군사적 힘의 전 세계적 조직을 근본적으로 변화시켰는데 이는 한편의 국가의 논리와 다른 한편의 자본의 논리 사이에 새로운 긴장을 발생시키고 있다.

국가논리는 대체로 국경의 견고함을 방어하기 위한, 내부행정에 대한 주권을 유지하기 위한, 그리고 세계에서 자신의 이익을 촉진하기 위한, 국가(또는 하나의 파워 블록으로 작용하는 여러 국가들의 집합체)의 필요성에 뿌리를 내리고 있다. 반면, 맑스와 엥겔스가 지적했듯이, 주요 생산자원과 새로운 시장에 방해 없이 접근해야 하는 자본주의의 필요성은, 국경을 가로질러 "지구의 모든 지표면을" 누비면서 "모든 지점에 연결망을 만들도록" 재촉한다(Marx & Engels, 1968). 식민주의 전성기에 이 프로젝트는 군사력으로 뒷받침되는 물리적 점유에 의해 보장되었다. 그렇지만, 엘렌 우드가 우리에게 상기시키듯이, 식민제국은 상업제국을 뒤이은 것이었고, "지배적 자본주의 권력에 의해 조종되는 시장의 강제가 제국주의 국가나 식민지 정착민들에 의해 더 이상 행해지지 않는 것을 해내는" 새로운 자본제국에 의해 대체되었다(Wood, 2003).

대출(*loans*)에 따르는 시장화 조건과 주요 행위자의 이익에 맞추어진 국제무역체제는 표적 시장과 자원에 대한 접근을 확보해줄 수 있다. 그렇지만 그것들 자체로는 구체적 작동 조건을 확보하도록 보장하지 않는다. 우드가 지적하듯이, 결과적으로 "자본주의가 보다 보편화될수록", (자본)축적에 호의적인 환경을 보장받기 위해 "믿을 만한 지역국가의 똑같이 보편적 체제를 더욱 필요로 한다"(Wood, 2003). 그러나 일부 국가들은 이런 조건들을 제공할 능력이 없고, 일부 국가들은 공개적으로 적대적이라면 어떨까? 초국적 기업들은 '실패한' 그리고 '불량' 국가들에 직면하여, 체제 교체를 이행하고 규율을 부여하기 위해 핵심 자본주의 국가의 군사력에 기꺼이 의지한다. 만약 미국과 서구 자본주의가 무수한 지역에 걸쳐 분산되어 있는 다양한 적들에 직면해 있다면, '영구적 평화를 위한 영구적 전쟁'을 수행하는 것은 논리적이고도 필수적인 듯이 보인다. 결과는 "세계 경제에 대한, 그리고 그것을 관할하는 다수의 국가들에 대한 제한 없는 지배를 추구하는 자본주의적 욕망은 끝없는 군사적 행동을 요구한다"는 것이다(Wood, 2003). 이런 군사행동을 정당화하는 데는 국내의 상당한 공공적 비용과 더불어 근본적인 이데올로기의 변화가 수반되는데, 여기서는 정당한 전쟁이라는 확립된 원칙이 예상을 통한 보복과 선제공격의 권리를 주장하는 것으로 대치된다. 아프가니스탄과 이라크에서의 미국과 영국의 군사적 모험주의에서 가장 강력한 형태로 구체화된 최근의 이러한 경향은, 현대의 미디어와 커뮤니케이션 연구에 내재되어 있는 또 다른 주요 맹점을 보여준다.

우리에게는 최근의 전쟁과 반란이 공공 미디어에서 보고되고 재현되는 방식에 대한 상당한 양의 연구문헌이 있고, 이들 설명을 구성하는 정부와 언론인과 취재원 사이의 힘겨루기에 관한 확고한 분석이 있지만, 전쟁을 조직하는 데서 정보 시스템이 갖는 역할에 관한 문헌은 매우 적다. 미디어 학자로서 우리는 전쟁이 텔레비전 스크린에서 어떻게 구성되고 있는가를 알고 전쟁이 왜 지금처럼 보이게 되는가를 설명할 수 있지만, 우리는 어떻게 전쟁이 계획되고, 조직되고, 실행되는가에 관해서는 거의 말할 수 없다. 이 공백은 강제적이고 군사적인 조직에서 명령, 통제 그리고 커뮤니케이션 시스템이 더욱 중요해지는 현대에는 특히 연구자들을 무기력하게 만든다. 선진화된 정보 시스템의 동원은 갈등의 가능한 무대의 전체 범위에 걸쳐 무기와 군대가 신속히 그리고 최대로 효과적으로 배치될 수 있도록 하는 열쇠라고 군사 전략가들은 본다(Downey & Murdock, 2003). 미디어 학자로서 우리는 최근 부상하는 군사-정보 복합체를 장기간에 걸쳐 진지하게 살펴보면서 두 가지 질문을 할 필요가 있다. 첫째, 선진화된 정보와 커뮤니케이션 설비로의 집중적인 군사투자가 어떻게 전쟁과 국내 보안을 조직하는 방식을 변화시키는가? 둘째, 이런 식의 발전과 이를 지탱하는 상존 위협의 가설이 공공문화와 커뮤니케이션의 미래에 대해 갖는 함의는 무엇일까? 어떻게 이것이 기술혁신 또는 (주파수 범위, 위성방송 시간대 같은) 핵심 커뮤니케이션 자원할당의 우선순위, 또는 공공표현에 부과되는 검열의 정도에 영향을 미칠 것인가?

이 복합체 내에서 점점 명확히 드러나기 시작하는 핵심영역은 감시의 재구축이다. 자본주의 세계에 걸쳐 있는 보안 서비스는 일정 기간 미국 내에 거주하고 있던 조직원들에 의해 행해진 세계무역센터의 붕괴를 목도하였고, '위험성'을 감시하고 분류하는 기존의 확립된 모델이 일상의 삶에 녹아들어 있는 반란자들에게는 더 이상 효과가 없다고 결론지었다. 감시는 도서관 대출에서 슈퍼마켓 영수증에 이르기까지, 어떤 의도의 흔적이 남을 수 있는 가능한 모든 일상의 행위에 걸쳐 확대되어야만 했고, 그것은 표적이 되는 조직의 일반적 회원 목록을 훨씬 넘어서 미래의 어떤 경우라도 위협이 될지도 모르는 사람들을 포괄하는 '예상'이어야만 했다. 9·11 테러 이후 미국에서 수립된 '종합 정보인식 시스템' 프로젝트는 일상의 문화 행위 및 미디어 행위의 전체 범위를 포괄하는 감시 앙상블의 발전을 보여주는 가장 명백한 사례일 뿐이다. 우리는 오스카 갠디(Oscar Gandy)와 다른 이들의 선구적 연구에 기대어 이들 새로운 앙상블 내에서의 상업적, 국가적 감시망의 상호침투를 조사할 필요가 있으며, 데이비드 라이온(David Lyon, 2003)을 따라, 웹사이트 접속에서부터 휴대전화를 통한 판촉광고의 표적이 되는 것에 이르기까지 사람들이 그들의 일상적 미디어 활동에 대한 감시를 경험하고 그에 반응하는 방식을 미래의 연구를 위한 주요 과제로 볼 필요가 있다.

새로운 자본제국의 강압적이고 상업적인 거대한 병기고를 바라보다 보면 그것을 강력한 권력의 침범할 수 없는 벽으로 보고 싶은 유혹에 빠지게 된다. 그러나 린다 콜리(Linda Colley)가 우리에게 상기시키듯, 제국에 대한 포괄적인 설명은 제국주의자들이 "사로잡히고 곤경에 빠지는" 많은 경우를 고려할 필요가 있고, 또한 "힘 있는 자들의 무기력함"을 살펴볼 필요가 있다(Colley, 2003). 조지 부시의 '테러에 대한 전쟁'은 그 대표적인 사례이다. 거리에서, 카페와 클럽과 호텔에서 역습은 자살 폭탄, 자동차 폭탄, 즉각적으로 사용 가능한 작은 무기들과 같은 재래식 반란 무기로 가해지면서 고도기술 무기의 압도적 우위를 무색하게 한다.

동원

최근 이라크에서의 저강도 소규모 접전은, 보다 일반적으로는 국가논리의 다양한 균열에 반응하는 게릴라 전투의 전 세계적 부활의 일부이다. 어떤 운동들은 기존의 영토적 국경에 저항하면서 억압된 민족성과 집단역사를 새로운 국가가 대표할 것을 요구한다. 다른 운동들은 개발도상국들이 약속을 이행하지 못하는 것에 반응한다. 또 다른 운동들은 식민지 점령이라고 보는 것에 저항한다. 그러나 이들 무장운동 속에서 우리는 자본의 논리와 전진해 오는 판촉문화에 도전하는 또 다른 운동의 세력 또한 목격하고 있다.

최근 기독교, 유대교 그리고 이슬람교 내에서의 근본주의 운동의 부활이나 유교의 소생은, 적어도 부분적으로는, 시장화가 가치와 공동체를 소비를 통한 구원이라는 세속적 기도로 변형시키고 집단적 의무보다는 개인의 시장에서의 선택을 우선시하는 풍조에 대한 반응이다. 오랜 기간 동안의 무시 후에, 일상의 실천, 세계관 그리고 매개된 경험에 생기를 불어넣는 종교의 역할에 대한 관심은 연구조사를 위한 새로운 질문의 범위를 열어젖히면서 커뮤니케이션 학자들 사이에서 점점 힘을 얻고 있다(Murdock, 1977). 이와 동시에 싸늘하고, 의식(儀式)화되지 않고, 이성화된 신교적 유럽 풍토에서 자란 학자들이 그 밖의 세계 거의 모든 곳의 문화생활 속에서 종교가 갖는 중심성을 이해하기 위해 그렇게 오랜 시간이 필요했다는 사실은, 지속성과 변화에 대한 포괄적 설명의 발전이 자민족 중심주의에 의해 어떻게 억눌려 왔는가를 다시 한 번 보여준다.

그러나 근본주의의 성장과 더불어 우리는 또한 시민권의 핵심적 원리를 재규정하고 확장하기 위한 시도에 근거한, 시장화와 소비주의(*consumerism*)에 대한 세속적 비판의 확산을 본다. 소비주의에 의해 촉진되는 소유적 개인주의는 운명의 공유와 동등한 권리라는, 시민권 문화가 요구하는 감성을 깊숙이 좀먹기 때문에, 시민의 정체성과 소비자의 정체성은 끊임없이 긴장상태에 있다(Murdock, 1992). 그러나 현실적 활동으로서 소비가 항상 소비주의 이데올로기에 포섭되는 것은 아니다. 사람들이 생활수준의 문제를 라이프스타일의 문제로 전환하기에 충분한 가처분 소득을 갖게 되면, 소비영역에서의 사람들의 결정은 이제 그들의 직장생활과 이따금 주어지는 선거에서의 투표기회로부터는 끊임없이 사라져가는 영향력 있는 행위자(*effective agency*)라는 느낌을 가져다줄 수도 있다. 이는 사람들에게 그들이 구매하는 상품이 어디에서 오고 그 생산에 어떤 인간적, 환경적 비용이 발생하는가를 묻도록 고무하는 새로운 종류의 정치에 문호를 연다. 판촉문화의 호소는, 아동노동이나 노동착취 현장과 결탁한 상품이나 상점에 대한 보이콧과 기업의 정기총회에서 회사 정책의 윤리적 책임을 요구하는 시위를 조직하는, 급진화된 소비자 반응에 맞닥뜨리게 된다. 자체로서는 작은 이러한 행동들은 비교적 쉽게 독특한 판매계획으로 옮겨진다. 설사 그럴지라도, 그 행동들이 축적됨에 따라, 그것들은 국경을 넘어서 움직이고 동등한 권리의 보편성을 주장하는 시민권의 규정을 위한 기반을 마련한다. 이 범세계적 대항개념은 전 세계적 정의 운동의 핵심적 동원 이데올로기이고, 초국적 소비주의라는 자본주의 메타 이데올로기의 제국에 대항하기 위한 유일한 포괄적 윤곽을 제공한다. 문제는 많은 관찰자들이 지적했듯이, 전 세계적 정의 운동이 폭넓게 다양하고 어떤 때는 서로 충돌하는 의제를 지닌 무수한 요인과 단체로 이루어져 있다는 것이다. 이런 분산에 대처하기 위해서는 접촉, 교환 그리고 숙의를 위한 새로운 공동체적 공간의 구축이 요구된다. 그리고 이것은 다시 시장 밖에서 작동하는 커뮤니케이션 네트워크를 요구한다.

이 프로젝트에 필수적인 교환의 대항 윤리가 이미 존재한다. 한편에는 원래 컴퓨터 공동체 내에서 개발되었지만 이후 일반화되어 "가능한 모든 곳에서 전문지식을 공유하고 … 정보와 … 자원에 대한 접근을 용이하게 하도록" 헌신하는, 페카 휴마넨(Pekka Humanen)이 상호성과 열린 교환의 '해커 윤리'라고 유용하게 이름 붙인 것이 있다(Himanen, 2001). 다른 한편에는 공중이 이미 조세를 통해 그 대가를 지불한 자료와 전문지식에 대한 접근권을 보편화하기 위한 노력 속에서 공적 문화기관들이 추진하는 계획들이 있다. MIT의 학술 연구진은 웹상에 그들의 강의 노트를 게시한다. BBC는 상업적인 이익을 위한 것이 아니라면 누구나 원하는 만큼 자유롭게 이용하고 내려받을 수 있도록 그들의 축적된 기록물을 가능한 한 많이 공개하겠다고 약속한다. 상호성과 공공적 권리라는 이러한 대항 원칙은 시장화의 유료화 체제에 대한 강력한 윤리적 대안과 전 세계적 문화 공유지에 대한 잠재적 기반을 제공한다. 이들 원칙을 발전시키고 통합시키는 방법을 찾는 데 기여하는 것, 그것들을 상호교환의 지속적이고 민감한 제도적 시스템에 정착시키는 것, 그리고 가능한 한 이들이 공개적으로 접근할 수 있는 세계화된 시스템이 되도록 보장하는 것은 미디어와 문화 연구자들이 직면한 가장 긴급한 과제임이 틀림없다.

벤트 플리버그(Bent Flyvbjerg, 2001)가 우리에게 상기시키듯이, 우리가 어디로 가고 있는지, 누가 이익을 얻고 누가 손해를 보는지, 그리고 어떤 권력의 메커니즘이 있는지를 살피는 것으로는 충분하지 않다. 그 이름에 걸맞은 비판적 접근은 나아가 '이것이 바람직한가?' 그리고 '무엇을 할 것인가?'를 물어야 한다. 그리고 우리의 집단적 미래에 대한 공적 토론의 일반적 흐름에 기여할 수 있도록 이에 대한 답변의 틀을 마련해야 한다. 이것이 우리가 직면한 도전의 규모이다. 이것은 또한 우리에게 열려진 기회의 정도이기도 하다.

참고문헌

Agar, J. (2003). *Constant Touch: A Global History of the Mobile Phone.* Cambridge: Ikon Books.

Anton, P. S., Silberglitt, R., & Schneider, J. (2001). *The Global Technology Revolution: Bio/Nano/Materials Trends and Their Synergies with Information Technology.* RAND; at: www.rand.org/publications/MR/MR1307 (accessed 5 November 2002).

Bauman, Z. (2000). *Liquid Modernity.* Oxford: Polity Press.

Beck, U., Bonss, W., & Lau, C. (2003). The theory of reflexive modernization: Problematic, hypotheses and research programme. *Theory, Culture and Society, 20*(1), 1~33.

Braman, S. (Eds.). (2004). *Biotechnology and Communication: The Metatechnologies of Information.* Mahwah, NJ: Lawrence Erlbaum.

Buck-Morss, S. (2003). *Thinking Past Terror: Islamism and Critical Theory on the Left.* London: Verso.

Burawoy, M. (2000). Grounding globalization. In M. Burawoy, J. A. Blum, S. George, Z. Gille, T. Gowan, L. Haney, M. Klawiter, S. H. Lopez, S. O'Rianin, & M. Thayer (Eds.). *Global Ethnography: Forces, Connection, and Imaginations in a Postmodern World* (pp. 337~350). Berkeley: Univ. of California Press.

Byers, S., & Smith, C. (2000). Foreword. in *A New Future for Communications.* London: Department of Trade and Industry and Department of Media, Culture and Sport; at: www.communicationswhitepaper.gov.uk (accessed 12 December 2000).

Castells, M. (2000). Information technology and global capitalism. In W. Hutton, & A. Giddens (Eds.). *On the Edge: Living with Global Capitalism* (pp. 52~74). London: Jonathan Cape.

Castles, S. (2003). Toward a sociology of forced migration and social transformation. *Sociology, 37,* 13~34.

Colley, L. (2003). Paperback writer. *The Guardian Review, 20,* September, p. 31.

Curran, J. (2002). *Media and Power.* London: Routledge.

Dirlik, A. (2003). Global modernity? Modernity in an age of global capitalism. *European Journal of Social Theory*, *6*, 275~92.

Downey, J., & Murdock, G. (2003). The counter-revolution in military affairs: The globalization of guerrilla warfare. In D. K. Thussu, & D. Freedman (Eds.). *War and the Media: Reporting Conflict 24/7* (pp. 70~86). London: Sage.

Flyvbjerg, B. (2001). *Making Social Science Matter: Why Social Inquiry Fails and How It Can Succeed Again.* Cambridge: Cambridge Univ. Press.

Foster, R. J. (2002). *Materializing the Nation: Commodities, Consumption and Media in Papua New Guinea.* Bloomington: Indiana Univ. Press.

Giddens, A., & Hutton, W. (2000). In Conversation. In W. Hutton, & A. Giddens (Eds.). *On the Edge: Living with Global Capitalism* (pp. 1~51). London: Jonathan Cape.

Hall, S. (1996). When was 'the post-colonial'? thinking at the limit. In I. Chambers, & L. Curti (Eds.). *The Post-colonial Question: Common Skies, Divided Horizons* (pp. 242~60). London: Routledge.

Harkin, J. (2003). *Mobilisation: The Growing Public Interest in Mobile Technology.* London: Demos.

Harvey, D. (2003). *The New Imperialism.* Oxford: Oxford Univ. Press.

Himanen, P. (2001). *The Hacker Ethic and the Spirit of the Information Age.* London: Vintage.

Hunt, T., & King, O. (2003). Diamonds that spell death. *The Guardian* 30 August, p. 23.

Hutchby, I. (2001a). *Conversation and Technology: From the Telephone to the Internet.* Oxford: Polity.

_______ (2001b). Technologies, texts and affordances. *Sociology*, *35*, 441~456.

Katz, J. E., & Aakhus, M. (Eds.). (2002). *Perpetual Contact: Mobile Communication, Private Talk and Public Performance.* Cambridge: Cambridge Univ. Press.

Lyon, D. (2003). Surveillance as social sorting: Computer codes and mobile bodies. In D. Lyon (Eds.). *Surveillance as Social Sorting: Privacy, Risk, and Digital Discrimination* (pp. 13~30). London: Routledge.

Marx, K., & Engels, F. (1968). *Manifesto of the Communist Party.* in Selected Works in One Volume (pp. 35~63). London: Lawrence and Wishart. (Originally published 1848).

Mills, C. W. (1970). *The Sociological Imagination.* Harmondsworth: Penguin.

Murdock, G. (1992). Citizens, consumers, and public culture. In M. Skovmand, & K. C. Shroder (Eds.). *Media Cultures: Reappraising Transnational Media* (pp. 17~41). London: Routledge.

______ (1997). The re-enchantment of the world: Religion and the transformations of modernity. In S. M. Hoover, & K. Lundby (Eds.). *Rethinking Media, Religion, and Culture* (pp. 85~101). London: Sage.

______ (2000a). Digital futures: European television in the age of convergence. In J. Wieten, G. Murdock, & P. Dahlgren (Eds.). *Television across Europe: A Comparative Introduction* (pp. 35~57). London: Sage.

______ (2000b). Reconstructing the ruined tower: Contemporary communications and questions of class. In J. Curran, & M. Gurevitch (Eds.). *Mass Media and Society* (3rd ed.) (pp. 7~26). London: Arnold. (이 책의 3장).

______ (2000c). Peculiar commodities: Audiences at large in the world of goods. In I. Hagen, & J. Wasko (Eds.). *Consuming Audiences? Production and Reception in Media Research* (pp. 47~70). Cresskill, NJ: Hampton Press.

______ (2001). Against enclosure: Rethinking the cultural commons. In D. Morley, & K. Robbins (Eds.). *British Cultural Studies: Geography, Nationality and Identity* (pp. 443~460). Oxford: Oxford Univ. Press. (이 책의 8장).

Murdock, G., & Golding, P. (2001). Digital possibilities and market realities: contradictions of communications convergence. In L.

Panitch, & C. Leys (Eds.). *A World of Contradictions* (pp. 111~129). London: Merlin Press.

______ (2003). Dismantling 'the digital divide': Rethinking the dynamics of participation and exclusion. In A. Calabrese, & C. Sparks (Eds.). *Towards a Political Economy of Culture: Capitalism and Culture in the Twenty first Century.* Lanham, MD: Rowman and Littlefield. (이 책의 14장).

Murphy, P. D., & Kraidy, M. M. (2003). International communication, ethnography, and the challenge of globalisation. *Communication Theory, 13,* 304~323.

O'Regan, T., & Goldsmith, B. (2002). Emerging global ecologies of production. In Dan Harries (Eds.). *The New Media book* (pp. 92~105). London: BFI.

Shome, R. (2003). Space matters: The power and practice of space. *Communication Theory, 13,* 39~56.

Therborn, G. (2003). Entangled modernities. *European Journal of Social Theory, 6,* 293~305.

Thomas, N. (1991). *Entangled Objects: Exchange, Material Culture, and Colonialism in the Pacific.* Cambridge, MA: Harvard Univ. Press.

Urry, J. (2000). *Sociology beyond Societies: Mobilities for the Twenty-first Century.* London: Routledge.

Vidal, G. (2002). *Perpetual War for Perpetual Peace.* London: Clairview Books.

Wilhelm, A. G. (2000). *Democracy in the Digital Age: Challenges to Political Life in Cyberspace.* New York: Routledge.

Wood, E. M. (2003). *The Empire of Capital.* London: Verso.

Yoon, K. (2003). Retraditionalizing the mobile: Young people's sociality and mobile phone use in seoul, south Korea. *European Journal of Cultural Studies, 6,* 327~343.

제 2 장

해변 아래 깔려 있는 포장용 돌[1)]

문화 시장화의 비판을 위한 자원 *

나의 초기연구를 다시 읽어보면, 커뮤니케이션에 대한 비판적 정치경제학이 직면한 물음에 대한 접근방법이 나의 문화적, 정치적 형성배경을 토대로 한다는 것이 연구 당시보다 더 명확하게 보인다.

유럽에서의 무력분쟁이 1945년에 끝난 직후 영국의 전쟁 지도자 윈스턴 처칠은 총선을 치렀다. 처칠은 상당한 표차로 패하면서, 사회적 삶에 온전히 참여하고 미래를 만들어가는 데 기여할 권리로서 시민권의 비전을 내세우며 급진적으로 재편된 노동당 정부에 권력을 내주었다. 그들은 약속을 구체적 현실로 바꾸기 위한 자원을 제공하기 시작했다. 어떤 것들은 새로운 보편적 연금계획, 국민 의료서비스, 주택보조금 등과 같이 물질적인 것이었다. 그러나 또 다른 것들은 새로운 보편적 중등교육 제도, 새로운 예술진흥기구, 그리고 BBC에 의한 방송 독점지배의 존속과 같이 문화에 관한 것이었다. 시민권의

---

* 원 논문 출처: Murdock, G. (2006). Under the beach, the paving stones: Commodities, consumerism, contradictions. Translated into Spanish in - *Cuadernos de Informacion y Communication* - *Special Issue* : *Economia Politica de la Comunicacion*, *11*, pp. 31~46.

이상과 실천을 일반화하는 이러한 노력들은, 내가 전후 '베이비 붐'의 일원으로 성장했던 사회적이고 상상력 풍부한 풍경을 형성하는 본질적인 것들이었다. 1951년에 보수당 정부는 다시 권력에 복귀했으며, 노동당을 이후 13년간의 험난한 야당생활로 내몰았다.

우리 가족은 영국의 다른 많은 가족과 마찬가지로 1953년 여름에 있었던 엘리자베스 2세의 즉위식을 보기 위해 처음으로 텔레비전 수상기를 구입했다. BBC의 보도는 정치적, 지적 권위의 핵심에 대한 온정주의적이며 공손한 태도의 전형을 보여주었다. 제 1차 세계대전의 여파로 기득권층이 사회불안의 어두운 전망에 사로잡혀 있을 때 설립된 BBC는 전문적인 의견과 합리적인 오락을 전파하여 국민을 결속시키고 시민권을 진지하게 행사하도록 지원하는 일에 전념했다. 1955년, 기업 로비에 굴복한 보수당 정부는 상업 텔레비전을 위한 길을 열어주었다. 새로운 서비스는 런던에서 시작되어 주요 인구 밀집 지역으로 급속하게 확대되었다. 방송사 운영에 공공서비스라는 의무가 부여되어 있었음에도 불구하고, 방송 허가지역에서 광고수입의 독점권을 누린 방송사들의 프로그램은 초기부터 현저히 대중영합적

1) 옮긴이 주: 'under the beach, the paving stones'는 1968년 프랑스 학생 운동의 포스터에 등장한 슬로건을 변형시킨 은유적 표현으로 머독이 즐겨 사용한다. 포스터에 사용된 본래의 슬로건은 'Under the paving stones, the beach'이다. 1968년 당시 파리 거리에는 포장용 돌이 많이 깔려 있어서 사회저항운동을 하는 학생들이 그 돌을 파내어 시위에 사용하곤 했다. 포스터에서 의미하는 'beach'는 자유와 행복, 즉 유토피아를 의미하며, 'stones'는 자유와 행복추구에 걸림돌이 되는 모순, 그리고 변화와 개혁을 위해 도전해야 할 시대적 과제를 의미한다. 즉, 1968년 당시에는 거리를 덮고 있는 돌을 파서 없애면 그 아래의 유토피아에 도달할 수 있다는 의미로 사용된 슬로건이었다. 반면, 머독이 사용하는 은유적 표현은, 유토피아처럼 보이는 자유시장 경제체제(*beach*) 아래에 불필요하지만 견고하게 조직되어 있는 모순들(*stones*)이 뿌리 깊게 박혀 있기 때문에, 우리 스스로가 그 모순들을 하나씩 파내어 던져야만이 진정한 자유와 행복의 유토피아에 도달할 수 있다는 의미를 담고 있다.

이었다. 그것은 대중적 취향과 개인적 열망을 파고들었다. 전쟁 이후 오랜 기간의 내핍으로부터 빠져나온 지 얼마 안 된, 수년 동안 식량과 의류가 배급되었던 나라에서, 광고와 프로그램에 의해 표현되는 풍요로움과 생활양식은 새로운 가능성으로 가득 찬 것처럼 보였다. 시청자들은 시민 혹은 노동자가 아니라 소비자가 되었다. 공익을 위해 공헌할 것을 명령하는 노동의 연대와 시민권의 호혜주의에 대한 호소는 구매를 통해 개인이 해방된다는 담론으로 대체되었다. 실질임금의 상승을 누리는 가정이 증가하면서, 기초 생활수준을 유지하기 위한 투쟁은 라이프스타일의 추구에 길을 내주었다. 모두에게 풍요로움과 기회를 약속한다는 시장에 대한 찬양은 당시 보수당의 슬로건에서도 정확히 감지되었다. "우리는 지금처럼 좋았던 적이 없었다"(*You have never had it so good*). 전쟁 이후 중도좌파 정부를 선택하게 했던 사회계약(*social contract*)은 소비주의라는 따뜻한 이데올로기의 욕조 안에서 지속적으로 해체되었다. 노동자, 특히 노동조합으로 조직된 노동자의 모습은 점차 후진성과 쇠퇴를 상징하게 되었다. 소비의 영웅이 새로운 진보의 영웅이 되었고 텔레비전을 통해 떠오르는 유명인사들이 점점 더 중요한 역할을 담당하게 되었다. 스크린에 비친 그들의 모습, 호화로운 주택, 활기 넘치는 레저 활동은 소비에 대한 보상의 전형이 되었다. 생활양식(*styles*)을 파는 주식시장에서 그것들은 보편적인 투자 조언자 역할을 했다. 수입해 온 상업 프로그램에서 드러나는 미국식 개성은 선진적인 보호물로 작용했다. 〈왈가닥 루시〉(*I Love Lucy*)와 같은 프로그램은 자가용 소유, 새로운 가전기구, 맵시 있는 의류, 향락에 대한 욕구를 지향하는 변화의 가능성을 제시했다.

그러나 소비자 문화의 보편화와 미국화가 변화의 유일한 중심축은 아니었다. 좌파 정치의 변화 또한 탄력을 받고 있었다. 전통적 좌파 정당과 노동조합 운동의 밖에서 연합이 전개되고 있었다. 이 새로운 힘은 1968년의 거리에서 폭발했고 잠시 동안은 견고해 보이던 권력구조가 저항과 해방이라는 새로운 정신에 의해 전복되는 것처럼 보였다. 당시의 가장 유명한 슬로건 하나가 그런 감정을 압축해 담고 있다. "포장용 돌 아래 깔려 있는 해변"(*Under the paving stones, the beach*). 하지만 국면은 전환되었고 몇 년 지나지 않아 마거릿 대처와 로널드 레이건이 앞장서는 신자유주의 경제학의 근본주의가 부활했다. 공공영역이 해체되었으며, 문화 및 미디어산업을 포함한 모든 사회활동 영역에서 사업과 평가는 시장 중심으로 이루어졌다. 1968년의 신좌파운동이라는 '사건'에 사로잡혀 있던 우리에게 이렇게 빠른 사태의 역전은 초기에 강력한 울림을 주었다.

제1차 세계대전의 여파 속에서 불안과 폭동이 유럽을 휩쓸었다. 소요가 가라앉았을 때, 권력의 교체가 지속된 곳은 당시의 많은 논평가들이 구질서의 전복이 일어날 가능성이 가장 적은 것으로 보았던 러시아뿐이었다. 그 밖의 다른 곳에서 사회주의와 공산주의 운동은 후퇴했을 뿐만 아니라, 얼마 지나지 않아 독일과 이탈리아에서는 파시스트 정권이 권력을 잡기도 했다. 놀랄 것도 없이, 새로운 소비에트 연방에 의해 구축된 경계의 서쪽에 있던 맑스주의 이론가들 사이에서는 이러한 극적인 반전을 설명하는 것이 가장 중요한 쟁점이 되었다. 그것을 해석하기 위한 연구가 '프랑크푸르트 학파'와 안토니오 그람시(Antonio Gramsci)가 이끄는 '서구 맑스주의자들'에 의해 착수되어 다방면으로 전개되었지만, 점차 이데올로기와 대중의 순응에 대한 분석이 핵심이 되었다. 맑스를 다시 읽는 것은 이러한 시도의 중심이었다.

우리 시대의 맑스

1965년, 폴란드의 문학비평가 얀 코트(Jan Kott)는 셰익스피어의 희곡이 그가 처해 있던 당시 상황보다 소비에트 지배의 환경에 더 의미가 있다고 제안하면서 《우리 시대의 셰익스피어》(*Shakespeare Our*

Contemporary)를 출간했다. 현재 맑스의 저작물이 이와 유사한 재평가를 받고 있다. 베를린 장벽의 붕괴에 의해 시대에 뒤떨어진 것으로 잊히고 있던 그의 저작은 이제 현재의 상황을 대면하기 위한 핵심자원으로 여겨진다. 프랜시스 윈(Francis Wheen)은 《자본론》에 대한 최근의 논평에서 "맑스는 바로 지금에서야 그의 진가가 드러나고 있고, 21세기의 가장 영향력 있는 사상가가 될 수 있다"(Wheen, 2006)고 주장한다. 나는 이러한 주장을 지지하고자 하며 맑스의 저작 속에 있는 3가지 중심테마 — 상업화, 모순, 그리고 세계화 — 를 중심으로 오늘날 자본주의의 문화적 지형에 대해 적실한 비판적 분석을 시작해야 한다고 주장하고 싶다. 그것은 맑스가 문화적 연구가 당면한 문제들에 대해 분명한 해답을 제공한다고 주장하는 것은 아니다. 확실성을 찾는 것은 그의 연구의 미완적이고 잠정적인 성격을 무시하는 것이다. 오히려 그는 우리가 동원할 수 있고 기반으로 삼을 수 있는 필수적인 출발점과 자원을 제공한다.

거의 모든 것의 상품화

맑스가 필생의 역작인 《자본론》의 첫 장을 상품에 관한 논의로 시작하는 것은 첫눈에 이상해 보인다. 그가 언급하듯이, "상품은 보기에는… 매우 평범하고, 쉽게 이해할 수 있기" 때문이다(Marx, 1946). 하지만 그에게 있어 겉모습은 심히 기만적인 것이다. 상품 속에는 자본주의가 사회를 조직하는 양식으로, 또한 이데올로기적 형성물로 작동하는 방식에 대한 핵심단서가 감추어져 있다. 상품의 진정한 역사와 상품이 지니는 가치의 근원은 "그것이 어떤 무엇인지를 묘사하는 라벨에는 나타나지 않는다"고 맑스는 주장한다. 그것은 "사회적 상형문자"(*social hieroglyphic*)로 쓰여 있기 때문에 해독을 필요로 한다. 그러므로 "상형문자를 해독하여 우리의 사회적 생산품이 지니는 비밀 캐내기"를 시도하는 것은 비판적 분석을 위한 중심과제이다(Marx, 1946).

1847년에 쓴, 자신의 핵심사상의 초기 설계도라고 할 수 있는《철학의 빈곤》(*The Poverty of Philosophy*)에서 맑스는 자본주의 팽창을 추동하는 중심적인 원동력을 상품화에서 발견한다. 이용 가능한 모든 자원이 시장에서 값을 받고 팔 수 있는 재화나 서비스로 전환되어야 미래의 이익이 만들어진다고 그는 주장한다. "지금까지 전달은 되었지만 결코 교환되지 않았던, 주기는 했지만 결코 팔지 않았던, 얻기는 했지만 결코 사지 않았던 — 미덕, 사랑, 확신, 지식, 양심 등등의 — 바로 그것들이 끝내 상업의 손에 넘어가는 … 도덕적이거나 물질적이거나 모든 것이 … 시장에서 거래되는 시대"가 도래하면서 봉건적 과거와 단호한 결별이 이루어졌다(Marx, 1976). 그러나 맑스에게 있어 시장으로 편입된 중요한 능력은 노동력이었다. 그리고 그의 원숙한 분석의 핵심에 놓이게 된 것이 노동력의 이런 상품화 과정과 그 결과였다.

그는 애덤 스미스와 리카도를 포함한 이전의 정치경제학자들의 주장을 받아들여 상품 가치는 그것을 생산하는 데 들어간 노동의 양을 반영한다고 주장한다. 농촌경제에 의해 지탱되던 자급자족과 물물교환이 공업생산으로 바뀌면서 노동자들 스스로가 상품이 된다. 그들은 식량, 의복, 기타 그들 스스로 일자리에 적응하고 다음 세대의 노동자 양육을 위해 필요한 제품을 구매할 있도록 해주는 임금을 위해 자신의 노동력을 팔아야 한다. 맑스에게 있어 이렇게 '사회적으로 필요한' 노동비용은 노동시간의 단지 일부분으로 생산되는 가치로 충족된다. 나머지 시간은 고용주들이 이익으로 전용할 수 있는 부가적 혹은 '잉여'가치를 만들어낸다. 이러한 착취구조는 모든 상품 속에 기만적으로 감추어져 있는 비밀이다. 시장에서의 동등한 교환과 정직한 거래 — 공정한 노동시간에 대한 공정한 임금, 합리적인 가격의 유용한 제품 — 라는 외양 뒤에는 거의 노예에 가까운 착취의 현장, 공장

시계와 기계 생산에 의한 비정한 획일화가 감추어져 있다. 상점에 진열된 상품이 내미는 효용, 편리함 그리고 즐거움에 대한 약속은 생존을 위한 일상적 투쟁이라는 고된 현실을 감추고 있다. 마치 '해변 아래에 깔려 있는 포장용 돌'(*Under the beach, the paving stones*)과 같다.

자본주의 팽창의 모순

그러나 생산성을 날로 증가시키는 바로 그 과정이 자신의 토대를 조금씩 갉아먹는다고 맑스가 생각한 것처럼, 이런 구조는 겉보기만큼 그렇게 견고한 것이 아니었다. 첫째, 더 능률적으로 생산하면 할수록 재고가 쌓이면서 과잉생산의 위기가 발생해 호황과 불황의 상당히 불안정한 순환을 추동할 것 같았다. 둘째, 자본은 노동자들을 거대한 공장으로 불러 모으고 빽빽하게 밀집되어 있는 이웃에 거주하게 함으로써, 노동자들 스스로가 공유하는 조건을 인식하고 그것을 바꾸기 위해 조직할 수 있는 사회적 공간을 창출했다.

자신이 가장 좋아하는 소설인 메리 셸리(Mary Shelly)의 《프랑켄슈타인》을 원용하면서, 맑스는 마치 완벽한 생명체를 제조하고자 하는 프랑켄슈타인 남작(Baron von Frankenstein)의 욕망이 자신을 만들어낸 창조자에게 대항하는 괴물을 만들어낸 것처럼, 이익 극대화를 추구하는 데 전념하는 자본주의는 자신을 파괴하는 조건을 만들어낸다고 주장했다. 끊임없는 발전으로 포장된 외양은 거짓이었다. 자본주의가 사회적이고 창의적인 생활영역 속에 더 많이 침입할수록, 그 상황을 밝히고 그에 대한 혁명적 대응을 통솔하여 조직할 수 있는 전위정당이 선도하는 노동자 운동이 형성될 수 있는 조건들이 더 많이 만들어진다.

그러나 맑스는 자본주의의 회복력을 과소평가했다. 민족주의적 호소와 소비의 감언이설은 맑스가 제기한 노동자 단결을 처음부터 지속적으로 방해했다. 맑스는 선진자본주의의 팽창에 따라 거시경제 관리정책을 펼치는 강력한 국가가 경제위기를 모면하기 위해 복지와 전쟁을 위한 재화와 서비스의 공적 구매를 통해 개입한다는 점을 오산했다. 또한 그는 대중영합적인 애국심에 대한 호소와 민족이라는 상상의 공동체가 계급의식을 약화시키는 데 지니는 중요성을 온전히 인식하지도 못했다. 그러나 자본주의가 자신을 은폐하는 데 성공하게 된 중심에 상품에 대한 물신숭배가 있다고 본 것은 전적으로 옳았다.

기만적 현상: 상품문화

종교적 신념체계에서 숭배의 대상은 불가사의하고 초자연적인 힘이라고 믿어진다. 태어나기 겨우 3년 전에 프로테스탄트 프로이센으로 재편입된 가톨릭 도시 트리에에서 성장한 유대인 소년 맑스는 권력은 종종 종교적 유물, 조각상, 이미지들에서 기인한다는 것을 잘 알고 있었다. 그에게는 상품도 동일한 방식으로 작동하는 것이었다. 일단 진열되면 상품은 자신의 생명을 띠게 되고 생활을 바꾸기 위한 힘이 부여된다. 《자본론》이 마침내 출판되던 시기에 자신들의 핵심 판매기술을 개발하고 있었던 초기의 전문 광고인들은, 변화에 대한 호소가 지니는 효능을 즉각적으로 인식했다. 그들은 기독교 복음주의를 차용하여 상품이 지니는 치유력을 홍보하면서 소비를 통해 다시 태어나고 편안하고 평화로우며 만족스러운 생활을 즐길 수 있다는 것을 약속했다. 얼룩은 상품화된 세제로 제거할 수 있고, 육체의 질병은 특허약으로 치료할 수 있으며, 힘든 가사노동은 노동절감기계에 의해 추방될 수 있었다. "필요한 것은 선택뿐이었다"(Loeb, 1994). 소비주의에 대한 이러한 호소—소비가 자유와 자기표현의 주된 영역이라는 신념—가 엄청나게 효과적인 이데올로기 시스템이라는 것은 다음 3가지 이유로 증명되었다.

첫째, 광고와 다른 형태의 판촉은 소유와 이용의 즐거움을 찬양하고 생산의 조직에 대한 곤란한 질문은 침묵시키면서 앞을 향해 주목하도록 신중하게 고안된다. 소비자들은 상품들이 그들을 위해서 무엇을 해줄 것인지를 생각하면서, 그것들이 어디에서 왔는지, 누가 어떤 상황에서 만들었는지, 그리고 그것들을 만드는 데에 어떤 사회적, 환경적 비용이 발생하는지에 대한 질문을 망각하도록 조장된다. 기계화된 대량생산이 인간 노동의 모든 흔적을 제거함으로써, 상품의 이용과 기원 사이의 거리두기는 점점 더 강화되었다. 전국적 도로 및 철도 시스템과 초국적 증기선 노선의 발달은 상품이 원산지에서 최종 시장으로 운반되는 거리를 지속적으로 멀어지게 하면서 그것이 어디에서 어떻게 만들어졌는지 환기하는 것을 점점 더 어렵게 만들었다. 이런 공백은 점차 제조자 이름을 딴 상표가 부착된 제품으로 채워졌다. 당시에 랜돌프 처칠(Randolf Churchill)은 "우리는 할러웨이(Holloway's) 알약(*Pills*), 콜만(Colman's) 머스터드(*Mustard*), 허니먼(Horniman's) 차(*pure tea*)의 시대에 살고 있다"고 말했다(Richards, 1991). 그 결과는 제품에 대한 신용이 노동에서 자본으로 이동한 것이었다.

둘째, 구매할 수 있는 상품의 확산은 산업자본주의의 근대성 모델을 지탱하는 '진보에 대한 믿음'이 옳다는 것을 증명하도록 작용했다. 공공생활의 물질적 토대—가로등, 하수 시스템, 새로운 운송망—의 개선은 창의력을 이용하는 자본주의가 가져다주는 혜택에 대한 매우 가시적인 지표를 제공했다. 제조된 상품이 가정에 가져다주는 편리, 안락 그리고 위안은 이 과정을 가정생활의 친밀한 관계 속에 굳게 정착시켰다. 이 두 가지 방식의 정당화는 서로 결합되어, 처음에 런던 하이드 파크와 이후 남부 교외지역의 수정궁(Crystal Palace)에서 열린 1851년의 세계박람회(*The Great Exhibition*)에서 웅장한 효과를 발휘했다. 건축가들은 자본주의 최초로 완전히 현대적인 대성당〔세계박람회를 의미함—옮긴이〕을 건설하기 위하여 강철과 유리라는 새로운 기술을 사용했고, 조직자들은 당시의 모든 종류의 발명품과 상품으로 그 대성당을 채웠다. 그것은 "전례 없는 규모를 지닌 비뚤어진 창의력의 진열"이었다. 그 안에서 유용한 물건들은 '긴급상황에서 즉각 풀리는' 코르셋처럼 미심쩍은 가치의 상품들과 관심을 끌기 위해 다투기도 했지만, 총체적 메시지는 명백했다. "세계는 당신이 꼭 필요로 하는 멋진 물건들로 가득 차 있다"(Stevenson, 2006). 그것들은 과학자들과 엔지니어들의 창의력과 새로운 자본가들의 기업가 정신에 의해 가능해진 것이었다.

셋째, 세계박람회에 진열된 물건들의 새로운 세계가 여행객과 관광객의 주요 목적지가 된 건축물 안에 구축된 것은 우연이 아니었다. 새로운 소비와 새로운 여가는 강력하게 연계되어 있었다. "1850년에서 1890년 사이에 서서히 불균등하게 등장한" 백화점(Benson, 1986)은 고객들에게 쇼핑의 기회와 함께 오락을 제공했으며, 다양한 취향과 소득에 부합하는 레스토랑, 극장, 댄스 홀, 음악회나 전시회 등으로 가득 찬 도시 풍경의 일부가 되었다. 즐거움과 휴식을 위한 이러한 새로운 기회들이 자본과 노동 사이에 체결된 실용적인 계약의 중심에 놓여 있었다. 공업화된 노동은 지저분하고 위험하며 단조롭고 고독할지 모르지만 벌어들인 임금은 '자유'시간에 개인적인 선택과 사적인 표현을 할 수 있는 기회를 제공했다. 이런 개념에서 소비와 여가의 즐거움은 고된 노동에 대한 보상으로 나타났다. 그러나 현대의 소비 시스템은 비교적 그 발전과정의 초기부터 새로운 노동형태를 수반했다.

1916년 미국의 기업가인 클래런스 사운더스(Clarence Saunders)는 멤피스 테네시(Memphis Tennessee)에 피글리 위글리(Piggly Wiggly)라는 상점을 개점했는데, '이 아기돼지는 장보러 갔고요'(*This Little Piggy Went to Market*)라는 아이들 동요를 따서 이름을 지었다고 한다. 그것은 세계 최초의 셀프서비스 상점이었으며 현대적 슈퍼마켓을 위한 청사진이었다. 백화점은 쇼핑객들에게 제공되는 다양한 상품들의 품질에 대해 조언해줄 판매 보조원을 배치했고 때로는 자택까지 무료로 배달해주는 서비스도 제공했다. 피글리 위글리에 들어서는 고객들은 회전문을 통해 상표가 부착된 상품들이 높게 쌓여 있는 통로를 지나고, 물건을 구입해 계산대로 가져가고, 걸어서 혹은 도시 운송 시스템이나, 점차 자가용을 이용해 운반하고, 집에 도착해 냉장고에 보관했다. 그것은 경쟁 제품들 간에 비교하고, 운반하고, 보관하는 노동을 생산자에서 소비자 쪽으로 이전하도록 고안된 시스템이었다. 이러한 새로운 쇼핑 스타일이 제시한 편리함은 실질적으로 사회적, 경제적 비용을 동반한 것이었다. 이것이 바로 댈러스 스마이드(Dallas Smythe)가 "맹점"(*Blindspot*)이라는 글에서 풍부하게 발전시킨 노동으로서의 여가라는 개념이다.

노동으로서의 여가

스마이드는 "수용자 상품"(*audience commodity*)이라는 독창적인 분석을 통해 상업방송사로부터 텔레비전 광고주가 구매하는 것은 광고에 대한 시청자의 주목과 수용력이라고 주장한다. 광고가 프로그램을 방해하는 것이 아니라, 프로그램이 광고의 전주곡과 부속물로서 기능한다. "선술집이나 칵테일 라운지의 손님에게 주어지는 감자 칩과 땅콩"처럼, 사람들이 느긋하고 수용적이 되도록 고안된 "공짜 점심"이 제공된다(Smythe, 1981). 스마이드에게 보는 즐거움과 "수용자 힘"(1981)의 발휘는 무엇보다 사람들이 "소비자 상품과 서비스를 스스로에게 파는" 끊임없는 노동이라는 바퀴에 기름을 치기 위해 동원된다. 가정이라는 공간은 방송 스케줄 속에 각인된, 시간과 활동의 공업화된 체제에 종속되어 공장 조립라인의 연장선이 된다. 이렇게 노동에 대한 맑스의 분석을 독창적으로 응용하는 작업은 북미의 학자 수트 잘리(Sut Jhally)와 빌 리반트(Bill Livant)에 의해서 확장되었다. 그들은 생산에서의 이익이 "잉여 노동"에서 창출되는 것과 같은 방식으로 상업방송 시스템의 이익은 비용 보전에 필요한 시청시간 이후의 "잉여 시청시간"(*surplus watching time*)으로부터 창출된다고 주장했다(Jhally & Livant, 1986). 그들의 가설적 사례에서 수용자는 30분 동안 12개의 광고 중 4개를 보기만 하면 비용을 충족시킨다. 나머지 8개에 대한 주목은 순수한 이익이 된다.

스마이드와 그의 지지자에 의해 제시된 이러한 분석은 단순히 비판적 정치경제학의 분석을 상업방송에 확장하는 데에 유용할 뿐만 아니라, 방향전환의 필요성을 제시한다. 왜냐하면 그들이 보기에 "매스미디어는 주로 그들이 수용자에게 투입하는 것(메시지)에 의해 특징되는 것이 아니라, 그들이 뽑아내는 것(가치)에 의해서 특징되는 것"이기 때문이다(Jhally & Livant, 1986). 이런 방식으로 쟁점을 제시함으로써 그들은 비판적 정치경제학을 문화분석(*cultural analysis*)으로부터 분리시키는 무시무시한 방어벽을 보강한다. 나는 그러한 분기를 받아들일 수 없다. 모든 형태의 매개된 커뮤니케이션은 언제나 상징적 형성물인 동시에 경제적 시스템이기 때문에, 비판적 분석은 어느 한쪽에 관한 문제가 아니라 두 가지 모두에 관한 문제여야 한다.

문화와 커뮤니케이션에 대한 서구 맑스주의 저술들이 상품화에 대한 맑스의 과업이 지니는 결정적인 함의를 무시했다는 주장을 부인할 수는 없다. 하지만 맑스가 상품에 대해 논의한 모든 범위를 우리 시대에 적용하고자 한다면, 이데올로기 문제와 씨름할 필요가 있으며, 이 부분에서 서구 맑스주의는 여전히 많은 것을 제공할 수 있다.

욕망의 지평

종교적 물신주의 숭배가 인간을 감각적 욕망으로부터 일으켜 세우고 단순한 동물적 존재로부터 구원한다고 주장한 어느 독일 작가에 대해 24살의 젊은 청년 맑스는 냉소적이었다. 감각적 욕망을 초월하기는커녕 "맑스는 물신숭배야말로 감각적 욕망의 종교라고 반박했다. '욕망으로부터 기인하는 환상은 물신숭배자로 하여금 생명 없는 물체가 그의 욕망을 따르기 위해 본연의 특성을 포기할 것이라고 믿도록 만든다'"(Wheen, 2006). 그러나 맑스는 이후의 저술에서 이 같은 주장으로 되돌아오지 않았다. 《자본론》에서 인간이 필요로 하는 것은 아마 "환상으로부터 … 발생"할지도 모른다고 지나가면서 언급할 뿐이다(Marx, 1946). 그 작업은 프로이트의 영향을 강하게 받아 수요와 욕망의 문화적 형성을 탐구하게 될 서구 맑스주의자들의 몫으로 남겨졌다. 발터 벤야민(Walter Benjamin)은 상품에 대한 물신숭배가 굉장히 감각적이며 에로틱한 차원을 갖는다고 보았다. "생명이 없는 제품을 향한 욕망과 열정은 … 〔그것을 통해〕 상품은 성적 욕망의 대상으로 전환되고, 소비하는 것은 그 욕망을 완성시키는 것이다"(Gilloch, 1996). 이런 개념에서 봤을 때, 상품들의 세계를 통해 움직이는 것은 더 이상 단순히 종교적 열정의 세속적 형태가 아니라, 성적 페티시즘의 추종자가 가죽옷이나 하이힐에서 느끼는 에로틱한 강렬함과 똑같은 무엇인가로 충만한 대상들과 내밀하게 조우하는 것이다. 그리고 성적 페티시즘의 경우와 마찬가지로 새로운 소비자 지평(*landscape*)에서의 즐거움은 대상을 소유하는 것만큼이나 바라보는 것에서 생겨난다.

이러한 새로운 지평은 광고와 판촉을 위한 매스미디어의 혁신과 새로운 소매 환경의 구축이라는 두 개의 주요 축을 중심으로 순환한다. 〈표 2-1〉은 소매에서의 각각의 주요 발전단계가 대중 커뮤니케이션에서의 새로운 중심 매체의 부상을 수반했고, 이것들이 함께 새로운 원리를 중심으로 소비를 재편했음을 보여준다. 그러나 이것은 말소의 과정이 아니었다. 각각의 새로운 단계는 이전 단계를 포함하고 편입했다.

〈표 2-1〉 상품문화의 통합

중심 매체	중심 소매 환경	중심 원리
신문	전통적인 상점	전문화
영화관	백화점	진열
상업 텔레비전	슈퍼마켓	유통
다채널 텔레비전	메가 쇼핑몰	통합

바야흐로 상품문화가 두드러지게 변천하던 시기인 1880년대에 맑스는 사망했다. 그에게 익숙했던 지평에서는 개별적 생산물을 기본적 카테고리로 묶어서 판촉하는 항목별 신문광고와, 식료품, 육류, 가구, 의류 등과 같이 특정 범위의 상품을 전문적으로 판매하는 전통상점이 우위를 차지하고 있었다. 이 두 가지 모두 전문화와 분할을 토대로 하고 있으며 두 가지 모두 시각적 진열에는 상대적으로 관심을 두지 않았다. 신문광고는 전적으로 혹은 주로 인쇄물 텍스트에 의존했으며 전통상점은 단순히 판매할 상품의 샘플을 진열창이나 상점 밖 거리에 놓아두기만 했다. 유혹적이거나 매혹적인 배경을 통해 상품을 진열하고자 하는 시도는 거의 혹은 전혀 없었다.

이러한 시각적 간소함은 백화점과 영화관이 주요 대도시 중심가에서 지방도시까지 확장되면서 끝났다. 상점들은 유리와 조명기술의 혁신을 십분 활용하여 거리에 인접한 커다란 진열창을 메운 상품들이 가지각색의 장면 속에서 주인공으로 돋보이게 했다. 영화관은 이러한 상품의 극적인 표현을 확대했다. 1920년경 지나치게 선정적이던 할리우드 영화의 검열관으로 임명된 윌 헤이스(Will Hays)는, 영화는 "가정에 있는 모든 미국인들과 해외에 있는 수백만의 잠재적 구매자들에게 미국에서 제조한 상품에 대한 시각적이고 생생한 인식을" 전달하면서 미국 자본주의와 미국식 생활을 효과적으로 광고한다고 확신했다(Eckert, 1978). 하지만 욕망에 의해 수요가 어떻게 영구적으로 형성되는지를 잘 보여준 것은 소설가 스콧 피츠제럴드(Scott Fitzgerald)의 단편소설이었다. 소설의 젊은 주인공 얀시(Yancy)는 매력적인 대상과 감각적인 스타일의 이미지에 완전히 푹 빠져서 영화관에 앉아 있다. "스타 매 머레이(Mae Murray)가 상상 속의 경치(*vista*)를 떠도는 것을 보면서 그녀는 아파트의 값을 헤아렸다. 그녀는 매 머레이의 옷과 모피, 화려한 모자, 짧아 보이는 프랑스 구두의 아름다움 속에서 기뻐했다"(Fuller, 1996). 보는 것, 원하는 것 그리고 소유하는 것 사이의 관계가 일련의 장치에 의해 공고해졌다. 제조업자들은 그들의 상품이 영화에 등장하도록 하기 위해 비용을 지불함으로써 간접광고(*product placement*)가 개척되었고, 판촉을 위한 끼워팔기(*tie-ins*)는 스크린의 분위기(*aura*)를 시내 중심가의 영화관을 둘러싼 상점들로 옮겨 갔다. 예를 들어, 따분한 독신 여성이 우아하고 지적인 여성으로 탈바꿈하는 것을 찬미한 영화 〈가라, 항해자여〉(*Now Voyager*, 1942)의 개봉에 맞춘 홍보계획은 지역의 의류 아웃렛으로 하여금 "가라 항해자여, 현명하게 구입하라… 지금!"이라는 슬로건 하에 "여행용 앙상블 의복과 액세서리를 위한 특별 진열창"을 설치하도록 촉구했다(La Place, 1987).

그러나 영화관에 가는 것, 백화점을 방문하는 것, 번화가로 윈도쇼핑을 가는 것은 모두 노력과 계획을 필요로 한다. 그것들은 이벤트이다. 이와 대조적으로 상업방송은 일상적인 가정생활의 일부이다. 미국의 초기 상업라디오 열광자 프랭크 아널드(Frank Arnold)가 1931년에 주목했듯이, "인류 역사상 처음으로" "출입문과 창문이 아무리 굳게 닫혀 있어도 국내 모든 가정에" 들어갈 수 있으며 "단란한 가족의 휴식을 위한 순간에 광고 메시지를" 전달할 수 있게 되었다. 상업 텔레비전은 라디오의 친근함에 시각적 요소를 가미함으로써 이러한 판매계획을 확대했다. 규제자의 의도에도 불구하고, 그 판촉의 기세는 지정된 광고시간에 갇혀 있을 수 없었다. 그것은 전체 방송 스케줄에서 넘쳐났다. 프로그램 유형에 상관없이 "그 효과는 시각적이고 본능적인 눈부심이었고, 음미를 즐기는 몰두의 감각이었다. … 볼 것들. 새로운 것들. 최신의 것들"(Marling, 1994). 스크린은 "상점의 진열창과 창고의 박스"가 되었고 "모든 소품"은 "구매 가능한" 것이었다(Conrad, 1982). 시청자들은 두 번에 걸쳐 소비자가 되었는데, 프로그램 속에 진열되는 제품과 스타일의 끊임없는 퍼레이드를 위한 수용자로서, 그리고 광고에서 판촉되는 상품의 잠재적인 구매자로서 그러했다.

쇼핑몰이라는 새로운 부류의 소매 환경이 등장하면서 1950년대에 상업 텔레비전은 급속하게 성장했다. 개별적으로 소유하고 운영되는 수많은 상점들이 입주하는 지붕 달린 보행자 전용지역이라는 생각 그 자체는 새로운 것이 아니었다. 유리지붕이 있는 벌링턴 아케이드(Burlington Arcade)는 1819년 런던에서 등장했고 이후 이 모델은 유럽 전역에서 채택되었다. 그러나 1930년대에 이르면 그것은 독일 비평가 지그프리트 크라카우어(Sigfried Kracauer)가 〈린든 아케이드에 대한 작별인사〉(*Goodbye to the Linden Arcade*)를 쓰게 하고, 발터 벤야민이 파리의 아케이드에 몰두해 문화 고고학의 대규모 프로젝트〔'아케이드 프로젝트'를 의미함 — 옮긴이〕에 착수하도록 자극하는, 사라져가는 과거의 일부로 보였다. 쇼핑몰은 미국의 혁신적 발명품으로서 1956년에 미네소타 엘리나(Minnesota Elina)에 문을 연, 완전히 에워싸이고 덮인 최초의 쇼핑 공간인 사우스데일 센터(Southdale Centre)가 그 선구자였다. 그러나 1992년 최초의 메가 쇼핑몰로서 쇼핑몰의 완전한 잠재력을 개발한 것은 블루밍턴(Bloomington)이라는 또 하나의 미네소타 변화가였다. 무수한 소매 아울렛이 밀집한 '몰 오브 아메리카 어롱사이드'(Mall of America Alongside)는 테마파크, 아이스링크, 영화관, 레스토랑, 그리고 3개의 호텔을 포함했다. 자동온도조절기로 관리되고 자체적으로 경비가 이루어지는 하나의 환경에서 소비와 여가의 다양한 선택조합들을 만들어냄으로써, 그것은 총체적 통합시설의 고전을 창조했다. 필요한 모든 것들이 손 닿는 바로 가까운 곳에 있기 때문에 고객들은 다른 어느 곳에도 갈 필요가 없다는 약속을 받았다. 이런 환경적 특성은 다채널 케이블 방송과 24

시간 프로그램 스케줄의 등장으로 상업 텔레비전 환경이 영구히 달라지면서 가정에서도 재생산되었다. 미국에서 초기부터 텔레비전을 지배했던 메이저 방송국의 수용자 점유율은 지속적으로 하락했다. 유럽에서는 케이블과 위성 채널이 나라마다 공영방송의 독점을 무너뜨리면서 뒤이어 광고수입으로 운영되는 새로운 지상파 채널들이 부상했다. 그 결과 상품문화는 이전의 어느 때보다 더 완전하게 통합되었다. 메가 쇼핑몰은 쇼핑기회는 물론이고 다수의 오락도 제공했다. 케이블 텔레비전 패키지는 영화, 스포츠, 오락 서비스와 함께 홈쇼핑 채널을 제공했다. 공공장소, 술집, 레스토랑의 스크린을 통해 텔레비전 프로그램은 대량으로 진열되었다. 기업협찬(*sponsorship*)과 간접광고에 대한 의존이 증가하면서 돈을 지불하고 상품을 프로그램에 통합하기 위한 기회를 배가시켰다.

글로벌 쇼핑몰

이러한 패턴은 중국을 포함해 이전에 국가가 방송을 통제했던 나라들로 꾸준히 확산되었다. 현재 중국의 주류 텔레비전 서비스는 주로 광고 재원으로 충당되고 있으며, 주요 도시에서 다채널 텔레비전이 도입되었다. 신흥부자와 새로 부상한 중간계급은 넉넉한 가처분 소득으로 2004년 베이징에 문을 연 세계 최대의 쇼핑몰인 골든 리소스(the Golden Resources)의 수익을 뒷받침한다. 또 하나의 주요 경제대국으로 등장한 인도에서도 이와 비슷한 광경이 형성되고 있으며, 강력한 이데올로기적 영향을 가져온다. 인도의 한 기자가 언급하듯이, "쇼핑몰이 충분히 크고 모든 상표들이 있으면 세상은 만사형통이라는 크나큰 안심의 느낌을 전파함으로써, 쇼핑몰은 도시화한 인도가 부르는 '발전' 찬가가 되었다"(Rao, 2005). 미래를 소비와 라이프스타일을 위한 기회의 증가와 동일시하게 되면서, 독립 이후 '발전'을 추동했던 국가 건설의 비전은 점차 약화되었다. 개인적 만족이 공적 투자와 공공시설보다 우선시되었다.

국가 소유와 중앙집중식 계획에 대한 환멸이 심해지면서 시장과 소비를 찬양하는 목소리는 전 세계적으로 더 높아졌다. 부패, 비효율성 그리고 대중적 요구에 대한 둔감한 반응에 의해 망가진 공적 주도권(*public initiative*)은 '발전'의 동인이 아니라 장벽으로 치부되었고, 소련의 붕괴는 그러한 인식을 강화시켰다. 어떤 정부는 열광과 열의 속에서 시장 주도 정책을 포용했고, 또 어떤 정부는 WTO의 차관을 받거나 회원이 되는 조건으로 '구조조정'을 이행하도록 강요받았다. 결과적으로 오늘날 세계의 모든 주요 경제지역은 세계 자본주의 체제에 편입되어 소비주의라는 통치 이데올로기에 의해 지배받는다. 그러나 자본주의 팽창의 첫 번째 물결에서도 그랬던 것처럼, 이러한 최근의 양상은 새로운 모순을 생성하는 동시에 저항을 결집하기 위한 새로운 수단을 제공하고 있다.

모순들의 네트워크

그것은 전개와 영향 모두에서 대단히 불균등했다. 첫째로, 이 과정에서 승자와 패자의 격차는 급속히 커져왔다. 첨단기술 허브와 창조지구와 함께 판자촌과 슬럼가가 끊임없이 확산되고 있다. 확장되는 도시가 있으면 그만큼 인구가 격감하는 시골이 있다. 높은 보수를 받는 중역들과 전문가들이 거주하는 기업 본사와 연구기관이 있으면 그만큼 최저임금 노동자들이 종사하는 '역외의'(*offshore*: 세율 및 법제가 기업에게 유리한 역외에 빗댄 표현 — 옮긴이) 노동착취 작업장, 콜센터, 공장이 있다. 출장 중인 여행객이 있으면 그만큼 이주 노동자와 망명 신청자의 물결이 있다. 둘째로, 산업이 확장되면서 누적적이고 불가역적인, 그 역시 불균등하게 분배되는 환경비용이 부과되었다는 것이 이제는 명백하다. 필수 원자재와 식량의 지속적 공급에 따른 노천 채굴과 삼림파괴는 수입이 낮은 국가나 지역에서 주로 발견된다. 세탁기, 텔레비전 수상기, 퍼스널 컴퓨터, 휴대폰, 그 밖의 다른 소비재의 표준 부품들의 '유용한' 수명이 마감되면, 그 안의 오염물질은 도시 중심지역과 교외 밖으로 운송되어 외딴 시골지역이나 도시에서 멀리 떨어진 변두리에 버려진다. 이러한 불평등은 착취당하고, 박탈당하고, 모욕당하는 인구집단을 전 세계적으로 확산시켰다. 빅토리아 시대의 많은 사회평론가들과 마찬가지로, 맑스는 가난한 노동자와, 이 직업에서 저 직업으로 전전하며 표류하는 '부랑노동자'(*lumpen proletariat*) 사이에 뚜렷한 선을 그었다. 전자는 혁명을 위한 원료이고, 후자는 통제되어야 할 문젯거리였다. 현재의 상황에서, 이러한 구별은 더 이상 유용하지 않다. 우리 시대의 착취는 다양한 얼굴을 가진다.

착취와 빈곤의 세계화에 반응하여 대응의 잠재력도 세계화하고 있다. 세계 시민권(*cosmopolitan citizenship*)이라는 철학을 토대로 사회정의의 실천을 요구하는, 자본의 제국에 대한 급진적 저항이 전 지구적 규모로 새롭게 형성되고 있다. 아이러니하게도 대중동원을 위한 가장 효과적인 활동무대를 제공한 것은 상품문화이다. 아동노동을 통해 생산되거나 환경파괴를 수반하는 제품에 대한 소비자 불매운동이 일어나고, 버려지는 제품과 포장지를 더 효율적으로 재활용해야 한다는 요구가 부상하고, 공정무역에 대한 지지가 확산되는 것은, 자본주의의 풍요로운 중심지에서 일어나고 있는 감수성의 변화를 나타내는 지표이다. 그러나 진정한 투쟁은 아직 오지 않았다. 지구 온난화의 도전은 단순히 보다 생태학적인 식견을 갖춘 예민한 소비자가 아니라, 실질적인 규모의 축소를 필요로 할 것이다. 이러한 재조정에 대한 대중적 동의를 얻기 위한 투쟁은 전 지구적인 새로운 커뮤니케이션 네트워크에서 중심적 역할을 할 것이다.

자본주의는 흩어져서 작동하는 생산과 소비의 활동들을 추적하고 수집·분석하여 조화시키기 위한 고도의 커뮤니케이션 시스템에 항상 의존했다. 확장의 첫 단계에서는 이 과제가 전신 기술에 의해서, 이후에는 전화와 컴퓨터용 펀치 카드기에 의해서 수행되었다. 이제 그것은 컴퓨터, 텔레커뮤니케이션 그리고 문화생산의 융합에 의존하고 있으며, 이 융합은 모든 표현양식—텍스트, 데이터, 음성, 녹음된 소리, 스틸 이미지와 동영상—이 '0'과 '1'이라는 유일한 보편적 언어로 전환됨으로써 가능해졌다. 이러한 디지털화 과정은 비할 데 없는 도달범위와 수용능력을 갖춘 네트워크를 만들어냈다. 이러한 능력이 얼마나 공중에게 개방될 것인가, 공중 네트워크는 어떻게 조직될 것인가, 누가 어떻게 어떤 목적으로 이 네트워크에 대한 접근권을 가질 것인가를 둘러싼 투쟁이 향후 수십 년 동안 갈등의 주요 쟁점이 될 것이다.

이 투쟁의 이해관계는 오늘날 인터넷을 둘러싸고 벌어지고 있는 소규모 접전에서 이미 명백하게 드러난다. 현재 작동 중인 네트워크에는 매우 상이한 두 개의 모델이 있다. 한편에는 모든 참여자가 다른 곳에서 생산된 자료의 소비자일 뿐만 아니라 독자적인 콘텐츠의 잠재적 생산자이기도 한 수평적 네트워크에 기초하는 P2P(*peer to peer*) 교환이 급증하고 있다. 이러한 교환은 다음번에는 다른 사람들도 그들의 기여를 제공할 것이라는 기대 속에서 기여자가 자신의 자료를 자유롭게 이용할 수 있도록 공개한다는 호혜성의 정신을 버팀목으로 한다. 이러한 원리는 이미 일련의 개입운동을 낳았다. 오픈 소스 운동(*Open Source Movement*)은 공동으로 작성되고 자유롭게 이용할 수 있는, 마이크로소프트나 다른 상업적 생산자가 소유권을 갖고서 제공하는 대안보다 더 튼튼하고 신뢰할 수 있는 소프트웨어〔가장 주목할 만한 것으로 리눅스(Linux) 운영체제〕의 범위를 만들어냈다. 전적으로 자원봉사자에 의해 편집되는 위키(Wiki) 운동은 세계에서 가장 종합적인 백과사전인 위키피디아(Wikipedia)를 만들어냈다. 전문가, 저널리스트 그리고 공중에 의해 쓰인 온라인 논평, 일기, 블로그 중 최상의 것은 전문적으로 생산되는 뉴스와 논평을 보충하는 핵심이 되었다. 아마추어에 의해 촬영되어 파일 공유 사이트에 올려진 디지털 사진과 비디오 화면은, 숨겨져 있거나 전문 뉴스 사진가나 촬영 팀이 놓친 사건의 일면을 폭로함으로써, 더 완전한 역사의 초판(*first draft*)을 제공한다. 주류 미디어에서 제외된 목소리는 게시판을 통해 청중을 만날 수 있다.

그러나 다른 한편에서는, 기업의 이해가 공적 네트워크를 판촉과 수익을 위해 사용하는 데에 엄청난 에너지를 쏟고 있다. 개개인에 대한 판촉에 보다 효과적으로 이용될 수 있도록 세분화된 소비자 정보를 제공하기 위해, 이용자들이 클릭한 하이퍼링크는 매번 추적당하고 인터넷 접속과정 전반이 기록되고 수집·분석된다. 멀티유저 온라인 게임 참여자들이 창조한 가상 사회공간은 오프라인의 소매상 체인이 가상 상점을 구축하기 위한 장소가 되었다. 팬과 열성적 지지자들에 의해 운영되는 영화와 음악 사이트의 자료 기여자들은 새로운 배포물을 구전하는 바이럴 마케터(*viral marketer*)로 참여하도록 요청된다.[2] 앞에서 주목한 것처럼, 맑스는 "당시까지 전달은 되었지만 결코 교환되지는 않았던, 주기는 했지만 결코 팔지 않았던 것들"이 끊임없이 시장으로 유입되는 자본주의의 논리를 보았다(Marx, 1976). 인터넷(*the Net*)이 상업의 영역에 합병되는 것이야말로 이러한 과정이 작동 중임을 보여주는 완벽한 사례다.

이러한 협공과 상품문화의 유례없는 통합력에 직면하여, 비판적 정치경제학의 주요 임무는 다수의 순진한 인터넷 열광자가 품고 있는

---

2) 옮긴이 주: 바이럴 마케팅(*viral marketing*)이란 매스미디어를 통해서 불특정 다수에게 메시지를 발신하는 전통적 마케팅과 달리, 마케팅 주체가 기존의 사회적 네트워크를 통해 소비자 스스로가 다른 소비자에게 직접 커뮤니케이션하도록 유도하는 마케팅 기법을 말한다. 일종의 '기획된 구전(*word of mouth*)'이라고 할 수 있다. 바이럴(*viral*)이라는 명칭은 마치 바이러스가 퍼져나가는 것과 같은 형식을 취한다고 해서 붙여졌다.

안이한 유토피아적 이상주의를 무너뜨리고 자본주의의 무기고 안에 있는 무시무시한 무기들의 포괄적인 분석과 비판을 발전시키는 것이어야 한다고 보고 싶은 유혹이 생긴다. 이것은 분명히 필요하지만 충분하지는 않다. 포장용 돌을 파내는 이유는 그 아래에 묻혀 있는 잠재력을 발전시키기 위한 것이다. 이것을 성취하기 위해 우리는 세계 시민권이라는 실천적 원리를 토대로 한 대안을 만들어내야 한다. 그 대안은 대중적 커뮤니케이션의 전 지구적 네트워크를 보장하는 제도적 기반을 만들어낼 수 있는 계획을 제공할 것인데, 그런 네트워크를 통해 일상적 경험 전반에 걸쳐 이러한 원리가 실행되기 위해 필요한 이해와 행동을 가능케 하는 기본적 자원을 전달할 수 있다.

참고문헌

Benson, S. P. (1986). *Counter Cultures: Saleswomen, Managers and Customers in American Department Stores, 1890-1940.* Urbana: Univ. of Illinois Press.

Conrad, P. (1982). *Television: The Medium and its Manners.* London: Routledge and Kegan Paul.

Eckert, C. (1978). The Carole Lombard in Macy's window. *Quarterly Review of Film Studies,* 3(1), 1~21.

Fuller, K. H. (1996). *At the Picture Show: Small-town Audiences and the Creation of Movie Fan Culture.* Washington DC: Smithsonian Institute Press.

Gilloch, G. (1996). *Myth and Metropolis: Walter Benjamin and the City.* Cambridge: Polity Press. 노명우 역 (2005). 《발터 벤야민과 메트로폴리스》. 효형출판.

Jhally, S., & Livant, B. (1986). Watching as working: The valorization of audience consciousness. *Journal of Communication, 36*(3), 124~143.

Loeb, L. A. (1994). *Consuming Angles: Advertising and Victorian Women.* Oxford: Oxford Univ. Press.

Marling, K. A. (1994). *As Seen on TV: The Visual Culture of Everyday Life in the 1950s.* Cambridge, MA: Harvard Univ. Press.

Marx, K. (1946). *Capital: A Critical Analysis of Capitalist Production — Volume One.* London: George Allen and Unwin. 김수행 역 (2002). 《자본론 1》(제 2 개역판). 비봉출판사; 강신준 역 (2008). 《자본 1-2》. 도서출판 길.

Marx, K., & Engels, F. (1976). *Collected Works — Volume Six.* New York: International Publishers.

Rao. Geeta (2005). *Mall and Supermalls.* http://www.hinduonnnet.com (accessed August 25, 2006)

Richards, T. (1991). *The Commodity Culture of Victorian England: Advertising and Spectacle, 1851-1914.* London: Verso.

Smythe, D. W. (1981). *Dependency Road: Communications, Capitalism, Consciousness and Canada.* Norwood NJ: Ablex.

Stevenson, J. (2006). Power to the people. *The Observer: Review,* August 13, 2006, p. 21.

Wheen, F. (2006). *Marx's Das Capital: A Biography.* London: Atlantic Books.

작동을 묘사하고자 했다. 또 어떤 사람은 거기에 살며 일했던 사람들의 이야기를 기록하여, 사라진 희망과 어려운 삶을 우울하게 묘사하거나 영웅적인 저항과 끈질긴 반발의 감동적 이야기를 풀어놓았다. 하지만 세월이 흘러, 건물의 기초에 점점 더 큰 균열이 생겨 건물은 더 이상 안전하지 않다고 선포되어 철거되기에 이른다. 옛 건물은 멋진 새 주택단지로 대체되었고 그 안에서 각각의 거주지는 소유주의 개성과 취향을 반영하여 독특하게 설계되었다. 계급이라는 삭막하고 수직적인 윤곽은 차이라는 개방적인 수평선에 자리를 내주었다.

이런 변화에 대한 대화와 논쟁 속에서, 사람들의 관심은 구조적 제약에서 자기표현으로, 봉쇄된 이동성에서 유동성으로, 필요에서 욕망으로 옮겨 갔다. 많은 논평자들은 이런 변화를 환영했다. 그들은 계급이라는 탑의 희미한 그림자가 계층(*stratification*)에 대한 새로운 생각을 너무 오랫동안 막아서 조사와 논쟁을 수행하는 연구자의 안목이 항상 똑같은 폭 좁은 안건에 가둬지고 말았다고 주장했다. 그들은 기꺼이 '계급의 죽음'을 선언했고, 무덤 파는 역할에 신이 났다(Pakulski & Waters, 1996). 하지만 다른 논평자들은 그런 보고가 과장됐을 수 있다고 느꼈다. 그들은 사람들이 여전히 잔해를 주워 올리는 것을 보았으며, 계급의 유령이 공포영화의 좀비처럼 아직도 그들의 개념적 꿈에 출몰하면서 빠르게 변하는 세계에서 "삶의 현실에" 눈멀게 한다고 생각했다(Beck, 1999). 이런 주장은 전도된 것이다. 후기 자본주의에서도 계급은 커뮤니케이션을 비롯해 삶의 모든 측면에서 근본적인 구성원리로 남아 있다는 것을 부정하는 것이야말로 현 시대의 조건에 대한 폭넓은 관점을 가로막는 것이다.

1968년 봄 파리 전역에 걸쳐 벽과 포스터에 등장한 슬로건 중에서 가장 많은 반향을 일으켰던 것 가운데 하나는 "포장용 돌 아래 깔려 있는 해변"[1]이라는 슬로건이었다. 이렇게 낭만적인 약속은 평범한

1) 옮긴이 주: 포장용 돌은 규제나 통제를, 해변은 자유를 상징한다. 2장

것, 억제된 것 속에 감춰져 있는 개인의 해방과 자기표현의 가능성을 찾아내는 데 헌신하는 최근 연구의 거대한 물결에 깊은 영향을 주었다. 이제는 이런 인식을 뒤집어 해변 아래에 포석이 깔려 있다고 주장할 때다. 이것은 많은 논평자들이 지난 10년 안팎에 걸쳐 너무나 많은 시간을 투자해서 일상적 소비의 창의성과 즐거움을 상세히 다루었던 미디어와 커뮤니케이션 연구에 특히 중요하다. 지그문트 바우만이 지적했듯이, "텔레비전 이후에도, 텔레비전 너머에도 삶은 있고" 많은 사람에게 "현실은 늘 그랬던 것처럼 고달프고, 옹골지고, 저항적이고, 거칠다"(Bauman, 1992). 많은 텍스트에서 계급은 삭제되었을지 모르나, 엄청난 양의 실증적 증거에 의하면 계급은 여전히 지금 우리 삶의 방식을 규정하는 중심적 힘이다. 매우 아이러니한 것은, 정체성, 소비, 차이의 문제를 학술적 관심의 전면에 내세운 포스트모던의 이론적 '전회'가, 경제와 사회 정책에서의 신자유주의 혁명과 거의 동시에 일어났다는 점이다. 여러분이 상대적으로 "계급에 의한 박탈과 배제에 의해 영향을 안 받는" 상황이라면 "계급은 별 문제가 아니라고 생각하는" 것은 쉽다(Skeggs, 1997).

"계급으로부터의 후퇴"는 "새로운 개인주의의" 완벽한 학술적 표현으로서(Crompton, 1998), 힘들게 싸워 얻은 복지와 공적 자원의 무자비한 침식을 편리하게 망각하는 것이었다. 또 이것은 소득규모의 상위와 하위집단 사이에 계속 확대되는 격차를 무시한 것으로, 이런 격차는 19세기 말 이래 영국에서는 볼 수 없었던 것이다. 그러므로 우리는 "경제적 격차가 더 양극화되는 시대에 계급은 죽은 것으로 다시 선언되는" 역설적인 상황에 있음을 깨닫게 된다(Westergarrd, 1995). 이런 엄혹한 현실을 무시하는 것은 존엄과 희망을 파괴하는 공모행위이자, 부지불식간일지라도 선택과 기회의 무차별적인 팽창을 경축하는 시장주의자의 기만성을 끌어안는 것이다.

의 옮긴이 주 참조.

그 이름값을 하려면, 비판이론은 이런 판촉의 수사(*rhetoric*) 이면을 추적해서 구조적 불평등을 재생산하는 저변의 메커니즘을 찾아내야 한다. 나 자신이나 다른 많은 이들에게 이것은 지적인 프로젝트일 뿐 아니라 개인적인 깨달음이기도 한데, 개인사를 역사와 연결시키고, 연관성을 만들고 공허함을 넘어 말할 수 있는 이론을 창출하려는 시도를 통해, 계급을 중요한 문제로 만드는 길이다(Skeggs, 1997). 계급분석이라는 폐허가 된 탑의 복원은 이 프로젝트의 핵심이다. 이것은 향수나 구조, 또는 복원의 활동이 아니다. 우리는 "후기 모더니즘과 전 지구적 자본주의 시대에서 계급이 무엇인지를 재고해야 하며"(Dahlgren, 1998), 이론의 설계자들에 의해 대대로 물려 내려온 재료와 기술을 가차 없이 재구성해, 무엇을 지키고 무엇을 고치며 무엇을 버릴지를 결정해야 한다.

불평등의 양산

그 과정은 새로운 것이 아니다. 1820년대 무렵 '서열'(*ranks*)과 '신분'(*estates*)이라는 기존의 어휘는 사건들에 휘말려 무너진 것이 확실했다. 서열이나 신분은 너무 엄격한 것이어서 이런 개념으로는 낡은 사회질서를 깨뜨리는 자본주의적인 창조적 파괴를 따라잡을 수 없었다. 새로운 패턴의 경제적 분화를 설명하기 위해 새롭고 좀더 유연한 용어가 필요했다. 바로 '계급'이라는 용어였다. 그러나 존 스튜어트 밀이 1834년에 지적했듯이, 사회를 "영주, 자본가, 노동자"라는 세 집단으로 나누는 것은 봉건적 시각이 그랬듯이 경직되고 몰역사적인 것이었다. 밀은 이렇게 비평했다. 너무 많은 논평자들이 "마치 사람의 법이 아니라 신의 법인 것처럼 이 3가지 계급으로 사회를 구분하려는 것 같다. 하지만 그들 중 이들 계급 간의 관계가 사회의 진보 속에서 어떤 변화를 겪게 될지에 대해 스스로 질문하는 사람은 없는 것 같다"(Briggs, 1985).

계급관계의 변화를 기록하려는 여러 저자들 가운데 맑스는 단연 가장 끈질기게 영향을 미쳤다. 불행히도 그는 개념 정리를 마치지 못한 채 사망했다. 맑스는 계급을 사회분화의 기본 원리로 보고, 계급투쟁을 역사변동의 기본 동력으로 평가했다. 하지만, 그는 계급이 정확히 무엇인지에 대해서 분명하게 개념을 정의하지 않았다. 맑스가 미완의 《자본론》 마지막 권에서 지적한 것처럼, "계급이 어떻게 구성되는지"는 모든 계급분석에서 던져야 할 분명한 "첫 번째 질문이다"(Marx, 1863-7). 하지만 아쉽게도 이 원고는 몇 줄 더 가서 그가 답을 하기도 전에 중단되고 만다. 그럼에도 그의 저작 전반을 살펴보면, 우리는 계급분석의 기본적 차원으로 5가지를 확인할 수 있다.

① 계급구조(*class structure*)
② 계급형성(*class formation*)
③ 계급문화(*class culture*)
④ 계급의식(*class consciousness*)
⑤ 계급행동(*class action*)

심지어 맑스를 가장 맹렬히 비판하는 사람들도 이 목록을 연구와 논쟁의 가치가 있는 안건으로 인정하는 경향이 있다.

계급구조

당대나 후대 사람들 대부분이 그렇듯이 맑스도 계급을 경제적 지위와 동격으로 보았다. 땅, 부동산, 공장, 주식과 같은 유형 자산의 소유자와 노동력을 팔아 주급 또는 월급을 받으면서 삶을 영위하는 사람들의 분화가 그에게는 핵심적인 것이었다. 그가 30세인 1848년에 쓴 《공산당 선언》 서두의 많이 인용되는 문장에서, 그는 자본주의 사회는 이 단층선을 따라 "더욱더 분열될 것이며", 부르주아지와 프롤레타리아라는 두 개의 커다란 적대적 계급이 형성된다고 주장했다(Marx & Engels, 1848). 많은 논평자들이 이 말을 오독했다. 이것은 맑스가 이 책을 썼던 당시 상황을 기술한 것이 아니라 장기적인 경향의 특징을 말하고자 했던 것이다. 언론활동이나 당시 사건에 대한 격한 논평을 통해 맑스는 더 많은 생산요소가 대기업에 집중되는 반면 더 많은 노동자가 자신을 위해 일하는 것이 아니라 임금을 벌기 위해 일하는 필연적 결과로 계급적 양극화가 증대한다고 보기도 했지만, 항상 그는 항상 조심스럽게 계급구분의 복잡성을 지적했다. 맑스 계급론에서 사각지대는 중간계급이었다.

맑스는 전문직의 성장, 관리직의 증가, 국가관료의 팽창으로, 자본과 노동의 대립이 완화되거나 그의 표현대로 "구분을 없애는"(*obliterating*) "중간과 중류" 계층이 확산된다는 것을 인정했다. 하지만 결국 "계급분석에서 중간층은 하찮은 존재"라는 주장을 고집했다(Marx, 1863-7). 자본주의 기업에서 관리 역할을 못하는 전문가나 프로들에 대한 이러한 묵살은 "일관된 맑스주의 계급구조 개념"을 형성하고 싶은 분석자들에게는 계속해서 문제가 되었다(Wright, 1997b). 그들의 계급모델에서 중간계급은 영원히 처리 곤란한 집단으로 나타난다.

계급형성

맑스에게 자본에 대한 지배력은 단순히 부르주아지를 규정하는 소유권이 아니라, "프롤레타리아 착취의 수단"이었다(Crompton, 1998). 자본을 생산에 투입하는 것은 자본과 노동의 분리를 고착화했다. 맑스는 대부분의 당대 사람들과 마찬가지로 원료가 상품으로 전환하는 과정에서 생기는 부가가치는 노동에서 나온다고 추정했다. 계속해서 그는 고용주들이 지불하는 임금은 이 가운데 일부일 뿐이며 나머지는 자신들의 몫으로 돌린다고 주장했다. 동등한 교환 — 공정한 노동시간에 대한 공정한 임금—이라는 외관은 그러므로 계속해서 불평등을 양산하는 착취의 영구 기관을 은폐한다. 하지만 맑스는 자본주의 토대에는 시한폭탄이 째깍거리고 있다고 생각했다. 노동자들을 대규모 공장과 밀집된 거주지로 집중시키는 것은 산업 효율성을 극대화할 수도 있겠지만 노동자들이 집단적으로 사고하고 행동하는 조건을 마련해주는 것도 사실이다. 노동자는 전국에 흩어져 살고 있는 농민과는 다르다. 맑스에게, 농민은 생산 시스템에서의 공통의 지위 때문에 분석상 하나의 계급으로 정의할 수 있을지는 모르나, 그들은 집단적으로 이익을 추구하는 "대자적 계급"(*class for themselves*)은 될 수 없었다. 농민들은 자루 속에 있는 감자처럼 무기력할 수밖에 없었다(Marx, 1852). 한편 산업 노동자의 문화가 자동적으로 전투적이 되는 것은 아니었다.

계급문화

모든 계급은 그 구성원들이 자신들이 처해 있는 상황을 이해하기 위해 계속해서 의지하는 집단적 경험으로부터 "독특하고 특별히 형성된 감정, 생각의 방식, 인생관"의 체계를 창출한다는 것이 맑스의 확고한 생각이었다. 개인들은 태어나면서부터 이런 계급문화에 들어가고 "전통과 훈육"에 끊임없이 몰입되면서 관점과 판단, 행동을 위한 출발점이 형성된다(Marx, 1852). 아이러니하게도, 맑스도 마지못해 인정했듯이, 강력한 유대 율법학자 전통을 가진 존경받는 독일 중간계급으로 자라면서 형성된 그 자신의 문화적 취향이 이 과정을 잘 보여준다. 어떤 맑스 후원자의 부인은 맑스처럼 상류층의 취향을 가진 사람이 그의 글에서 예언했던 평등주의 사회에 어울린다는 것은 상상하기 힘들다고 꼬집었는데, 맑스는 솔직하게 이렇게 대답했다. "나 역시 그렇습니다"(Wheen, 1999). 그런 한편으로 맑스는 사람들이 어떻게 자신이 특정한 계급에 속한다는 사실을 인식하게 되는지 설명해야만 했다.

계급의식

마이클 만(Michael Mann)이 지적했듯이(1973), 계급의식은 서로 쉽게 분리되는 여러 수준들에서 작동한다. 대자적 계급이 되기 위해, 노동자들은 저항을 뒷받침하는 언어를 가져야 한다. 노동자계급의 주변 및 직업 문화는 자신들이 특정한 계급에 속한다는 사실을 인식하도록 고무함으로써 강력한 계급정체성을 창출하지만, 그들이 늘 자본가들을 주적으로 여기거나 계급투쟁이 개인의 해방과 대안적 사회로 가는 주된 수단이라고 생각하지는 않는다. 반대로 프랭크 파킹(Frank Parking)이 영향력 있게 설명했듯이, 이런 '종속적' 의미체계는 "현 상태를 전면적으로 거부하기보다는 다양한 적응방식"을 강조하는 경향이 있다.

계급행동

계급정체성을 계급투쟁으로 전환하는 것은 사회주의 정당의 기본 사명이었고, 이런 운동을 위축시키는 것은 소비주의에 뿌리내린 상업 미디어 문화의 주된 효과의 하나였다. 맑스가 《자본론》 제1권의 서장에서 주장했듯이, 자본주의는 즐거움의 기대 속에서 그 기원이 잊혀버린 상품들의 보물창고로서 자신을 드러낸다. 상품소유의 순간을 기대하도록 사람의 관심을 끌고, 생산과정에서 일어나는 착취의 불편한 이미지는 억눌러야 판촉문화는 성공한다. 따라서 소비재 상품들은 노동을 소외시킨 대가로서 나타난다. 그것들은 필요의 명령을 거스르는 자유의 영역을 약속한다.

광고회사, 백화점, PR과 같은 판촉문화의 중심 기관, 타블로이드 신문, 상업방송, 대중잡지, 영화와 같은 근대의 상업적 대중 미디어, 대중적 사회주의 정당이나 노동당 모두는 근대 자본주의의 산물이다. 이런 것들은 거의 비슷한 시기에 나타났으며 이것들이 제기한 좋은 사회에 대한 경쟁적 전망은 레슬링 경기에서 선수들이 얽혀 있듯이 서로 얽혀왔다.

맑스는 관촉문화나 상업 미디어가 현재와 같은 형태를 갖추기 전에 죽었지만, 그는 "정신적 생산수단에 대한" 전반적인 통제는 결국 자본가계급의 손에 있다는 점을 의심하지 않았다(Marx & Engels, 1846). 이런 개념에서 지식인과 문화노동자는 자본주의체제를 선전하는 이념과 표상을 만들어주는, 자본가계급에 종속된 일부이자 충성스런 부관으로 보인다. 맑스는 이런 편리한 노동분업이 때로는 "어떤 저항과 적대성으로 발전"할 수 있다고 인정했지만, 이런 충돌은 자본가계급의 존립을 위태롭게 할 경우에는 "자동적으로 무화된다"고 덧붙였다.

동시에 맑스는 진정한 예술과 핵심적 사상은 시공을 초월한다고 믿을 만큼 너무도 낭만적이었다. 그는 누에가 비단을 만드는 것처럼 밀턴이 《실낙원》을 썼다고 기꺼이 찬사를 보냈다. 밀턴이 원고를 나중에 5파운드에 팔았음에도 《실낙원》 집필은 그의 본성의 발로였고, 오히려 맑스는 발행인의 지시 하에 내용을 멋대로 조작하는 라이프치히의 출판노동자들을 비난했다(Marx, 1969). 밀턴이 《실낙원》을 썼을 때 이미 상당한 독자를 가진 저명한 시인이었던 반면 라이프치히의 출판노동자는 하루살이 예비군으로 편입된 무명의 병사였다는 것을 맑스는 언급하지 않았다. 시장에 참여하는 사람이 가진 자원이 무엇인지에 따라 그의 계급적 지위가 결정될 가능성을 보여주는 것이다.

거래용 동전

이런 생각은 독일의 사회학자인 막스 베버가 구현하려는 것이었다. 그는 급속히 확장되는 상업 문화산업뿐만 아니라 공적 자금으로 운영되는 문화기관의 증대에 힘입어 급증하는 언론인, 교사, 도서관

사서, 과학자, 음악가, 시각 예술인과 같은 문화적 전문가의 계층을 포함하는, 중간 및 중류 계급의 아주 빠른 팽창을 배경으로 하여, 맑스 사후 수십 년간 저술활동을 했다. 베버는 계급구조에 새로운 틈이 생겼다는 것을 알았고, 맑스가 상정한 유산자와 무산자의 기본적인 구분은, 사람들이 직업과 보수에서의 협상에 이용하는 자산이나 서비스의 종류에 따라 더욱 차별화될 수 있다고 주장했는데(Hall, John, 1997), 숙련노동이나 공교육은 핵심적 거래용 동전(*coins of exchange*)으로 포함되었다. 폭넓은 영향력을 지닌 책에서 앤서니 기든스는 시장능력이라는 이런 개념을 개인들이 협상에 이용할 수 있는 모든 형태의 관련된 속성을 포함하도록 확장시켰다(Giddens, 1981). 후에 보듯이, 부르디외는 경쟁적 자본형태라는 모형을 제시함으로써 이런 보편적 생각을 가장 풍성하게 발전시켰다.

확장과 쇄신

중간 집단

1970년대 초반, 자본주의 경제조직에서 맑스가 천착했던 고전적 산업질서가 서비스와 전략적 정보 및 지식에 대한 관리를 중심으로 한 시스템으로 근본적으로 이행하고 있다고 논평자들이 언급하는 빈도가 점점 늘었다. 일부 논자들은 이것을 '탈산업사회'라고 표현했고 (Bell, 1973), 또 일부 논자들은 '정보사회'라고 말했지만, 사무원, 교사, 변호사, 연예인들의 수가 광부, 철강노동자, 항만노동자, 건설노동자 수를 넘어선다는 점에서는 전반적으로 의견이 일치했다. 이런 이행은 맑스주의 저술가들에게 맑스를 재해석해서 이 처리 곤란한 집단, 즉 중간계급에 대해 해명하도록 촉구했다.

에릭 올린 라이트(Eric Olin Wright)는 가장 일관된 입장에서 맑스의 분석을 재해석하려고 했다. 그는 전문가나 프로들은 노동과정에서 어느 정도 자신이 방향을 정하고 자율성을 누릴 수 있다는 면에서는 공업노동자들과는 구별되지만, 여전히 일을 하기 위해서는 자신의 노동력을 팔아야 하기 때문에 프롤레타리아라고 주장했다. 결과적으로 그들은 한 발은 이쪽 진영에, 다른 한 발은 저쪽 진영에 있는 모순된 위치에 서 있다. 그렇지만 라이트는 이런 모델이 공적 자원으로 운영되는 기관에서 일하는 프로들에게는 맞지 않다는 점을 인정했다. 특히 대학이 문제였다. '탈산업화론'의 지도적 이론가인 다니엘 벨은 대학이 정보처리, 생명공학, 신소재 등 신흥 경제활동의 핵심영역에서 지식을 체계화하고 시험하는 주된 역할을 하기 때문에, 신흥 경제질서에서 중심적 역할을 하는 기관이라고 주장했다. 학계의 희망도 반영된 것이지만 분명 여기에는 답해야 할 문제가 있다. 유감스럽게도 맑스가 그랬듯이 대학교수인 라이트는 자신을 제외한 모든 사람의 사회적 지위를 설명하려고 했다. 이런 약점 때문에 라이트는 자신의 지위를 재구성해야 했고, 계급구조의 상층부는 자본자산, 관리자가 통제하는 조직자산, 전문가와 프로들이 보유한 숙련기술 및 지식자산이라는 3가지 종류의 자산 분포도에 따라 구성된다고 제시했다. 각각의 집단은 잉여의 배분을 둘러싼 싸움에서 자신의 자산을 최대한 독점하고 이용하려고 한다. 그가 지적하듯이 바로 이런 베버식 해법은 맑스주의 모델이 창출한 '개념적 매듭들'(*conceptual knots*)의 한계를 돌파하면서(Wright, 1997b), 계급구조 내의 핵심적 분열을 규정하는 착취와, 계급 내의 계층을 규정하는 차별적인 시장능력(*market capacities*)을 바라보는 종합적인 길을 제시한다(1997).

피에르 부르디외 역시 맑스와 베버를 종합하지만 다른 길을 간다. 그는 시장능력이라는 베버식 개념을 채택하여 그 개념을 맑스의 자본의 수사학으로 바꾸었다. 그는 자본주의 사회에서 유통되는 자본의 기본형태는 3가지가 있다고 주장했다. 경제적 자본, "관계와 집단적 소속(*group membership*)에 기초한 자원으로 이루어진" 사회자본, 그리고 문화자본이 그것이다(Bourdieu, 1987). 이 모델에서 계급구조는 다차원적 공간으로 보인다. 여기서 계급이란 먼저 그들이 보유하는 자본의 양이나 규모에 의해 규정되며, 둘째로 자본의 구성에 의해 규정되고, 셋째로 초기의 몫을 3가지 자본에서의 우위로 뒤바꾸려는 게임에서 그들이 자신의 이점을 극대화하려고 시도하면서 시간이 갈수록 자본소유의 양과 구성이 변화함에 따라 규정된다.

당연히 문화자본의 개념은 커뮤니케이션과 문화 연구를 수행하는 학자들로부터 가장 많은 관심을 끌었다. 하지만 문화자본은 상당히 모호한 개념이었다. 부르디외는 어떤 글에서는 상대적으로 좁게 개념을 규정하여 문화자본을 "정보자본"(*informational capital*)으로 보았다. 또 다른 글에서는 문화자본을 학계나 전문가들이 동의하는 지식과 같은 개념으로 보았다. 하지만 그보다는 문화자본을 특정한 범위의 문화적 생산물과 문화적 실천에 가까운 개념으로 정의한 적이 많다. 특히 학교나 박물관과 같은 중심적 문화기관에 의해 탐구하고 보유할 가치가 있는 것으로 분류된 덕분에, 그가 상징자본으로 일컫는 특성을 획득한 것들이 거기에 속한다(Bourdieu, 1973). 부르디외에 따르면 계급 불평등이 재생산되고 정당화되는 주된 방법 가운데 하나는 이렇게 문화자본을 상징자본으로 선별적으로 전환하는 것이다.

계급문화에 대한 맑스의 설명을 받아들인 부르디외는 특정한 계급적 위치가 만들어내는 공동체적 경험이 "생각, 인식, 평가 그리고 행동의 일반화된 구조"의 공유집합을 창출하며 이것은 가족과 이웃이 행하는 일상적 대화와 의식(儀式)을 통해 다음 세대로 이전된다고 주장한다(Bourdieu, 1968). 하지만 계급에 기초한 이러한 의미체계, 혹은 부르디외가 선호하는 명칭으로 아비투스(*habituses*)는 학교나 다른 주요 문화기관 안에서는 같은 비중을 갖지 않는다. 부르디외에 따르면 이와 반대로 교육 시스템은 실질적 문화를 중간계급이 가진 지식과 표현양식과 동일시하며, 통속적 지식이나 노동자계급 문화의 대중적 취향을 열등하고 별로 주목할 가치가 없는 것으로 낙인찍는다. 이것은 피지배계급 출신의 아이들을 영구적으로 불리한 위치에 있게 만든다. 이들은 가족 안에서는 정당한 아비투스로 사회화되지 않았기 때문에, 따라잡으려면 더 많이 노력해야 한다. 이들 대부분은 진정한 문화를 얼핏 알 뿐이거나 그에 대한 적대감을 지닌 채, 실패하거나 포기하고 정규교육을 이탈한다. 결과적으로 이들은 자신은 중간계급이 이미 향유하고 있는 '고급'문화의 수용자가 될 수가 없다고 여긴다. 교육제도를 잘 이용해 계급이동에 성공한 사람들조차 자신들이 무단 거주권(*squatter's right*)만 갖고 있다고 느끼곤 한다. 애니트 쿤(Annette Kuhn)은 이렇게 지적했다.

> 당신은 쉽사리 다른 문화가 당신에게 내리는 평가를 내면화해서 당신에게 무엇인가 부끄럽고 잘못된 것이 있다는 것을 믿게 — 아니, 알게 — 된다. … 당신은 안다 … 만약 당신이 고급문화를 누릴 자격을 갖춘 듯이 행동한다면, 탄로나고 모욕당하는 것을 감수해야 한다는 것을. 그리고 그런 모욕감이 부메랑이 되어 당신을 평생 쫓아다닐 수도 있다는 것을 깨닫게 된다(Kuhn, 1995, 강조는 원문대로).

> 어떤 숨겨진 심판대로 불려나가 자신이 부적절하다고 판명된다는 두려움이 "매일매일을 완벽히 대처하며 살아가는" 것처럼 보이는 많은 사람의 삶을 전염시킨다. 그것은 계급의 '숨겨진 상흔'(*hidden injuries*)의 하나인데, 사람들이 거의 입 밖에 내지 않을 뿐이지, 여지없는 현실이다(Sennett & Cobb, 1972).

이런 주장과 부르디외의 일반적 모델은 소비와 미디어 수용자 연구에 중요한 함축성을 갖는데, 우리는 참여를 가로막는 경제적 장벽뿐만 아니라 상징적 장벽을 탐구해야 된다는 것을 제시하기 때문이다.

부르디외의 이론적 틀은 공공 미술관 같은 정통적인 문화공간에 참여하는 것에서도 왜 뚜렷한 계급적, 교육적 차이가 나는지를 설명하는 데 도움이 된다고 인정하면서도, 여러 논평자들은 그것이 미디어 소비의 최근 패턴, 특히 텔레비전 시청을 설명하는 데는 별 도움이 되지 않는다고 주장했다. 텔레비전 시청은 "문화소비의 유형들이나 그것들 간의 가치서열에서 계급구분이 별로 중요하지 않다는" 증거가 된다(Garnham, 1998). 부르디외는 계급적 아비투스가 사람들이 무엇을 소비하느냐는 것뿐만 아니라 어떻게 소비하느냐는 것을 구조화한다고 답할 것이다. 그가 지적했듯이, "요리법을 비롯해 서부영화를 거쳐 12음 기법의 음악에 이르기까지 모든 문화적 자산은 단순한 현실적 감각에서 학술적 평가까지 포괄하는 이해의 대상이 될 수 있다"(Bourdieu 1968). 만약 그렇지 않다면 문화와 미디어 연구에 종사하는 많은 사람들이 왜 그렇게 많은 시간을 들여 커뮤니케이션 산업이 만든 하루살이 제품들이 여러 수준에서 무수한 이론을 통해 읽혀질 수 있음을 보여주려고 했는지 설명하기 어렵다. 그러나 이러한 해독 작업은 학계의 독점물이 아니다. 미디어 수용자에 대한 최근의 해석 연구가 보여주듯이, 수용자들은 끊임없이 숨은 뜻을 찾으면서 특정 텔레비전 프로그램, 영화 또는 음반을 수많은 지식, 반향 그리고 평가가 교차하는 정신적, 감정적 지도에 올려놓고 본다. 이런 다양한 반응 중 어떤 것은 가족 내의 사회화 과정에서, 어떤 것은 교육에서 얻어진 것이지만, 그 외 다른 것은 나중에 부가될 것이다. 부르디외가 지적하듯이, 아비투스는 "지속적이지만 영구적인 것은 아니며", "계속해서 경험에 의해 좌우되며, 따라서 경험은 그 구조를 강화하거나 수정하는 방식으로 끊임없이 영향을 준다"(Bourdieu & Wacquant, 1992).

부르디외에 의한 계급분석의 혁신은 일상적인 소비와 미디어 수용자에 대한 조사와 관련하여 3가지 중요한 교훈을 시사한다.

첫째, 우리는 물질적 자산의 불평등한 분배가 부과하는 제약으로부터 연구를 시작해야 하지만, 나아가 참여와 선택의 상징적, 사회적 역학을 밝혀야 한다. 둘째, 우리는 서로 다른 문화형태와 맞물려 있는 불평등한 인정, 존경, 정당성이, 그리고 이로 인한 '숨겨진 상흔'

과 저항이, 어떻게 사람들이 문화적 생산물 및 경험과 맺는 깊은 관계를 구조화하는지를 탐구해야 한다. 셋째, 정체성, 해석 그리고 행동을 위한 자원을 제공하는, 계급에 기초한 의미체계와 다른 담론이 어떻게 상호작용하는지를 살펴야 한다.

데이비드 몰리(David Morley)는 영국의 일일 시사 프로그램 〈네이션와이드〉(*Nationwide*)의 수용자 반응에 대한 영향력 있는 연구에서 세 번째 문제에 대한 유익한 방법을 제공했다. 처음에 그는 이 연구가 "서로 다른 '문화적 코드'를 공유하는 서로 다른 집단이나 계급의 구성원들이 자신이 속한 사회경제적 지위에 '체계적으로 연관된' 방식 속에서 … 주어진 메시지를 다르게 해석한다"는 것을 보여주기 위한 것이라고 주장한다(Morley, 1980). 하지만 그는 계속해서 "모든 적절한 분석틀"은 또한 사회구성체 내부에서 작동하는 담론의 다양성에 천착해야 한다고 주장한다. 어떤 담론은, (노조대표들의 단체가 동원하는) 사회주의나 전투적 노동조합주의의 수사처럼, 계급 담론에서 파생되며 계급정체성을 지지하지만, 페미니즘이나 민족주의 담론들은 다르게 보는 방식과 다른 정체성을 지원할 것이다. 이런 다른 담론들은 문화연구의 초점이 되고 있어 많은 연구자들이 계급에 대해 망각하도록 유도한다. 물론 문화연구는 점점 더 "계급적인 것이 아니라 젠더, 인종, 민족성, 섹슈얼리티에 대한 담론"에 의해 섭렵되어왔다(Milner, 1999). 많은 설명들에서, 계급은 더 이상 내놓고 말하기 어려운 범주가 되었다.

해변 아래에서

현대의 문화연구 대부분에서 볼 수 있는 "계급의 갑작스런 죽음"(Milner 1999)은 풍요로움이 증가하면 옛 계급노선을 떨치고 좀더 개방적인 사회를 지향한다는 편안한 가설을 배척하려는 문화연구 시조들의 관심에서 근본적으로 이탈하였음을 보여준다. 스튜어트 홀이

1967년에 지적했듯이, "모든 증거에 따르면 계급적 유동성의 증가를 '무계급' 상태로 나아가는 것으로 간주하는 것은 착오다. 우리는 계급 조건을 경험하는 한 가지 방식을 해체시키면서 또 다른 방식을 만들고 있다고 말하는 것이 더 정확할 것이다"(Hall, 1967). 이런 주장은 청년 하위문화에 대한 다양한 연구를 통해 경험적으로 분석되었다. 이것은 상당히 전략적인 선택이었는데, 왜냐하면 당시에는 점점 더 많은 연구자들이 새로운 매스미디어 특히 록큰롤과 팝음악이 계급을 초월하는 보편적인 청년문화를 창조했다고 주장했기 때문이다. 이처럼 그럴듯한 시각에서 보면 "10대들은 다가오는 놀라운 소비사회의 조짐으로 보이며, 계급 없는 자본주의 사회의 도래가 임박했음을 알린다"(Murdock & McCron, 1976). 새로운 연구는 계급에 기초한 경험과 의미체계가 하위문화의 취향과 스타일을 근본적으로 구성한다는 점을 밝히면서 계급의 복원력을 보여주는 데 착수했다(Hall & Jefferson, 1976: Murdock, 1974 참조). 이런 연구의 남성적이고 자민족 중심적인 편향에 대한 이후의 비판은 정당한 것이었다. 하지만 계급을 잊어버리도록 배우는 것이 계층 시스템에서의 지속적인 변동이 두드러지게 만든 복잡한 사회구조를 제대로 보는 것은 아니다.

지적 무책임

수용자 연구에 대한 이슈를 제기했던 부르디외의 연구는 문화산업에 대한 연구경향에 대해서도 문제를 제기했다. 그는 어떤 종류의 자본이라도 많이 갖고 있는 사람은 지배계급에 포함시켰다. 이것은 지식노동자는 "부르주아라는 같은 계급의 종속집단으로 가장 잘 자리매김할 수 있다"는 맑스의 주장을 인정하도록 했는데, 왜냐하면 그들은 상당한 경제적, 사회적 우위를 차지하는 데 필요한 상당량의 문화자본을 소유하지만, 자본가들이 향유하는 경제적 또는 사회적 자본의 수준을 통제할 수는 없기 때문이다(Milner, 1999). 이런 결론을 의문시한 존 프로(John Frow, 1995)와 같은 다른 연구자들은 지식인들이 부르디외나 맑스가 평가했던 것보다 부르주아로부터 상당한 독립성을 갖는다며, (다니엘 벨의 관점과 유사하게) 지식인들은 교육을 통해 생산되는 지식을 다루는, 분리되고 느슨하게 형성된 하나의 계급으로 보는 것이 더 유용하다고 주장했다. 설사 지식인의 특성을 이렇게 그럴듯하게 규정한다고 해도, 이것을 문화노동자 일반으로 확장하는 것은 광고, PR, 시장조사와 같은 문화적 업무의 수요 영역이 자본에 봉사하는 것이 분명하기 때문에 즉각적으로 문제가 된다. 우린 이 문제에 대해 사적 영역과 공적 영역에서 일하는 문화노동자를 구별해서 다루고 싶을지 모른다. 공공기관은 시장의 강제와 이데올로기에 덜 지배받기 때문인데, 최근에 대학이나 공공 방송사의 급속한 시장화가 진행되는 것을 감안하면 지금은 이 역시 논쟁거리다.

다양한 문화노동자 집단의 계급적 지위를 확인하고, 이들이 누리는 상대적 자율성의 정도를 살펴보는 것은 단지 학술적 실천에 머무르지 않는다. 이 문제는 정말 정치적으로 중요하다. 존립 가능한 민주정치는 단순히 개별적 권리만이 아니라 우리가 '공공선'(*common good*)이라 부르는 것 역시 재규정할 수 있다는 공유된 약속에 의지하는 것이다. 이것은 계급적 경계와 이익을 넘어선 논쟁과 대화를 요구한다. 문화산업은 이런 것들이 벌어질 수 있는 수요 공간을 제공한다. 이런 공간의 상대적 개방성과 반대의견에 대한 호의성은 민주적 삶을 유지하는 데 결정적으로 중요하다. 어떤 한 가지 방식으로만 문화적 생산을 조직하는 것은 특정한 재정조달 구조와 형태가 표현의 다양성, 식견 있는 비판 그리고 개방된 논쟁을 보장하는 조건을 창출한다는 것이 입증되지 않는 한 타당성이 별로 없다. 학계가 계급분석으로부터 떠나가는 것은 이런 이슈를 방치한 채 지식인이 빚지고 있는 사회적 책임에 대한 무관심을 드러내는 것이다.

파괴

현대 프랑스의 계급과 문화에 대한 부르디외의 기념비적 연구인 《구별짓기》(*Distinction*)가 1984년 영어로 간행되었을 때, 계급분석에 대한 파괴는 절정에 이르러 있었다. 그것은 서로 연결된 몇 가지 변화에 의해 추동되었다.

첫째, 사회학에서 사회구조로부터 문화생활이라는 개념으로의 일반적 이행은 연구주제에서 경제적 과정의 문제를 점차 제거해버렸다. "참여자들에 의해 … 끊임없이 재규정되는 일련의 담론으로서의 '문화' 개념"이 새롭게 유행하면서 "책, 영화, '과학' 또는 광고와 같은 문화적 생산물" 역시 그것들의 방향성, 형태, 전반적 다양성을 근본적으로 결정하는 특정한 작업 및 시장 조건에서 실행되는 "인간 … 노동의 산물"이라는 사실을 보이지 않게 만들었다(Huws, 1999). 일부 논평자들이 상상하듯 '무게가 없고' 자유롭게 떠다니기는커녕, 문화적 생산은 자본주의 역학과 시장 관계에 떼려야 뗄 수 없게 속박되어 있다. 사실을 말하자면, 이익이 달려 있는 모든 주요한 커뮤니케이션 영역을 아울러 새로운 초대형 미디어기업의 손에 핵심적 생산요소가 더욱 집중되는 것은 이런 속박관계를 한층 더 강화시켰다.

그러나 미디어와 문화에 대한 많은 저술들을 보면, 생산조건의 변화가 언급되더라도 그것은 부차적일 뿐이다. 대부분의 관심은 정체성 실험을 위한 새로운 상징공간을 창출하는 신호의 체계로 우선적으로 인식되는 소비의 역학에 고정되었다. 이것은 결국 관심을 소비와 계급적 지위의 관계로부터 떼어내 상품과 자기표현의 관계를 둘러싼 문제로 돌려버렸다. 시장조사에서 시장의 분할을 계급이나 기타 인구학적 변수에서 찾는 것이 아니라 소비자의 개인적 특성이나 경향에 기초한 사이코그래픽스(*psychographics*)를 이용해 조사하는 것으로 옮겨 간 것은 이러한 변화를 비추는 거울이었다. 이런 변화는, 앞으로 점점 선택의 폭이 넓어지고 생활이 더 나아진다는 자본주의 거대서사의 기본적인 플롯 장치라고 맑스가 주장했던, 상품 물신주의를 재생산했다. 문화와 미디어 연구의 새로운 물결에서 환영받는 능동적 수용자와 유목민적 소비자는 애덤 스미스식 자본주의의 주권적 개인을 점점 더 닮아간다. 여기서 주권적 개인은 시장에서의 선택을 통해 자아실현을 하는 사람이다. 개인적 선택과 충족에 관한 이런 위안의 이야기는 상품생산에 개입된 착취를 쉽게 잊어버리고 이 시스템이 재생산하는 심각한 불평등 구조를 무시함으로써만 유지될 수 있었다.

이렇게 개인의 선택을 강조하는 것은 사회적 정체성의 유동성(*fluidity*)과 다원성(*plurality*)을 새롭게 강조함으로써 보강되었다. 영국의 한 사회학자는 이렇게 말했다.

> 일상생활에서 사람들이 스스로를 술꾼, 흡연가, 축구 서포터스 등으로 생각하기보다는 특정한 계급의 일부로 여긴다고 진짜 믿을 수 있을까? (Saunders, 1989)

이것은 고전적인 레고 모델(*Lego model*)로서, 그 안에서는 아이들의 집짓기 놀이의 색깔 있는 블록들처럼 서로 다른 무게와 결과들을 간단히 결합하거나 한 줄로 배열한다. 이런 개념 하에서 계급은 많은 차이 가운데 단지 하나의 차이로 격하된다(Coole, 1996). 계급이 우리가 생활하고 또 스스로에 대해서 생각하는 방식에 미치는 영향에서 더 근본적이고 더 지속적이며 더 광범위하다는 생각은 타당하지 않다는 것이다. 계급이 여전히 다른 많은 것보다 더 많은 차이를 만들어낸다는 경험적 증거는 아주 많다. 두 명의 또 다른 영국 사회학자가 결론내린 것처럼, 여러 연구결과를 보면 "최근 수십 년 동안 영국에서 노동자계급을 포함해 계급들의 사회적 결집이나 이념적 차별성이 완화되었다고 생각할 근거는 없다"(Golthrope & Marshall, 1992).

변화의 소용돌이 속에서도 노동자계급의 문화와 의식은 놀라울 정도로 회복력을 유지했다는 일반적인 주장을 인정한다고 해도, 우리는 여전히 노동조합주의의 쇠퇴, 계급정치에 대한 헌신의 약화, 새로운 사회운동, 특히 페미니즘과 생태주의 운동의 대두와 같은 문제에 직면해 있다. 새로운 사회운동은 확실히 새로운 캠페인과 새로운 정치적 정체성을 위한 초점을 제공하지만, 앤드류 밀너가 주장했듯이, 이런 것들은 "개인성이 아니라 계급성에 대한 대체물로서" 가장 잘 이해된다(Milner, 1999). 이 운동들은 점점 더 불안정하고 냉혹해져가는 세계에서 연대와 공동체를 위한 접점을 제공한다. 그러나 소비와 개인적 선택의 권리를 확장하라는 요구는 "근본적으로 계급으로 분할된 성격의 후기자본주의 사회"에 도전하지는 못한다. 주요 기업들은 자신을 좀더 배려하고, 소비자 친화적인 것처럼 표현함으로써 많은 요구들에 잘 대처할 수 있을 뿐만 아니라, 공격받고 있는 기업을 대체해 새로운 시장을 창출하는 데 그런 요구들을 이용할 수 있고, 필요하다면 시민사회가 성숙하지 못해 자신의 요구들을 효과적으로 조직하지 못하는 신흥시장으로 이전할 수도 있다.

그러나 최근 들어 오랫동안 계급분석을 기피했던 문화와 커뮤니케이션 이론은 그런 관행을 탈피하려고 한다. 컨트리 노래에도 있듯이, 점점 더 많은 사람들이 잊어야 한다는 것을 잊고 있다. 그 분야의 어느 주요 출판사가 펴낸 '핵심적 문화 개념'을 다룬 신작 시리즈에 '계급'을 다룬 책도 한 권 들어가 있는 한편(Milner, 1999), 새 모음집(*collection*)은 "문화연구가 우선적 연구초점으로서 사회계급의 문제로 돌아갈 것"을 촉구한다(Munt, 1999). 이것은 바람 앞의 하찮은 밀짚에 불과할지 모르나, 밀짚이야말로 바람을 막는 벽돌을 만드는 데 필수적이다.

재 건

그렇다면 우리는 무엇을 재건하고자 하는가? 커뮤니케이션과 문화조직에서 최근에 진행된 변화의 흐름을 적절히 이해하기 위해 계급분석이 필수적인 3가지 일반적인 영역을 제시해 보겠다.

'유연한' 자본주의 아래에서의 문화노동

맑스와 후대의 모든 논평자들이 문화노동자를 계급구조의 어디에 위치시킬지에 상당한 어려움을 겪은 것은 별로 놀랄 일이 아니다. 이런 일반적 범주는 자본주의적 생산 및 시장 관계의 폭넓은 차이를 덮어버린다. 일부의 문화노동자들은 사적인 소득을 얻어 생활하기도 하며, 맑스처럼 예기치 않은 유산을 물려받은 엥겔스의 기부로 살아간 예도 있다. 엥겔스는 가족 소유의 회사에서 일해서 번 돈을 조건 없이 기부함으로써 위대한 현자인 맑스가 지적 작업을 이례적으로 자유롭게 할 수 있도록 도와주었다. 그러나 이런 경우는 비교적 드물다. 대부분의 문화노동자들은 자신들의 역량을 팔아서 생활한다. 일부는 프리랜서로 일하며 일부는 몇 사람을 고용해서 소규모 사업을 벌인다. 이런 '준자율적'(*semi-autonomous*) 노동자 또는 오늘날 종종 독립제작자(*independents*)라고 불리는 이들은 요행수를 바라고 작품을 만들어 이곳저곳 팔러 다니거나 후원자로부터 기부금을 얻어야 한다. 하지만 역사적으로 볼 때, 자본주의 하에서 더욱더 많은 문화노동자들은 주요 상업적 문화생산자에 의해 고용되었다(계약기간은 천차만별이었다). 이런 상황은 그들이 누리는 창의적 자율성의 상대적 수준에 대해 오랫동안 생생한 논쟁을 촉발했다.

한편으로 미디어 소유주의 상업적, 정치적 이익과 다른 한편으로 기자, 텔레비전 드라마 제작자, 영화 제작자, 음악인의 직업적 순수성과 창의적 열망 사이의 긴장에 대한 논의가 특히 많았다. 소유주가 자신의 경제적, 조직적 힘을 이용해 공익보다 사익을 더 우선시할 것이라는 우려는 기업 소유권 집중의 심화를 지속적으로 반대하게 만들었다. 한편, 속속 드러나는 소유권 남용의 실제 증거들은 문화생산에 대한 자본의 지배가 "부자 미디어"와 "가난한 민주주의"를 낳는다는 주장을 강화시켰다(McChesney, 1999). 그럴 개연성은 여전히 높다. 물론 최근 거대 미디어 기업의 부상은 이런 이슈를 예전보다 더 현실적인 것으로 만들었다.

하지만 이 문제를 다룰 때 우리는 종신직이나 비교적 장기의 계약을 대체하는 '유연한' 문화노동력을 지향하는 움직임이 증가한다는 점에 주의를 기울일 필요가 있다. 영국 텔레비전의 프로그램 외주 제작 증대는 좋은 사례다. 텔레비전 산업의 고용상태에 대한 최근 조사에 따르면, 응답자의 1/3이 안 되는 31퍼센트만이 메이저 방송사에 고용된 상태이고, 38퍼센트는 1년 이하의 계약을 하는 프리랜서로 일한다. 또 11퍼센트는 외주 제작사에 고용되고, 15퍼센트는 자체 제작사를 소유한다(British Film Institute, 1997). 이러한 '아웃소싱'으로의 전환은 "컴퓨터를 다룰 줄 아는 신참자들의 소규모 팀"에 프로그램 제작을 집중시키게 될 디지털 기술로의 이행으로 인해 더욱 강하게 추진될 것이다(Ursell, 1998). 이와 병행하여 한때 직업안정의 요새였던 영국 대학들은 임시직과 단기계약을 선호하고 전통적인 종신직 계약을 폐지하는 쪽으로 선회함으로써, 더 많은 '유연성'을 향해 나아갔다.

이런 사태 전개는 현대 자본주의에서 지식, 문화 노동자에게 부여되는 계급적 지위와 소속에 관한 흥미로운 질문을 던지며, 상대적으로 안정적인 고용조건에 있거나 자영업으로 성공한 집단과 영구적으로 불안정하고 종속적인 조건에 있는 집단 사이에 커다란 분열이 일어나고 있을지 모른다고 암시한다. '유연성'이 문화적 표현의 다양성 전반에 대해 어떤 함의를 갖는지는 즉각 연구할 가치가 있다. 하지만 패션 디자이너에 관한 안젤라 맥로비(Angela McRobbie)의 최근 연구는 둘 사이의 연관은 직접적인 것 같지 않다는 것을 보여준다. 한편으로 그녀의 조사에 참여한 응답자들의 상대적으로 낮은 수입은 높은 재정 불안정과 고용 불안정과 맞물려, '프롤레타리아화'의 과정에 있음을 시사한다. 다른 한편 준(準) 전문가적 지위를 지닌 대학졸업자로서 그들의 직업적 정체성은 그들로 하여금 "패션산업의 저급한 측면과 연결된 기술(*skills*)을 무시하거나 거부하고" 따라서 "그들의 작업과정에서 가장 인습적인 계급분할을" 재생산하도록 했다. 그들은 자신들이 육체노동자보다 높은 위치에 있다고 믿고자 했다(McRobbie, 1998).

'유연성'을 향한 진군은 우리를 부르디외가 제시한 계급형성의 다차원적 모델로 되돌아가게 한다. 하지만 그 모델을 생산적으로 활용하려면, 우리는 다시 한 번 기술보유, 공식적 인증, 문화적 능력 사이의 변동하는 관계를 살펴야 하는데 그것은 문화자본이라는 그의 다용도적 개념에 감춰져 있다. 고등교육기관에서 문화와 커뮤니케이션 연구를 위한 과정이 급속하게 증가하고 기술훈련의 전문성이 증가하는 것은 공식적으로 인증된 교육이 이전보다 문화노동 시장의 진입을 규제하는 데 더욱 중요한 역할을 한다는 것을 시사한다. 동시에 새로운 증거들을 보면 사회자본의 역할도 핵심적이 되고 있다는 사실을 암시한다. BFI의 조사에 따르면, 응답자들이 텔레비전 분야에서 일을 구하고 얻는 과정에서 필시 가장 중요한 통로는 개인적 접촉이었다(British Film Institute, 1997). 맥로비가 지적했듯이, 패션 시장에서의 운의 변덕스러움 때문에, 우연한 만남을 통해 "뜻밖의 횡재나 기회"를 얻는 것의 중요성이 점점 더 커지고 있다.

차이의 계급화

맥로비의 조사에 참여한 패션 디자이너는 모두 여성이었고 그녀가 지적하듯이 패션 시장의 불안정성은 디자이너들의 개인적 선택에 큰 비용부담을 지웠다. 젠더(*gender*)와 계급의 상호작용은 페미니스트 저술의 중심 주제였고, 많은 논평자들은 '가부장제'—여성의 삶이 남성의 이해관계에 종속되는 것—가 구조적 불평등을 재생산하는 데 계급보다는 아니지만 계급만큼 중요하다고 주장했다. 일부 계급 분석가들은 계급을 젠더에서 떼어놓기도 했다. 예컨대 에릭 라이트(Eric Wright)는 자신의 계급모델이 "젠더 억압과 관련한 중요한 문제를 충분히 이해하는 데 적합한 도구가 아니고, 또 될 수 없다"는 점을 유감스럽지만 인정했다(Wright, 1997b, p.60). 다행스럽게도 일부 페미니스트 연구자는 계급과 젠더 간 상호작용의 탐구를 쉽게 단념하지 않았다. 캐롤라인 스티드맨(Carolyn Steedman)이 지적하듯이, "여성이나 소녀의 경험을 통해 느껴지는 사회 시스템의 상처는 계급의식적 목소리 아래에는 문 밖에 팽개쳐진 이런 여성들의 감정을 표현하는 언어가 놓여 있다는 것을" 보여주지만, "기본적으로 계급에 대한 강조 역시 드러내지 않은 언어는 없다"(Steedman, 1996).

비벌리 스켁스(Beverley Skeggs)는 잉글랜드 북부 지역에 살고 있는 여성 노동자계급에 대한 광범위한 민속지학적 연구를 실시한 끝에 "계급은 그들 삶의 중심이었다"는 결론을 내렸다(Skeggs, 1997). 그녀는 특히 여성 노동자계급의 패기를 꺾을 목적으로 자본(부르디외가 말한 넓은 의미의)의 불평등한 배분이 정체성 담론의 확산과 결합하는 방식에 주목한다. 그들에게 있어 계급의 숨겨진 상처는 매우 강압적으로 젠더화되었다. "그들은 스스로에 대해 결코 편안할 수 없었고 늘 다른 사람들이 자신들을 모자라고 바람직하지 않은 사람으로 취급할 것이라고 확신했다"(Skeggs, 1997). 여성 노동자계급을 질이 나쁘고, 위험하고, 성적으로 탐욕적으로 보는 지배적 이미지가 특히 불안의 원천이었다. 이에 대응하여 그들은 페미니즘이 제시한 개인주의 모델을 거부하고 '존경스런' 여성성을 택했다. 하지만 스켁스가 주장하듯이 존경스러움에 대한 그들의 요구를 수동적인 포기의 징조로 보지 말고 적극적인 "감성적 계급정치"로 이해해야 한다. 그들은 긍정적 가치평가가 제한적이거나 닫혀 있는 불리한 평가 시스템에 있음에도 불구하고, 제한된 자원을 이용해서 최선의 결과를 만들어내려고 늘 노력했다(Skeggs, 1997).

그러나 계급의 경계는 완전히 고정된 것이 아니다. 개인들은 교육이나 결혼을 통해 계급적 한계를 벗어나려고 한다. 떠나감의 고통과 기쁨, 현실의 문화와 박식한 문화 사이를 왕래하는 어려움은 초기 영국 문화연구의 주요한 주제였다. 리처드 호거트(Richard Hoggart)와 레이먼드 윌리엄스(Raymond Williams), 그리고 일깨움을 통해 이들을 따랐던 많은 젊은 세대는 노동자계급 출신으로 '장학금을 받는 소년들'(*scholarship boys*)이었다. 이들은 교육제도를 통해 어려움을 무릅쓰고 나아가 대학의 교수나 연구자가 되었던 것이다. 더렉 윈(Derek Wynne, 1998)의 최근 연구에 따르면, 문화자본의 전략적 배치는 고등교육을 통해 중간계급으로 진입한 사람들에게 전형적이다. 그것은 구별짓기 게임에서 그들이 가진 비장의 카드이며, 새로운 위치에 도달했음을 보여주는 뚜렷한 표지이다. 이와는 대조적으로 역경 속에서 길을 헤쳐나가 자신의 사업을 창출해낸 사람들은 과시적 소비(*conspicuous consumption*)를 통해 경제자본에 대한 지배를 자랑하는 경향이 있다. 이들은 늘 자신의 어깨 너머로 되돌아보면서 자신보다 못한 사람들을 상대로 자신의 성공을 증명하고자 한다.

이렇게 많은 연구에도 불구하고 계급이동의 성공담 대부분에서 주인공은 아직도 거의 남성이다. 여성 노동자계급의 상층이동을 최근에 연구한 스텝 로이어는 이런 불균형을 다룬다. 그녀는 자신이 상담한 여성들을 통해 노동자계급의 섹슈얼리티를 병리화시키는 것이 어떻게 "중간계급이 되어보지 못한 역사"와 교차하여 그들이 "노동자계급 여성은 바른 판단, 바른 지식, 바른 취향을 갖추지 못했다는 (상상된 현실로서의) 타자의 판단에 의해 수치를 당했을" 때 생긴 숨겨진 상처를 악화시키는지에 대해 주목한다(Lawler, 1999). 그들은 자신의 것으로 여기는 아비투스를 결코 충분히 누릴 수도 없고 그것이 요구하는 성향도 결코 온전히 소유할 수 없다고 느꼈다. 그들은 다른 사람의 집에 잠시 들른 방문객처럼 한시도 쉬지 않고 예의를 차려야 하는 선고를 받은 셈이었다.

이런 새로운 연구는 계급은 항상 젠더화된다는 페미니스트들의 주장이 옳은 반면, 젠더 역시 마찬가지로 항상 계급화된다는 것을 시사한다. 따라서 계급에 초점을 둘지 아니면 차이에 초점을 둘지의 선택이 문제가 아니라 그것들이 교차하는 방식을 탐구하는 것이 문제다. 미디어 수용자에 대해 최근에 이루어진 많은 연구는 영화와 텔레비전 프로그램에 대한 사람들의 해석과 반응을 탐구하기 위해 포커스 그룹 방법론의 변형물들을 이용했다. 문제는, 이렇게 비교적 짧고 통상 한 번에 끝나는 사례들은 스켁스 등의 연구자들이 발전시킨 주장이 요구하는 깊이 있는 증거를 만들지 못한다는 것이다. 만약 우리가 개인의 전기를 역사와 연관시키려 한다면, 주관성, 사회적 담론 그리고 문화적 실천 사이의 미묘한 관계를 파헤칠 수 있게 해주는 전기가 있어야 한다. 이를 위해서는 부르디외의 《세계의 비참》(*La Misère du Monde*, 1993)에 나오는 것 같은 인생사가 필수적이다. 우리가 일상적인 미디어 실천의 복잡성을 제대로 분석하려면, 어떻게 그것이 사회적 위상이나 공공담론에 의해서뿐만 아니라 개인의 인생역정에 의해 형성되는지를 보여줄 필요가 있다.

전 지구적 변동들

그렇지만 라이트 밀스가 이미 지적했듯이, 진정으로 종합적인 분석을 하려면 특수와 일반 사이를 지속적으로 왕래해야 할 필요가 있고, "인간의 자아에 가장 친숙한 특징들"을 "가장 멀리 있는 비개인적 변화"와 다시 연결시킬 필요가 있다(Mills 1970). 지금까지 있었던 대부분의 연구는 "계급구조와 민족국가는 함께 형성된다는 편리한 가설에 기초했기" 때문이다(Breen & Rottman 1998). 계급분석은 반드시 이런 연결고리를 만들어야 하지만 그럴 정도로 정교하지는 못하다. 전 지구적 자본주의 시대에 이것은 심각한 결점이다.

지난 20년 동안은 정치적으로 전혀 다른 성격의 정부 사이에서도 사적 소유와 시장 역동성 그리고 최소의 공적 규제를 촉진하는 신자유주의가 판치는 세월이었다. 제2차 세계대전 이후 상대적으로 세계 자본주의체제에서 (서로 다른 방식이지만) 분리되어 존재했던 3대 거대국가인 러시아, 중국 그리고 인도는 이 동안에 서로 다른 경로와 서로 다른 명분을 통해 그 체제에 재진입했다. 이런 움직임은 커뮤니케이션과 문화 연구에서 계급분석의 역할에 중요한 의미를 부여한다.

우선 많은 논평자들이 관찰했듯이, 규제 장벽의 붕괴와 제거는 초국적 인공위성 및 컴퓨터 네트워크의 부상과 맞물려 주요 기업의 전 지구적 도달 범위를 대대적으로 확장했다. 이것은, 지배적 초국적 기업의 경영진들, 더 많은 자국 내 투자와 '국경 없는' 경제적 흐름을 후원하는 정치인과 국가관료들, 그리고 마지막으로 (하지만 못지않게 중요한) 지배적 미디어 기업의 사주들로 이루어진, 새로운 '초국적 자본가계급'의 형성을 목격하게 될 가능성을 높였다. 이 계급은 민족국가에 헌신하는 것이 아니라 새로운 전 지구적 기업의 활동영역에 헌신한다(Sklair 1995). 이런 형성물 내에서 커뮤니케이션 기업은 이중의 핵심역할을 한다.

첫째, 커뮤니케이션 기업은 이러한 새롭고 지리적으로 분산된 계급이 교환과 단결의 내적 네트워크를 발전시킬 수 있도록 하는 필수적인 커뮤니케이션 하부구조를 제공한다. 이러한 새로운 초국적 흐름과 연결을 보여주는 것이 긴급한 연구과제다.

둘째, 커뮤니케이션 기업은 시장 팽창의 편에 서서 소비주의를 중심으로 공공 커뮤니케이션을 재조직하면서 소비주의를 국경을 초월하고 누구도 배제하지 않는 정체성과 생활방식으로서 촉진하려 한다. 하지만 이런 개입의 파급효과를 살피건대, 우리는 중간계급을 분석하는 문제와 다시 한 번 직면하게 된다.

중국, 인도 그리고 동남아시아에서의 시장화 및 자유화의 급속한 부상은 사업의 소유권과 상업적 기업의 관리 및 서비스와 연관된 직업 모두에서 괄목할 만한 팽창을 가져왔다. 이런 새로운 집단을 독립 전문직과 국가관료로 구성된 전통적인 중간계급과 구별하기 위해서 '새로운' 중간계급 또는 '신흥부자'라고 부르곤 한다(Buckley, 1999). 하지만 일부 논평자들은 사업체 소유자나 기업 경영자와 더불어 사무원, 공무원 및 전문직을 포함하는 광의의 개념정의를 선호한다(Stevens, 1998). 하지만 분석가들은 확대된 중간계급이 (어떻게 정의되든) 새로운 소비 시스템의 개척자라는 데 동의한다.

인도와 중국에서 소비는 "집단정체성의 중요한 기반"(Appadurai & Breckneridge, 1995)이자 사회적 과시와 경쟁이 벌어지는 주된 현장이다. 광고와 대중 텔레비전이 찬양하는 "새로운 중간계급 생활방식"은 하위계급의 열망을 그 방향으로 끌어당긴다(McCarthy, 1994). 그것은 '새롭고' 현대적인 것을 낡고 시대에 뒤떨어진 것과 구분하는 뚜렷한 표지이다(Stivens, 1999). 한편 여행을 끝내거나 흩어져 살다가 집으로 돌아가는 사람과 상품의 지속적인 흐름은 초국적인 것과 그리고 지역적인 것, 개방과 제한 사이의 차이를 강화시킨다(Lakha, 1999). 새로운 시장주의자들은 사람들에게 장소의 구애 없는 범세계적 소비자 공동체에 참여하라고 손짓한다. 그렇지만 우리가 여성의 삶을 살펴본다면, 이러한 메타 이데올로기와 새로운 계급형성 사이의 관계 또한 어떻게 심각하게 젠더화되고, 그것이 지지하는 정체성이 어떻게 지속적으로 다른 담론과 교차하는지를 다시 한 번 보게 된다.

뉴델리에 사는 여성 시청자에 대한 민족지학적 연구에서, 퓨리마 맨케카(Purima Mankekar)는 1990년대 초반의 인도 국영텔레비전 방송은 신분이 상승한 계급의 여성을 프로그램 광고주가 판촉하고자 하는 소비재 상품의 가장 주된 시장으로 간주했다고 주장한다. 한편 이와 동시에 국영텔레비전은 위대한 인도 신화의 시리즈에, 그리고 여성이 가정과 모국을 하나로 엮는 데 중심역할을 하는 애국적 시리즈에 이런 여성들을 몰두하게 함으로써 이들이 "민족문화 건설 프로젝트"에 참여하도록 유도하려고 했다(Mankekar, 1993). 그 결과로 맨케카의 주장에 따르면 소비주의가 만들어낸 상상된 자유는 민족주의적 의무와 항구적인 긴장관계에 놓이게 되었고, 여성의 자아실현이라는 상업적 이미지는 끊임없이 민족 및 가족이라는 메타서사에 의해 억제되었다. 둘라이 낵(Dulai Nag)은 이런 긴장관계가 벵골의 중간계급 여성이 입는 사리(*sari*)를 선전하는 광고물에서 어떻게 재생산되는지를 보여주었다. 어떤 텍스트는 20세기 초의 근대적 벵골 문헌에 나와 있는 글을 인용함으로써 연속성과 민족을 상징하는 중심적 기호로서 사리의 위상을 강화시켜준다. 다른 텍스트는 대중적 영화잡지에서 자료를 끄집어내어 소비자 근대성을 연상시킨다(Nag, 1991).

이렇게 진전된 연구가 보여주는 바와 같이, 일반적으로 새로운 중간계급, 그리고 특히 중간계급 여성이 소비자 근대성으로의 이행을 둘러싸고 펼쳐지는 투쟁의 진앙지라는 것은, 그들이 이러한 이행의 전위대라는 위상을 점하기 때문이다.

인도를 비롯해 시장화되는 사회에 대한 최근의 연구들은 계급분석이 현대의 변동을 이해하는 데 중심적이라는 것을 인정하지만, 계급분석을 일신하는 것이 시급하다는 것 역시 다시 한 번 보여준다.

결론

이제 논의를 마무리하면서, 5가지의 주요한 결론을 내리고자 한다. 첫째, 민족적인, 지역적인 그리고 전 지구적인 것 사이의 관계 변동을 살피려는 최신의 흐름은 특정한 효력을 가지고 계급분석에 적용된다.

둘째, 현재의 계급형성을 보여주는 가장 좋은 접근법은 피에르 부르디외의 도발적인 제안, 맑스식의 생산 및 착취 분석 그리고 시장능력에 대한 베버식의 논의에 기반을 두어야 한다.

셋째, 계급과 차이를 반대개념으로 생각하지 말고, 차이가 어떻게 계급화되는지, 또 동시에 차이가 계급경험의 형성에 어떻게 영향을 주는지를 탐색할 필요가 있다.

넷째, 해석과 행동을 위한 자원을 공급하는 데 계급적 의미체계가 갖는 역할을 분석할 때, 우리는 항상 계급적 의미체계가 다른 담론들과 만나는 방식을 찾아야 한다.

다섯째, 계급정체성을 탐구할 때 우리는 항상 계급에 대한 충성이나 소속 같은 공공연한 진술을 넘어, 계급적 주관성이 인정과 존경의 불평등한 분배와, 그것이 만들어내는 숨겨진 상처에 의해 어떻게 형성되고 또 왜곡되는지를 살펴보아야 한다.

참고문헌

Appadural, A., & Breckenridge, C. A. (1995). Public modernity in India. In C. A. Breckenridge (Eds.). *Consuming Modernity Public Culture in a South Asian World* (pp. 1~20). London: Univ. of Minnesota Press.

Bauman, Z. (1992). *Intimations of Postmodernity*. London: Routledge.

Beck, U. (1999). Goodbye to all that wage slavery. *New Statesman*, 5 March, 25~27.

Bell, D. (1979). *The Cultural Contradictions of Capitalism*. London: Heinemann Educational Books.

Bourdieu, P., & Wacquant, L. (1992). *An Invitation to Reflexive Sociology*. Cambridge: Polity Press.

______ (1999). On the cunning of imperialist reason. *Theory, Culture and Society*, *16*(1), 41~58.

Bourdieu, P. (1968). Outline of a sociological theory of art perception. *International Social Science Journal*, *20*(4), 589~612.

______ (1973). Cultural reproduction and social reproduction. In R. Brown (Eds.). *Knowledge, Education and Cultural Change* (pp. 71~112). London: Tavistock.

______ (1987). What makes a social class? On the theoretical and practical existence of groups. *Berkeley Journal of Sociology*, *22*.

______ et al. (1999). *The Weight of the World: Social Suffering in Contemporary Society*. Cambridge: Polity Press.

Breen, R., & Rottman, D. B. (1998). Is the national state the appropriate geographical unit for class analysis? *Sociology, 32*(1).

Briggs, A. (1985). The language of 'class' in early nineteenth-century England. In A. Briggs (Eds.). *The Collected Essays of Asa Briggs Volume 1: Words, Numbers, Places, People* (pp. 3~33). Brighton: The Harvester Press.

British Film Institute (1997). *Television Tracking Study: Second Interim Report*. London: The British Film Institute.

Buckley, C. (1999). How a revolution becomes a dinner party: stratification, mobility and the new rich in urban China. In P. Michael (Eds.). *Culture and Privilege in Capitalist Asia* (pp. 208~229). London: Routledge.

Cools, D. (1996). Is class a difference that makes a difference? *Radical Philosophy*, 77, 17~25.

Crompton, R. (1998). *Class and Stratification: An Introduction to Current Debates* (2nd ed.). Cambridge: Polity Press.

Dahlgren, P. (1998). Critique: elusive audiences. In R. Dickinson, R. Harindranath, and O. Linne (Eds.). *Approaches to Audiences: A Reader* (pp. 298~310). London: Arnold.

Eagelton, T. (1994). Goodbye to the enlightenment. *The Guardian*, 2 August, London, 12~13.

Fletcher, W. (1999). Class is out. Personality is what counts. *The Guardian*, 16. July, London, 22.

Frow, J. (1995). *Cultural Studies and Cultural Value*. Oxford: Oxford Univ. Press.

Garnham, N. (1993). Bourdieu, the cultural arbitrary, and television. In C. Calhoun, E. LiPuma, & M. Postone (Eds.). *Bourdieu: Critical Perspectives* (pp. 178~192). Cambridge: Polity Press.

Giddens, A. (1981). *The Class Structure of Advanced Societies*. London: Hutchinson.

Goldthorpe, J. H, & G. Marshall. (1992). The promising future of class analysis: a response to recent critiques. *Sociology*, *26*, 381~400.

Hall, J. R. (1997). Introduction: the reworking of class analysis. In J. R. Hall (Eds.). *Reworking Class* (pp. 1~37). London: Cornell Univ. Press.

Hall, S., & Jefferson, T. (1976). *Resistance through Rituals: Youth Subcultures in Post-war Britain.* London: Hutchinson Univ. Library.

Hall, S. (1967). Class and the mass media. In R. Mabey (Eds.). *Class: A symposium* (pp. 93~114). London: Anthony Blond.

Huws, U. (1999). Material world: the myth of the weightless economy. In L. Panitch, & C. Leys (Eds.). *Global Capitalism versus Democracy* (pp. 29~55). London: Merlin Press.

Kuhn, A. (1995). *Family Secrets: Acts of Memory and Imagination.* London: Verso.

Lakha, S. (1999). The state, globalisation and indian middle-class identity. In M. Pinches (Eds.). *Culture and Privilege in Capitalist Asia* (pp. 251~274). London: Routledge.

Lawler, S. (1999). Getting out and getting away: Women's narratives of class mobility. *Feminist Review*, *63*, 3~24.

McCarthy, P. (1994). *Postmodern Desire: Learning from India.* New Delhi: Promilla and Co Publishers.

McChesney, R. W. (1999). *Rich Media, Poor Democracy: Communication Politics in Dubious Times.* Urbana: Univ. of Illinois Press.

McRobbie, A. (1998). *British Fashion Design—Rag Trade or Image Industry?* London: Routledge.

Mankekar, P. (1993). National texts and gendered lives: an ethnography of television viewers in a North Indian city. *American Ethnologist*, *20*(3), 543~563.

Mann, M. (1973). *Consciousness and Action among the Western Working Class.* London: Macmillan.

Marx, K. (1852). *The Eighteenth Brumaire of Louis Bonaparte.* Moscow: Progress Publishers [1967].

______ (1863-7). *Capital. Vol. 3.* London: Lawrence and Wishart [1974].

______ (1969). *Theories of Surplus Value: Part one.* London: Lawrence and Wishart.

Marx, K., & Engels, F. (1846). *The German Ideology: Part one.* edited and with an introduction by C. J. Arthur. London: Lawrence and Wishart [1974].

_____ (1848). *The Communist Manifesto.* Harmondsworth: Penguin Books [1967].

Mills, C. W. (1970). *The Sociological Imagination.* Harmondsworth: Penguin Books.

Milner, A. (1999). *Class.* London: Routledge.

Morley, D. (1980). *The 'Nationwide' Audience: Structure and Decoding.* London: British Film Institute.

Munt, S. R. (Eds.). (1999). *Cultural Studies and the Working Class: Subject to Change.* London: Cassell.

Murdock, G. (1974). Mass communication and the construction of meaning. In N. Armistead (Eds.). *Reconstructing Social Psychology* (pp. 205~220). Harmondsworth: Penguin Books.

Murdock, G., & McCron, R. (1976). Youth and class: the career of a confusion. In G. Mungham, & G. Pearson (Eds.). *Working Class Youth Culture* (pp. 10~26). London: Routledge and Kegan Paul.

Nag, D. (1991). Fashion, gender and the bengali middle class. *Public Culture,* 3(2), 93~112.

Pakulski, J., & Waters, M. (1996). *The Death of Class,* London: Sage.

Parkin, F. (1972). *Class Inequality and Political Order.* London: Paladin.

Saunders, P. (1989). Left write in sociology. *Network,* May, 4~5.

Sennett, R., & Cobb, J. (1972). *The Hidden Injuries of Class.* Cambridge: Cambridge Univ. Press.

Skeggs, B. (1997). *Formations of Class and Gender: Becoming Respectable.* London: Sage Publications.

Sklair, L. (1995). *Sociology of the Global System* (2nd ed.). London: Prentice Hall Harvester Wheatsheaf.

Steedman, C. (1986). *Landscape for a Good Woman: A Story of Two Lives.* London: Virago.

Stivens, M. (1998). Theorising gender, power and modernity in affluent

Asia. In K. Sen, & M. Stivens (Eds.). *Gender and Power in Affluent Asia* (pp. 1~34). London: Routledge.

Ursell, G. (1998). Labour flexibility in the UK commercial television sector. *Media, Culture and Society, 20*(1), 129~153.

Webster, F. (1995). *Theories of the Information Society*. London: Routledge.

Westergaard, J. (1995). *Who Gets What?: The Hardening of Class Inequality in the Late Twentieth Century*. Cambridge: Polity Press.

Wheen, F. (1999). *Karl Marx*. London: Fourth Estate.

Wright, E. O. (1997a). Rethinking once again, the concept of class structure. In J. R. Hall (Eds.). *Reworking Class* (pp. 41~72). London: Cornell Univ. Press.

______ (1997b). *Class Counts: Comparative Studies in Class Analysis*. Cambridge: Cambridge Univ. Press.

Wynne, D. (1998). *Leisure, Lifestyle and the New Middle Class: A Case Study*. London: Routledge.

제 4 장

빈약한 기술(*thin description*)

문화분석 방법론의 문제 *

선택적 친화력

사회와 문화 연구에 대한 실증주의적(*empiricist*) 시각과 해석학적(*interpretive*) 시각 사이에서 한 세기 동안 지속되어온 논쟁은 최다 득표자를 당선시키는[1] 영국의 선거 시스템과 친화성이 있다. 두 명의 주요 후보들이 선거판을 지배하면서 지지세력이 약한 후보들을 주변화시킨다. 두 명의 후보 모두 우선순위와 절차에 관한 내부의 논쟁은 수용할 준비가 되어 있지만, 양측 다 그들 사이의 핵심적인 차이점들은 양립할 수 없다고 주장한다. 충실한 지지자들의 입장에서 지지하는 후보에게 던진 표는 다른 후보가 주장하는 모든 정책에 대한 반대

* 원 논문 출처: Murdock, G. (1997). Thin descriptions: Questions of method in cultural analysis. In J. McGuigan (Ed.). *Cultural Methodologies* (pp. 178~192). London: Sage.

1) 옮긴이 주: 반수를 넘지 않더라도 최다 득표를 한 1인이 선거에서 승리한다. 가령 51 : 49의 경우, 34 : 33 : 33의 경우처럼 최다 득표는 아니지만 다수의 의견 및 권리가 존재함에도 불구하고 1등을 제외한 나머지 후보에 투표한 유권자들의 권리는 완전히 무시된다는 문제가 있다.

표이다. 동시대의 정당들과 같이, 방법론의 주요 진영들은 고도 근대화에 대한 19세기의 반작용에 그 뿌리를 두고 있다. 실증주의가 예측과 통제에 봉사하기 위해 "범주화하고 계산하려는 계몽의 강요"를 추구하는 반면, 참된 경험을 회복하고자 하는 해석학적 전통의 욕망은 "낭만주의 운동을 상기시키고" 관습화와 도구적 합리성에 대한 거부로 되돌아간다(Silverman, 1993).

실증주의자들은 오직 그들만이 영향력과 지위에서 자연과학에 비견할 만한 사회적, 문화적 삶의 '과학'을 구현할 수 있다고 주장하면서 그들 스스로를 지적 지배의 '자연적' 당파로 정립하기 위해 오랫동안 힘들게 노력했다. 이러한 일방적 태도에 직면하여, 해석학적 연구의 주창자들은 곧바로 자신들이 반대입장에서 지도적 위치에 서야 한다고 요구하면서, 동시대의 삶을 연구하는 것은 '인문학'에 총체적으로 기여하는 것으로서 역사와 문학의 연구에 포함되는 것이며 물리학의 목적과 방법론을 따르는 '사회과학'과는 근본적으로 다르다고 주장했다. 중세의 교황권 경쟁에서 대립하는 주장처럼 — 한쪽은 로마에서 다른 한쪽은 아비뇽에서 — 각 진영의 성실한 신도들은 자신들의 명백한 우월성을 주장했다. 스웨덴의 커뮤니케이션 학자 로젠그렌(Karl Eric Rosengren)은 몇몇 연구자들이 대중매체에 대한 일상의 반응에 관한 연구에서 민족지학적 연구의 "품 안에 머물러 있기"를 고집하는 현상을 "정말 슬픈 일"로 여긴다. 왜냐하면 그들은 가치 있는 질적 고찰이 양적 기술과 꼼꼼하게 선정된 표본을 기반으로 하는 설명으로 전환된 이후에 얻을 수 있는 잠재적이고 풍부한 결과물을 놓쳤기 때문이다(1996). 로젠그렌은 참된 과학은 '엄격한'(*hard*) 사실들을 대상으로 해야 한다는 단호한 태도를 견지한다. 이런 입장에서 볼 때 질적 자료들은 너무 '물렁한'(*soft*) 것이며, 인과관계를 밝히거나 일반화시키기에는 너무 부정확하고, 가치중립적이지 않으며, 개별적이다(Lindlof, 1995). 로젠그렌이 종교적 은유를 사용한 것은 우연이 아니다. 실증주의 지지자들에게 계산은 통계학의 축복을 통하여 진리와 통찰력을 보여주는 영성체의 일종이다. 이러한 거만함은 그 반대편의 많은 해석주의 연구자들로부터 어떤 종류의 계산도 거부하는, 똑같이 사나운 거부에 직면했다. 그리고 최근 20년간은 사회적 문화적 연구들이 해석을 지향하는 일반화된 '전환'(*turn*)에 휩쓸리면서 해석주의 연구자들은 꾸준한 지지도의 증가를 향유했다. 오랫동안 반대편 벤치로 좌천되어 있던 학파가 이제 자신들의 지배권을 눈앞에 두고 있다는 것을 발견한 것이다.

정치적 경연장에서 일어나는 많은 변화와 마찬가지로, 대안적 입장의 매력 못지않게 이러한 지적 움직임을 부채질한 것은 집권파의 신뢰도 감소였다. 도구적 합리성이 낳는 환경문제와 기타 비용에 대한 인식의 증대는 실증주의와 '진보'를 동일시하는 계몽주의의 등식을 심하게 훼손시켰다. 방사능 오염과 산성비에 직면하여 물리학은 더 이상 연구와 책임의 바람직한 모델로 보이지 않는다. 어떻든 물리학이 아니라 생물학이 다음 세기의 결정적 과학이 될 것이라는 것은 이제 명백하다(Castells, 1996). 생태학적 연구의 부상은 '과학적' 방법의 주된 본보기로서 실험실 연구가 지녔던 호소력을 약화시켰다. 비록 실험실 연구가 여전히 특히 심리학자들과, 대규모 표본조사를 분석할 때 까다로운 변인들을 체계적으로 통제하는 것을 실험의 대리형태로 보는 사회학자들의 충성스런 지지를 얻고 있지만, 그에 대한 비판은 더욱 목소리를 높여왔다. 심지어는 실증주의 연구에 일반적으로 공감하는 사람들 사이에서도 불안감이 증가했다. 저명한 미국 사회학자인 로버트 머턴(Robert Merton)과 같이 소수의 초기 비판자들은 보다 수용적인 태도의 청중을 발견했다. 후에 머턴이 회상한 것처럼, 제2차 세계대전 동안에 군대의 훈련용 영화의 효과에 대한 연구로 그는 "통제된 실험의 엄격성은 실제 삶의 경험의 현상학적 측면에 대한 접근을 포기하는 것을 의미했고 그래서 그 경험된 반응의 원천에 관한 잘못된 추론을 이끌어내는 대가를 치렀다"는 것을 믿게 되었다. 하지만 그는 조심스럽게 다음과 같이 덧붙였다. 군인들의 경험을 되살리기 위해 그가 고안한 그룹 인터뷰가 반응에 관한 유용한 가설들을 도출해낼지도 모르지만 이 가설들은 추후에 '실험연구'(*experimental research*)에 의해 '검증'해야 한다(Merton, 1987). 질적 방법이 연구에 포함될 수는 있지만 단지 하위이거나 종속적 파트너로서만 그렇다는 것이다.

아이러니하게도, 실증주의자들이 삶의 경험에 대한 구체적 설명을 그들의 연구에 통합시키는 적합한 방법을 찾는 동안, 해석주의 진영의 많은 사람들은 구조주의라는 형식 안에서 '거대과학'(*big science*)과 사랑에 빠졌다. 사회적이고 상징적인 삶의 모든 측면을 정돈하는 것으로 보이는 범주들과 코드들의 포괄적인 격자의 발견은, 마치 DNA의 우아한 나선형 구조처럼, 우연성과 혼돈을 푸는 핵심적 열쇠를 인문과학에 부여한다고 약속했다. 이는 과학주의의 도취적 꿈이라고 할 수 있는 하나의 망상이었다. 구조주의는 "《역경(易經)》(*a Book of Changes*)이 없는" '음양'(陰陽)의 시스템[2]이었다(Sahlins, 1987). 그것의 본래적 대립들은 변화와 모순을 수용할 수 없었다. 현대 문화에 대한 구조주의자의 설명을 읽는 것은 바우하우스(Bauhaus) 의자만 구비된 텅 빈 하얀색의 방을 걸어가는 것과도 같았다. 그 분명하고 각이 진 선들은 우아했고, 심지어 아름답기까지 했지만, 그 안에서 꾸벅꾸벅 졸거나, 사랑을 나누거나, 혹은 텔레비전 앞에 앉아 쟁반에 담은 저녁을 먹는 것 등은 상상도 할 수 없었다. 그것은 일상적 삶의 난잡함을 흔적도 없이 단호하게 추방시켰다. 음식 얼룩, 동물의 털, 먼지, 버려진 신문 등은 없었다. 비록 몇몇 문화연구자들은 구조주의의 약속을 받아들였지만, 문화연구 작업의 중심은 여전히 사회적 삶

---

2) 옮긴이 주: 《역경》은 《주역》이라고도 함. 우주 만물과 세상의 변화를 기술한 책. 세상에는 변하지 않는 일이 없고, 세상의 모든 만물은 변한다고 말함. 구조주의는 이항대립이라는 이분법으로 의미가 부여되기 때문에, 다양한 요소들 간 상호작용의 의미형성을 고려할 수 없다는 단점이 있다.

의 밀물과 썰물에 확고히 기반하고 있었고, 그 핵심에는 판에 박힌 일상과 순응의 지배에 맞서 저항과 재창조가 거두는 작은 승리들과 있었다. 그것은 깊은 낭만주의적 감수성이었다.

진정성을 추구한 연구자들은, 초기의 저자들과 마찬가지로, 통합의 그물망을 빠져나갔던 집단들에 이끌렸다. 딕 헵디지(Dick Hebdige, 1979)[3]의 펑크(*punks*)와 라스타(*rastas*)[4]는 조지 버로우(George Borrow, 1851)[5]의 집시(*gypsies*)와 클래런스 룩(Clarence Rook, 1899)[6]의 런던 훌리건(*hooligans*)의 직접적인 후예였다. 문화연구는 일상적 관습의 경계 너머의 것을 보여주면서 "그렇게 말고는 표현되지 않는 집단들의 경험을" 회복시켰고, 그들의 문화를 진지하게 다룸으로써, 도덕 운동가와 헤드라인 저자들로부터 거부당한, 합리적 행동을 위한 그들의 능력을 복원시켰다(Atkinson & Coffey, 1995). 이는 지적 프로젝트 못지않게 정치적 개입이었다. "문화연구는 사회적 변화를 지지대로 삼기 때문에 주변적인 것, 표준에서 벗어난 것, 예외적인 것들이 항상 의미를 부여받고, 가끔은 주요한 의미를 부여받게 하는 모델을 필요로 한다"(Fiske, 1994). 거부와 불순응에 관심을 집중했기 때문에 신중함과 보수성에 대해 분석을 확대할 여지는 거의 없었다. 문화연구의 거울의 방(*hall of mirrors*)에서 중심은 점차 주변이 되었다.

---

3) 옮긴이 주: 영국의 문화연구자. 지배문화에 대한 저항으로서 하위문화를 연구했다.

4) 옮긴이 주: 펑크는 1970년대 유행했던 락 음악의 한 유형으로서 단순한 코드 진행과 거친 연주가 특징이다. 라스타는 라스타파리(*rastafari*)로 불리기도 하며, 아프로 아메리칸들이 아프리카로 돌아가자는 운동이었다. 이들은 아프리카의 전통을 유지하려고 했으며 신성시되는 텍스트들을 전복하고자 했다.

5) 옮긴이 주: 영국 소설가. 집시들과 함께 방랑하며 겪은 일을 자전적 소설로 만들었다. 1851년에 출간된 *Lavengro*가 그 소설이다.

6) 옮긴이 주: 영국의 소설가. 영국 사람들의 삶을 재치 있게 그려냈다. 특히 노동계급의 삶을 그려낸 *The Hooligan Nights*가 가장 유명하다.

결과적으로 그것은 연속성과 타성에 대한 설득력 있는 설명을 제공할 수 없었다. 그것은 붕괴에 관해서는 강했으나 재생산에 관해서는 약했던 것이다.

그러나 해석학적 작업을 지지하는 낭만주의적 감수성은 진기한 것을 다루는 인류학에서 그 온전한 학문적 표현을 발견하는데, 이는 낯선 곳에서 이국적이고 불편한 관행들에 대한 설명을 '집으로' 가져오는 것이다. 그러므로, 문화인류학자들이 분석에 있어 해석학적 전환의 가장 열렬한 지지자라는 것, 혹은 민족지학적 실천이 그것의 방법론적 핵심으로 제시되는 것은 전혀 우연이 아니었다. 1973년에 클리퍼드 기어츠(Clifford Geertz)가 그 운동의 핵심선언 중 하나에서 주장했듯이, "사람은 스스로 만들어낸 의미의 망에서 떠도는 동물임을… 믿으며, 나는 문화야말로 그 망이라고 생각한다. 그러므로 문화분석은 법칙을 추구하는 실험과학이 아니며, 의미를 추구하는 해석학적 과학인 것이다"(1973, p. 5). 그에게 "문화분석은 의미들을 추측하는 것이자 그 추측들을 평가하는 것이며, 더 나은 추측들로부터 설명적인 결론을 도출하는 것이다"(1973, p. 20).

문화연구는 해석학적 프로젝트의 열기가 고조되고 있을 바로 그때 학문에 도달했으며 해석학적 프로젝트와는 뗄 수 없는 관계가 되었다. 그것은 인류학, 미시사회학, 텍스트 분석, 사회문화사, 그리고 정신분석의 다양한 지적 자원을 자유롭게 끌어왔으며, 스스로의 혼성적 실천을 통해 학생들과 젊은 연구자들과 같이 떠오르는 세대에게 꽤 매력적인 것으로 증명된 새롭고 독특한 종합테제를 그려냈다. 이와 동시에 문화연구는 해석학적 전통의 방법론적 갈등의 많은 부분과 공백 역시 이어받았는데, 이는 동시대의 문화와 그것을 형성하는 힘들을 포괄적으로 설명해내는 능력을 심각하게 약화시켰다.

불신

확실한 맹점(*blind-spot*) 하나는 수량화와 관계가 있다. 대부분의 해석학적 연구는 텍스트, 이미지, 관찰기록 혹은 일상의 대화를 기록한 것을 질적 분석의 중심에 놓는다. 유일한 숫자는 책이나 논문 페이지의 가장 아래에 나올 뿐이다〔페이지 번호 외에는 숫자가 나오지 않는다는 표현 — 옮긴이〕. 그 어떤 형태의 셈이나 계산도 수용할 수 없는 것으로 간주되고, 해석학적 연구의 훨씬 큰 감수성이 실증주의의 메마른 설명을 대치한다. 실증주의가 텍스트와 행동과 신념을 숫자로 축소시켜 버리는 반면 해석주의 접근은 그것들의 복잡성과 특별함을 보호하기를 고집한다. 해석의 부활은 통계에 대한 이러한 정당한 무시를 강화시켰다. 1970년대에는 "훌륭한 질적 연구자 누구도 수량화의 기술로 자신의 손이 더러워지는 것을 원하지 않는다"라는 말이 있었다(Silverman, 1993). 그러나 모든 고상한 명령과 마찬가지로 이 역시 실제로는 빈번하게 위반되는 것이다.

질적 연구의 보고서는 얼마나 많은 사람들이 얼마나 자주 무엇인가를 말하고 행하는지에 관한 느슨한 진술에 종종 의존한다. 버밍엄의 식당에서 있었던 IRA〔Irish Republican Army: 아일랜드 공화국 군대 — 옮긴이〕의 폭탄테러를 다룬 텔레비전 드라마-다큐멘터리에 대한 시청자 반응에 관한 제인 로스코(Jane Roscoe)와 그의 동료들의 최근 연구(1995)는 좋은 예다. 그 연구는 12명의 포커스 그룹 토론을 옮겨 적은 진술문을 토대로 하며 논의를 묘사하기 위해 대화를 그대로 인용했다. 그러나 결정적인 시점에서 핵심논점은 수량의 언급에 의해 강조된다. 이 사례에서는 두 가지가 특히 중요하다. "그룹토론에서는 참가자들이 해석을 위한 정보를 제공하는 소속 그룹에 모여드는 많은 경우(*occasions*)가 있다." 그리고 "이슈를 이해함에 따라 참가자들이 이 연구에서 사용된 특정한 '관심'(*interest*) 및 '무관심'(*non-interest*)에 따른 분류를 넘어서 이동하는 많은 사례(*instances*)가 있었다"(Roscoe et al., 1995). 이 주장들은 서로 모순된 것처럼 보이지만 우리는 이를 해결할 정보를 제공받지 않는다. 우리는 각각의 일들이 얼마나 자주 발생했는지, 어느 것이 다른 것보다 더 일반적인지, 그렇게 실행할 개연성이 가장 큰 사람이 누구이고 어떤 맥락에서인지, 혹은 심지어 그들이 각각의 토론 지점에서 다른 사람들인지 같은 사람들인지조차도 알지 못한다. 이러한 모든 특징들은 아주 간단하게 수적인 형태로 표현될 수 있었다. 분석의 복잡성을 감소시키기는커녕, 이 수치들을 계산하는 것은 습관의 패턴을 정립하고 해석의 새로운 차원을 제시함으로써 복잡성을 더 심화시켰을 것이다. 데이비드 실버맨(David Silverman)이 해석적 연구에 대한 자신의 경험을 통해 주장한 것처럼, "당신이 당신의 데이터 전반에 관해 어떤 느낌을 얻으려고 하거나 혹은 특이한 사례들을 적극적으로 추구하고자 한다면, 확실한 양적 측정을 이용하는 것이 종종 매우 유용할 수 있다"(1993, p. 204).

또한 문화활동에 대한 대규모 서베이를 문화연구 프로젝트에 포함시키는 것이 필요하다는 강력한 논거도 있다. 연구를 위한 자금배분을 고려할 때, 관공서의 통계와 상업적으로 지원받은 조사는 우리에게는 국내와 국외를 막론하고 문화적 실천의 사회적 토대에 관한 체계적 자료의 유일한 자원이다. 그것들을 획득하고 결합한 방식에 대한 충분한 지식을 가지고 조심스럽게 그것들을 읽고 이용해야 된다. 그러나 피에르 부르디외가 《구별짓기》(1984)에서 강력하게 보여주듯이, 만약 그 결과들이 완성된 사실을 제공하기보다는 이후의 탐구와 해석을 위한 퍼즐과 실마리를 놓는 것으로 보인다면, 그것들은 오히려 문화분석의 지평을 넓히는 데 결정적 역할을 할 수 있다. 그가 지적하듯이, 해석되기 전까지는 "통계적 관계는, 아무리 엄밀하게 수치적으로 결정되더라도, 의미가 없는 순수한 자료일 뿐이다"(Bourdieu, 1984). 확실히, 문화적 실천을 사회적 위치와 연결시키는 매우 영향력 있는 부르디외의 모델은 다른 사람들의 종종 가공되지 않은 서베이를 분석을 위한 출발점으로 지속적으로 이용한다.

"풀고 있는 미스터리와 관계된 힌트가 더 많을수록, 연구자와 독자는 해석의 견고함을 더 신뢰하기 때문에" 현지조사 자료와 함께 이용 가능한 통계를 참조하는 것은 유용하다(Alasuutari, 1995). 불행하게도, 문화연구의 많은 학생들과 연구자들은 유용하게 의존할 수 있는 것을 포함하려는 어떤 움직임도 실증주의에 대한 양보로 보려고 한다. 이는 분석자가 설명을 구성할 때 필요로 하는 자료를 빈약하게 하고 연구의 범위를 제한한다. 데이비드 실버맨(1993)이 지적하듯이, 우리는 반대진영들에 의해 세워진 "양극을 거부했을 때, 보다 흥미로운 문제를 제기하기" 시작할 수 있을 것이다. 엄선된 수량화 형태의 중요성은 일정 기간 동안 문화인류학자들에 의해 인정받아왔다. 로저 키싱(Roger Keesing)에 의하면, 1980년대 초반에 제3세계든 서구사회든 사회적 분화와 집단 간의 상호작용이 증대됨으로 인해 광범위한 현대 문화에 대한 현지조사가 더욱 복잡하게 됨에 따라, "표집, 통계 그리고 방법론적 정확성에 대한 관심이 더욱 요구되었다" (1981). 그렇다 하더라도 민족지학 연구의 중심에는 여전히 두터운 기술(*thick description*)이 자리 잡고 있었다.

빈약한 기술과 두터운 기술

인문과학에서의 연구는 4가지 유형의 질문을 던진다. '무슨 일이 일어나고 있는가?', '언제 그리고 어디에서 왜 발생하는가?', '관련된 사람들에게 갖는 의미는 무엇인가?', 그리고 분명한 윤리적 기준에 비추어, '모든 것을 감안할 때, 좋은 것인가 나쁜 것인가?' 런시맨(Runciman, 1983)은 이것을 보고(*reportage*), 설명(*explanation*), 기술(*description*) 그리고 평가(*evaluation*)로 유용하게 분류한다. 실증주의자들은 이러한 활동 중 단지 보고와 설명만을 정당하게 여긴다. 그들은 연구는 사건, 과정 또는 사태에 관한 기초적인 자료들을 수집하고 왜 그것이 발생했는지 있는 그대로 설명하는 것이라고 이해한다. 그들은 설명에서 평가로 이동하려는 어떠한 시도도 거부한다. 그들은 그들의 일이 '사실'의 분석으로 끝나며 판단은 다른 누군가의 일이라고 주장한다. 그들은 기술(*descriptions*)을 발전시키는 데 어떠한 관심도 없다. 그들은 자연세계에 있는 대상과 달리 인간은 자신의 상황에 대한 사고와 감정을 갖는다는 것은 받아들이지만, 좋든 나쁘든 사회과학자들이 "그들의 연구대상을 언어적 질문들에 올려놓는" 기회를 갖는다는 것을 제외하고는, 이로부터 "어떤 방법론적 결론도 도출되지 않는다"고 주장한다(Runciman, 1983). 그러나 이러한 질문에 대한 대답은 설명을 위해 보고된 자료에 추가될 수 있는 사람들의 지식, 믿음 그리고 가치에 대한 객관적인 척도로 받아들여진다. 실증주의자들은 인문과학의 독특한 문제들이 정확하게 기술의 문제라는 것, 그리고 설명에 도달하기 위해 분석자는 (외부 관찰자의 시각에서) 무엇이 발생했는지 뿐만 아니라 그 상황에 놓인 사람들이 그것에 대해 인식하고 행동하는 방식을 설명해야 한다는 것을 받아들이기를 거부한다. 그러므로 비-실증주의 연구의 중심과제 중 하나는 낯설고, 불규칙적이고, 불명료한 상태로 서로와 겹치고 서로에게 묶인 채 현실에서 작용하는 '개념구조들의 다양성'을 포착할 수 있는 '두터운 기술'(*thick descriptions*)을 구성하는 것이다(Geertz, 1973). 비실증주의 연구는 의미의 생성과 획득에 특별히 중점을 두고 이 영역에서의 특별한 전문성과 권위를 주장하기 때문에, '두터운 기술'은 문화분석에서 핵심적인 역할을 한다. 이것이 이번에는 연구수행으로서 민족지학에 특권을 부여한다.

오토바이 폭주족의 '불경한' 문화에 관한 폴 윌리스(Paul Willis)의 연구(1978)에서 가족의 텔레비전 시청에 대한 최근의 연구에 이르기까지, 문화연구는 항상 민족지학적 연구의 강한 지류를 지탱했다. 그것은 또한 문학비평과의 강한 유대를 통해 형성되었다. 텍스트는 믿음의 유형과 감정의 구조를 성문화한다. 텍스트는 그것을 생산한 과

정의 특징들을 담고 있으며 우리를 해석으로 초대한다. 1950년대 초 질적 분석을 변호하며 크라카우어(Siegfried Kracauer)가 주장한 것처럼, "모든 단어는 단어가 발생된 의도와 함께 진동하고 동시에 단어가 발생시킬지 모르는 불분명한 효과의 징조를 보인다"(1952-3). 그러나 텍스트를 해석하는 것이 텍스트가 정확하게 어떻게 만들어졌는지 또는 특정 상황에서는 어떻게 배치되었는지를 우리에게 알려주지는 않는다. 이러한 질문에 답하기 위해서는 문화적 실천에 대한 민속지학적 기술이 필요하다. 기어츠의 주장처럼, 믿음은 "인위적으로 만들어진 것들의 다양한 형태들에서 자신의 표현을 발견하지만", 이러한 생산물은 "진행되는 삶의 패턴 속에서 그것이 갖는 역할로부터" 그 의미를 지속적으로 끌어낸다(1973). 이러한 주장을 인류학자들의 특별한 변론으로 무시하고 싶은 사람들은 레이먼드 윌리엄스의 확고한 지지를 기억해야 할 것이다. 텍스트 분석과 관련한 영역에서 좌장이었음에도 불구하고 그는 "대상을 분리해서 그 구성요소를 밝히는 공통된 절차에서 벗어나서", 그 대신에 "실천의 특성과 조건을" 밝혀내는 데 집중할 것을 주장했다(Williams, 1980).

그러나 민족지학을 수행하는 것은 결코 쉬운 것이 아니다. 현지조사는 대부분의 연구자들이 준비하는 것보다 더 많은 시간과 헌신을 요구한다. 기술한 것들을 편집하는 지름길을 택하는 것이 훨씬 더 편리하다. 선택할 수 있는 하나는 사회적 행위를 하나의 텍스트로 보고 그 의미를 알아내고 수수께끼를 풀기 위해 문학적 분석이라는 무기를 배치하는 것이다. 기어츠는 "민족지학을 수행하는 것은 필사본 — 낯설고 빛이 바랬으며, 생략된 부분, 모순된 말, 의심스런 수정, 과격한 주장으로 가득 찬 — 을 읽으려고 하는('읽기의 구성'이라는 의미에서) 것과 유사하다"고 주장하면서, 두터운 기술을 모색하는 인류학자들에게 이 접근법을 분명히 권했다(1973). 그러나 그는 사람들이 자신의 행동을 설명하는 데 나타나는 다양성, 유동성, 변동성을 충분히 인식하고 하나의 상황에 대해 지속적으로 몰입하면서 구축한 해석에 관해 말하는 것이다. 이는 딕 헵디지(Dick Hebdige, 1979)의 유명한 하위문화 유형분석에서처럼 짧은 만남과 관찰에 기반을 둔 해석과는 전혀 다른 것이다. 여기서 우리는 '빈약한' 기술이 아닌 정밀한 보고서를 제공받는다.

두 번째 선택지는 이를테면 일기와 편지, 개별적인 심층 인터뷰나 포커스 그룹 토론을 통해 사람들의 믿음, 반응 그리고 경험에 대한 확장된 설명을 끌어내려는 어떤 노력에든 부응하기 위해 민족지학의 정의를 확장하는 것이다. 이처럼 편리하고 탄력적인 용법을 통해, 민족지학은 질적 연구와 같은 것을 의미하게 된다. 연구시간에 제약을 받고 현지조사를 위한 자원의 감소에 직면한 채 실적에 대한 압박을 받는 학자들에게 이는 구미가 당기는 제안이다. 이엔 앙(Ien Ang, 1985)이 여성들의 텔레비전 연속극 시청을 조사하기 위해 그들의 편지를 이용하여 보여준 것처럼 이는 창의적인 해석을 위한 튼튼한 기초를 제공할 수 있지만, 두터운 기술을 제공하지는 못한다. 여기서 잃어버리는 것은 사람들이 매일 매일의 삶 속에서 헤쳐 나가야 하는 다양한 사회적 맥락들을 통해 형성되고 변형되는 그들의 발언과 표현과 자기표현의 방식들에 대한 통합적인 설명이다. 그러나 현재 인류학에서 벌어지는 논쟁이 너무도 명백히 보여주듯이, 민족지학으로의 회귀는 단순한 문제가 아니다.

지형 설정

실증주의자들은 종종 그들의 거대한 음모를 실현시키기 위해 관습적 권리와 지역 감수성을 짓밟는 비도덕적인 부동산 개발업자로 묘사된다. 반대로, 인류학자들은 사람들을 설득하여 많은 청중들에게 그들의 이야기를 하고 그들의 희망, 공포 그리고 믿음을 보여주게 하는 등 지역공동체와 함께 작업하는 모습으로 자신들을 제시하고 싶어 한다. 행위자의 개념적 세계를 밝혀내는 목적은 간섭과 통제를 수월하게 하기 위한 정보를 제공하는 것이 아니라 오히려 "우리"로 하여금 "그들과 대화"하게 하기 위함이다(Geertz, 1973). 그들은 이해하기 힘들고 떨어져 있는 '타자'가 아닌, 도달하는 해결점은 다르지만 똑같은 기본적 딜레마에 직면해 있는 우리 자신과 똑같은 사람들인 것이다. 이러한 평등주의적 전망은 '현지조사'의 중심개념으로서 같이 작업하는 모든 사람들이 공유하는 결실을 맺는다는 강한 함축을 지닌다. 그러나 인류학자가 발 딛는 그 현장은 결코 단순한 장소가 아니다. 그것은 상상력이 풍부한 공간으로서 다양한 정체성과 관계와 역사가 교차하고 충돌한다(Auge, 1995). 분석자의 첫 번째 과제는 그런 상황 속에서 이러한 연결의 지점과 단절의 지점을 행위자의 관점에서 풀어내는 것이다. 다른 사람의 눈을 통해 세상을 바라볼 수 있다는 것은 해석자에게는 이해를 위한 절대적 전제조건이다(Lindlof, 1995). 이 세계는 연구의 기술(*technology*)에 의해 단순히 그려지고 위치 지어지는 '외부'(*out there*)로서 존재하지 않는다. 실증주의와 달리 해석학적 작업은 금속 탐지기를 기다리는 고대 철기 유물들처럼 묻혀 있는 문화적 '사실들'을 밝혀내는 연구'결과'들을 생산하지 않는다. 해석학적 작업은 연구자와 그 대상 사이에 일어나는 지속적인 상호교류를 통해 현실을 구성한다. 그 결과는 "중재되지 않은 '타자들'의 세상이 아니라 우리와 타자들 사이에 있는 세상이다"(Hastrup, 1992). 미리 계획된 설문지를 사용하는 서베이는 심문의 느낌이 있는 반면 현지조사는 대화에 입각하는데, "여기서는 분석자 자신이 조사의 대상이 되는 사람만큼이나 연루되고 조사된다"(Bourdieu, 1996). 실증주의자들이 '객관적' 표현은 주관성의 흔적이 없어야 된다고 주장하면서 설명에서 자신들을 배제시키려고 노력하는 곳에서 현대의 민족지학자들은 오히려 자신들을 포함시키기 위해 애쓴다. 실증주의 연구는 거리두기와 형식적 규약을 근간으로 한다. 해석학적 연구는 연구자와 연구대상 간의 친밀한 관계에 뿌리내리고 있다. 하나의 설명을 구성하는 것에 포함된 미끄러짐들, 우연들 그리고 형성의 순간들은 궁극적 결과만큼이나 스토리에 필수적인 것이다. 로라 보해넌(Laura Bohannan)이 자신의 연구참여자인 나이지리아 티브족(Tiv) 중 한 사람과 출산의 어려움을 공유한 후에 지적했듯이, "설문지를 다루거나 낯선 사람과 인터뷰하는 사람은 아마 침착하고 냉정할 수 있을 것이다. 그러나 개인적 우정 형성을 통해서만 자료를 수집할 수 있다면 어떻게 할 것인가?"(Bowen, 1954) 흥미롭게도, 저술을 했던 1950년대 초에 그녀는 자신의 연구를 소설화함으로써만 이러한 관찰을 수행할 수 있다고 느끼고 스미스 보웬(Smith Bowen)이라는 필명으로 집필했다. 이는 특별히 놀라운 것도 아닌 것이, 고전적인 인류학적 전통에서 대부분이 남성이었던 민족지학자들은 내색하지 않는 태도를 기르도록 기대되었던 것이다. 어떻게 연구가 진행되었는지에 대한 설명은 거의 항상 부록으로 좌천되었다. 비록 레이먼드 퍼스(Raymond Firth)가 티코피아(Tikopia)에 대한 선구적 연구(1936)의 도입부에서 마지못해 이렇게 인정했지만 말이다. "인류학자와 그 연구대상자 간의 관계에 대한 설명 중 어떤 것은 연구결과의 본질과 밀접히 관련된다"(1965).

해석을 향한 최근의 방향선회는 이러한 설명에 중심적 위치를 부여하면서 "민족지학자 자신이 피관찰자의 행동과 동등한 관심사로서 다루어지는" 텍스트를 생산했다(Atkinson & Coffey, 1995). 그것은 또한 현지조사에서 일어나는 재귀적인(*reflexive*) 특성에 더욱더 지속적으로 관심을 갖도록 유도했다. 연구자의 행동이 그가 대면하게 되는 응답을 구조화하는 방식, 그리고 그러한 반응이 연구자의 인식을 어떻게 변화시키는가에 대해 고찰할 필요성이 그것이다. 부르디외 같은 사람들은 현지조사에서 이루어지는 대화를 "정신수양의 한 종류로 간주"하는데, 말하자면 세례와 같은 것으로 여기서 연구자는 "자신을 잊음으로써 일상적 삶의 환경에서 타인을 바라보던 관점에 대한 진정한 전환"을 성취하면서 "다시 태어난다"(1996). 역사와 자서전 사이에서, 고해성사적 설명과 현실주의적 설명 사이에서 균형을 유지하는 것은(Van Maanen, 1988), 간단한 것이 아니다. 반대로, 그것의 어려움이야말로 현재 인류학이 처한 방법론적 위기의 핵심이다.

자료의 처리

실증주의적 연구기술에 대한 거부에도 불구하고, 고전적 민족지학의 설명형식은 민족지학과 함께 발생한 사회 르포르타주의 두 가지 주요한 형식에서 발전된 객관주의 이데올로기에 크게 의존했다. 탐사 저널리즘, 그리고 전지적 목소리(*voice-of-God*)로 해설하면서 관객의 시선과 반응을 이끄는 고전적 기록영화가 그것이다. 이 3가지 모두는 "지배적 관점, 심지어 유일한 관점을 지닌 편견 없는 저자"(Atkinson & Coffey, 1995)의 우월한 시각에서 다른 사람들의 삶을 해석했다. 민족지학자의 경험과 연구대상자의 경험 모두는 추상적 분석을 위해서 제거되었고(Callaway, 1992), 이는 민족지학적 노력의 핵심에 심각한 역설을 초래했다. 현지조사의 에토스(*ethos*)는 "관찰자와 피관찰자를 각각의 문화는 다르지만 동등한, 사회와 문화권을 공유하는 거주자로서" 바라보는 평등주의적인 것이었지만, 완성된 논문은 응답자들을 '타자'로서, "민족지학자의 시선의 대상으로서만 간주된" 사람들로 보여주었다(Atkinson & Hammersley, 1994). 현장에서 기록하는 메모와 그것을 출판을 위해 저술하는 것 사이에서, 주체는 대상화되었다. 현지조사의 친밀성은 거리가 개입되면서 소멸되었다(Fabian, 1983).

이러한 간극을 극복하려는 노력 속에서 점점 더 많은 인류학자들은 텍스트 안에 등장하는 목소리들의 범위를 확장하여 그 발언을 펼칠 수 있는 더욱더 많은 공간을 제공했다. 기록영화 감독들이 '평범한' 사람들이 자신의 이야기를 자신의 방식으로 들려주는 영상일기 형식을 개발한 것처럼, 그들도 저자 중심에서 조화 중심으로 전환했다. 다른 인류학자들은 반대방향으로 나아가 시, 드라마, 픽션 등을 시도하면서 보다 성찰적인 작가주의로 이동했다. 이것은 최근 영화와 텔레비전 다큐멘터리 형식에서 더 크게 일고 있는 심미적 경향으로의 이동과 일맥상통한다(Corner, 1996).

이러한 움직임이 인류학적 연구물을 보다 매력적인 읽을거리로 만들지는 모르지만, 그것은 중심문제가 설명과 재현의 문제인 것으로 제시함으로써 현지조사를 수행하고 설명을 구성해내는 것의 지속적인 어려움을 덮어버린다. 대화에 관한 온갖 미사여구에도 불구하고, "민족지학적 실천은 침범(*intrusion*)과 아마도 고통을 내포한다"(Hastrup, 1992). 그것은 사람들의 설명을 수집하면서 그들의 의도와는 다른 종류의 의미를 만들어내려는 목적을 갖는 것이며, 그들이 접하지 않는 개념과 어휘를 동원하는 일이다. 그들도 이것을 안다. 한 응답자는 마지막 인터뷰에서 민족지학자에게 다음과 같이 말했다.

> 당신은 내가 당신에게 줄 수 있는 모든 것을 가졌습니다. 그것을 가지고 무언가 해보세요. 그것은 내가 모르는 것이지요. 당신은 당신의 방식대로 그것을 사용할 수 있어요. 아무것도 모르는 당신이 그것을 어떻게 사용할지 나로선 상상이 안 가지만, 아마도 당신을 위한 무엇인가가 되겠지요. 앞으로 알게 되겠죠. … 이제 이 모든 이야기꾸러미를 가지고 집으로 가세요(Hastrup, 1992, p. 123).

현대 프랑스의 일상적인 삶에서 일어나는 실망들과 작은 패배들을 다루는 최근의 저서 《세계의 비참》(*La Misère du monde*, 1993)에서, 부르디외는 특별히 열린 방식으로 이러한 문제와 씨름한다. 그는 우리 시대의 주요한 문화이론가이자, 모든 범위의 기본적 방법론을 사용하는 지속적 실증연구에 자신의 성찰의 토대를 두는 몇 안 되는 사람이기 때문에, 그의 딜레마는 교훈적이다. 그는 연구를 위해 확장된 인터뷰를 준비하면서 서베이 절차에 관한 모든 관습적 교리를 버렸다. 그의 표본은 표집이 가능한 것으로서 무작위 표집과는 거리가 멀었다. 인터뷰에서 개방되고 비강제적인 대화를 조성하기 위해, 연구자들은 친밀함을 통해 진실과 솔직함을 확보할 수 있다는 기대 속에 "그들이 개인적으로 아는 사람들 속에서나 주위에서 응답자를 고를" 자유가 주어졌다(Bourdieu, 1996). 그리고 대부분의 대학 연구자들이 어느 정도 제한된 사회 서클에서 움직인다는 문제를 극복하기 위해, 그는 비전문적인 면접인들을 모집했다. 그 결과 밀도 있고 풍부하게 구성된 대화들이 모였다. "일상에서는 좀처럼 만날 수 없는 귀 기울임과 열린 태도"로 응답자들을 대함으로써, 그의 팀은 "비교적 흔한 어려움에 대한 의례적인 이야기"를 넘어서 대중이 처한 불행의 근원까지 건드릴 수 있었다고 부르디외는 주장한다. 이와 동시에 그는 그의 연구절차가 두 가지의 중요한 문제점에 노출되어 있다는 것을 깨닫는다.

모든 해석학적 연구들에서처럼, 여기에는 관례와 생략의 표면 아래 심층으로 파헤쳐 가고픈 욕망, 경험의 튼튼한 기반에 도달하고픈 욕망인 낭만주의의 강한 잔재가 남아 있다. 결과적으로 연구자는 응답자 증언의 "진정성"에 사로잡히는 위험을 무릅쓰게 되는데, 왜냐하면 연구자는 그것을 통해 가공되지 않고, 밀도 있고, 변색되지 않은 것으로서, 다른 연구자들은 찾아내거나 끌어내지 못할 그런 구술형식에 도달한다고 믿기 때문이다(Bourdieu, 1996). 보다 고해성사적인 인터뷰일수록, "이미 존재했던 것으로 단지 그 실현조건을 기다리고 있던 … 비범한 이야기"를 끌어냈다는 연구자의 주장 역시 더 커진다. 이러한 관점은 모든 연구결과들이 어느 정도는 특정한 사회적 만남의 산물이라는 것을 감추고 또한 '결과'라는 것은 결국 단지 숙련된 조사를 통해 확인되기만을 '저 밖에서' 기다리고 있는 것이라는 실증주의적 개념과도 공모한다. 인터뷰는 단순히 신념과 경험을 입으로 말하는 기회가 결코 아니다. 인터뷰는 그 안에서 응답자가 정체성을 취하고 인상을 연출하는 것으로 항상 수행(*performances*)인 것이다. 문화연구의 많은 작업들은 이 점을 쉽게도 망각하고 인터뷰 기록지가 단순히 경험의 표현으로 읽힐 수 있는 것처럼 순진하게 진행한다. 부르디외는 이러한 위험성을 아주 잘 인식하고 있었다. 그러나 광범위하게 다른 사회적 거리와 친밀성의 정도에 근거한 인터뷰를 조성함으로써 이에 대처하는 어떤 일관된 방법도 불가능하게 만들었다.

인터뷰, 대화 혹은 논쟁의 기록을 순진하지 않게 제대로 읽어내기 위한 첫 단계는, 커뮤니케이션이 조직되는 방식을 상호작용의 직접적 맥락을 통해 온전히 설명하는 것이다. "만약 어떤 텍스트가 생산되는 조건에, 텍스트에 대한 연구자의 수용과 해석에 … 주의를 기울이지 않는다면," 개인적 서사물 같은 가장 '주관적인' 자원조차 새로운 유형의 '객관주의'를 생산할 것이다(Melucci, 1996). 두 번째는 연구의 미시적 설정(*micro-setting*)과 그것이 발휘하는 기능을 핵심자원의 분배를 조직하는 보다 넓은 형식의 맥락에 놓는 것이다. 부르디외가 지적하듯이, 응답자들은 "그들의 불만이나 불안의 핵심적 원인에 필연적으로 도달하지는 않으며, 가장 즉흥적인 진술은 의도치 않게 그들이 말하고자 하는 것과는 완전히 반대를 표현할 수도 있다". 이러한 '핵심적 원인'을 밝히고 그것이 어떻게 작용하는지를 보여주는 것이야말로 분석자의 과제다. 이것은 기술(*description*)에서 설명(*explanation*)으로의 전환을 수반하는 것이자 해석학적 전통에 기반한 분석틀에서 비판적 사실주의에 근거한 분석틀로의 전환을 수반하는 것이다.

해석 이후

두터운 기술을 추구하는 해석학적 연구는 일상생활을 형성하는 '거대현실'(*grand realities*)로부터 "대문자를 벗겨내어"〔독자적인 '거대'현실을 인정하지 않고 — 옮긴이〕, 그것을 상황 속 행동의 세부사항들과 인생의 예측 불가능한 변화들에 고정시킨다(Geertz, 1973). 이는 인간의 얼굴을 한 사회과학이라고 할 수 있다. 기어츠는 "만약 당신이 자바 섬의 소작농들이 열대의 폭우 속에서 땅을 가는 것이나 모로코 재단사들이 20와트 전구 불빛 아래에서 카프탄을 수놓는 것을 보고 이에 내재된 노동착취 문제에 뛰어든다면, 그것은 가치 있는 일이다"라고 올바르게 주장한다. 또한 그가 "이것이 당신에게 완전한 무엇인가를 준다는 관념은… 너무 오랫동안 오지를 즐겼던 사람만이 품을 수 있는 생각이다"라고 주장하는 것과도 같다(Geertz, 1973). C. 라이트 밀스가 웅변적으로 주장했듯이, 포괄적인 분석은 "가장 비개인적이고 동떨어진 변화에서 인간 자신의 가장 친밀한 특징에 이르기까지… 한 가정에 대한 연구에서 전 세계 국가들 예산에 대한 비교 평가에 이르기까지 아우르는 것… 그리고 이 둘 사이의 관계를 통찰하는 것"을 필요로 한다(1970).

전 지구화의 확장과 심화에 따라 각 지역의 삶이 초국적 흐름들과 권력의 관계들로 짜여진 유례없이 촘촘한 네트워크에 통합되어가고 국가의 형태가 근본적으로 재정립되고 있는 오늘날, 개인 전기와 역사, 먼 곳과 손에 닿는 곳 사이에 연결을 파악하려는 것은 특별한 문제를 제기한다. "고유의 것과 수입된 것 사이의 강렬하고, 지속적이며, 광범위한 상호작용을 통해 형성된"(Hannerz, 1996) 문화를 그려내는 문제야말로 현대 문화분석의 핵심이슈이다. 전 지구화 현상이 확산되는 세계에서, "민족지학자가 어떤 양식에 따라 통합되고… 어떤 의미에서는 내부로부터 이해하는 것을 배우는, 경계지어진 문화적 실체 —섬(글자 그대로의 의미든 상상적 의미든) —가 있다고 가정하는" 민족지학의 전통적인 '우리'(*my people*)라는 가치들은 더 이상 적절치 않다(Stocking Jr., 1995). 그 결과, "많은 민족지학자들은 현지 조사연구의 한계와, 개인적 관찰이 허용하는 것보다 더 넓은 공간과 긴 시간을 통해 이질성의 문제에 더 많은 주의를 기울여야 할 필요를 점점 더 깨닫고 있다"(Asad, 1994).

이러한 어려움은 인류학의 상투적 도구였던 '주변부' 사람들과 작업할 때만 국한되는 것이 아니다. 이는 현대 자본주의의 중심인 대도시의 삶을 분석할 때도 핵심적 난관이다. 브라질 출신의 민족지학자인 리베이루 듀햄(Ribeiro Durham)이 주장했듯이, "우리가 사례연구를 통해 기록한 협소한 관계들이 어느 정도로 더 넓은 구조에 의해 조건 지어지는지를 보여줄 수 없다면, 우리는 도시의 구조와 삶을 이해할 수 없다"(Garcia Canclini, 1995). 사실, "연구자들이 '독특한' 삶의 체험에 지나치게 가까이 다가감으로 인해 일반화할 만한 지식을 전하지 못하게 되고… 기술하거나 해석해야 할 복잡한 특징만을 보게 될 때 조사연구의 중요한 목적은 실패하게 되는 것이다"(Berger, 1995). 그러나 사회구조들에 대한 다양한 관점들을 취합함에 있어 일상적인 사회적 실천의 유동적이고, 성찰적이고, 창조적인 특성을 간직하는 것은 매우 어려운 것으로 밝혀졌다.

두터운 기술과 구조적 결정 개념 사이를 구분하려는 것은 오랫동안 사회과학과 인문과학을 갈라놓는 주요 단층선이었다. 문화연구 내에서 이런 경향이 강화된 것은 구조주의에 관심을 보이고, 보다 최근에는 근대성의 기본 토양이 무너지는 것처럼 보이는 현상을 찬양했기 때문이다. 이 두 가지 관점은 모두 역사와 관련해 문제점이 있다. 구조주의는 시간을 정지시켜버리고, 포스트모더니즘은 시간을 가속화시킨다. 둘 다 부적절하다. 변화를 이해하기 위해서는 일탈뿐만 아니라 관성을, 특별한 사건으로 표현되는 단절뿐만 아니라 시간의 오랜 순환 동안 지속되는 기본적 구조의 복원력을 파악해야 한다. 해방을 위한 프로젝트는 진보적 움직임에 길을 터주는 모순과 빈틈뿐만 아니라 '불가피성'이라는 야만적 힘 역시 파악해야 한다. 연구자들은 "우리의 선택은 진정 얼마나 자율적인가" "우리는 진정 얼마나 자주 우리 삶의 사회적 구조가 가하는 유인, 위협, 유혹, 압력에 '굴복'하거나 하지 않는가"를 끊임없이 시험해야 한다(Berger, 1995). 이것이 바로 비판적 리얼리즘의 핵심목표이다.

이것은 자연의 세계에서 작동하는 심층의 구조화 과정과 비슷한 사회적, 문화적 동등물이 있다는 것을 인식하는 것에서 시작하지만, 그러나 그런 구조화 과정은 '그것이 지배하는 행동'이나 그것이 하는 행동에 대한 '매개체'적 개념과 따로 떨어져 존재하지 않는다는 것을 주장한다(Bhaskar, 1979). 사회적 문화적 구조는 항상 제한을 가하는 동시에 능력을 부여하는 것이다(Giddens, 1984). 그것은 어떤 가능성을 열어주는 동시에 다른 가능성을 닫는다. 이와 동시에, 구조는 현장에서 선택사항을 이해하고 다루는 방식에 의해 재생산되고 변형된다. 연구는 이런 변증법적 관계를 풀어내는 것이어야 한다. 이를 위해 우리는 두터운 기술에 대한 헌신을 간직하면서도 구조의 작동 모델을 개발해서, "해석학적 인문주의자이자 결정론자"로서 행동할 필요가 있다(Berger, 1995). 가르시아 캔클리니(Nestor Garcia Canclini)는 오늘날의 멕시코시티에서 민족지학을 수행하는 것에 관한 그의 성찰을 통해 이 점을 특히 잘 보여준다.

> 도시의 의미에 관해 우리 자신에게 묻는 것은 어떤 객관적인 '실재'를 지닌 인구학적, 사회경제적, 그리고 문화적 형태의 구조와 그 해체를 탐색하는 것이다. 하지만 동시에 이러한 구조가 발현되는 그러한 행동들을 주체들이 표출하는 방식을 조사해야 한다. 도시의 의미는 도시가 제공하는 것과 제공하지 않는 것에 의해, 자신들의 서식지를 결정짓는 요인들에 둘러싸여 있는 주체들이 그 속에서 그들의 삶을 통해 할 수 있는 것에 의해, 그리고 그들이 그들 자신과 다른 사람들에 대해 상상하는 것에 의해 구성된다(1995, p. 751).

'구조'(*structure*)는 유쾌하지 못한 단어라고 할 수 있다. 그것은 너무나 단단하고 정체된 느낌이 든다. 사회적 문화적 구조는 역사를 지니며 단지 '상대적으로 지속된다'는 점에서 자연세계의 구조와는 다르기 때문에(Bhaskar, 1979), 그것을 '구성물'(*formations*)로 간주하는 것이 더 유용하다. 구조가 행동을 위한 자원의 분배를 조직하는 방식을 살펴봄으로써, 우리는 구조가 상황 속에서 이루어지는 실천과 상호작용하는 것을 탐구하기 시작할 수 있다.

일상생활에서 의미를 창조하거나 자기 것으로 취하기 위해서는 3

가지 자원을 필요로 한다. 물질적 자원 — 돈에 대한 지배력, '자유'시간과 이용 가능한 공간, 사회적 자원 — 지지와 긍정의 네트워크에 대한 접근권, 그리고 문화적 자원 — 담론과 수행 그리고 재현의 시스템을 조정할 수 있는 능력이 그것이다. 문화연구에서 대부분의 연구는 마지막 두 가지에 많은 관심을 기울였지만, 물질적 자원의 중심적 역할에 대한 그 어떤 주장도 경제결정론의 강한 형태를 수용하는 것이라고 전제하면서 첫 번째 것에 대해서는 관심을 기울이지 않았다. 이는 15년이 지난 지금은 특히 무능력하게 된 많은 설명에 치명적인 공백을 남겼다. 그동안 점점 더 벌어지는 소득격차와 더불어 문화시설들이 사유화되었고, 지역경제와 도시공간의 구조가 변함에 따라 문화적 실천의 조직에 중요한 영향을 미쳤다. 소비와 일상적 창조력에서 새롭게 부상하는 패턴에 관한 연구는 생산조직의 변화나 불평등 형태의 변화에 대한 분석과 뗄 수 없는 것이다.

만약 문화분석이 오늘날 일어나는 의미생산에 대한 두터운 기술을 제공하고 그것을 재형성하는 힘에 대한 설득력 있는 설명을 제공하는 것이라면, 문화분석은 확장된 민족지학에 적절히 헌신해야 할 뿐만 아니라, 또한 이전에는 주변적이거나 무관한 것으로 보았던 영역까지 포함하는, 사회과학의 전체 범위를 통해서 그 관심을 비판적 분석에 다시 연결시킬 필요가 있다.

참고문헌

Alasuutari, P. (1995). *Researching Culture: Qualitative Method and Cultural Studies.* London: Sage Publications.

Ang, I. (1985). *Watching Dallas: Soap Opera and the Melodramatic Imagination.* London: Methuen.

Asad, T. (1994). Ethnographic representation, statistics and modern power. *Social Research, 61*(1), 55~88.

Atkinson, P., & Coffey, A. (1995). Realism and its discontents: On the crisis of cultural representation in ethnographic Texts. In B. Adam, & S. Allan (Eds.). *Theorizing Culture: An Interdisciplinary Critique after Postmodernism.* London: UCL Press.

Atkinson, P., & Hammersley, M. (1994). Ethnography and participant observation. In N. Denzin, & Y. Lincoln (Eds.). *Handbook of Qualitative Research.* Thousand Oaks, Calif.: Sage.

Auge, M. (1995). *Non-places: Introduction to an Anthropology of Supermodernity.* London: Verso.

Berger, B. (1995). *An Essay on Culture: Symbolic Structure and Social Structure.* Berkeley: Univ. of California Press.

Bhaskar, R. (1979). *The Possibility of Naturalism: A Philosophical Critique of the Contemporary Human Sciences.* Brighton: Harvester.

Borrow, G. (1851). *Lavengro: The Scholar, the Gypsy, the Priest.* London: John Murray.

Bourdieu, P. (1984). *Distinction: A Social Critique of the Judgement of Taste.* London: Routledge. 최종철 역 (2005). 《구별짓기: 문화와 취향의 사회학 1, 2》. 새물결.

______ (1993). *La misère du monde.* Paris: Seuil.

______ (1996). Understanding. *Theory, Culture and Society, 13*(2).

Bowen, E. S. (1954). *Return to Laughter.* London: Gollancz.

Callaway, H. (1992). Ethnography and experience: Gender implications in fieldwork and texts. In J. Okeley, & H. Callaway (Eds.). *Anthropology and Autobiography.* London: Routledge.

Castells, M. (1996). The net and the self: Working notes for a critical theory of the information society. *Critique of Anthropology, 16*(1), 9~38.

Corner, J. (1996). Documentary: The re-socialization of a TV aesthetic. In J. Gripsrud (Eds.). *Media and Knowledge: The Role of Television.* Univ. of Bergen: Department of Media Studies.

Fabian, J. (1983). *Time and the Other: How Anthropology Makes its Object.* New York: Columbia Univ. Press.

Firth, R. (1965). *We the Tikopia.* Boston: Beacon Press.

Fiske, J. (1994). Audiencing: Cultural practice and cultural studies. In N. Denzin, & Y. Lincoln (Eds.). *Handbook of Qualitative Research.* Thousand Oaks, Calif.: Sage.

Garcia Canclini, N. (1995). Mexico: Cultural globalization in a disintegrating City. *American Ethnologist,* 22(4), 743~55.

Geertz, C. (1973). *Thick Description: Toward an Interpretive Theory of Culture, in The Interpretative of Cultures: Selected essays.* New York: Basic Books.

Giddens, A. (1984). *The Constitution of Society: Outline of a Theory of Structuration.* Cambridge: Polity Press.

Hannerz, U. (1996). *Transnational Connections: Culture, People, Places.* London: Routledge.

Hastrup, K. (1992). Writing ethnography: State of the art. In J. Okeley, & H. Callaway (Eds.). *Anthropology and Autobiography.* London: Routledge.

Hebdige, D. (1979). *Subculture: The Meaning of Style.* London: Methuen.

Keesing, R. (1981). *Cultural Anthropology: A Contemporary Perspective* (2nd ed.). New York: Holt, Rinehart and Winston.

Kracauer, S. (1952-3). The challenge of qualitative content analysis. *Public Opinion Quarterly,* 16(4), 631~642.

Lindlof, T. (1995). *Qualitative Communication Research Methods.* London: Sage.

Melucci, A. (1996). *Challenging Codes: Collective Action in the Information Age.* Cambridge: Cambridge Univ. Press.

Merton, R. (1987). The focused interview and focus groups: Continuities and dis-continuities. *Public Opinion Quarterly, 51*, 550~566.

Mills, C. W. (1970). *The Sociological Imagination.* Harmondsworth: Penguin.

Rook, C. (1899). *The Hooligan Nights.* London: Grant Richards.

Roscoe, J., Marshall, H., & Gleeson, K. (1995). The television audience: A reconsideration of the taken-for granted terms 'Active', 'Social' and 'Critical'. *European Journal of Communication, 10*(1), 87~108.

Rogengren, K. (1996). Review article: Klaus bruhn jensen: The social semiotics of mass communication. *European Journal of Communication, 11*(1), 129~141.

Runciman, W. (1983). *A Treatise on Social Theory Volume 1: The Methodology of Social Theory.* Cambridge: Cambridge Univ. Press.

Sahlins, M. (1987). *Islands of History.* Chicago: Univ. of Chicago Press.

Silverman, D. (1993). *Interpreting Qualitative Data: Methods for Analysing Talk, Text and Interaction.* London: Sage.

Stocking Jr. G. (1995). Delimiting anthropology: Historical reflections on the boundaries of a boundless discipline. *Social Research, 62*(4), 933~966.

Van Maanen, J. (1988). *Tales of the Field: On Writing Ethnography.* Chicago: Univ. of Chicago Press.

Williams, R. (1980). *Problems in Materialism and Culture.* London: Verso.

Willis, P. (1978). *Profane Culture.* London: Routledge.

제 2 부

기업의 포획

제 5 장

디지털의 가능성, 시장의 현실

융합의 모순들 *

융합되는 미디어, 침식되는 시민권

지난 40년 동안 이루어진 커뮤니케이션 기술의 진보가 어떠한 사회관계의 변화를 가져올 수 있으며 또 가져오도록 강제하는지에 대한 많은 주장과 과장이 있었다. 특히 저장도구로서 그리고 많은 양의 데이터를 점차 빠르게 조작하는 도구로서 컴퓨터의 등장과, 그것이 신속하고 광범위한 전송 및 운송수단을 제공하는 텔레커뮤니케이션 시스템과 융합된 것은 예정된 '정보사회'의 도래에 관한 끝없는 논쟁의 뿌리였다. 이러한 발전들과 방송산업의 기술적이고 조직적인 융합(*convergence*)[1]은 일과 노동의 세계에 진정으로 거대한 변동을 낳는

---

* 원 논문 출처: Murdock, G. & Golding, P. (2001). Digital possibilities, market realities: The contradictions of communications convergence. In L. Panitch & C. Leys (Eds.). *A World of Contradictions* (pp. 111~129). London: The Merlin Press.

1) 옮긴이 주: 'convergence'는 서로 다른 변수들이 하나의 점을 향해 방향을 전환하여 나아가면서 계속적으로 가까워진다는 의미다. 따라서 우리말 '수렴'에 가장 가까우나 이미 '융합'이라는 말로 널리 알려졌기에 여기

통합(*fusion*)을 불러일으켰다.

이러한 발전의 기술적 핵심인 디지털화는 다양한 양식의 커뮤니케이션 — 인쇄, 언술, 시청각 자료, 1차 자료 — 의 전자적 이진수라는 공통된 형식으로의 보편적 전환과 관련이 있는데, 이는 각각의 형식이 다른 형식들 중 하나로 손쉽게 변형되도록 해주며, 컴퓨팅과 텔레커뮤니케이션의 통합된 세계를 통해서 모든 형식이 전례가 없을 정도로 편리하게 저장, 검색, 조작, 배급될 수 있도록 해준다. 여기에서 우리의 관심은 이 혁신들이 우리로 하여금 새로운 유형의 사회로의 전환을 진단할 수 있도록 해주는가의 여부에 관한 논증이 아니다. 그 혁신들이 인간과 환경 사이의, 서로 다른 집단들과 사회적 영역들 사이의 관계에 심대한 영향을 미쳤으며, 대체로 기존의 관계를 고양시키거나 재편한다는 것을 우리가 이해하고 있다고만 해두자. 요약하자면, 이러한 변화의 정치경제학은 어떤 신기원이 아니라 후기 근대성(*late modernity*)과 오늘날의 자본주의의 구조화에 일어나는 변화를 밝힐 것이다.

여기에서 중요한 것은 현재의 변화들에서 나오는 3가지 모순이다.

첫째, 정보(여기에서는 일반적 의미로 쓰인다)를 생산하고 분배할 수 있는 효율성이 크게 증가함에 따라, 원칙적으로 전체 소비를 높이고 따라서 삶과 복지의 수준을 크게 고양시킬 수 있도록 단위가격의 실질적인 하락을 가져올 수 있다. 그러나 실제로는 디지털화 — '정보혁명' — 가 가장 진전된 사회와 불평등한 조건의 증가 사이에는 강력한 상관관계가 존재한다.

둘째, 정보에 접근하고 정보를 생산하는 새로운 수단들이 새로운 생산자들의 진입비용을 낮추는 것처럼 보인다. 인터넷상에서는 누구나 저자가 될 수 있다. 생산자와 소비자 사이의 구별은 불분명해지고, 이상적인 시장에서 가격과 생산물의 선택에 대한 완벽한 지식에

에서는 '융합'으로 옮긴다.

토대를 둔 소비자의 권력은 실질적으로, 사실 전례가 없을 정도로, 실현 가능하다. 그러나 이와 동시에, 주요 다국적 커뮤니케이션 기업들의 소유권 안으로 빠르게 통합된 분배 시스템, 특히 인터넷 그 자체는 기술적이라기보다는 경제적인 융합을 통해 브랜드 상품과 커뮤니케이션 서비스 자체의 판촉 및 마케팅을 위한 수단으로서 낡은 커뮤니케이션 형식의 모델로 차츰 전환되었다.

셋째, 보다 빠르고 간단하며 이동성이 높은 커뮤니케이션 형식이 등장하여 부유한 국가들에서 개인적 또는 시민적 접근을 통해 다수에게 확산된 것은, 커뮤니케이션이 통치의 과정과 실체를 시민에게 광범위하게 드러내고, 또한 선출된 대표와 공직자의 책임을 묻는 수단과 요구를 재구축하는 직접적인 시민-정부의 대화라는 제퍼슨주의의 이상(*Jeffersonian ideals*)인 '사이버 민주주의'의 비전을 제시한다. 동시에 'PR 국가'의 등장, 그리고 많은 서구 국가들에서 주류 정치기구에 대한 유권자들의 명백해 보이는 무감각과 환멸에 대해 널리 퍼진 우려는 바람직하지 못한 일련의 결과들을 암시한다. 따라서 새로운 커뮤니케이션 형식의 광범위한 사용과 접근성은 조직화와 동원(*mobilisation*)의 급진적 변동 가능성을 제시하지만, 이는 또한 정치적 통제의 상당한 집중화와 시민이 정치영역에서 행사하던 권력이 사적인 기업영역으로 이동하는 것을 촉진하기도 한다.

근대적 시장에 토대를 둔 미디어 시스템이 19세기 후반에 등장하자마자, 비평가들은 민주주의의 요구와 자본주의적 사업 논리 사이의 근본적인 모순을 인지했다. 시민권의 이상은 모든 사람에게 당대의 사회적 삶에 온전하고 평등하게 참여하고 그것이 미래에 취할 형태를 결정하는 데 기여할 권리를 약속했다. 논평자들은 참여에 필요한 기본적인 물질적·문화적 자원에 대한 접근이 보편화될 때에만 이 약속이 실현될 수 있다고 옳게 보았다. 이는 ① 개인적·정치적 결정을 신중하게 내리기 위해 필요한 정보, ② 해석, 설명, 평가의 틀들, 그리고 그 틀들의 상대적인 강점과 한계에 대한 논쟁들, ③ 서로 공존하며 경쟁하는 열망들과 삶의 방식들의 대변(*representations*), ④ 논쟁과 대변의 형성에 능동적으로 참여할 기회에 대해서, 가능한 광범위한 접근을 보장하는 것을 뜻했다. 많은 관찰자들은 공동선(*common good*)의 비전 안에 뿌리내린 시민권의 개념화와 소유주 및 광고주의 사적 이해관계 사이의 특유한 긴장 때문에, 자본주의 문화 산업이 이들 조건을 충족시키는 데 실패한다고 주장했다.

이러한 문제는 커뮤니케이션 시스템 안에 공익을 제도화하려는 장구한 투쟁에 의해 다루어졌다. 이는 규제와 공적 보조금이라는 두 가지의 주요 형태를 취했다. 이들 방책은 현대적 커뮤니케이션의 두 가지 지배적인 형식들—대중방송과 가정 내 텔레커뮤니케이션 연결—과 (비록 불완전하지만) 보통 선거권에 토대를 둔 대중민주주의 시스템의 공고화가 동시에 등장함에 따라 자신의 현대적 형식의 대부분을 양차 세계대전 사이에 갖추었다. 미국이 선호하여 선택한 규제는 첫째로 소유권과 광고에 제한을 부과하면서 자본의 범위를 제한하는 데 착수했고, 둘째로 가정의 전화요금을 최소로 낮추거나 소수자를 위한 프로그램을 제작하고 방송 반론권을 제공하여, 기업들에게 이윤 극대화에 앞서 시민을 위한 최소한의 문화적 자원을 보장하도록 요구함으로써 공익을 촉진하고자 했다. 대조적으로, 유럽 사회는 조세로 재정을 충당하는 공기업이 방송사와 통신사를 운영하도록 함으로써 시민들에게 문화적 자원을 제공하고자 했다.

공공부문의 방송사와 통신사가 상업적인 출판, 영화, 음반 산업과 함께 공존하는 이러한 이중 시스템은, 약간의 수정은 있었지만(1950년대 중반에 영국에서 강력하게 규제받는 상업적 텔레비전 시스템을 도입한 것과 같은), 1970년대 후반까지 존재했다. 그 이후부터 커뮤니케이션의 풍경은 가속화되는 시장화 과정에 의해 탈바꿈했다. 이것이야말로 융합을 바라보는 본질적인 맥락이어야 한다. 융합을 가져오는 핵심동인은 기술적인 것이 아니라 경제적인 것이다. 현재의 텔레비전 수상기, 데스크톱 컴퓨터, 전화/팩스의 기능들을 결합한 고정/

이동장치의 등장이 핵심 줄거리는 아니다. 많은 기술광신자들(*techno-enthusiasts*)처럼 '디지털 기술이 무엇을 할 수 있으며 우리를 어디로 데려갈 것인가?'라고 묻는 대신에, 우리는 '시장이 주도하는 융합의 영향 아래에서 변화하고 있는 커뮤니케이션 시스템의 정치경제학은 어떠한가? 그리고 기업적 통제와 대중적 이용을 향한 움직임의 결과는 무엇인가? 비대한 커뮤니케이션 기업들은 곧 시민권의 약화를 뜻하는 것일까?'를 질문할 필요가 있다.

가속화하는 시장화

시장화는 제도적인 동시에 이데올로기적인 개입이다. 그것은 분석적으로 구별되는 3가지 과정을 수반한다.

첫째, 이전에 공공부문 제도가 차지했던 공간을 식민화함으로써 그리고 규제에 대한 공익적 요구를 완화하거나 삭제함으로써 시장부문의 규모와 운영범위가 점차 증가한다.

둘째, 성공을 평가하는 시장의 기준—비용절약, 상업적 수입 창출, 고객 극대화—이 형식적으로는 여전히 공공부문인 조직들을 포함해 모든 조직의 성과를 평가하는 기본적도로 정립된다.

셋째, 커뮤니케이션 설비의 수용자와 사용자가 완전한 사회적 참여의 권리와 함께 타인의 필요와 열망을 인식하고 존중할 의무를 지닌 시민이라기보다는, 자신의 개인적 필요를 충족시킬 주권적 권리(*sovereign right*)를 가진 소비자로 여겨진다. 표현과 만족에 대한 요구를 구매와 소유의 논리에 연결시킴으로써 시장화는 시대의 메타 이데올로기로서 소비주의를 촉진한다.

시장화는 제도적으로 다음 4가지의 기본 역학(*dynamics*)에 의해 추진된다.

1. 민영화(*Privatisation*). 전략적 공공자산을 민간 투자자에게 판매하고 영국의 국영 PTT(우편, 전신, 전화설비)의 통신사업을 새로운 기업인 브리티시 텔레콤(British Telecom)으로 전환하는 것처럼 공기업을 이윤추구 기업으로 재구조화하는 것.

2. 자유화(*Liberalisation*). 독점 또는 제한된 시장의 문을 경쟁에 열어놓는 것. 주요 사례로는 1998년에 과거 PTT가 통제했던 유럽연합 회원국들의 통신시장을 마침내 자유화한 것, 그리고 단일 공공방송사(노르웨이와 스웨덴처럼) 또는 역사적으로 강력하게 규제받는 공공/상업방송의 복점(영국처럼)에 의해 좌우되던 유럽의 텔레비전 시장에 상업적 케이블/위성 텔레비전 서비스를 도입한 것이 있다.

위의 두 과정이 합쳐져 핵심 커뮤니케이션 영역에서 기업의 영향력이 미치는 규모와 범위를 크게 확장시켰다. 이 확장된 공간에서 핵심 커뮤니케이션 영역을 변화시킬 여지는 세 번째 과정에 의해 크게 증대되었다.

3. 공익을 보증하는 것에서 주요 기업들에게 최대한의 활동범위를 제공하는 사업환경의 보장으로 규제의 방향전환(*re-orientation of regulation*). 이러한 전환을 뒷받침하는 기업정신과 상업적 혁신의 찬양은 공공부문으로까지 확장되어 네 번째 역학을 만들어낸다.

4. 기업화(*Corporatization*). 이를 통해 공공부문 조직들은 (핵심적인 공적 자금의 삭감을 통해서) 상업적 기회를 보다 공격적으로 추구하고 기업적 조직형태를 채택하도록 장려되고 또는/그리고 강요당한다.

이와 같은 시장화의 핵심요소들을 향한 제도적이고 이데올로기적인 지속적 행진은, 신자유주의 경제 사상의 변종들이 끊임없이 발흥하면서 추진되어왔다. 공공사업과 통제정책의 성과에 대한 대중과 엘리트의 환멸이 증대됨에 따라, 1970년대 후반 자본주의 세계의 정부들은 새로운 장사꾼들이 늘어놓는 유혹의 말에 점점 더 귀를 기울이기 시작했다. 실은 1984년 (최초의 현대적 복지국가를 정립했던 나라인) 뉴질랜드의 데이비드 랭어(David Lange) 노동당 정부가 광범위한 시장화 이외에는 '대안이 없음'을 가장 열렬하게 주장했지만,[2] 미국의 레이건 대통령과 영국의 대처 수상의 보수 정부는 새로 등장한 시장 정통주의의 상징이 되었다. 이는 성숙한 자본주의 경제에만 한정되는 구조조정이 아니었다. 이는, 첫째로 개발도상국가에 대한 차관에 붙인 조건에 의해서, 둘째로 세계에서 가장 인구가 많은 세 나라—중국, 인도, 러시아—의 정치체제 변동에 의해서 세계화되었나. 중국의 덩샤오핑, 인도의 라지브 간디(Rajiv Ghandi)와 그 후계자들에 의해 시작된 친(親)시장 개혁과 소비에트 체제 붕괴의 결과로, 이들 세 국가는 모두 1980년대 말에 이르러 새롭게 시장화된 세계질서에 다양한 정도로 편입되었다.

이러한 세계지도의 재편은 주요 기업들을 위한 새로운 경제활동의 장을 만들었다. 이제 목표는 선도적 사업자들에게 부가이익을 부여하도록 규칙을 수정하는 것이다. 자본주의의 중심이 제조업에서 서비스로 이동함에 따라서, 이들 부문이 경제활동의 증가하는 몫을 떠맡고 있다. 그러나 역사적으로 복지 자본주의 체제 하에서 핵심 서비스는 기본적으로 공공사업으로 운영되었다. (영국을 포함해) 몇몇 나라에서 수도, 가스, 음성전화와 같은 일부 분야들이 (국가자산을 사적 투자자에게 매각함으로써) 민영화되고 (공급에서의 경쟁을 허용함으로써) 자유화되었으나, 교육, 건강, 문화 서비스와 같은 다른 주요 분야들에서는 공공부문의 사업이 실체를 유지하고 있으며 종종 지배적인 위치를 점하고 있다. 기업들은 이들 분야에서 이윤추구를 위한 미개발의 잠재력을 깨달았기 때문에, 서비스 산업은 가일층의 시장화를 위한 주요 타깃이 되었고, 세계무역기구(WTO)에 의해 촉진되는 서비스 교역에 관한 일반협정(GATS)에서 가장 중심적인 분야가 되

---

2) Jane Kelsey, *The New Zealand Experiment: A World Model for Structural Adjustment*, Univ. of Auckland Press, 1995.

었다. 이것은 1994년에 최초로 도입되었으나 그 범위를 확장하고 불이행의 허점을 메우기 위해 현재 재협상 중이다.

WTO 사무국이 지적하듯이 GATS는 "모든 서비스를 교역할 수 있는 강제적인 법적 권리를 제공하는 최초의 다각협정"이며 "주기적인 협상을 통해서 지속적인 자유화를 지향할 고정적 책무"에 의해 지탱된다.[3] 이 문장에 두 가지 핵심명제가 내재되어 있다.

첫째, 협정은 모든 서비스를 포괄할 것이다. WTO 분류는 12개의 주요 영역을 목록으로 제시한다. 하위분류 2의 '커뮤니케이션 서비스'는 통신 서비스, 라디오와 텔레비전 서비스, 음향 녹음, 그리고 영화 제작을 포함한다. 하위분류 10의 '오락, 문화 및 스포츠 서비스'는 통신사 서비스, 극장, 음악공연과 함께 도서관, 박물관 및 '기타 문화 서비스'를 포함한다. 이 범주들을 합하면 시민의 문화적 권리를 뒷받침하는 정보자원 및 상징자원을 생산하고 분배하는 핵심산업의 대부분을 포괄한다.

둘째, 협정은 '교역'에 대한 기존의 정의를 연장하여 "특정 가맹국의 서비스 공급자가 다른 가맹국 영토 안에서의 상업적 주재(駐在)를 통해" 제공하는 서비스를 포함하도록 한다.[4] 명백한 의도는 과거에 한 나라의 정부가 운영했던 모든 범위의 서비스를 국제적 경쟁에 개방하고, 정부로 하여금 모든 관련분야를 자유화하도록 지속적인 압력을 행사하는 것에 있다. 이것이 일단 시행되면, 이제 목표는 그러한 모든 변화를 돌이킬 수 없게 만드는 것이다. 사무국이 언급했듯이 "GATS에서 취해진 구속의무(*bindings*)는 그 기저에 놓인 근본원리와는 관계없이, 자유화 정책이 지연되거나 역전되지 않도록 막는 효과를 가지고 있다."[5]

---

3) *Trading into the Future*, WTO 웹사이트(www.wto.org).

4) *General Agreement on Trade in Services, Part I — Scope and definition, Article 1 (2c)*

5) *Recent Developments in services trade — overview and assesment*, WTO

GATS 지지자들은 협정초안에 있는 두 가지 조항에 주목하도록 하면서 비판자들에게 대응했다. 첫째, 그들은 협정이 정부에 의해서만 제공되는 서비스는 제외한다는 점을 지적한다. 그렇기는 하지만, 이 단서는 사적 영역과의 경쟁 속에서 제공되는 서비스에 적용되지 않는데, 이렇게 되면 대다수의 '구조조정된' 자본주의 경제에서 (공영방송 서비스를 포함하여) 대부분의 공공서비스를 포괄한다. 둘째, 그들은 국가가 어떤 영역을 개방하기 원하는가를 선택할 수 있다고 주장한다. 이는 사태를 오도한다. 협정초안의 '일반의무'(*general obligations*)는 기존의 규제체제를 정당화할 책임을 정부에게 돌린다. GATS의 VI. 4 조항은 "서비스의 질을 보장하기 위해 필요한 것보다 더 많은 규제가 없어야" 한다는 점을 명시하고 있다.[6] 국내규제작업반(The Working Party on Domestic Regulation)은 현재 이 조항이 정부가 사용할 수 있는 덜 '무역 제한적'(*trade restrictive*)인 선택지가 더 이상 없음을 정부로 하여금 입증하도록 요구하는 것으로 해석되어야 한다고 주장한다. 예를 들어, 만약 정부가 보편적 인터넷 접근권을 촉진하는 목표를 세웠다면, 정부는 도서관, 학교, 공동체 센터에 공동 액세스 포인트를 제공하는 대신에 저소득 가정에게 시장에서 사용할 상품권을 제공하는 것이 덜 '무역 제한적'이라는 것이다.

현재 협상 중인 모든 제안들이 GATS의 개정판에 통합되든 아니든 상관없이, GATS의 토대를 지지하는 시장주의적 세계관은 이미 굳건하게 자리를 잡았다. 예를 들어 유럽연합 내에서 커뮤니케이션 자유화의 역사는 (공익적 요구가 빈번한 소요와 봉쇄를 몰고 왔던) 거친 지형을 가로질러서 기업의 요구를 수용하기 위한 규제체제로 향하는 끊임없는 행진으로 볼 수 있다. 1998년 마침내 이루어진 유럽연합 내에서의 음

서비스 교역 사무국의 배경 노트, 1999년 2월 9일. (Document ref S/C/W/94)

6) *General Agreement on Trade in Services, Part II - General Obligations and disciplines, Article VI.*

성전화서비스 자유화를 보면서, 경쟁부문이사회(*competition directorate*)의 사무차장은 이러한 조치를 "통신과 미디어 영역에서의 공개적이고 경쟁적인 구조"를 향한, 그리고 이 서비스들의 "높은 성장 가능성"이 방해받지 않고 추구될 수 있는 매우 반가운 조치라고 환영했다.[7] 그 전년도에 통신, 컴퓨터와 시청각 산업의 융합에 관한 정책방침서(*position paper*)는 "원칙적으로 비즈니스 활동의 제한은 없어야" 하고 기업은 모든 서비스를 모든 네트워크를 통해서 모든 이용자에게 공급할 수 있도록 허용되어야 한다고 강력하게 주장했다.[8] 이는 다시 작성하는 과정에서 수정되었으나, 개정된 내용 역시 기업행위에 대한 장애물을 최소화하는 데 주력했으며, GATS와 거의 유사한 용어로 "규제는 분명하게 정의된 목표를 달성하기 위해 필요한 것만으로 엄격하게 제한되어야"하고 "시장의 힘을 사용하는 것에 동반되는 단순한 도구로서만" 사용되어야 한다고 주장했다.[9] 이 주장은 규제의 역할을 근본적으로 재고하는 현재의 과정을 보여주는 실례이다.

---

7) J. F. Pons, *The Application of competition and antitrust policy in media and telecommunications in the European Union*. 1998년 9월 14일 캐나다 밴쿠버에서 개최된 IBA(International Bar Association)에서의 연설문.

8) *Green Paper on the convergence of the telecommunications, audio-visual and information technology sectors, and their implications for regulation: Toward a common approach to information society services*. 브뤼셀, European Commission: DG XIII, 1997, p. 14.

9) *Green Paper on the convergence of the telecommunications, media and information technology sectors, and the implications for regulation: Toward an information society approach*. 브뤼셀, European Commission (COM(97)623) p. 40/24.

규제의 완화

앞에서 언급했듯이, 시장화는 규제의 근본원리가 공익수호에서 비즈니스 이익의 진전으로 이동하는 것을 수반한다. 이러한 변화는 할당과 운용에 관한 결정의 핵심영역을 기업들에게 양도하고, 공적 규제의 적절한 영역을 기업의 수행에 관한 일반적 감시(*watching brief*)를 유지하고 절대적으로 필요한 곳에서만 개입하는 것으로 재정의함으로써 제도화된다.

규제당국은 역사적으로 방송사업권과 무선 주파수 대역과 같은 핵심적인 커뮤니케이션 자원을 이른바 '미인 선발대회'의 토대 위에서 할당했는데, 여기에서 지원자들은 (어떻게 정의되든 간에) 공공선에 대한 기여를 포함해 일련의 판단기준에 의해 평가받았다. 이 시스템은 현재 많은 나라에서 전략적 자원이 최고가 입찰자에게 돌아가는 경매에 의해 대체되고 있다. 이는 이미 풍족한 자원을 갖추고 있다고 확인된 입찰자를 선호한다. 2000년에 영국의 새로운 노동당 정부에 의해 제도화된, 3세대 휴대전화에 대한 최근의 주파수 대역 경매제야말로 특히 극적인 사례이다. 이를 통해 재무부가 마련한 기금이 당초의 예상치를 상당한 차이로 넘어섰으나, 낙찰자들은 그들이 원래 계산했던 것보다 훨씬 적은 개발 기금을 부담하게 되었다. 현재 그들은 비용을 분담할 제휴대상을 찾고 있는데, 이 과정은 가장 풍부한 재력을 갖춘 행위자들의 권력을 한층 공고하게 할 것이다.

또한 규제당국은 점진적으로 기업의 경영에 대한 철저한 감독에서 철수하여, '엄한 손길'(*heavy hand*)보다 '가벼운 터치'(*light touch*)를 선호하고 준수의 책임을 기업들 스스로에게 양도하면서, 연간 또는 주기적인 감사로 보강하고 있다. 방송과 통신을 감독하는 책임을 지닌 현재의 규제당국을 해체하고 융합되는 미디어 환경이 제공하는 비즈니스 기회를 최대한 활용하도록 보장하는 책임을 지닌 (미국의 FCC와 유사한) Ofcom이라는 새로운 체제를 만들자는 영국 정부의 제안의 핵심에는 자율규제에 대한 옹호가 자리 잡고 있다.

시장화라는 새로운 규제체제에는 근본적인 모순이 존재한다. 한편에서는 공개적인 경쟁이 서비스의 다양성과 보편적 접근이라는 핵심적인 공익 기준을 보장하는 가장 효과적인 방법으로 장려된다. 다른 한편에서 정부는 세계시장에서 주요 사업자들과 효과적으로 경쟁할 수 있는 국내 경쟁자들을 양육할 수 있도록 보장하고자 한다. 경쟁을 촉진하는 것과 국내의 챔피언을 만들고자 하는 것 사이의 긴장은 가장 큰 기업을 선호하는 것으로 재빨리 해결되고 있다.

기업권력의 강화

지난 5년 동안 커뮤니케이션 산업에서 주요 사업자들이 민영화와 자유화 및 소유규제 완화, 그리고 융합이 제공하는 새로운 기회에 의해 조성된 새로운 시장 환경을 최대한 활용하는 방향으로 이동함에 따라 전례가 없었던 인수·합병의 물결이 일었다. 이러한 움직임의 대부분은 3가지의 주요한 야심에 의해서 추동되었다. 문화적 생산과 콘텐츠의 핵심영역의 모든 범위를 아우르는 거대 사업자를 정립하는 것, 수직적 통합을 통해서 제작뿐만 아니라 배급을 통제하는 것, 그리고 새로이 등장하는 미디어 분야들을 미디어 권력의 기존 연결점(*nodes*) 속으로 통합하는 것이 그것이다.

디지털화는 배급채널의 수와 범위를 크게 증가시킨다. 디지털 압축은 현재 상대적으로 부피가 큰 아날로그 신호가 차지하는 똑같은 주파수 대역이나 케이블 네트워크에서 보다 많은 방송채널이 전송될 수 있음을 의미하며, 배포시점에서 증가하는 다능성은 핵심기술들을 다기능으로 활용할 수 있도록 해준다. 예를 들어, 휴대전화는 문자 메시지와 정지영상 및 동영상을 위해 사용할 수 있다. 그러나 이러한 전송과 배포의 빠른 증식과 확장과는 달리 그에 동반하여 독창적인 제작이 증가하지는 않았다. 융합하는 커뮤니케이션을 담을 용기는 풍족하지만 콘텐츠는 부족하다. 따라서 콘텐츠 통제는 경쟁우위를 점하기 위한 중요한 원천으로 남아 있다. 그러므로 공공 커뮤니케이션의 주요 사업자로 남고자 한다면, 3가지의 주요 미디어 부문 — 인쇄, 음반, 동영상 산업 — 모두에서 상당한 몫을 가질 필요가 있다. 독일에 토대를 둔 기업인 (세계에서 세 번째로 큰 글로벌 미디어 사업자) 베텔스만(Bertelsmann) AG는 새로이 등장하는 멀티미디어 복합의 구조를 매우 잘 보여준다. 원래 출판에 토대를 두고 서적, 신문, 잡지에서(현재 세계적으로 출간되는 80종의 잡지와 미국에 토대를 둔 출판사 랜덤하우스를 포함한다) 주로 이익을 얻던 기업에서 출발한 베텔스만은 현재, (잘 갖춰진 RTL 네트워크를 운영하는) CLT-UFA를 통한 유럽 텔레비전과 국제 음반산업 모두에서 주요 사업자가 되었는데, 음반산업에서는 이전에 무료배포 정책 때문에 메이저 음반업계의 기존권력에 대한 심각한 위협으로 여겨졌던 냅스터(Napster)가 최근에 획득한 온라인 사업과 함께, RCA 빅터(Victor)를 포함하는 레이블들을 가지고 있다.

냅스터의 사례가 입증하듯이, 만약 전송(*carriage*)과 배포(*delivery*)에 대한 통제를 행사할 수 있다면, 전략적 콘텐츠에 대한 통제의 이점이 더욱더 강화된다. 이는 기업들이 미국 규제체제의 변화가 열어젖힌 수직적 통합의 기회, 특히 할리우드 스튜디오의 제작설비와 미국 텔레비전 및 케이블 네트워크의 배급망을 결합할 기회를 충분히 이용하도록 만들었다. 1995년 월트 디즈니는 캐피탈 시티(Capital Cities)/ABC가 운영하던 방송 네트워크를 190억 달러에 사들였고, 1999년 구 파라마운트 영화사(Paramount Pictures) 스튜디오를 관리했던 비아콤(Viacom)은 CBS 네트워크와 합병했다. 또한 두 기업은 케이블 텔레비전에도 광범위한 초국적 이해관계를 가지고 있다. 디즈니는 주력 상품인 디즈니 채널 이외에도 세계에서 가장 영향력 있는 스포츠 채널인 ESPN을 165개 국가를 통해 운영하며, 비아콤은 전 세계적으로

3억 4,200만 가구에 전송되는 MTV 음악 네트워크와 전 세계적으로 3억 가구 이상에 전송되는 니켈로디언(Nickelodeon) 영화채널을 가지고 있다.

2000년 10월, 프랑스에 기반을 둔 재벌기업 비방디(Vivendi)에 의한, 또 다른 할리우드의 메이저 스튜디오인 유니버설(Universal) 매수가 마리오 몬티(Mario Monti) 유럽연합 경쟁위원회 위원장(EU Competition Commissioner)에 의해 승인되었다. 이는 유니버설의 제작 능력을 11개 유럽국가에서 1,400만 가입자를 확보하고 있으며 유럽의 영화배급을 주도하는 주요 세력들 중 하나인, 유럽의 가장 큰 유료 텔레비전 운영자인 카날 플뤼(Canal Plus)와 합치는 것이다. 그러나 이러한 주요 시청각 자원의 통합은 훨씬 더 야심찬 게임 계획의 한 요소일 따름이다. 사실 비방디의 급성장은 시장화의 많은 핵심과정을 담고 있다. 비방디는 유럽에서 수도와 (철도를 포함한) 기타 서비스를 제공하는 공익사업을 민영화하는 혜택을 누리는 기업으로 시작했다. 이러한 사업에서 얻은 이윤은 커뮤니케이션의 핵심분야로 뻗어나가기 위해 사용할 '군자금'을 제공했다. 목표는 기존 미디어와 새롭게 등장하는 미디어 양쪽의 전략적 소유권을 결합하여 수지맞는 사업을 융합하는 것이었다.

영화와 텔레비전 사업에 덧붙여서, 비방디의 사업은 다음을 포함한다. 한 해에 8천만 권의 책을 판매하는 하바스(Havas) 부문 아래에 60개의 출판사가 있다. 견실한 유니버설 음반사는 글로벌 시장의 22%를 점유하며 이제 MP3.com 인터넷 음악 배급사를 포함한다(2001년 5월 매수). 인터넷 포털 비자비(Vizzavi)는 유럽 최대 이동통신사인 보더폰(Vodaphone)과 합작으로 운영되고 있다. 대서양 양안의 50개 이상의 인터넷 기업에 투자하는 벤처 캐피탈 펀드인 비벤처(Viventures)가 있다. 비방디 유니버설 회장인 장 마리 메시어(Jean-Marie Messier)는 MP3.com을 매수하면서 디지털 미디어의 전략적 소유가 제공하는 전문기술이 "굉장히 유용하고, 특히 모든 비방디 유

니버설 콘텐츠의 디지털 배급과 보편적 기술 플랫폼 창출에 유용하다"고 지적했다.[10]

지금까지 비방디 유니버설의 사업규모에 대응할 만한 유일한 다른 기업은 2000년 1월에 구성되어 비방디 유니버설의 합병이 최종 정리되던 10월에 유럽위원회의 승인을 받은 AOL 타임워너(Time-Warner)이다. 타임워너 자체가 워너브라더스(Warner Brothers)의 할리우드 스튜디오와 음반사에 토대를 둔 시청각 산업, 테드 터너(Ted Turner)의 CNN 위성 뉴스 시스템, 그리고 〈타임〉(*Time*)과 〈라이프〉(*Life*)의 성공으로 발전한 출판사들에 대한 상당한 지분들을 합친 일련의 인수의 산물로, AOL과 합병하던 시기에 이미 세계적인 선도 미디어 기업이었다. AOL과의 합병은 (2,200만 명 이상의 가입자를 보유한) 아메리카 온라인(America Online), (14개국에 440만 명의 가입자가 있는) AOL 인터내셔널(International), 컴퓨서브 인터랙티브 서비스(CompuServe Interactive Services), 그리고 넷스케이프(Netscape) 인터넷 브라우저를 포함해 가장 잘 알려진 온라인 서비스 제공자들 일부에 대한 접근을 제공한다.

비방디 유니버설과 AOL 타임워너가 형성되고, 그들이 매우 작은 양보만 요구하는 미국과 유럽연합 양쪽에서 관련된 규제 장벽을 성공적으로 제거했다는 점은, 융합하는 미디어 시장의 미래 형태가 기본적으로 관련된 제작과 배급 시스템의 모든 범위에 걸쳐서 상당한 소유권을 확보한 초국적 기업들에 의해 결정될 것임을 시사한다.

이처럼 통합된 커뮤니케이션 기업들의 등장은 새로운 시장 진입자들의 생존을 점차 어렵게 만드는 경쟁조건으로 변화시킬 뿐만 아니라, 융합이라는 상업적 '현실'을 인정하고 수용하도록 규제당국에 대한 추가적인 압력을 만들어낸다. 이는 다시 전통적으로 시민권을 위

10) Nick Fletcher. "Vivendi Universal snaps up MP3.com for $372m". *The Guardian*, May 21, 2001, p.25.

한 문화적 자원의 제공을 자신의 기본적 역할로 간주하며 공공재원으로 운영되어온 미디어 조직에 또 다른 압력을 가한다.

공공 커뮤니케이션의 기업화

앞에서 언급했듯이, 시장화의 중심적 특징들 중 하나는 여전히 형식적으로 공적 부문에 있는 조직에 대한 기업적 제도 모델과 원리의 점진적 적용이다. 공공 커뮤니케이션을 기업화하려는 추동력은 공영방송사인 텔레비전 뉴질랜드(Television New Zealand)가 수신료 기반의 조직에서 재무부에 제공할 수익을 극대화해야 하는 법적 의무를 지닌 국가소유기업(State Owned Enterprise)으로 전환된 뉴질랜드에서 가장 강력하게 추진되었다. 수신료는 여전히 징수하지만, 이는 국민적 프로그램 제작을 위해 만들어진 포괄적 제작 펀드인 뉴질랜드 온 에어(New Zealand On Air)에게 주어진다. 그러나 주요 채널 중 하나가 해당 프로그램을 방송하기로 동의했다는 것을 입증하는 지원자에게 조건부로 지원금이 배정된다. 그 결과, 궁극적인 편성 통제권이 NZOA 위원회가 아닌, 채널 편성자에게 있기 때문에 공적 지원금의 상당량이 상업채널들이 승인한 프로젝트에 주어지게 된다.[11)]

다른 선진 자본주의 정부들은 기업화를 글자 그대로 추진하지는 않는 모습을 띠었는데, 상업적 대안을 끈질기게 강조하는 조건들을 만듦으로써 변화를 촉진했다. 이는 대부분 공공 미디어 조직이 핵심 제작 자원과 수용자를 두고 격화된 경쟁에 직면한 바로 그 시기에 공적

11) Graham Murdock, "Public Broadcasting in Privatised Times: Rethinking the New Zealand Experiment" in Paul Norris and John Farnsworth (eds.) *Keeping it Ours: Issues of Television Broadcasting in New Zealand*. Christchurch: New Zealand Broadcasting Schol, 1998, pp. 9~33.

자금의 실제 규모를 줄임으로써 달성되었다. 이러한 재원 부족은 주로 3가지 방식으로 다루어졌다.

첫째, 자체 설비를 감축하고 독립제작사에게 프로젝트를 '아웃소싱'하거나, BBC의 '프로듀서 초이스'(Producer Choice)[12] 방안처럼 조직 내 제작팀들이 외부의 공급자들에 맞서 프로젝트에 입찰하는 내부시장을 도입함으로써, 제작비를 줄일 수 있다.

둘째, 공공부문과 사적 부문의 제휴를 통해서 비용을 분산시킬 수 있다. 예를 들어, 2001년 5월에 BBC는 대규모 장편영화 제작을 위해 코발트 미디어 그룹(Cobalt Media Group)과 3년 계약을 맺었는데, 제휴 당사자들이 합작으로 제작한 프로젝트 순이익의 50%를 각각 차지할 권리를 부여했다. 이는 디스커버리 채널(Discovery Channel)과의 대규모 계약을 포함해서 BBC가 맺어온 점차 늘어나고 있는 제휴 계약의 최신판이었다. 이에 대한 비판자들은 그러한 계약이 BBC로 하여금 대규모 경비가 들어가는 프로젝트를 지속적으로 착수할 수 있도록 도와주지만, 편성 통제권의 소재와 특정 프로젝트를 지지하는 결정을 뒷받침하는 판단기준에 관련해 곤란한 문제들을 야기한다고 주장했다.

치솟는 제작비에 대처하는 세 번째 방법은 해외시장 및 2차 시장에서의 판매와 잡지에서 장난감에 이르는 파생 제작물의 상품화를 통해 발생하는 수입을 극대화하는 것이다. BBC는 상당히 열정적으로 이러한 선택을 추구했고, 자회사 Beeb.com을 통해 인터넷으로 진입하

12) 옮긴이 주: 1993년 4월부터 영국 BBC가 텔레비전 부문에 도입한 제도다. 과거에는 방송사 제작진이 경영진의 결재를 받아 하향식으로 제작비를 할당받았으나, 이 제도를 통해 방송사 내의 엔터테인먼트 분야의 프로듀서들이 마치 외주 제작사처럼 입찰을 통해 제작비를 확보하여 운영에 대한 전권을 행사하게 되었다. 이는 한편으로 PD의 기획과 예산집행 권한을 증대시킴으로서 양질의 프로그램 제작에 도움을 줄 수 있으나, 다른 한편으로는 과도한 경쟁과 상업적 성공 및 비용절감 압박을 받는다는 문제도 발생한다.

는 상업적 가능성을 활용하는 최전선에 서 왔다.

이러한 방안들은 국내 제작을 통한 더 많은 수입을 창출하려는 BBC의 즉각적인 목적에서는 성공적일 수 있다. 동시에 몇몇 뿌리 깊은 모순들을 낳는다.

첫째, 상업적 수익을 올리는 데서 공기업이 더 성공적일수록, 수신료나 공적 지원금과 같이 특정 목적으로 배정된 공적 자금을 지속적으로 받을 수 있는 논거가 더욱 축소된다.

둘째, 공기업이 시장에서 더 성공적일수록, 상업적 사업자들이 불공정 경쟁의 문제를 더욱 격렬하게 제기하기 쉽다. 수십 년 동안의 공적 지원이 BBC와 같은 조직들로 하여금 초국적 광고비용 없이도 세계적으로 인정받는 브랜드 가치를 구축하도록 해주었다는 점에서, 그리고 수신료가 불필요한 혜택을 계속해서 제공한다는 이유에서다. 어느 불만스러운 경쟁자는 "만약 BBC의 역할이 뉴 미디어 영역에서 경쟁하는 것이라면, BBC는 수신료를 포기해야만 한다. 왜냐하면 BBC가 다른 사업자들에 대해 공격적으로 경쟁한다면, BBC는 수신료를 받아야 하고 우리는 그렇지 말아야 할 근거가 없기 때문이다"라고 말했다.[13]

셋째, 현재 BBC 운영의 공공서비스 부문과 상업적 부문을 구별 짓고 있는 '만리장성'을 유지하기가 점점 더 어려워질 것이다. BBC 운영에는 이미 기업활동의 관행과 수사(*rhetoric*)가 철저히 스며들어 있다. 예를 들면, 상업적 인터넷 벤처인 Beeb.com에 최고의 자질을 갖춘 스태프들이 참여하도록 유도하기 위하여, BBC는 최근에 새로운 사원들을 대상으로 사업의 전반적인 가치평가와 연계된 '가상' 스톡옵션[14]을 제공했다. BBC 대변인이 당시에 설명한 것처럼, "빕 벤

---

13) Lucy Kung-Shankleman, *Inside the BBC and CNN: Managing Media Organisations*. London: Routledge, 2000, p. 181.

14) 옮긴이 주: 가상(*phantom*) 스톡옵션이란 일종의 '주식성과배분제'로서 업무성과가 뛰어난 직원에게 자사주를 특정 가격에 인수할 수 있도록 해

처(Beeb Ventures)는 시장과 조화를 이룰 필요가 있다".[15] 상업적 전략을 껴안으려는 이 같은 시도를 합리화하는 공식적 이유는 그러한 사업에서 나온 수익이 BBC로 하여금 계속해서 가능한 한 광범위한 범위의 서비스를 지상파와 인터넷 모두에서 이용시점에 무료로 제공할 수 있도록 도와준다는 것이다. 그러나 기업적 언어, 관행, '목표'가 더 끈질기게 채택될수록, 그것들은 더욱더 만리장성 아래로 터널을 뚫어 기업적 수사와 전략의 주류 속에서 자신의 길을 찾게 될 것이다.

시장화의 끊임없는 행진이 정보와 커뮤니케이션 재화를 점차 상품으로 전환시키고 이에 대한 접근권을 지불능력과 보다 공고하게 연결시키는 시점에서, 시민들에게 자원을 제공하는 데 헌신하는 공적 재원의 커뮤니케이션 조직의 필요성이 그 어느 때보다 절실하다.

사회분화와 디지털 격차

최근 수년 동안 많은 서구 사회에서 나타났던 사회분화의 심화는 새로운 정보자원의 소유권과 접근권에 반영되어 있다. 대다수 진부한 표현들과 마찬가지로 '디지털 격차'라는 진부한 표현은 경험적 현실에 토대를 두고 있다. 영국에서 가장 부유한 1%가 가계 전체의 부 가운데 20~25%를 소유하고 있다. 인구의 절반이 전체 부의 6%만을 소유하고 있다. 가계수입의 격차 역시 그만큼 극명하다(*The New*

주는 것이다. 그러나 실제로 돈 거래가 발생하지 않기에 일반적인 스톡옵션과는 다르며, 해당 직원은 비용부담 없이 '가상의 권리'로서 분기나 반기별로 배당수익을 받는 방식이다. 이때 주식의 실권자는 개인이 아니라 우리사주조합 등이다.

15) David Teather, "Beed.com makes phantom offer", *The Guardian*, February 2, 2001, p.29.

Review 68). 남성 노동자들 중에서 가장 소득이 많은 10%에 대한 가장 가난한 10%의 소득비율은 1979년에서 2000년 사이에 43%에서 30%로 추락했다(*The New Review* 66). 1979년에서 1987년 사이에 평균 실질수입이 40% 증가한 반면, 빈곤에 처한 어린이들의 숫자는 30만 명이 늘어났다. 20년 이내에 어린이 빈곤을 종식하겠다는 노동당 정부의 극적인 공표에도 불구하고, 소득지원에 의존하는 가정에서 살고 있는 어린이들의 비율이 1979년에는 5% 이하였지만 2000년에는 18.4%가 되었다(Bradshaw, 2001).

가계지출은 이러한 불평등과 일치한다. 소득이 낮은 집단은 수입의 높은 비율을 필수품에 지출한다. 가장 가난한 20%가 수입의 22%를 식품 및 비알코올 음료에 지출하는 반면, 상위 20%에서는 그 수치가 13%다(*The New Review* 68). 우리가 다른 많은 분석에서 설명했듯이, 이런 불평등은 커뮤니케이션 재화와 장비의 소유와 사용에서도 쉽게 볼 수 있다. 여기에서 인터넷에 대한 불평등한 접근권은 중요한 지표인데, 그것이 디지털 격차의 몇몇 핵심특징을 설명하기 때문이다. 영국 언론에서 최근에 인터넷에 접속했거나 가정 내 접속이 가능한 가구 수의 증가를 끊임없이 떠들고 있지만, 2000년 말 현재, 60%는 여전히 정부의 자체 조사 이전 달에 인터넷에 접속하지 못했다. 2001년 초에 전문직 가구의 78%가 인터넷을 이용했지만 미숙련노동자가 가장인 가구의 27%만이 인터넷을 이용했으며, 소득 최하위 집단에서 최상위 집단까지의 인터넷 이용률의 격차가 매우 현저했으며, 지난 2년 동안 더욱 심해졌다(ONS Mar, 2001). 시장분석가 부즈알렌(Booz-Allen)은 "온라인 혁명이 진척됨에 따라서, 그 격차가 더욱 심각해지고 있다.… 나타나고 있는 불평등을 줄이기는커녕, 성장의 파도가 불평등을 상대적으로 악화시킬 것 같아 보이며, 2,000만 명이 넘는 시민들을 접속되지 않거나 배제된 채로 남겨두고 있다"고 지적했다(2000, pp.12~13).

세계에서 가장 선진적인 정보경제에서도 상황은 마찬가지다. 미국의 전미 통신정보관리청(National Telecommunication and Information Administration) 자료에 의하면, 디지털 '무산자'(*have nots*)의 접근권과 이익이 증가한다는 명백한 좋은 소식 이면에, 2000년의 경우, 연소득 1만 5천 달러 이하 가구의 19%만이 인터넷 이용자인 반면, 연소득 7만 5천 달러 이상 가구의 70%가 인터넷 이용자이다. 홀부모 가구는 양부모 가구에 비해 인터넷 접속률이 절반에 불과하며, 히스패닉 집단과 다른 집단들과의 격차는 1998년에서 2000년 사이에 감소하지 않았다(US NTIA, 2000).

이러한 경향은 때때로 불가피한 추이라고 간주되는데, 초기에는 보다 부유한 '초기 채택자'에 의해 획득되는 새로운 형식의 상품과 서비스는 실질가격이 감소하면서 점차 많은 계층으로 확산된다는 것이다. 그러나 이런 상황이 과거의 소비자 기술의 물결에서는 사실이었을지라도, 커뮤니케이션과 정보의 재화 및 서비스에서도 그렇지는 않다. 높은 초기 자본비용은 낮은 소득 집단에게 실질적인 장벽으로 작용한다. 높은 초기 비용이 줄어든다고 하더라도, 피할 수 없이 되풀이되는 핵심 아이템의 교체비용(예를 들어, 생산업체가 사양 업그레이드를 강제함으로써 필요한 새 PC), 점차 필수적인 관련 장비의 추가 구매(모뎀, 프린터, 스캐너), 그리고 사용비용(예를 들어, 온라인 요금과 이용료) 등은 모두 소비자의 가처분 소득에 대해 매우 높은 요구를 부과한다. 결과적으로 소유의 구조는 과거의 기술 세대와는 달리 두 가지 형태의 불평등을 창출한다. 첫째는 단순히 디지털 '유산자'와 '무산자'의 경계가 지어지며, 상당수의 소수집단이 명백히 영구적으로 새로운 장비로부터 배제되는 것이다. 둘째는 서로 다른 소비력을 가진 집단들이 이용할 수 있는 커뮤니케이션과 정보 재화의 질과 용량의 격차가 크게 벌어지는 것이다. 소득이 낮은 집단은 새로운 시장에 진입할 수 있다고 하더라도, 낮은 사양과 제한된 용량의 자원을 꾸려갈 수밖에 없게 되는데, 이는 새로운 기술이 사회적 구별을 폐지하는 민주주의의 조력자라고 간주하는 현란한 주장을 근본적으로 손상시킨다.

이러한 비판에 직면하여 정부는 두 가지 접근법을 채택했다. 첫째는 규제완화와 생산에 대한 유사 보조금 지급(*quasi-subsidsation*)을 통해 정보경제 부문의 성장 육성을 추구한 것이다. 이는 미국 및 일본과의 경쟁에 맞서고자 하는 유럽국가들에게 특히 매력적이었다. 또 다른 접근법은 정보와 커뮤니케이션 재화를 공적 공급으로 통합하여 국가가 소비를 지원하는 것이었다. 이러한 방안들은 그 자체의 어려움을 겪어왔다(*New Economy* 기사 참고). 영국 정부는 저소득 가구의 새로운 정보와 커뮤니케이션 장비 사용증대를 위한 지속적인 계획을 출범시켰다. 그러나 이것은 주로 재교육과 복지혜택을 부여하는 노동시장 정책과 조건부로 연결되었는데, 그 자체의 기준으로도 성공은 매우 제한적이었다. 또한 낮은 용량의 자원을 저소득 가정에 배치하는 '기부'(*hand-out*) 방식의 배급이라는 불가피한 결과를 불러왔는데, 이는 디지털 격차를 악화시켰다. 이러한 접근법에 대한 대안은 집단적인 방식의 공급(예를 들어, 학교, 공공 도서관, 또는 공동체 센터에서)을 제공하는 것인데, 이는 (주요 사기업의) 콘텐츠 공급자들이 개별 가정의 소비자 시장 모델을 위해 자신의 시스템을 설계하기 때문에 또 다른 모순을 빚는다.

한 국가 안에서 디지털 혁명의 중심에 위치한 분열과 불평등은 필연적으로 지구적 차원에서 복제된다. 커뮤니케이션 재화와 서비스의 이용 가능성은 국가들 사이의 기본 수입과 부의 불평등이라는 없애기 힘든 경향과 지속적으로 일치한다(Golding & Harris, Golding in McChesney ed.). 실제로 세계은행(World Bank)의 최근 연구는 세계 수입 분배가 1988년과 1993년 사이에 더욱 두드러지게 불평등해졌음을 확인했는데, 세계에서 가장 가난한 10%의 몫은 1/4 이상(27.3%) 줄어든 반면, 가장 부유한 10%의 몫은 8.3%가 증가했다(*Economist*의 Robert Wade 참고). 저렴하고 신속한 커뮤니케이션의 이용 가능성은 의료와 교육에서 민족국가라는 인공적인 경계를 넘어서 관심을 가지고 걱정하는 사회운동들 사이의 자유로운 네트워킹이라는 잠재력에 이르기까지, 다양한 영역에서의 진보적 사회변화의 가능성을 열어준다. 그러나 통신의 윤곽이 제국의 나머지 특징들 위에서 그려지듯이, 새로운 커뮤니케이션 기술의 분배 패턴은 부의 전지구적 차원에서의 분배 및 통제와 부합한다.

세계인구의 약 6%인 북미가 온라인 인구의 약 41%를 차지하고 있다. 대조적으로 아프리카는 세계인구의 약 10%이지만 온라인 인구의 1%에도 못 미친다. 사하라 사막 이남의 아프리카 전체보다도 스웨덴의 온라인 이용자가 더 많다. 노리스(Norris)가 지적하듯이, "29개 OECD 가입 국가들이 … 모든 인터넷 호스트의 97%를 차지하고, 컴퓨터 하드웨어와 소프트웨어 및 서비스의 생산과 소비 시장의 92%를 점유하며, 모든 인터넷 이용자의 86%를 보유한다"(2000). 새로운 커뮤니케이션 기술이 가난한 나라들과 관련해 내포하는 잠재적 모순은 격렬하다. 첫째, 새로운 기술의 발전은 지식과 경쟁력의 분배에 참여하는 새로운 유형을 가능하게 한다. 그러나 동시에 지적 재산권 체제는 가난한 나라들이 가진 지식과 그들에게 유용한 지식 모두를 사적인 다국적 이용자들의 손아귀 안에 갇히도록 보장한다. 둘째, 속도와 비용에서의 이점은 미발달 경제가 글로벌 무역에 참여할 수 있도록 해준다 — 두 아프리카 국가 사이에서 팩스로 보내진 문서는 이메일보다 200배 비싸며, 인편으로 보내진 경우는 이메일보다 400배 비싸다. 그러나 이용 가능한 네트워크에 대한 글로벌 엔터테인먼트 배급사들의 통제는 일련의 모순적 힘들이 작동 중임을 의미한다. 당연히 UN 개발계획과 같은 기구는 제3세계의 컵이 절반이나 비어 있다고 보는 반면, 세계은행은 절반이나 차 있다고 본다(UNDP Human Development Report, 1999). 정보와 커뮤니케이션 자원의 격차는 국제경제질서로 형성된 글로벌 불평등의 결과이기도 한 동시에, 이는 다시 그 불평등의 영속화를 강화하는 요인이 된다.

시민과 네티즌

좌파의 비판은 항상, 자본주의 기업구조를 끌어안으면서 효율적인 민주적 구조에서 시민들에게 식견과 권능을 부여하는 미디어의 잠재적 기여가 왜곡되었다는 것이며, 이것은 타당하다. 비록 종종 뒤늦었지만, 선거권이 점차 모든 성인 인구를 포함하도록 확대되었으나, 정보와 오락 분야에서 상업적 기업의 지속적 행진은 공공정보의 배포, 교환, 탐구를 위한 공동의 공간을 원하는 유권자의 증가하는 필요를 충족시키기 위한 신문과 방송의 역량을 저해했다. 대표적인 예외는 주로 서유럽에서 살아남은 공영방송인데, 교육, 정보, 오락을 제공하는 공영방송의 법적 사명은 비상업적으로 운영되는 커뮤니케이션 부문에서 하나의 표준이자 수사적 토대(*rhetorical foundation*)를 제공했다. 또한 통신에서 공공 우편・전화・전보 서비스(PTTs)도 마찬가지였다. 우리가 보아왔듯이, 그 실패가 엘리트주의적이든 편파적이든 이데올로기적이든 또는 외부압력에 취약하기 때문이든 상관없이, 공영방송이 다양한 수준의 저항에도 불구하고 상업화되고 통합된 오락과 정보 미디어의 풍경에 굴복함에 따라서 최근 들어 그 사명은 보다 광범위하게 위축되고 있다.

미디어가 더 큰 사업의 일부로 통합됨으로써 크게 3가지 유형의 실패를 초래했는데, 그 자세한 내용은 다른 저술에서 열거했다. 첫째, 시장에서 들을 수 있는 목소리의 범위는 정치적 행위나 민주적 권리에 의해서가 아니라 광고, 소유권, 시장 조작의 결합된 힘에 의해서 결정되게 되었다. 소수자와 보다 미약한 목소리는 살아남았으나 주변화되고 허약해졌다. 둘째, 대중계몽의 기여자로서 미디어의 야망과 적절성이 무색해진 것으로, 가장 최근에는 '양질의 언론'의 '타블로이드화'라는 비난으로 대표되는데, 즉 진지하고 정보 지향적인 미디어가 이전의 폭넓고 정치적으로 의미 있는 콘텐츠를 포기하는 대가로 오락을 제공하여 시장을 확대하려는 싸구려 노력을 채택한 것이다. 이런 비난은 즉각적인 급진적 반론에 직면했다. 다시 말해서 그러한 비난 자체가 무엇이 '적절하고 유익한' 것인가라는 것에 대한 엘리트주의적이고 협소한 관념 안에 뿌리박고 있으며, '멍청하게 만든다'는 비난은 단지 편협하게도 보다 새롭고, 민중적이고, 아마도 성적 구별이 덜한 관심사들을 포괄하도록 정치담론의 확대를 인정하는데 실패했다는 것을 나타낼 뿐이라는 것이다. 그러나 제리 스프링거(Jerry Springer) 쇼나 영국 〈선〉(*Sun*)지의 귀에 거슬리는 과도함에서 상상력의 환영할 만한 확대와 정치담론의 대중적 해방을 찾아보기는 어렵다. 셋째, 미디어는 보다 강력한 사회집단들의 세계관에 순응해 문제제기 없는 합의를 대변하고 세계에 대한 비전과 개념을 협소하게 만들었다는 비난을 받아왔다. 이 관점은 수십 년 동안 많은 사회연구가 사회적 사건의 특정 영역과 일반적 차원 모두에서 미디어 콘텐츠에 주목하도록 했다(1973년 *Socialist Register* 기사에서 이에 관한 초기의 토론 참고).

그러나 이 3가지 비난은 오늘날 기술변화가 몰고 온 커뮤니케이션의 변신에 의해 도전받고 있다. 이제 커뮤니케이션과 정보의 흐름을 위한 채널의 대규모 확대가 선택의 다양성과 풍부한 양을 통해서 근대적 미디어 구조의 약점을 완전하게 보상하거나 사실상 해소하는 풍경을 창출한다는 것이다. 첫째, 이용 가능한 자료의 범위에 제한이 없다. 보다 새롭고 저렴한 정보 생산과 유통의 형식인 인터넷과, 선진사회에서 정보와 커뮤니케이션 활동에 종사하는 생산적 노동 비율의 증가가 함께 결합하여 다양성의 무제한적 풍요를 창출한다. 둘째, 새로운 커뮤니케이션 형식의 단순함과 이용 가능성 자체가 대항적 형식의 커뮤니케이션의 진입장벽을 낮춘다. 과거 미디어세계의 강력하고 지배적인 목소리가 그랬던 것처럼, 급진적, 진보적, 이단적인 것들이 자유롭게 그들의 목소리를 방송하거나 그들 사이에서 커뮤니케이션을 할 수 있다. 제한 없는 정보의 풍요시대는 부와 성별의 제한〔고대 그리스에서 있었던 — 옮긴이〕이 없어진 전자 아고라(*agora*)의 귀환을 예고한다고 주장된다.

이 명백한 변화를 무비판적으로 찬사하기에 앞서서 잠시 멈추어야 할 많은 이유가 있다. 새로운 커뮤니케이션 기술의 결과로 발생하는 정치관계와 커뮤니케이션에서의 잠재적 변화와 실제 변화에 관한 논쟁은 오늘날 매우 많다. 그러나 몇몇 간단한 모순적 지점들이 여기에서 특히 관련이 있다. 첫째, 새로운 민주적 커뮤니케이션에 대한 묘사가 얼마나 자주, 과거에는 예시의 형식이라고 일컬을 수 있었을 것, 즉 앞으로의 광범위한 적용을 위한 잠재력을 가지는 모델로 볼 수 있는 선구자들의 명백해 보이는 성공에 초점을 두는가를 인식하는 것이 중요하다. 뉴스그룹, 이메일 리스트, 전자 타운미팅 등에 대해 감탄하며 쏟아져 나오는 연구들은 인터넷에 내재되어 있는 해방적 성격을 증언했는데, 그 선조들도 유사하게 시민 밴드 라디오, 게릴라 텔레비전, 탁상출판에 대해 찬탄했다. 그러나 이렇게 환호에 찬 묘사는 거의 변함없이 예외적이고, 부유하고, 인구통계학적으로 제한적인 장소와 계층에 토대를 두고 있기에, 그 미사여구의 논조는 세계의 많은 나머지 지역과 계층에는 적절하지 않고 적용할 수도 없다.

둘째, 우리가 앞에서 살펴보았듯이, 그러한 새로운 커뮤니케이션 민주주의를 가능하게 해주는 장비와 네트워크는 종종 가난한 계층을 우회한다. 빌헬름(Wilhelm)이 지적하듯이, "대도시 지역에서 경쟁적인 지역 교환 통신사업자(*local exchange carriers*)가 설치하는 광섬유 네트워크와 같은 통신 인프라의 배치에 대한 사적 부문의 투자는 이윤을 극대화하기 위해 가난한 지역이나 유색인종 마을을 우회하는 분명한 패턴을 따른다"(p. 151).

셋째, 정부와 피통치자, 권력자와 비권력자의 직접적 연결에 의한 '새로운 정치'는 가난한 사람들뿐만 아니라 정치 조직과 집단마저 우회한다. 이제 정치의 근본적인 개인화 가능성이 존재한다. 사이버 민주주의에서 대의 조직과 매개 조직 — 노동조합, 공동체 집단, 정당, 압력집단 등 — 의 역할은 위축된다.

넷째, 디지털 민주주의는 권력의 분산과 분배를 시사하지만, 모순적이게도 권력의 집중화와 중앙화를 심화시켰다. 이는 두 가지 측면을 지닌다. 첫째, 주요 자원과 전략계획에 대한 효과적인 권력과 통제를, 불완전함에도 불구하고 의심할 여지없이 책임성(*accountability*)이라는 정치적 시스템에 연결되어 있는 민족국가로부터 초국적 기업들에게 옮기는 것이다. 두 번째는 "국가, 기업, 사회에 의한 등록, 통제, 감시를 통한 정치의 집중"이다(van Dijk and Hacker, 2001).

치아파스(Chiapas)의 사파티스타(*zapatistas*) 해방 정치에서 맥도날드와 같은 거대기업에 대한 국제적 괴롭힘에 이르기까지 새로운 커뮤니케이션과 정보 기술이 정치적으로 기여한 진보적인 사례들은 의문의 여지없이 매우 많다. 그러나 새로운 기술의 정치경제뿐만 아니라 바로 얼개와 구성 자체가 잠재력에서는 해방적이지만 현실에 있어서는 퇴행적이다.

시민권의 소진

새로운 디지털 미디어의 물질적 구현에서 나타나는 편향은 이전에 시민권의 재구성과 확장을 위해 사용할 수 있던 공간을 파내고, 그것을 무한한 소비와 개인적 만족이라는 유혹적인 약속으로 다시 채운 끊임없는 선동적 수사에 의해 강화되었다.

뉴 미디어 시장에 진입하는 기업들은 도덕 공동체의 구성원이라는 것에 의해서가 아니라 라이프스타일과 여가에 대한 관심에 의해 관계가 분류된 사회적 지도를 가지고 활동한다. 이러한 시장분할은 테마채널과 인터넷 사이트에 의해 다루어진다. 이는 모순적 움직임을 만들어내는데, 그 안에서 디지털 기술은 "친화성과 관심을 중심으로 구성된 개별집단들의 발전"을 촉진하는 동시에 "공중—차이를 넘어서 공동의 관심의제 정립에 도달하는 시민들의 능동적인 민주적 만남"을 창출할 가능성의 토대를 약화시킨다.[16] 이는 공동의 공론장의 부식이며, 모든 채널에 걸쳐서 사용자의 특수한 관심사를 추적하고 광고를 걸러내면서 관련 프로그램을 녹화하도록 프로그램할 수 있는 하드 디스크를 사용하는 개인화된 비디오 리코더를 중심으로 발전하고 있는 개인화된 전송 시스템의 등장으로 더욱 가속화된다.

이러한 '내 TV'(*me TV*) 시스템의 등장은 광고의 방해를 피하기 위해 리모컨을 사용하는 시청자로 인해서 한동안 광고주들이 애를 먹었던 문제를 악화시켰다. 그러나 새로운 기술은 광고를 시청경험 속으로 다시 통합하는 몇 가지 방법을 제공한다. 광고주는 '브랜드캐스팅'(*brandcasting*)을 선택하여 자신의 고유 채널을 가지고 시장에 진입할 수 있다. 그들은 다양한 형식의 PPL을 통해 제품을 프로그램 속에 통합할 수 있고 발전하는 포인트 앤 클릭(*point-and-click*) 기술을 사용하여 화면에서 본 상품을 시청자들이 직접 주문하도록 부추길 수 있다. 그들은 개인화된 시청과 쌍방향성(*interactivity*)이 만들어낸 풍부한 사회-인구통계학적 자료와 취향에 관한 자료를 이용하여 시청자들이 관심을 가지고 있는 상품광고에만 노출되도록 보다 정밀하게 광고를 집행할 수 있다. 또한 그들은 휴대전화를 마케팅 도구로 삼아 집 밖으로 외출한 시청자들까지 따라다닐 수 있다. 광고대행사 WCRS의 찰스 발렌스(Charles Vallence)가 지적하듯이, 휴대전화는 "지금까지 존재했던 것 중에 가장 개인화된 매체이다".[17] 비결은 개인 대 개인의 통화를 비즈니스 대 개인의 거래로 대체하는 것이다.

저녁시간의 시청편성은 역사적으로 (황금시간대의 중심에) 주요 장편영화를 배치하고, 이를 뉴스, 두 번째 장편물, 광고 등이 에워싸는

---

16) Todd Gitlin, "Public sphere or public sphericles?" in Tamar Liebes and James Curran (eds.) *Media, Ritual and Identity*. London: Routledge. 1998. p. 173.

17) Julia Day, "Hard sell in your hand", *Guardian New Media*, March 19, 2001, p. 50.

전통적인 영화관 프로그래밍을 닮아왔다. 융합 시대의 시청은 보는 즐거움이 구매하고 소유하는 즐거움과 매끄럽게 결합되는 쇼핑몰을 모델로 한다. 방송은 더 이상 이벤트가 아니다. 그것은 점차 강화되는 텔레비전 수상기와 인터넷 간의 연결 네트워크를 따라서 만들어진 환경이며, 이 공간에서 설명의 사명(*mission to explain*)은 채널 자체와 그것이 선전하는 상품과 서비스를 함께 판매하려는 추동(*drive to sell*)에 자리를 내어준다. 친근감과 상호작용은 마케팅 서비스에 입적하게 된다. 루퍼트 머독의 BSkyB 인터랙티브 방송의 중역인 짐 루더(Jim Rudder)가 노골적으로 말하듯이 "그것은 시청자와의 밀접한 관계를 창출하는 것이다. 일단 관계를 맺으면, 돈을 버는 것은 불을 보듯 뻔하다. 당신은 내내 기회를 얻을 것이다".18)

그러나 시장이 추동하는 융합의 일치된 '돈 벌기' 공세는 저항에 직면했다. 정치적·이데올로기적 난타에도 불구하고, 공공문화 조직에서 일하는 많은 사람들은 계속해서 자신의 제작물을 상품이라기보다는 공공재로 간주하며 그것은 무료로 이용할 수 있어야 한다고 강력하게 주장하고 있다. 특히 다른 많은 유명 대학들이 상업적으로 조직된 원격학습 프로그램을 개발하는 상황에서, 많은 강의자료를 인터넷을 통해 무료로 이용할 수 있게 한 매사추세츠 공과대학(MIT)의 최근 결정은, 이러한 원칙을 강력하게 재천명하는 것이다. 덧붙여서 인터넷의 급속한 상업화와 유료가입의 확산에도 불구하고, 많은 시민조직은 여전히 호혜성의 원칙에 따라 다른 사람들이 유용하다고 생각하는 자료를 그들도 다음에는 자신들의 전문지식과 에너지를 기부할 것이라는 기대 속에서 배포하고 있다. 이와 같은 교환의 저항적 윤리는 취약하고 항시적으로 상업화 위협에 노출되어 있지만, 그것이야말로 새로이 등장하는 커뮤니케이션 기술을 소비가 아니라 확장

18) David Teather, "Now we have to show where the money is", *Guardian New Media*, April 2, 2001, p.54.

된 세계시민정신의 시민권(*cosmopolitan ethos citizenship*)을 위해 동원하는 디지털 공유지(*digital commons*)의 유일한 토대를 제공한다. 이러한 비전을 계발하고 물질적으로 지원하기 위한 인프라를 구축하는 방법을 찾는 것은 민주주의가 향후 수십 년 동안 직면하게 될 가장 위대한 도전 중 하나이다.

제 6 장

대륙의 변천

유럽에서 자본주의, 커뮤니케이션 그리고 변화 *

유럽은 정치경제학이 탄생한 곳이다. 정치경제학의 주요 역할은 독특한 '현대' 세계를 제도적으로나 이데올로기적으로 조형(造形)했던 복합적인 변화의 기제를 통해 탈바꿈한 사회들에 대해 분석적 설명을 발전시키고자 하는 하나의 광범위한 시도로 등장했다. 자본주의는 이와 같이 대륙에서 진행되었던 변화의 한가운데에서 부상했다. 스코틀랜드 '관세청'(CSD: the Customs and Salt Duties)의 감독관으로 초국적인 상품유통에 핵심적으로 관여했던 애덤 스미스는 정부 허가를 받은 영국 및 네덜란드 동인도 회사의 사적 독점에 의해 운영되는 유럽의 상업제국들에 주목했는데, 그는 이런 독점이 무역을 제한한다고 보았다. 이에 그는 자신의 걸작 《국부론》(*The Wealth of Nations*)을 저술하게 되는데, 여기서 그는 현대의 경제생활이 '자유' 시장에 기반해야 한다고 열정적으로 주장했다. 그 자유시장에서 사

* 원 논문 출처: Murdock, G. (2005). Continental shifts: Capitalism, communications and change in Europe. *Comunicacao e Sociedade*, 7, pp. 11~23.

업하기를 희망하는 자는 누구나 제약 없이 상업영역에 진입해 소비자가 지불할 의사가 있는 가격에서 소비자의 요구와 욕망을 만족시키기 위해 경쟁할 수 있다는 것이었다.

70년이 지난 후, 당시 여전히 전 세계에서 가장 거대한 교역항인 런던으로 망명한 맑스는 생산공장의 끊임없는 증가에 의해 경제적 풍경이 변화되는 것을 목격하게 되었다. 그는 엥겔스의 우정과 협력 덕택에 산업화의 중심을 꿰뚫어 볼 수 있게 되었다. 당시 엥겔스의 가족은 자본주의의 새로운 중심지인 맨체스터 북쪽 도시에 공장을 가지고 있었다. 시장은 생산자원을 분배하고 수요와 공급을 맞추기 위한 최소악의 메커니즘(*the least worst mechanism*)이라고 스미스가 이해했던 곳에서, 맑스는 평등한 교환과 공정한 거래 현상의 이면에서 진행되고 있는 노동의 체계적인 착취를 지적했다. 새로운 쇼핑 아케이드와 상점에 눈부시게 진열된 패션과 소비재 상품의 이면에서 그는 식민지와 대도시 뒷골목의 땀에 젖은 작업장에서 진행되는 노예계약 노동(*indentured labour*)의 비열한 현실을 보았다.

시장과 경쟁에서 출발한 분석과 핵심적 생산자원의 소유권 및 생산과정에 대한 통제권에서 출발한 이 분석 사이의 균열은 종종 고전적 접근과 비판적 접근 사이의 분화로 특징지어지는데, 이는 여전히 현대 정치경제학을 관통하고 있다. 실제로 지난 수십 년간 전 세계적 차원에서 이루어진 시장과의 로맨스는 이러한 분리를 첨예화했다.

맑스가 직면했던 새로운 자본주의는 엄격히 통제된 공장에서 표준화된 상품의 대량생산과 동일시되는 공업화를 둘러싼 생산의 재조직화, 그리고 판매를 극대화하기 위해 대중의 기호에 맞도록 기획된 상품 판매로부터 드러나는 상업주의적 소비의 재조직화로 표현되었다. 당대의 문화비평가들은 커뮤니케이션 상품이 이와 동일한 과정으로 급격히 편입되는 것을 보고 경각심을 갖게 되었다. 이러한 염려의 바탕에는 내면적 확신에 의해 영감을 받으며 종종 널리 일반화된 취향 및 지배적 사상과는 불화를 일으키는 '진정한' 예술가 혹은 작가라는 낭만적 개념이 있었다. 조직된 종교가 대중의 상상력에 대한 영향력을 지속적으로 상실하던 시대에, 특히 프로테스탄트 북유럽의 탈의식(脫儀式) 화된 지역에서, 많은 관찰자들은 산업화, 상업화 및 표준화의 논리를 초월하는 최고의 기회로서 '예술' — 생각하고, 보고, 듣고, 느끼는 대안적 방식을 보장하고, 또한 아마도 숭고함을 엿볼 수 있게 하는 — 을 발견했다. 이런 개념에서 예술가들은 당연하게 생각했던 판에 박힌 일상과 권력자의 거짓을 꿰뚫어 그 이면에 깊숙이 숨겨져 있는 진실을 간파할 수 있는 전위(*avant garde*)의 일원으로 여겨졌다. 이렇게 고양된 이상과는 대조적으로, 떠오르는 문화산업의 일상적 노동자들은 성장하는 대중시장에서 오락과 유희에 굶주린 공장과 사무 노동자의 취향에 맞추어 주문에 따라 재료를 단순 조립하는 일꾼으로 여겨지는 것이 불가피했다. 따라서 그들은 자본가의 휘하에 들어가서 사소하고 감각적인 것을 판다고 대대적으로 비난받았다. 예술가에 대한 이러한 낭만적 개념은 진보 및 보수 비평가 모두에 의해 공유되었다.

미래의 부인 예니에게 자신이 손수 쓴 시로 사랑을 호소했던 맑스는 "누에가 비단을 생산하는 것과 같은 이유로 밀턴(Milton)이 《실낙원》(*Paradise Lost*)을 저술했다"고 확신했다. "그것은 그의 본성에 의한 활동이었다. 후에 그는 그 작품을 5파운드에 팔았다. 그러나 라이프치히의 출판노동자들은 출판업자의 지시에 따라서 내용을 멋대로 조작했다. … 그의 작품은 처음부터 자본에 포섭되고, 오직 자본증식의 목적에 종사하게 된다"(Marx, 1969). 상업적 대중시장을 겨냥한 산업화된 시리즈물 생산이 표현의 다양성을 몰아냈다는 증거는 손쉽게 얻을 수 있었다. 1860년에서 1890년 사이에 미국의 10센트짜리 소설(*dime-novel*) 출판사인 Irwin P Beadle & Co. 은 평균 2.5주에 한 편 꼴로 총 3천 종을 출간했다. 그것들은 "유사하지만 엄밀하게는 똑같지 않은 내용을 공중에게 제공하여" 특정 장르(서부극, 탐정소설, 연애소설)에 대한 친숙한 즐거움을 다양한 새로움(소도둑보다는 부패한 보안관과 싸우는 영웅적 카우보이)과 교묘하게 통합시켰다(Sassoon, 2002). 변화를 주면서 반복하는 이러한 마케팅 전략은 후에 대중음악, 대중영화 그리고 보다 늦게 등장한 상업 라디오와 텔레비전 산업에 이르기까지 보편적인 생산 틀(*template*)로 채택됐다.

그러나 '정치'라는 접두사에서 명확히 알 수 있듯이, 정치경제학자들에게 문화적 생산과 소비에 대한 문제는 단순히 경제조직이나 창의적 표현, 그리고 이들 간의 관계에 대한 것이 아니다. 그것은 또한 언제나 권력조직과 그것이 공공생활에 미치는 영향에 관한 문제이다. 경제생활에 관한 연구를 탈정치화하고 새로운 '과학'을 확립하기 위한 자의식적 노력을 통해 20세기로의 전환기에 출현한 현대 경제학은, 한정된 제도 영역으로서의 '경제'의 효율적 작동에 초점을 맞춘다. 이와 반대로 고전적이고 비판적인 정치경제학자들은 상품의 생산과 순환이 건강하고 바람직한 사회와 어떤 관계가 있는지 관심을 가진다.

이러한 관심은 근본적으로 산업자본주의의 부상에 따른 정치영역에서의 변화로 형성되었다. 《국부론》은 미국혁명이 일어났던 1776년 처음 출간되었다. 맑스와 엥겔스는 유럽국가들이 차례로 제도의 붕괴와 폭동을 경험했던 1848년에 《공산당 선언》(*The Communist Manifesto*)을 집필했다. 민중 스스로가 정치무대에 등장했다. 그들은 대공(*princes*)〔당시에 만연했던 공국(*principality*)들의 군주를 지칭함—옮긴이〕과 왕 그리고 황제가 만든 의식(*rituals*)의 관객으로서의 역할을 거부했고, 공적 생활 전반에 충분히 참여하여 미래의 공동체를 형성하는데 기여할 권리를 요구했다. 그들은 자신들이 통제하지 못하는 권력체에 종속된 백성이 되기를 거부하고 자신들이 동의한다는 전제하에 법을 만들 대표자를 선출할 권리를 지닌 시민으로 대우받기를 요구했다. 유럽에서 독재와 절대주의로부터의 이러한 이행은 여성의 참정권이 남성보다 상당히 늦게 부여되었던 사례처럼 국가별로 그리고 사회집단에 걸쳐 불균등하게 진행됐다. 그것은 또한 일당독재, 군부독재와 같은 새로운 전제정치 형태의 등장과 파시즘의 출현에 의해 저지되고 중단되기도 했지만, 그 이상(理想)은 치열한 투쟁을 통해 지켜졌다.

자유시장 열광자들은 개인의 선택의 자유를 최대화하는 사회가 좋은 사회라고 규정하고 시장 메커니즘이 정보와 공개토론, 생각의 다양성, 그리고 대중민주주의에서 정치적 숙의가 요구하는 생각의 다양성과 논쟁을 위한 최고의 보증장치이라고 간주했기 때문에, 대중민주주의와 선진 자본주의를 결합하는 것은 문제될 것이 없었다. 그들은 민주주의적 요구가 회사의 의사결정을 지배하고 있는 이익 극대화의 논리와 대립할 때 '시장의 실패'가 일어날 수 있다는 점을 인정했지만, 이것은 문화적 생산이라는 보완적 형태에 소량의 공공투자를 투여해 치료함으로써 쉽게 해결할 수 있다고 보았다. 예를 들어 1986년, BBC에 대한 향후 재정지원에 관한 조사를 위해 영국의 보수정권에 의해 임명된, 자유시장을 확신하는 경제학자 앨런 피콕 경(Sir Alan Peacock)을 의장으로 하는 위원회는, "시민과 유권자로서의 국민들은 지지하지만 방송사업자의 시각에서는 스스로를 상업적으로 유지할 수 없는 것으로 보이는 공공서비스 프로그램을 공적 재원으로 지원함으로써, 직접적 소비재 시장을 보완할 필요는 언제든지 있을 것이다"라고 주장했다(Home Office, 1986). 하지만 그 목표는 절대적으로 최소한의 공적 재정으로 그 격차를 메우는 것이었다. 그들이 해결책으로 제안한 것은 BBC의 재정기반인 의무적 수신료를 없애고 BBC의 모든 서비스를 유료가입 채널로 전환시키면서, 프로그램 생산자들이 제안하는 가치 있는 프로젝트를 지원하기 위해 근소한 공적 기금을 조성한다는 것이었다. 흥미롭게도, 그들은 BBC가 광고판매를 통해 기금을 조성해야 한다는 요청을 거부하였는데, 광고가 판매자와 구매자 간의 직접적이고 적절한 관계를 저해하며 시청자의 선호보다는 (일정한 규모와 사회구성의 시청자를 선호하는) 광고주들의 요구를 우선시한다는 엄격한 자유시장의 원리가 거부의 근거였다.

반면, 비판적 정치경제학자들은 근본적이고 구조적으로 자본주의와 민주주의는 어울리지 않는 짝임을 밝혀낸다. 그들은 문화 및 커뮤니케이션의 핵심기관들—신문사, 영화 및 음반 스튜디오, 출판사, 텔레비전 채널 등—이 투자이익을 최대화하거나 경제적이든 정치적이든 자신의 야망을 실현하는 데 주된 관심이 있는 주주들에 의해 사적으로 소유될 때, 필연적으로 공공이익보다는 사적 이익에 특권을 주게 된다고 본다. 그들은 또한 세계에 관해 말하는 하나의 특별한 방식—상업적 발언(*commercial speech*)—에 과도한 특권을 주고 다른 목소리와 관점을 위한 공간을 축소시킨다는 이유로, 자본가들이 광고주로서 공공문화에 과도한 영향력을 행사하는 것을 거부한다. 때문에 그들은 소유주나 광고주의 권한남용을 막기 위해 기업활동에 대한 광범위한 공공규제와 더불어, 이용시점에서 광고지원이나 추가요금에 의존하지 않고 참여적 시민의식이 요구하는 충분한 상징자원을 제공하도록 고안된 공공의 문화 및 커뮤니케이션 기관에 주로 투자할 것을 주장한다. 문화 및 커뮤니케이션 재화에 대한 접근권을 지불능력과 직접 연결시킴으로서, 가격 메커니즘은 불가피하게 접근권의 뚜렷한 격차를 만들어낸다. 세금이 부과되지 않는 제작 및 배포 기금은 그것들을 균형 있게 만드는 방식으로 작용한다. 시장적 생각(*market thinking*)이 미디어 시장에서 무언가 선택해야 하는 개별 소비자의 수에 초점을 두는 반면, 비판적 관점은 도덕적이고 정치적인 공동체에 참여하는 시민으로서의 역할을 가진 시민들의 커뮤니케이션 요구를 충족시키는 데 초점을 두고 있다.

비판적 정치경제학 관점의 발전과 문화 및 커뮤니케이션 쟁점에 대한 그것의 적용을 되돌아보면서, 우리는 연구 및 논쟁의 초점이 3가지 핵심영역으로 빠르게 모아진 것을 알 수 있다. 공공문화 형태를 결정하는 자본권력, 문화생산의 산업화와 그것이 표현의 다양성과 독창성에 미친 결과, 그리고 공적 규제와 보조금의 올바른 역할이다. 이들 핵심쟁점은 유럽에서 현재 진행중인 논쟁의 중심으로 남아 있지만, 기술혁신, 기업전략 그리고 국가 및 유럽연합의 정책대응에 의해 조성된 미디어 환경변화에 대한 대응과정에서 논쟁의 방식이 지속적으로 바뀌고 있다. 이러한 움직임의 이면에는 공적 간섭의 전통적 모델에 대한 일반화된 거부감, 민간기업과 시장원리를 선호하는 제도적이고 이데올로기적인 근본적 변화가 있다.

'문화산업'의 재정의

'문화산업'(*culture industry*)이라는 용어는 프랑크푸르트를 근거로 한 연구소의 맑스주의 지식인들과 문화연구 집단을 대표하는 호르크하이머(Max Horkheimer)와 아도르노(Theodore Adorno)가 1944년에 처음 제안한 것이다. 히틀러 집권 이후 미국으로 건너간 두 사람은, 당시 온 나라의 상영관을 가득 채우고 주말마다 '인기순위' 경쟁을 하는 대중 영화와 음악의 끊임없는 흐름을 직접 목격하게 된다. 이것은 그들에게 선진 자본주의 환경 하에서 공공문화의 한복판을 향하던 문화생산의 속성이 지나치게 산업화되고 표현의 다양성 및 경험의 급격한 축소로 특징화됐다는 확신을 재확인시켰다. 그들이 보기에 "이 문화산업의 냉혹한 조립라인과 문화상품을 선회시키는 방식으로 기획된 조작체계"는 "동일한 스폿(*spot*) 상에서 회전하는" 기계를 만들어냈다. 이 기계에서는 "시도되지 않은 것은 위험한 것으로 배제하고" "이전에는 존재하지 않았지만 이제는 널리 인정된 것"에 초점을 맞춘 매우 보수적인 시스템이 새로움과 놀라움에 대한 지속적인 추구를 통해 은폐되었다(Horkheimer & Adorno, 1973).

평론가들은 진정한 예술은 오로지 내면의 자신을 돌아보는 개인들에 의해서만 만들어질 수 있다는 낭만적 시각과 고도의 문화생산 속에 포섭된 집단노동의 대한 자신들의 부정적 결론을 가지고 담론투쟁을 했다. 그러나 그런 평론가들도 문화가 다른 분야와 마찬가지로 점점 더 산업화될수록, 널리 수용된 사상과 고착화된 성향에 저항하고 도전하는 문화 프로젝트의 실천 가능성은 더 줄어든다는 그들의〔아도르노와 호르크하이머를 지칭함 — 옮긴이〕 핵심사상은 고수하길 원했다.

하지만, 1970년대부터 '문화산업'이라는 용어는 점차 아무런 비판적 내용을 담지 못하고 공식적인 정책담론 안으로 동화되기 시작했다. '제 1차' 산업혁명을 이끌었던 전통적인 제조업이 급격하게 쇠퇴함에 따라, 유럽의 정부들을 비롯하여 많은 정부들은 '제 2차' 경제혁명을 위한 허브를 구축할 것 같은 경제분야들로 관심을 돌렸다. "만약 산업시대가 물적 자본과 부의 축적으로 특징지어졌다면"이라는 가정에 대한 주장은 "새로운 시대는 정보 다발과 지적 자산 그리고 창의성에 대한 지배로부터 나오는 무형의 권력이 이끌어 간다"는 주장으로 전환되었다(Rifkin, 2000). 이러한 관점의 변화와 맞물려서, '문화산업'이라는 용어는 문화적 다양성과 산업적 생산 및 상업적 배포 사이에 존재하는 적대적 관계를 밝혀내는 수사로 작용하기를 멈추고, '무형의' 새로운 경제 중심으로 이동하는 산업군을 약칭하게 되었다. 창의적 예술가가 궁지로 몰리는 것에 대한 걱정은 글로벌 마켓에서 영향력을 갖기 위해 지속적으로 창의적 활동을 해야 하는 산업들을 어떻게 하면 최대한 발전시킬 수 있는가라는 문제로 대체된다. 이런 '창의성'은 잘 정립된 종합적인 제작체계나 텔레비전 프로그램 형식을 일부 조정하는 것이든, 또는 보다 효과적인 마케팅 전략을 고안하는 것이든 전혀 문제되지 않는다. 어떤 것을 '문화산업' 또는 '창의적' 산업이라고 명명함으로써, 이 새로운 정책적 수사는 시장가치 위에 미학적 가치를 손쉽게 포개놓을 수 있었다(Negus & Pickering, 2004).

시장화의 촉진

이 편리한 융합은 공식적인 정책과 담론의 보다 일반적인 시장화의 한 부분이 되었다. 제도적 차원에서 시장화는 민간기업의 자유로운 활동을 증진시키기 위해 민간기업의 활동분야를 더욱 확대 개방시키고 공적 지원을 받는 문화조직들의 대항적 활동력은 감소시키도록 고안된, 일련의 정책 개입을 수반한다. 이데올로기적 차원에서 시장화는 시장의 기준이 (공공분야의 기관들을 포함하여) 모든 기관에 대한 평가의 척도로 정착되고, 위험을 부담하는 기업가와 선택적 행동을 하는 소비자가 자본주의의 본질적인 주권적 개인으로 찬사받는 것으로 특징지어진다(Murdock & Golding, 2001).

1970년대 중반부터 급격히 진행된 시장화는 제2차 세계대전 이후 대부분의 (서) 유럽에서 구축되었던 상황과의 뚜렷한 단절을 보여준다. 모든 핵심 미디어 기관들은 출발부터 사유화되고 '공익'의 요구는 다양한 공적 규제를 통해 충족되었던 미국과는 대조적으로, 대부분의 유럽국가에서는 능동적인 사회생활과 시민참여를 가장 핵심적인 것으로 여긴 두 미디어 ― 전화망과 방송 ― 는 가난한 가정에도 제공되어 커뮤니케이션과 문화 자원을 위해 차별 없이 모든 사람이 이용할 수 있도록 규정된 공적 소유물이었다. 이런 목적에 따라 지역전화비용은 장거리와 국제 비즈니스 통신에서 나온 이익으로부터 출원한 지원을 받았으며, 집전화가 없는 사람들을 위해 공중전화 박스가 나라 전체에 설치되었다. 운영자금의 전체 또는 대부분을 세금으로 충당했던 공영방송은 시민권을 충분히 행사하기 위해 필요한 문화적 자원을 제공할 책임이 있었으며, 이용시점에서 추가요금 없이 누구에게나 모든 범위의 서비스를 제공하도록 요구되었다. 공영방송에 있어 공급의 보편성 그리고 표현과 주장의 다양성을 보장하기 위한 이러한 메커니즘은 보편적 참여라는 이상에 기초한 복합 민주주의가 적절하게 기능하기 위한 토대로 여겨졌다.

시장화는 전후부터 자리 잡은 이러한 체제를 실질적으로 해체했다. 이것은 5가지의 주요 정책적 개입이 다양하게 결합되면서 진행되어왔다. 이는 ① 민영화, ② 자유화, ③ 상품화, ④ 탈규제화 그리고 ⑤ 기업화(마지막 절에 나옴)이다.

민영화(*Privatisation*)는 공적으로 소유된 자산을 사적 소유로 변화시키며, 이전에는 공익사업체나 공공기업체였던 조직들을 이윤을 추구하는 사기업으로 전환하는 것을 의미한다. 지금까지 프랑스의 주요 채널인 TF1의 주목할 만한 예외를 제외하면, 서유럽의 많은 공영방송 기관들이 예를 들어 BBC가 자신의 송신 네트워크를 매각한 것처럼 자산의 일부를 팔아넘기기기는 했지만 어느 것도 완전히 민영화되지는 않았다. 반면에 통신분야에서는 민영화가 하나의 규범이 되었다. 우편서비스는 전화 및 데이터 네트워크와 분리되었으며, 오랫동안 공적 소유였던 PTT's(우편, 전신, 전화 시설)는 매각되었거나 외부 투자자에게 개방되었다. 그 결과는 공익 차원의 서비스 제공에서 멀어져서, 새로운 광대역 네트워크를 통한 오락의 제공을 포함해 새로운 투자기회와 이윤의 중심을 향해 전력을 기울이는 기업문화의 거대한 변화였다.

자유화(*Liberalisation*)는 이전에 독점적이었거나 몇몇 운영자에 의해 지배되었던 시장을 새로운 사업자들에게 허용하는 것과 연관된다. 예를 들어 1980년에 서유럽에서는 오직 두 나라, 즉 이탈리아와 영국만이 상업채널들과 경쟁하는 공영방송을 운영하는 이원적 텔레비전 시스템을 가지고 있었다. 이미 순수한 상업적 시스템을 가지고 있던 룩셈부르크를 제외한, 다른 모든 나라에서 공영방송 채널들은 독점적 지위를 누렸었다. 그러나 그후 15년 동안 공영방송 채널들의 특권적 지위는 새롭게 부상한 상업 케이블 서비스와 위성 서비스, 그리고 광고의 지원을 받는 새로운 시청영역의 채널들에 의해 점차 약화되었다. 1990년대 말에 이르러 독점의 시대는 진정으로 종료되었으며, 공영방송 사업자들은 시청자의 흥미와 충성도를 위한, 더 나아가 많은 경우에 광고수익을 위한 격렬한 경쟁에 내몰렸다(Siune & Hulten, 1998). 유일한 선택은 시청자의 관심을 끄는 것으로 이미 알려진 대중적 장르를 프라임타임 시간대에 집중 편성함으로써 상업채널의 방식에 따라 그것과 경쟁하는 것이었다. 그 결과는 탐사 다큐멘터리와 단편 드라마같이 '어렵고' 논쟁적이며 또는 소수자에 관심을 두는 프로그램이 밀려나가는 것이었다. 이는 공영방송을 시민권을 위한 필수적 문화자원으로 간주하는 비평가들의 광범위한 비판을 불러일으켰다. 그들은 개인의 삶을 역사와 연결시켜 설명하고 인식을 깨우는 역사적 사명이 개인이 처한 환경을 사회구조나 정책적 선택과 연관시키려는 노력과는 전혀 동떨어져서, 개인적 선택과 딜레마에 초점을 맞춘 라이프스타일 프로그램, 리얼리티 쇼 그리고 토크 쇼의 바다에 매몰되어 '단순화'되고 있다고 주장했다.

상품화(*Commodification*)는 문화와 커뮤니케이션에서 시장영역의 확대는 생산전략에 영향을 미친 것뿐 아니라, 핵심자원에 대한 공적 접근권에도 중대한 영향을 미쳤다. 지불능력에 따른 제한적 접근권을 만들어냄으로써, 시장화는 문화적 권리의 행사를 개인 및 가정의 가처분소득 규모에 의해 직접적으로 규정시켜버렸다. 가정 내 인터넷 접속이 좋은 예다. 현재 인터넷 접속을 하려면 최소한 데스크톱 컴퓨터와 적절한 통신 연결망에 대한 접근이 필요하다. 하지만 유연하게 인터넷에 접속하여 (비디오 스트리밍 등) 가능한 모든 범위를 이용하기 위해서 이용자들은 기초적인 다이얼업 링크(전화선 이용)에서 광대역 접속으로 업그레이드하고, 현재 다양한 공공장소에 설치되고 있는 무선접속(*wi-fi*)의 장점을 이용할 수 있는 노트북 컴퓨터를 보유해야 한다. 이를 위해서는 많은 비용이 든다. 마누엘 카스텔스가 언급한 것처럼, "서민 대중들(*huddled masses*)이 겨우 전화선 인터넷에 접속할 때, 글로벌 엘리트는 이미 더 고도의 사이버공간 세계로 달아나 있을 것이다"(Castells, 2001).

탈규제화(*Re-Orienting Regulation*). 역사적으로 유럽에서의 커뮤니케이션 및 문화 분야에 대한 규제의 기본목적 중의 하나는 상업적 운영자들로 하여금 권한을 남용하지 않고 설사 수익성이 없더라도 시민의 권리를 위해 자원을 제공하도록 한다는 의미에서 '공익'(*public interest*)을 보호하는 것이었다. 영국은 서유럽에서 상업 텔레비전이 공영방송인 BBC와 함께 나란히 활동하도록 허락한 최초의 나라다. 하지만, 시초부터 소유권(기업들은 단지 하나의 지역방송 사업권을 소유할 수 있었다)과 허가광고 유형(스폰서 프로그램 금지) 및 광고량에 엄격한 제한이 가해졌다. 방송사들은 또한 방송 스케줄에 직접적으로 보다 대중적인 프로그램을 배치하는 것보다는 소수의 시청자들을 끌어들이더라도 일정한 범위의 '공공서비스' 프로그램을 만들 것을 요구받았다. 여기에는 지역 뉴스, 종교 프로그램, 현재의 쟁점을 다루는 다큐멘터리, 그리고 소수민족과 청각 장애인 등 다양한 소수자를 위한 프로그램이 포함된다. 하지만 최근 수년 동안 이러한 규제체제가 지속적으로 약화되고 있음을 알 수 있다. 합병이 승인되어 이제 영국 전체가 하나로 통합된 기업의 서비스를 받는 상태가 되었다. 느슨해진 광고규제는 스폰서 프로그램을 광범위하게 허용했다. 그리고 케이블 및 위성 서비스와 보다 효과적으로 경쟁할 수 있도록 공공서비스 의무를 폐지해야 한다는 상업적 운영자들의 지속적인 요구가 제기되었다. 전통적으로 이해되어온 공적 규제의 이 같은 후퇴는 전 유럽 차원에서 발흥하는 새로운 사고와 긴밀히 연관되어 있다. 시장개방 시대에 공공선(*public good*)은 공정한 경쟁과 소비자 보호에 초점을 맞춘 규제체제에 의해 가장 잘 보장될 수 있다. 유럽 집행위원회의 경쟁분야 사무총장인 필립 로웨(Philip Lowe)는 최근 커뮤니케이션 전문가들에게 다음과 같이 말했다. "규제의 강조점은 광범위하게 정의되었던 '공익'을 보호하는 것에서 멀어져 … 시장을 개방하고 생산자들 간의 자유롭고 공정한 경쟁을 보장하며 소비자의 이익을 증진하는 방향으로 옮겨 갔다"(Lowe, 2004).

이런 개념에서 공적 규제는, 애덤 스미스의 시장 역학인 '보이지 않는 손'이 지배적 기업이 자신에게 유리하도록 권력을 남용해 시장을 조작하거나 소비자에게 바가지를 씌우거나 또는 조잡한 상품을 파는 것 등을 저지하는 것에 두드러지게 실패했을 때만 의존하는 최후의 수단이 되었다. 심지어 이런 온건한 목적조차 경제적이나 정치적으로 보다 큰 이익이 개입하면 변경할 수 있는 것이다.

족쇄 풀린 자본

공공 미디어의 사적 소유화로 인한 주어진 권력남용의 가능성에 대해 비판적 정치경제학이 오랫동안 지녀온 우려가 근래에 특히 부각된 것은 유럽에서 현재 활동하는 두 명의 미디어 거물 때문이다. 루퍼트 머독(Rupert Murdoch)과 실비오 베를루스코니(Silvio Berlusconi)가 그들이다.

영국 최고 일간지이자 전 세계에서 가장 성공한 타블로이드 신문 중 하나인 〈더 선〉(*The Sun*)을 소유함으로써 머독은 주목할 만한 정치 행위자가 되었다. 보수당과 노동당을 막론하고 영국 정부들은 〈더 선〉의 지원을 받지 않을 경우, 자신들의 선출 혹은 재선출의 가능성이 심각하게, 아마도 회복 불가능할 정도로, 손상될 것이라고 스스로 확신하게 되었다. 이것이야말로 머독이 갓 출범시킨 위성 텔레비전 서비스 스카이(Sky)가 자신의 유일한 경쟁사를 인수했을 때, 대처 정부가 이에 개입하지 않았던 정책결정의 배후에 숨겨진 주요 고려사항 중 하나였다. 이처럼 실질적인 독점권 부여로 인해 머독은 그 어떤 도전도 받지 않은 채 지금은 비스카이비(BskyB)라 불리는 기업을 세웠고, 이것은 다채널 텔레비전의 등장 속에서 BBC와 경쟁하는 주요 방송사가 됐다. 그는 유럽 차원에서 진행된 규제체제 완화의 혜택도 받았는데 이는 그의 지주회사 뉴스 코퍼레이션(News Corporation)과 이탈리아의 위성 서비스 텔레피우(Telepiu)의 합병을 승인함으로써, 그로 하여금 이탈리아 위성 텔레비전 시장의 메이저 운영자로서 스카이 이탈리아(Sky Italia)를 설립하도록 허용했다.

이탈리아는 또한 소유주의 권력이 남용될 수 있는 많은 가능성을 보여주는 오늘날의 가장 극적인 사례이기도 하다. 베를루스코니라는 살아 있는 공포는 오랫동안 지속되고 있다. 그는 전국 상업 텔레비전 서비스를 금지하는 이탈리아 규제체제의 허점을 이용해서 3개의 네트워크를 구축해 전국을 포괄했다.[1] 그는 자신의 광범위한 언론사 지분과 더불어 이들 네트워크를 동원해 포르차 이탈리아(Forza Italia)라는 새로운 정당을 창당하고 홍보함으로써, 그 여세를 몰아 자국에서 최고의 정치적 지위에 선출되었다. 그는 강제적으로 공직을 사임하게 되지만 이후에 이해관계의 충돌을 피하기 위해 자신의 미디어 지분으로부터 분리될 것을 약속하고 재선되었다. 하지만 그는 약속을 이행하지 않았다. 자신의 정적들을 공격하고, 자신의 사적 이익을 보호하고 여러 범법 책임에 대한 기소로부터 면제되도록 하는 법을 도입하려는 자신의 결정을 옹호하기 위해, 그는 자신의 미디어 지분을 지속적으로 이용했다. 비판과 반대를 위해 이용할 수 있는 공간을 더욱 위축시키기 위해 그는 공영방송 RAI마저 자신의 영향권에 편입시키는 일에 착수했다.

베를루스코니는 물론 극단적인 사례다. 그러나 그의 행적은 하버마스(Jürgen Habermas)가 '재봉건화'라고 명명하였고, 공론장의 생명력을 훼손하는 주된 힘으로 간주한 보다 광범위한 논리를 드러내는 것이었다. 그것은 특출난 은유로서 아마도 시장화의 가장 중대한 결과를 암시하는 것이다. 대중들이 마침내 온전한 시민의 권리를 획득한 바로 이때에, 그들은 봉건영주처럼 행동하는 미디어 귀족의 권력에 종속된, 그리고 마치 가톨릭 선교사들이 복음을 전파했던 것과 같은 선교 열정으로 홍보되는 시장담론의 정통 수사에 포섭된, 백성의 지위로 되돌아가고 있다. 이 새로운 종교는 자신만의 강력한 구원의 비전을 제공한다. 소비에의 헌신만이 요구되는 모든 것일지니, 상품의 치유능력이야말로 자아를 다시 만들고, 육체적 결점과 누추한 집, 일상

1) 옮긴이 주: 각각의 방송지역을 합치면 전국 범위가 되는 지역적 상업 네트워크 여러 개를 소유함으로써 편법을 통해 전국적 방송망을 구축한다는 의미.

의 힘겨움을 제거할 것이다. 화장품, 멋진 인테리어, 그리고 고급 자동차를 통해.

공론장의 재구축

하버마스는 이렇게 개인의 운명을 철저히 사유화시키는 경향에 대항하는 공론장으로서 집단적 문화공간의 비전을 제안했는데, 이 공론장에 모인 사람들은 관심을 공유하는 쟁점에 대해 숙의하고 집단적 행동을 취해야 할 사안에 대한 잠정적 합의를 만들어낸다. 그는 이런 공간이 18세기 후반 유럽의 거대한 상업도시에서 주로 커피하우스(*coffee-house*) 토론과 새로운 신문언론 형식으로 등장하는 것을 본다. 정책결정이 필요한 쟁점에 집중하는 이러한 '정치적 공론장'과 나란히 그가 발견한 것은 당대의 또 다른 커다란 매개체였던 소설을 중심으로 인간적이라는 것이 무엇인지, 다른 사람의 입장에 설 때 어떻게 느끼는지를 탐구하는 데 관심을 가졌던 '문학적 공론장'(*literary public sphere*)이다. 이 문화적 자원은, 비록 좁은 의미에서의 민주적 절차에 대한 참여와는 직접적으로 연관되지 않았지만, 복잡한 사회에서 숙의(*deliberation*)를 위해 요구되는, 차이에 대한 공감과 개방을 조성하는 기반이 되었다.

공영방송의 역사는 이 두 개의 이상적인 공론장을 어떤 문화적 형식으로 옮겨놓으려는 지속적인 시도로 이해할 수 있는데, 그런 문화적 형식을 통해 사람들은 스스로에 대해 그리고 자신을 둘러싸고 있는 세계에 대해 그렇지 않았으면 간과했을지 모르는 것들을 발견함과 함께, 포괄적이면서 이해관계로부터 자유로운 정보를 획득하고 최대한 폭넓은 범위의 분석, 해석, 설명에 대해 접근하면서 미래의 가능성에 관한 토론에 들어갈 수 있다. 하지만 이러한 목적은 공공서비스 기관이 당대의 국가와 정부 또는 시장경쟁의 과도한 영향력에서 상대적으로 독립해 있을 경우에만 성취될 수 있다고 그 지지자들은 말한다. 지난 20년 동안은 상업과 거리를 유지한다는 이 원리가 기업화에 의해 꾸준히 침식당했다.

이것은 정부가 공공기관에게 더욱더 영리회사처럼 행동할 것을 요구하고 회유하는 것을 의미하고, 이런 목적은 다양한 방식으로 이룰 수 있다. 공적 지원금을 중단함으로써 공공기관으로 하여금 추가 소득원을 찾도록 압력을 가할 수 있다. 광고를 채택하고, 상업적 스폰서를 물색하고, 이전에는 무료로 제공했던 서비스에 요금을 부과하는 것이 가장 확실한 선택사항들이 되었으며, 이것들은 박물관과 학교에서부터 공영방송사에 이르기까지 광범위한 공공기관들에 의해 다양하게 조합되어 활용되었다.

동시에, 정부는 주요 공공기관을 국제시장에서 효과적으로 경쟁할 수 있는 '국가대표'로 선정함으로써 그것의 긍정적 브랜드 아이덴티티(BI)를 이용하려고 할 수도 있다. 영국 정부는 BBC에 대해 이러한 정책을 강력하게 추진했다. 결과적으로 BBC의 상업부문인 BBC World는 미국의 주요 프로그램 제작사와 일련의 공동제작 약정에 참여하고, 높은 시청률을 기록한 프로그램들을 공격적으로 선보이고, 책과 비디오에서 아이들 장난감에 이르기까지 자사 프로그램을 기반으로 상품의 확대를 고안해냈다.

그 결과는 모순적이었다. 한편으로 이런 시도들은 국내 프로그램 생산을 위해 재원을 충당하고, 혁신과 실험을 뒷받침하기 위해 추가 수익을 올리겠다는 그 공개된 야심을 실현시키는 방향으로 일정 정도 나아갔다. 다른 한편으로 프로그램 기획에 상업적 계산을 개입시킴으로써 의사결정의 중심이 프로그램 편성책임자(*commissioning editor*)와 프로그램 제작자로부터 마케팅 전문가와 국제 파트너에게로 이동했고, 시도되지 않은 것이나 위험성을 멀리하고 안전한 투자에 무게 중심을 두게 되었다.

이와 같은 실험정신의 후퇴는 창의적 노동력과 '독립' 제작사들이 맡은 절반 이상의 프로젝트 작업에 적용된 급격한 비정규직화로 인해 더욱 가속화되었다. 1970년대에 가장 잘 알려진 BBC의 문화 프로그램 중 하나인 '레이트 나이트 라인 업'(Late Night Line Up)의 진행자 조앤 베이크웰(Joan Bakewell)이 최근 언급한 바에 따르면, 오늘날 텔레비전은 "점점 더 많은 텔레비전 종사자들이 한 회사에서 다른 회사로 이동함에 따라, 한 번의 평생고용에 충성하고 회사의 목표에 공감하던 문화가 개인적 출세가도에 길을 내주는 그런 산업이 되었다. 그들은 텔레비전 스타일과 표현상의 조그만 변화를 찾아다닌다. 방송 프로그램들은 점점 더 모두 엇비슷해 보이게 되었다"(Bakewell, 2003). 그 결과는 공장 없는 공업화이자, 판에 박힌 일상의 반영으로서의 표준화이다.

하지만 역설적이게도 방송산업이 아날로그에서 디지털 기술로 전환하는 현상이야말로 이 거침없는 시장편향을 막을 잠재력을 가지고 있다. 얼핏 이것은 개연성이 없어 보인다. 전파대역의 압축과 새로운 '고용량' 케이블 네트워크의 설치에 의해 가능해진 새로운 채널의 확산은 공영방송사로 하여금 시청자 확보를 위해 훨씬 더 치열한 경쟁에 종속되게 하고, 그것이 제공하는 모든 것을 이제 케이블과 위성서비스, 또는 인터넷을 통해 쉽게 이용할 수 있다는 근거로, 공영방송사는 커뮤니케이션 역사박물관에나 보내야 한다는 요구를 강화한다. 이런 주장은 겉으로는 매력적이지만 두 가지의 핵심논점을 무시하는 것이다. 첫째, 공영방송은 시청조건인 광고에 방해받지 않고, 추가요금 지불이 청구되지 않는다는 점에서 외형상으로는 (어린이나 스포츠팬을 위한 것과 같은) 동일한 프로그램을 제공하는 상업적 채널들과 본질적으로 다르다. 둘째, 앞서 지적한 것처럼, 심지어 방송서비스 분야에서 자유시장의 확신에 찬 지지자들도 이윤추구 중심으로 운영되는 시스템에 의해서는 모든 사회구성원들에게 적절한 서비스가 제공되지 않는다는 것을 인정한다. 너무 소수이거나 너무 빈약한 사람들은 관심을 끌지 못할 수 있다.

보다 설득력 있는 논거로서 가능한 모든 관심과 취향에 맞추는 보편적 공급자로서 인터넷을 언급할 수도 있다. 하지만 여기에서도 열광자들은 여전히 접근성을 구조 짓는 뿌리 깊은 경제적 사회적 불평등과 공론장을 급격히 해체시키는 인터넷의 경향을 도외시한다. 다채널 텔레비전 시스템과 마찬가지로, 인터넷상에서의 관심 집단화는 사람들로 하여금 자신이 이미 알고 좋아하는 것만을 소비하고 이미 자신의 취향과 견해를 공유한다고 알고 있는 사람들과만 대화할 수 있게 만들어 공적인 삶을 제거해버린다. 이러한 파편화는 새로 등장하는 집단적 문제에 대한 해결책을 찾는 과정에서 필요한 광범위한 숙의를 뒷받침할 수 있는 접촉과 연대의 새로운 지점을 형성하는 데 강력한 장애물로 작용한다.

반면, 공영방송은 이러한 관계맺음을 촉진하고 디지털 공론장을 위한 허브를 제공할 수 있는 유일한 지위에 갖게 된다. 첫째, 공영방송은 이미 일상생활 속에 깊숙이 통합되어 있다. 공영방송은 친숙하고, 접근이 용이하며, 자료 공유의 기준을 지속적으로 제공한다. 둘째, 생산 및 수용에 있어 아날로그에서 디지털 기술로의 전환은 인터넷과 방송을 새로운 방식으로 통합할 수 있는 기회를 제공한다. 셋째, 공영방송은 여전히 높은 수준의 공적 신뢰를 받고 있기 때문에, 사람들이 넷을 서핑할 때 찾아가는 첫 번째 장소인, 선택의 포털이 될 수 있는 유리한 위치에 있다. 넷째 그리고 가장 중요한 것으로, 오늘날의 실험은 이미, 다시 살아나는 공공재의 개념 위에서 시장화의 논리를 깨고 공유된 자원을 창조해내는 실천적 방법을 탁월하게 제시하고 있다. 특히 '창의적 아카이브'(*Creative Archive*) 설립을 위한 BBC의 제안은 흥미롭고 좋은 사례이다. 그 계획은 협상 불가능한 저작권 제약의 대상이 아닌 BBC의 과거 프로그램들 모두를 금전적 소득을 위해 이용하지 않는 한 온라인상에서 누구나 무료로 다운받고 원하는 것을 재활용할 수 있게 만드는 것이다. 이 개방적 접근의 원리는 문화공간에 대한 시장적 사고의 가장 중심에 자리 잡고 있는 지적 재산권과 상품화에 대한 거듭되는 강조와 직접적으로 대립한다. 그 계획이 내세우는 논리에 따르면, 최초의 생산이 공적 자금으로 지불되었기 때문에 공중은 이미 생산물들을 집단적으로 소유하는 것이며 개인적 차원에서 또 다른 지불을 요구받아서는 안 되는 것이다. 창의적 아카이브의 이용 잠재력은 막대하다. 그러나 이것은 텔레비전 방영물을 온라인으로 통합하려는 BBC의 더 폭넓은 전략 가운데 일부일 뿐이다.

이러한 비전 속에서 프로그램은 제한된 본연의 역할에 머무르지 않고, 부가적인 정보를 찾아가는 것에서부터 프로그램 제작자나 다른 시청자와의 쟁점에 대한 토론에 참여하고, 같은 분야에서의 집단적 작업이나 활동과 대면하는 것까지, 온라인상에 이루어지는 다양한 활동을 위한 출발점이 된다.

1962년 처음 출판된 공론장에 대한 주요 저서[2]의 마지막 페이지에서 하버마스는 비판적이고 개방적인 숙의(*deliberation*)와 기업 및 정부 권력자의 이익을 위해 노련하게 진행되는 커뮤니케이션 간의 투쟁은 "여전히 가능성이 열려 있다"는 희망을 제시한다(Habermas, 1991). 몇 년 사이에 시장화를 향한 냉혹한 내몰기는 이 공간을 점점 폐쇄했다. 향후 10년간, 새로운 디지털 공론장의 창출은 대안을 제공하는 방향으로 어느 정도 전진할지도 모른다. 논쟁과 현실적 제안을 발전시키는 것은 중대한 도전을 맞이하고 있는 현재의 정치경제학을 용이하게 할 것이며, 또한 전례 없는 기회를 마련해줄 것이다.

2) 옮긴이 주: 위르겐 하버마스, 한승완 역, 《공론장의 구조변동: 부르주아 사회의 한 범주에 관한 연구》(나남: 2001) 참조.

참고문헌

Bakewell, J. (2003). *The Centre of the Bed.* London: Hodder & Stoughton.

Castells, M. (2001). *The Internet Galaxy: Reflections on the Internet, Business and Society.* Oxford: Oxford Univ. Press. 박행웅 역 (2004). 《인터넷 갤럭시》. 한울아카데미.

Habermas, J. (1991, original 1962). *The Structural Transformation of the Public Sphere: An Inquiry into Category of Bourgeois Society.* Cambridge Mass.: The MIT Press. 한승완 역 (2001). 《공론장의 구조변동》. 나남.

Home Office (1986). *Report of the Committee on Financing the BBC.* London: HMSO, Cmnd. 9824.

Horkheimer, M., & Adorno, T. (1973). *Dialectic of Enlightenment.* London: Allen Lane. 김유동 역 (2001). 《계몽의 변증법》. 문학과 지성사.

Lowe, P. (2004). *Media Concentration & Convergence: Competition in Communications.* Speech to the Oxford Media Convention, January 13th.

Marx, K. (1969). *Theories of Surplus Value: Part one.* London: Lawrence and Wishart.

Murdock, G., & Golding, P. (2001). Digital possibilities, market realities: The contradictions of communications convergence. In L. Panitch & C. Leys (Eds.). *A World of Contradictions: Socialist Register 2002* (pp. 111~129). London: Merlin Press.

Negus, K., & Pickering, M.-J. (2004). *Creativity, Communication and Cultural Value.* London: Sage Publications.

Rifkin, J. (2000). *The Age of Access: How the Shift form Ownership to Access is Transforming Modern Life.* Harmondsworth: Penguin Books.

Sassoon, D. (2002). On cultural markets. *New Left Review* [Second Series] (pp. 113~126). Number 17, September/October.

Siune, K., & Hultén, O. (1998). Does public broadcasting have a future? In D. McQuail, & Karen Siune (Eds.). *Media Policy: Convergence, Concentration and Commerce.* London: Sage.

제 7 장

코스모폴리턴과 정복자들

제국, 민족국가 그리고 네트워크 *

1795년 당시 해양교통 및 항로의 두터운 네트워크를 조망했던 독일 철학자 임마누엘 칸트(Immanuel Kant)는 무역과 교환을 통해 "멀리 떨어진 세계 곳곳"을 과거 어느 때보다 밀접하게 결합시키는 것이 이방인에 대한 수용과 상호존중에 근간한 새로운 세계질서를 위한 기초를 세웠다고 논했다. 그는 사람들이 어디에서든지 그들이 통제하지 못하는 권력에 의해 지배받는 신민이기를 중단하고, 사회적·정치적 삶에 완전하게 참여하며 그 미래를 형성하는 데 기여할 권리를 가진 시민으로 거듭나는 것을 상상했다. 동시에 그는 이러한 가능성이 "문명국들의 행동, 특히 경제 프로젝트를 수립한다는 허울 아래 원주민들을 억압하고 놀라울 정도로 불의를 행하는 우리 측 통상국가들의 행동"에 의해 광범위하게 잠식당하고 있다고 예리하게 인식했다(Kant on the Web, 2005).

* 원 논문 출처: Murdock, G. (2006). Cosmopolitans and conquistadors: Empires, nations and networks. In O. Boyd-Barrett (Ed.). *Communications Media, Globalization and Empire* (pp. 17~32). Eastleigh: John Libbey Publishing/Indiana Univ. Press.

코스모폴리턴(*cosmopolitan*)[1]과 정복자 사이, 즉 개방적 흐름, 상호존중의 평등한 관계 그리고 창조적 충돌에 기초한 세계 시스템과 힘의 불균형 및 지배에 기초한 세계 시스템 사이의 이러한 대립은 오늘날의 논쟁구도로까지 이어진다. 한쪽에는 현대적인 전 지구화를 일차적으로 문화적 교환 시스템으로 보는 사람들이 있다. 그들은 대중적 행동을 위한 새로운 공간들, 새로운 융합적 표현형식들, 그리고 코스모폴리턴적인 취향과 스타일들을 예견한다. 이들과 대조적으로, 핵심자원들의 확보, 세계 주요 시장들에 대한 지배, 그리고 상상적 지평들의 식민화에 전념하는 새로운 경제적 '자본제국'의 출현(Wood, 2003)을 바라보는 입장의 사람들이 있다. 첫 번째 입장의 지지자들은 가속화되는 사람, 사상, 그리고 문화적 산물의 전 지구적 흐름과 예전과는 다르게 변화하고 있는(*heterodox*) 세계 주요 도시들의 문화적 풍경을 지적하고 있다. 두 번째 견해의 지지자들은 글로벌 다국적 기업들을 이끌고, 글로벌 무역체제를 관리하며, '비우호적'이며 '불량'한 체제들에 대한 선제공격을 지지하는, 새로운 초국적 자본가계급에 의해 추구되는 지배전략을 강조한다(Sklair, 2001).

전 지구화와 제국 사이의 기본적인 긴장은 자본주의적 근대성의 초창기로 거슬러 올라간다. 그러나 나는 지난 20년 동안 지구를 가로지르는 변화의 주요 동력으로서 시장 역학을 도입했던, 전 세계적인 시장화 추구가 의미심장한 방식으로 코스모폴리터니즘과 지배 사이의 관계를 재형성하고 있는 것에 대해 논의하고자 한다. 지금까지 국제적 미디어에 대한 논쟁을 지배해온 서구 미디어 복합기업들과 민족국

---

1) 옮긴이 주: 'Cosmopolitan'과 'Cosmopolitanism'은 주로 시민주의(자), 세계시민주의(자) 또는 사해동포주의(자) 등으로 번역되고 있다. 그러나 코스모폴리터니즘을 시민 또는 세계시민에 초점을 맞춰 번역할 경우 그 본래적인 의미가 포함하고 있는 '동등한 권리를 바탕으로 한 인간들 사이의 평등하며, 자유롭고, 상호호혜적인 교류'가 사상되는 측면이 있다. 따라서 이 글에서는 원어 발음 그대로 번역했다.

가적 미디어 전략, 즉 종속과 자율성 사이의 친숙한 대립이 이제 전 지구적 야망과 현지 조건 사이의 새로운 변증법에 의해 대체되고 있다. 서구의 복합기업들은 새롭게 개방된 시장들 속에서 자신의 입지를 다지기 위해 현지 요구에 맞게 생산하고 토착화를 하지 않을 수 없었다. 일단 (새롭게 개방된 시장들로) 진입하자마자 복합기업들은 자신의 사업을 글로벌화하려는 목적을 가진, 새롭게 상업화된 현지 기업체들과 수용자 및 수익을 놓고 경쟁해야 한다는 것을 인식하게 된다.

현지의 이해관계와 글로벌 이해관계 사이의 이러한 변형된 관계를 떠받치는 것이 모바일 소비주의(*mobile consumerism*)라는 메타이데올로기이다. 이는 각 국민들의 특성을 전 지구적 시장 속에서 고유한 판매 이점으로 재설정하고, '진보'를 확장된 소비자 선택과 동일시하는 근대성에 대한 시장화된 견해를 촉진한다. 콘텐츠는 토착화될 수 있지만, 주요 형판(形板)은 다른 곳에서 만들어진다. 크게 성공한 영국 TV 퀴즈쇼인 〈누가 백만장자가 되고 싶은가〉(*Who Wants to Be a Millionaire*)[2]를 인도에서 개작한 것은 이러한 진행과정을 살펴볼 수 있는 하나의 유익한 사례를 제공한다.

영국의 저작권 소유자인 셀라도 프로덕션(Celador Production)이 서명한 (프로그램) 포맷에 대한 계약은 토착화된 콘텐츠와 방영에 대해서는 허락했지만, 프로듀서들이 쇼의 기본적인 포맷을 유지해야 한다는 점을 분명히 했다. 그 프로그램은 2000년 여름에 상업 위성 채널인 스타 TV(Star TV)에서 최초로 방영되었다. 여기서 '인도적인 것'은 원제를 번역한 *Kaun Banega Crorepati*라는 프로그램명, 힌두교 신화 및 힌디어로 된 영화와 대중음악에 관한 문제들에 집중하는 것, 그리고 개별 경쟁자들이 (종종 가족 구성원들로 이루어진) 팀 참가자로

2) 옮긴이 주: 이 퀴즈 쇼는 영국 출신의 대니 보일 감독이 만든 2008년 영화 〈슬럼독 밀리어네어〉의 배경이 되었다.

대체된 것을 의미한다. 이런 현지화는 국내 수용자들에게 쉽게 일체감을 느낄 수 있는 지점을 제공하였지만, 동시에 이는 독립에 이은 민족국가 건설과정을 특징지었던 자기부정과 절약에 대한 강조의 시기 이후 최첨단 기술 그리고 소비에 대한 개인적인 욕망과 즐거움에 가치를 부여하는 방향으로 작용했다. 결과적으로 '국제적인 것'으로서의 그 프로그램의 발흥은 지배가 아닌 진보의 표시로, 다시 말해 인도가 전 지구적인 주류 '자유'시장에 다시 복귀했으며, 근대성의 소비주의적 전망을 향해 나아가는 하나의 신호로 여겨졌다(Ganguly & Kraidy, 2004). 스클레어(Laslie Sklair)는 다음과 같이 논했다.

> 전 지구적 자본주의는 우리 삶의 의미와 가치를 대부분 우리가 소유하는 것에서 찾을 수 있고, 우리는 우리의 소유물들에 대해 결코 완전히 만족할 수 없으며(지속적으로 변화하는 유행과 스타일의 명령), 우리가 소비하는 재화와 서비스는 자유시장에 의해 가장 잘 충족된다고 우리를 설득함으로써 번창한다(Sklair, 2002, p. 6).

제국과 시장

소비에트 연방의 붕괴 그리고 인도와 중국에서 국가적 경제 관리로부터 시장에 기초한 정책들로의 변환과 더불어, 지난 20년 동안 이러한 전망이 세계의 모든 주요 경제지대에서 힘을 얻게 되었다. 그러나 맑스와 엥겔스는 1848년에 쓰여진 《공산당 선언》의 놀라울 정도로 선견지명이 있는 구절을 통해 자본주의는 출발에서부터 그 논리로서 보편성을 향한 추동력을 가지고 있다고 주장했다. 그들은 칸트가 에세이를 쓴 이후 50년 동안 일어났던 국제무역의 범위와 속도의 엄청난 증가를 직접 목격할 수 있는 적절한 장소에 있었다. 주요 산업 허브인 맨체스터에 기거한 엥겔스는 그의 가족기업이 취급한 원자재와 완제품들이 전 세계를 순회하며 이동한다는 것을 잘 인식하고 있었다. 런던으로 망명한 맑스는 그가 세 들어 사는 아파트에서 템스 강변까지 산책할 수 있었으며, 세계 곳곳에서 만들어진 상품들이 그 시기의 가장 거대한 항구로 들어오고 나가는 것을 목격했다. 산업 자본주의는 아직 태동기에 있었지만, 자본주의의 전 지구화 논리는 그들을 즉각적으로 충격에 빠뜨렸다. 그들이 논의했던 시장의 확장이라는 끊임없는 필요에 의해 추동되는 산업 자본주의는 "지구의 표면 전반에 걸쳐" 마주치는 어디든지 "지역적, 민족적 폐쇄와 자급자족"에 의해 세워진 장벽들을 파괴하면서 "어디에든지 정착하고, 이주하며, 연결을 형성"하는 것을 추구해야만 했다(Marx & Engels, 1968). 칸트와 마찬가지로 그들은 이러한 과정에서 가능한 두 가지 문화적 결과들을 인식했다. 그들의 낙관적 해석은 접촉의 증가와 "모든 방면에서의 상호교통"이 "새로운 보편적 상호의존성"을 발생시키고 "개별 국가들의 지적 창조물들"을 "공동의 자산"으로 전환시키는 것에 주목했다. 그러나 칸트와 같이 맑스와 엥겔스는 그러한 창조적 교환이 자본주의가 "모든 민족들에게 소멸의 고통 속에서 그들의 중심부에 자본주의식 문명화를 도입하도록" 강요하며, 스스로를 "자본주의 자체의 이미지를 따라" 개조하도록 강요하는 지배의 논리에 종속될 가능성에 대해 인식했다(Marx & Engels, 1968).

맑스에게 자본주의적 문명화는 판매를 목적으로 만들어진 상품 더미들에 둘러싸인 시장의 중심에 위치한다. 그는 이러한 상품들은 순수하고 매혹적인 표면 아래에 생산에 관한 추악한 진실을 숨기고 있다고 주장했다. 소비자들은 상품들을 판매를 위해 전시된 결과물로서 마주치기 때문에, "그러한 상품들 속에 깊이 내재된 다양한 종류의 노동이 가진 특성을 간과하게 된다"(Marx, 1946). 마케팅 기술은 구매의 순간과 소유의 즐거움에 주목하도록 기획함으로써 상품의 생산과정에서 치러야 하는 환경과 임금 노동자들에 대한 사회적 비용 문제들을 침묵시킨다. 맑스의 논의에 따르면 결과적으로 상품들은 종교적 물신의 속성을 취한다. 즉, 상품들은 이미 완전하게 형성된 것으로 나타나게 되며, 구매라는 단순한 행동을 통한 삶의 변화를 약속한다.

그렇지만 발전된 자본주의 경제 속에서 많은 가정들이 현존하는 소비 시스템에 완전하게 참여하기 위해 필요한 충분한 가처분 소득을 갖게 되는 시대가 도래하기 위해서는 다소 시간이 소요되었다. 대부분의 사람들에게 일상적인 삶은 생계를 유지하기 위한 끊임없는 투쟁에 둘러싸인 지속적인 공전이었다. 그들은 라이프스타일을 구축하는 것이 아닌, 삶의 기본적인 수준을 유지할 걱정에 사로잡혀 있었다. 미국의 금융 저널리스트이자 대통령 고문이었던 찰스 코넌트(Charles Conant)가 1898년에 미국의 경제상태를 조사했을 때, 그를 사로잡은 것은 산업 시스템의 거대한 생산성과 국내 소비의 한계 사이에 존재하는 명백한 격차였다. 그는 어느 정도의 잉여생산물은 "가정에서의 새로운 수요"를 창출함으로써 흡수될 수 있을 것이라고 인정했지만, 이것이 가까운 시기에 문제를 해결하기에는 충분하지 않다고 확신했다(Conant, 1898). 그 해법은 고립주의 정책을 중단하고, 아시아와 아프리카에서 "신흥 시장들에 대한 지배력을 얻고자" 노력하며, 〔세계의〕 덜 발전된 지역들을 "가능한 정도까지 보다 발전된 지역들의 안락함과 … 문명화의 수준으로 끌어올리도록" 유럽 강대국들과 경쟁하는 것이었다(Conant, 1899). 그가 "경제적 제국주의"라고 지칭했던 프로젝트를 위해서 미국이 "실질적으로 영토 소유권을" 획득하거나 "군사기지를 배치할" 필요가 있는지, 아니면 현존하는 군사력으로 뒷받침되는 "외교적 수단들"에 의해 "자유시장에 대한 권리"가 보장될 수 있는지의 여부에 대해 그는 정치인들의 몫으로 남겨두어도 되는 "세부적인" 문제들이라고 보았다(Conant, 1898).

그가 글을 쓸 당시에 상품문화의 핵심적 제도들(브랜드 상품, 백화점, 우편 주문 카탈로그, 유혹적인 상점 진열창)은 그 현대적인 형태들을 이제 막 시작하고 있었다. 이러한 새로운 욕망의 풍경을 촉진시키는 임무는 새로이 부상하는 판촉산업에 맡겨졌다. 광고주들은 상품

진열에서의 혁신이 제공한 광고기회 확대의 이점을 충분히 누렸다. 광고비와 광고기술에 의존해 급격히 증가한 흥미 위주의 일반잡지와 값싼 일간신문들은 선명한 헤드라인과 극적인 이미지들을 바탕으로 호소력을 발휘했다. 새로운 인쇄 및 화학 기술들은 현란한 색채가 담긴 옥외 광고물과 포장재를 생산했다. 전기조명의 등장은 저녁 윈도쇼핑을 새롭고 강력한 여가의 즐거움으로 만들었다. 이러한 소비풍경의 중심에는 1895년 파리에서 뤼미에르 형제들이 신보인 영화매체의 출현이 자리 잡고 있다. 명확한 의미에서 영화는 주요 광고매체는 아니었다. 영화는 모든 종류의 상품들이(유행하는 의류, 내부 장식물, 가정 편의시설, 전화, 자동차) 담겨진 벽이 없는 상점이자 상상의 공간이었다.

1920년대 초, 유럽의 영화제작이 제1차 세계대전에 의해 붕괴되고 심각하게 타격받은 상황에서 미국은 세계 영화 시스템의 지배적인 행위자로 등장했다. 뉴욕의 저널리스트인 찰스 메르츠(Charles Merz)는 경쟁상의 이점을 취하기 위한 전 지구적 경합에서 이러한 이동식 상점 진열장이 영토적 복속보다 훨씬 더 효과적인 무기라고 보았다. 그는 1926년에 다음과 같이 논했다.

> 무역은 더 이상 국적을 따르지 않는다. 그것은 영화를 따른다. … 각기 다른 시대에 각기 다른 열강들이 해군 함대를 만들고, 세금을 부과하며, 음모를 꾸미고, 강압과 학살을 통해 달성하고자 했던 것을 영화는 부지불식간에 달성했다. … 이곳 미국에서 생산된 자동차들은 영화 속 인물들이 타고 있는 모습이 화면 영상에 등장한 후 해외로부터 주문을 받는다. 중국은 재봉 기계를 원한다. 풍족한 페루인들은 피아노를 구입한다. 영화 속 미션 양식의 안락의자를 동경하는 일본인들로부터 주문이 들어온다(Merz, 1926, pp. 159~165).

할리우드는 단순히 상품들을 판매하는 것이 아니라, 개인적 행동의 핵심영역으로 시장을 끊임없이 찬양하면서 모더니티에 대한 전망을 촉진시켰다. 상품은 현세에서의 구원을 약속했다. 개인의 자산에 관한 불확실성과 사회적 관계에 관한 문제들은 브랜드 상품들의 치유적 손길에 의해 잊힐 수 있었다. 시장에 몰두하게 된 소비자들은 다시 태어날 수 있었으며, 지금껏 원했던 사람이 될 수 있었다. 지위와 신분의 장벽은 무의미한 것이었다. 1926년 체이스 앤 샌본(Chase & Sanborn) 커피 광고에서 장래의 구매자들에게 말했던 것처럼, "더 많은 부를 가진 부자들과 비교해 당신의 삶의 방식이 매우 빈약한 것처럼" 보일지라도 "왕, 왕자, 정치인 또는 자본가" 중 어느 누구도 더 나은 커피를 즐기지는 못한다(Buck-Morss, 2000). 이렇게 소비자 선택이라는 새로운 증권거래소에서 현존하는 영화 스타들은 투자 조언자로서 중심적 역할을 한다. 스크린 안과 밖 모두에서 그들의 라이프스타일은 모두가 이용할 수 있도록 적절한 수준으로 낮춰지고 변형된 기호(*taste*) 내에서의 경험들을 제공했다. 자타가 공인하는 자기홍보의 대가였던 예술가 앤디 워홀(Andy Warhol)이 몇 년 후에 지적한 것처럼, "이 나라에서 위대한 것은… 당신은 엘리자베스 테일러(Liz Taylor)가 코카콜라를 마신다는 것을 알 수 있으며, 생각해보면 당신 역시 코카콜라를 마실 수 있다는 것이다"(Foster, 2002).

근대성에 대한 이러한 소비주의적 견해가 도전받지 않은 것은 아니었다. 독일의 통일 그리고 시민전쟁 이후 미국의 통합과 더불어, 민족국가가 선진 자본주의 세계를 가로질러 행정과 동원의 형식적 단위로 부상했다. 그러나 데이비드 하비(David Harvey)가 논했던 것처럼, 국가와 제국의 영토정치는 자본의 전 지구적 시장화 프로젝트와 항상 매끄럽게 일치하지는 않는다(Harvey, 2003).

식민지와 민족국가

코넌트(Conant)가 자본의 제국인 미국을 위한 선언문 초안을 작성한 것은 마침 식민주의가 그 도달범위를 상당히 확장하고 있을 때였다. 유럽의 강대국들은 아프리카에서 자원과 시장을 징발하기 위한 '쟁탈전' 속에 갇혀 있었다. 일본은 자신의 영향권을 한국과 대만으로 확장했다. 미국은 스페인으로부터 필리핀을 떼어내고 쿠바 관타나모만에 해군기지를 세움으로써 핵심지역에서의 상업적 이익을 보호하기 위해 움직였다.

국가는 지정된 영토 전반을 관할하는 행정복합체로서 이를 보장하는 최후의 수단은 물리력과 폭력에 대한 독점적 통제이다. 제국은 직접적 통치와 간접적 통치, 점령과 위임을 혼합적으로 이용하면서 이러한 논리를 원래의 '조국' 또는 '모국'의 경계를 넘어 확장시킨다. 다른 한편 민족국가는 다음의 것들에 대한 집단적 이해를 통해 규정되는 상상의 공동체이다. 즉, 독특한 민족적 특징들('우리'가 누구인가), 고난과 극복의 역사('우리'는 어떻게 형성되었는가), 그리고 공통의 운명('우리'는 어디로 가고 있는가)이 그것이다. 민족국가(*nation-state*)라는 용어 중간의 하이픈은 상상과 행정 사이의 연계가 영원히 잠정적이며 불안정하다는 것을 보여주는 뛰어난 암시이다. 탈식민화 운동들은 스스로를 식민지 국가의 외양 뒤에 가려진 진정한 고유의 민족을 위한 투사라고 내세움으로써 이러한 관계의 재구성을 시도했다. 그들은 독립국가의 지위를 통해 부여되는 집단적 운명에 대한 자율적인 통제를 요구했다.

정치적 독립을 획득하자 그들은 새롭게 구성된 국가들의 경계 위에서 집단적 삶의 상상적 공동체를 세우고자 지속적인 민족국가 형성과정에 돌입했다. 이미 존재하는 민족적, 지역적 통합을 가로지르는 자의적인 통합, 분리, 그리고 분할이라는 식민지 유산에 의해 창조된 구획들과 경계선들을 볼 때 그러한 과제는 결코 쉽지 않았다. 그 결과 주기적인 내부폭동, 분리주의 운동, 인종청소 그리고 내전이 나타났다. 민족국가적 통합을 형성하는 것은 미국과 소련 사이의 냉전이라는 지정학적 문제로 더욱 복잡해졌다. 미국과 소련 모두는 경제적, 군사적 원조의 다양한 조합을 통해 신생 독립국가들의 지지를 얻으려고 다투거나, 그들이 다른 편에 서는 배신을 막기 위해 무장개입을 행사하기도 했다. 그러나 가장 거대한 민족국가로 출현한 중국과 인도는 이러한 새로운 전 지구적 무대에서 모호한 입장을 취했다. 인도는 서구의 선거 민주주의 모델을 채택했지만, 경제영역에서는 투자와 수입을 제한함으로써 간디로부터 영감을 받은 자급자족 정책의 추구를 고집했다. 소련과의 단절 이후, 중국은 외부의 영향력을 거의 완벽하게 차단한 국경 뒤에서 국가가 관리하는 공업화 및 기술적 근대화라는 차별화된 정책을 실행했다.

세계에서 가장 인구가 많은 두 국가는 전후(戰後) 대부분의 시기 동안, 식민기간 내내 광범위하게 통용되었던 근대성에 대한 시장적 전망에 거의 또는 전혀 의존하지 않는 근대화 모델들을 추구한 셈이었다. 대신에 공식적으로 승인된 "근대성으로의 진입"은 "민족국가 형성이라는 집단적 프로젝트 속으로" 완전히 참여하도록 개인들의 의무를 강조했다(Cullity, 2002). 공통의 하부구조와 자원들을 개발시키는 것이 개인적인 욕망에 우선시되었다. 그 에토스는 일종의 금욕, 자기부정 그리고 소비에 있어 개인적인 선택의 유예이었다. 이러한 에토스는 국가가 경영하는 독점적 공영방송 서비스에 의해 그 일상적 기반을 강화했다. 이들 공영방송은 집단적인 의무에 대한 요구를 초과 달성한 노동자들과 시민들에 대한 찬양 그리고 민족적 전통과 문화에 대한 본질주의적인 구성요소들에 의해 휘날리는 기치들 아래로 시청자들을 불러 모았다.

지난 15년 동안 시장화를 향한 가속행진에 의해 체계적으로 대체 및 파괴되었던 것이 바로 이러한 '민족국가 형성'의 근대성 모델이다.

근대성의 시장화

시장화는 시장의 규모와 범위를 제도적인 영역으로 확장시키고, 마케팅을 중심적인 문화적 역학으로 내재시키는 과정이다. 제도적 변화는 다양하게 조합되어 고안된 일련의 정책적 개입들을 통해서 보장된다. 이 중 가장 중요한 것은 다음과 같다. ① 공적으로 소유된 자산과 자원을 사적 투자자들에게 이전하는 것(사유화), ② 이전에 독점되었거나 경쟁이 엄격하게 통제되었던 시장에 해외의 투자자들을 포함한 새로운 진입자들을 허용하는 것(자유화), ③ 규제체제의 핵심원리를 공익(그것이 어떻게 정의되든)을 위한 방어로부터 기업의 전략을 위해 보다 많은 공간을 부여하는 방향으로 전환시키는 것(규제 재조정), ④ 사적 영역의 파트너들과 협정을 맺음으로써 자신의 상업적 수익을 극대화시키고 더욱더 시장 지향적인 방식으로 작동하도록 공적 기관들을 강제하는 것(기업화) (Murdock & Golding, 2001).

지난 20년 동안 세계 곳곳의 정부들은 이러한 정책들을 서로 다르게 조합하면서 포괄성의 측면에서도 각기 다양한 정도로 이행했다. 때때로 이러한 이행은 시장과 경쟁이 효과적인 경영과 개인적 자유의 기초로서 명백하게 우월하다는 이데올로기적 확신에 의해 추동되었다. 때때로 그것은 투자를 촉진시키고 경제성장을 가속화하기 위해 고안된 실용적인 선택이었다. 종종 이는 차관이나 원조를 받기 위한 전제조건 또는 WTO 가입을 위한 자격조건으로서 광범위한 구조조정 프로그램들을 주장한 거대 은행들, 국제 금융기구들 그리고 서구 정부들에 의해 강요되었다. 그러나 모든 곳에서 그 호소력이 강화된 것은 국가 경영이 위기에 처했기 때문이었는데, 그 징후는 소비에트 연방의 붕괴, 개발도상국들의 성과에 대한 환멸의 증대 그리고 선진 자본주의 국가들에서 공기업과 포괄적인 복지 비전의 후퇴였다.

민족국가 형성에서 소비주의적 근대성 모델로의 결정적인 전환은 1990년대 초에 일어났다. 소비에트 연방의 붕괴는 국가 주도의 근대화에 대한 호소력을 크게 약화시켰다. 동시에 전후 대부분의 시기 동안 전 지구적 자본주의 시스템의 외부 또는 무관한 지점으로 남아 있던 인도와 중국에서 시장화 정책들을 동시에 도입한 것은 21세기 근대화를 위한 강력한 대안 경로를 제공했다. 중국은 시장기업 모델을 작동시키고, 국가 소유 기업들에게 더욱더 상업적인 정신을 갖추도록 요구했으며, 내부투자와 해외상품의 통제된 유입을 고무하면서 광범위한 개혁과정에 착수했다. 1991년 이후 인도는 자유시장 체제에 대한 선호 속에서 자급자족을 점진적으로 포기했다. 이러한 변동들은 지역 미디어 시스템, 특히 방송에 심각한 충격을 주었다. 다른 곳과 마찬가지로 인도에서 상업 위성 및 케이블 서비스의 등장은 텔레비전 방송에 대한 국가의 독점을 깨뜨렸으며, 그 공공 시스템들이 시청자들을 유지하기 위한 노력으로 프로그램들을 더욱 혁신적이고 대중적으로 만들도록 강요했다. 중국의 국내 TV 시스템은 국가소유로 남아 있었지만, 광고수입이 정부 보조금을 급격히 추월하여 운영의 주요 재원이 되었다(Zhang & Harwood, 2004).

앞서 논의했던 것처럼, 전쟁 이전시기에 영화는 백화점 및 체인스토어와 한 쌍이 되어 새로운 소비풍경—비록 지리적, 사회적 범주 모두에서 매우 제한적이었지만—을 구축했다. 전후시기에 미국에서 출발한 상업 텔레비전의 등장, 쇼핑몰의 성장 그리고 자동차 소유의 확대는 이러한 풍경을 가정의 일상으로 흡수시켰다. 일일 연속극, 시트콤, 퀴즈쇼와 같은 가장 대중적인 프로그램 장르들이, 이전에는 사치품이었던 소비재들에 둘러싸인 보통 사람들을 보여주었다. 자동차, 세탁기, 냉장고 그리고 TV 수상기는 모든 가정이 소유해야만 하는 필수품으로 표현되었다. 이러한 새로운 접근 가능성은 새로운 소매점들을 통해 재생산되었다. 기존의 백화점들은 진열할 상품의 선택에 대한 독점적 통제를 유지했지만, 쇼핑몰들에는 다양한 소매점들이 입점했으며, 쇼핑객들이 마음대로 돌아다닐 수 있었다. 그것들은 핵심 브랜드들 사이의 경쟁을 둘러싸고 형성되었던 확대되었지만 통제된(*orchestrated*)

선택이라는 시장 시스템의 출현을 완벽히 표현한 것이었다.

유럽 대부분을 포함해 미국 밖에서 이러한 근대성에 대한 소비주의적 비전의 진전은 상업 텔레비전의 부재 그리고 재건과 근대화라는 막대한 과제가 부과한 내핍으로 인해 지연되었다. 〔그러나〕 지난 20년간 전 세계적인 시장화 추구는 이제 그것(소비주의적 근대성)을 보편화시켰다. 쇼핑몰의 급격한 성장, 신용카드의 도입, 그리고 상업 텔레비전 서비스의 등장은 보고, 선택하고, 구매하는 것을 하나의 연속적인 순환으로 통합시켰다. 또한 자기실현의 약속과 소비를 통한 즐거움은 공동의 노력을 통한 (민족)국가건설을 호소하는 나팔 소리를 점점 대체했다.

전 지구적 야망, 현지화 전략

전 지구적 시장화의 기세를 목도하고 있는 수많은 서구의 논평자들은 결국 자본주의가 어디든지 자유롭게 이전·배치되며, 맑스와 엥겔스가 예견했던 것처럼 그 자신의 이미지를 따라 세계를 재구성한다고 보았다. 1983년 하버드 비즈니스 스쿨에서의 저술을 통해 테오도르 레빗(Theodore Levitt)은 "세계의 욕구 및 욕망들"의 동질화가 커지면서 "이전에는 상상하지 못했던 규모로 표준화된 소비재들을 위한 전 지구적 시장의 출현"을 위한 길이 놓이고 있다고 보았다(Levitt, 1983). 세계적인 탑 브랜드의 목록을 미국이 지배하고 있었기 때문에, 미국의 주요 다국적 기업들은 그 이점을 충분히 누릴 위치에 있었다. 레빗은 글 제목을 《시장의 전 지구화》(*The Globalization of Markets*)라고 명명했다. 그것은 상업적 승리주의의 분위기를 완벽하게 포착하고 있다. 정치철학자 버나드 바버(Bernard Barber)는 "시장이라는 보편적 교회"(1996)가 "점점 커지는 신자들"을 "로고, 광고 슬로건, 스타, 노래, 브랜드명, 광고음악 및 상표" 주위로 끌어모은다고 보았다.

그렇지만 이러한 동질적인 전 지구적 단일시장에 대한 전망이 매우 짧은 시기에 현지 반응의 예상치 못한 반발에 떠밀려 급격히 후퇴했다. 어떤 인도 칼럼리스트가 만족감을 숨기지 않으며 1999년에 지적한 것처럼, "인도 시장이 글로벌 기업의 슈퍼파워에 개방된 8년 동안 다국적 기업들의 지속적인 물결은 국내 소비자들을 식민화시키지 못했다(Marzzarella, 2003).

시장화의 전도사들은 이미 설립된 영화와 텔레비전 생산의 지역적 중심지들, 즉 스페인어 및 포르투갈어를 사용하는 지역에서 멕시코와 브라질, 아랍세계에서 이집트 그리고 아시아에서 인도와 일본의 지속적인 중요성을 간과했다. 서구 기업전략에서 주변부로 치부되었던 이 지역의 주요한 사업자들이 이제는 고려해야 할 경쟁자로 등장했다(Sinclair et al., 1996). 또한 서구의 다국적기업들은 국가의 증진된 힘을 논리적으로 완전하게 계산에 넣지 못했다. 중국에서 마이크로소프트가 그들의 웹로그 서비스를 개시했을 때, 그들은 시장진입의 대가로 티베트, 파룬궁, 자유 그리고 민주주의와 같이 정치적으로 민감한 단어들을 자동 삭제시키는 소프트에어를 작동시켜야만 했다(Watts, 2005a). 이와 유사하게, 루퍼트 머독이 애초에 예견했던 것처럼, 그의 스타TV 위성시스템은 "전체주의 체제를 굴복시키기보다는" 정부의 케이블 시스템을 통한 전송로를 확보하기 위하여 중국 정부의 요구에 대해 실질적으로 양보해야만 했다(Curtin, 2005). 또한 그는 자신이 중국 내의 선도적이고 새롭게 상업화된 텔레비전 운영자들(베이징의 CCTV와 상하이의 SMG)로부터 예측했던 것보다 훨씬 더 강력한 경쟁에 직면한 것을 보게 되었다. 결과적으로 스타의 피닉스 자회사는 원래 의도한 표준 중국어 서비스 제공보다는 "중국 동부 상류층의 영향력 있는 시청자들"로 목표를 바꾸었다.

전 세계의 TV 시청자들은 현지에서 제작되거나 또는 공유된 역사적 경험과 공통의 미학적, 유전적 코드들을 지닌 지역에서 수입된 프로그램을 지속적으로 선호한다. 브라질 사람들은 미국 연속극보다는 멕시코 미니시리즈에 더 강한 친밀감을 느낀다(Pastina & Staubhaar, 2005). 대만의 젊은 시청자들은 일본의 대중적인 텔레비전 드라마들로부터 제공되는 조작된 리얼리즘에 끌리는데, 그들은 여기서 개인의 자유와 "사용을 위해 준비된 어떤 것으로 구체화된" 소비자 라이프스타일이라는 아메리칸 드림을 보게 된다(Iwabuchi, 2005).

서구의 다국적기업들은 제도적, 문화적 현지화 전략을 추구함으로써 이러한 장벽에 내응했다. 140여 개 국가들에서 운영되고 있으며, 세계에서 가장 광범위하게 전송되고 있는 텔레비전 서비스인 음악방송 MTV는 이러한 과정을 잘 보여준다. 기업 슬로건이 "글로벌하게 사고하고, 국지적으로 행동하자"인 다국적 미디어 복합기업 비아콤의 자회사인 MTV는 현지 탤런트 및 프로그램 진행자들을 전면에 내세우고, 현지의 이해당사자들과 파트너십을 체결함으로써 확장했다. 예를 들어 중국에서 MTV는 두 개의 선도적인 텔레비전 네트워크와의 연계, 즉 CCTV와 연계한 뮤직 어워드(Music Award) 그리고 SMG와 공동 주최하는 스타일 어워드(Style Award)를 통해 주요 경쟁자를 후원했다. 뮤직 어워드는 미국의 그래미 상을 모델로 하였지만, 프로그램 내용은 CCTV와 공동으로 결정했다. 그 결과 나타난 것은 중국적 특성을 지닌 시장화된 근대성에 대한 찬미였다. 민속음악과 전통양식의 공연에 수여되는 상을 받는 소수의 수상자들은 중국에서 만들어진 서구식으로 디자인된 의상들을 입었다(Fung, 2004).

민족적 상징들은 그 중요성을 유지하지만, 그것들은 해외로 재판매되기 위해 포장된다. 전통의 선택과 재발견을 지배하는 논리는 국가에서 시장으로 이전된다. 인도에서 "소비주의적 글로벌화"는 문화적 병합의 단순한 동인으로 존재하는 것을 넘어, 민족의 옹호자들에 의해 "인도적인 것(*Indianness*)의 광범위한 재활성화를 위한 기회이자, 평등의 기반 위에 세계무대에서 경쟁함으로써 식민주의의 굴욕을 보상하기 위한 기회"(Mazzarella, 2003)로 재형상화 되었다. "글로벌화"는 "서구문화가 인도로 쇄도"하는 것이라기보다 "공정한 경쟁 시장에서는 인도인이 승리자가 될 수도 있다"라는 희망과 결부되어 "인도와 인도인들이 전 지구적인 영역으로… 진출"하는 것처럼 여겨졌다(Juluri, 2005). 자기 자신을 인도인으로 인식하고 표현하게 하는 이러한 새로운 프로모션 방식은 국제적으로 통용되도록 주의 깊게 선택된 현지의 요소들에 가치를 부여하는 것을 포함하고 있다. 그러므로 미스 인도 선발대회의 참가자들 대부분이 평소에는 서구식 의상을 입으며 거의 사리(*sari*)를 입지 않음에도 불구하고, 퍼레이드에서는 사리를 입어야 한다. 대회의 조직자들이 보기에는 그래야만 자국의 우승자가 미스 유니버스 대회에 진출했을 때 전 세계적인 기대를 충족시킬 것이기 때문이다(Runkle, 2004).

"글로벌 미디어의 능동적이며 자기의식적인 토착화에 기초한 이러한 문화민족주의의 새로운 형태"(Cullity, 2002)는 글로벌 이익과 현지 이익 사이에서 현재 형성되고 있는 새로운 호혜관계의 산물이다. 서구의 다국적기업들은 새로운 시장에서의 거점 마련을 위해 현지의 정치적·문화적 조건들을 수용하고 있다. 그러한 시장에서 주요 국내 생산자들은 글로벌 시장에서 효과적으로 경쟁하기 위해 자신들의 능력을 강화시키기 위한 방안의 하나로 선도적인 글로벌 미디어 복합기업과의 제도적 동맹을 환영한다. 그들은 고도의 기술을 사용하는 능력을 증진시키고, 새로운 프로그램 포맷을 실험하며, 경영, 생산 그리고 마케팅 운영을 능률화할 기회를 포착한다. CCTV의 부국장이 지적한 것처럼, 현재 중국의 국영 텔레비전 네트워크는 명백하게 "세계화의 전망"을 가지고 운영되며, 최대한 이익이 되도록 글로벌 미디어의 현지화를 관리하는 것을 주요 과제로 삼고 있다(Fung, 2004). 중국이 WTO에 가입함에 따라 이러한 야망은 글로벌 시장에 대해 보호주의적 입장에서 전향적 입장으로 옮겨 간 당 기구의 완전한 지원을 받고 있다(Chin, 2005). 또한 글로벌 시장에서 경쟁할 수 있도록 CCTV를 재정비하는 것은 지역시장을 놓고 상하이의 SMG 같은 지역 운영자들—SMG 역시 해외 기업들과의 협조체제를 강화하고 있다—과 점점 더 강한 경쟁에 직면해 있는 국영방송사의 국내시장에서의 입지를 강화시킨다.

결과적으로 현재 세계화 전략과 현지화 야망은 스모 선수들처럼 한데 얽혀 있다. 경쟁은 모든 참여자들이 게임의 동일한 기본 규칙들을 준수하도록 요구한다. 현지의 상업 프로그램은 중국적 또는 인도적 특성을 강조함으로써 차별성을 증진시키려 하겠지만, 그것 역시 여느 상업 제작처럼 시장을 중심적 선택영역이자 새로운 근내성의 기본 동력으로 간주한다. 소비는 "새로운 것"을 지속적으로 추구하고 구성하는 데 있어 중심적이다(Stivens, 1998). 그것은 개인의 열망을 민족국가의 운명에 결합시킨다. 문화적 프로모션이 미적으로나 사회적으로나 점점 모바일화됨에 따라, 이러한 연결은 강화된다.

모바일 소비주의(*mobile consumerism*)[3]

광고의 성장은 지상파 텔레비전을 성장시켰으며, 이전에는 민족국가 건설에 헌신하도록 국가가 통제하는 방송에 의해 지배되었던 사회에 상업적 위성 방송과 케이블 방송을 도입한 것은 문화적 프로모션이 가능한 공간을 엄청나게 팽창시켰다. 그렇지만 모바일 소비주의의 주요한 매개로서 전통적인 스폿광고를 이용하는 데 따르는 문제점이 존재했다. 15초 또는 30초 슬롯(*slot*)은 제품의 스타일과 라이프스타일 사이를 견고하게 연계시키기에는 단지 제한적인 여지만 제공할 뿐이었다. 소비자들, 특히 젊은 소비자들은 광고가 방영되는 동안 점점 더 자주 채널을 변경하거나 아니면 광고를 구매를 위한 자극보다는 그 자체로 완성된 문화형식으로 여겼다. 이에 대한 해결책은 소비

3) 옮긴이 주: 민족국가의 경계를 넘어 전 지구적으로 파고드는 새로운 판촉문화를 통해 형성되는 자유롭게 움직이는 소비주의를 지칭하는 것으로, 마땅한 번역어를 찾기 어려워 '모바일 소비주의'로 옮긴다.

자의 참여가 증진되도록 쌍방향성을 제공하고, 다양한 문화적 형식들 속으로 상업적 판촉이 통합되는 환경을 조성하는 것이다. 상업 텔레비전과 휴대폰의 교차점은 이러한 새로운 판촉의 가능성을 실험할 수 있는 매우 생산적인 공간을 제공한다.

현재 중국은 텔레비전 수상기와 휴대폰 판매에서 미국을 추월했다(Watts, 2005b). 프로그램 제작자들은 재빠르게 가능성을 찾아내었다. 최근 MTV는 중국에서 애니콜 휴대전화 서비스를 출시하려는 삼성의 협찬을 받아 대학가요제를 도입하면서 시청자들이 그들의 휴대폰을 사용하여 〔방송 프로그램에〕 포함될 노래들을 선택하게 하는 새로운 프로그램 *Yue Ding Yue Zheng*을 만들었다. 풍(Fung)이 논의했던 것처럼, 화면상에서 표현되는 최첨단 기술과 능동적인 수용자 참여의 혼합은 하이테크와 '진보' 그리고 청년 지향적 사회라는 중국의 강력한 미래상을 투사했다(Fung, 2004). 홍콩의 현지 프로그램 제작사인 유나이티드 미디어(United Media)는 선도적인 휴대폰 생산자인 모토로라와 가정용품 생산자인 글로벌기업 유니레버의 재정적 후원뿐만 아니라, 다국적 광고대행사인 매캔에릭슨(McCann Erickson)과 제휴하여 자신이 만든 가장 성공적인 프로그램 중 하나인 *Love Talks*를 제작했다. 그 이야기는 광고산업에 진입하고자 하는 젊고 순진한 한 여성의 노력 그리고 성공한 광고 경영자와 그녀의 로맨틱한 얽힘에 관한 것이다. 그 작품의 가시적인 풍경을 지배하는 것은 그녀의 "바쁘게 돌아가는 다소 통속적인 일상적 실존"과 그〔광고 경영자〕의 라이프스타일을 규정하는 "기술주도적 소비주의, 인터내셔널리즘 그리고 부" 사이의 대조이다. 자신의 고유한 역사를 간직한 채 국제사회에 합류하는 중국 민족을 보여주는 이러한 실용적 근대성의 전망은 모토로라와 유니레버가 열광적인 중국 소비자에게 판매해야 하는 특정 상품들과 완벽하게 어울린다(Sinclair & Harrison, 2004).

그렇지만 이러한 새롭고 더욱 유동적인 소비주의가 뿌리내기 위해서는 그것이 호소하는 것에 개방적인 새로운 사회적 지지층을 육성할 필요가 있다. 여기에는 두 가지 발전과정이 중요하다.

첫째, 시장화 정책에 의해 만들어진 사적 또는 상업적으로 가동되는 기업들의 급격한 확장은 '새로운 중간계급'의 확대를 낳았다. 이러한 계급구성과 그 경계들을 두고, 기업가 및 경영자 계층의 출현에 초점을 맞춘 몇몇 정의들과 급성장하는 서비스 산업에 종사하는 일상적 노동자들까지 여기에 포함시키는 또 다른 정의들 사이에 논쟁이 벌어지고 있다. 그러나 에토스에 있어 변화가 일어났다는 점에 대해서는 일반적으로 동의하고 있다. 관료들과 (의사나 교사 같은) 전통적인 전문직으로 구성된 '구' 중간계급은 일차적으로 공공기관 및 국가기관을 위해 일하면서 높은 수준의 공적 존경과 '철밥통'이라는 재정적 보장을 받는 대신 소득수준은 낮았다. 그들은 공공서비스라는 정신에 찬동했다. 반대로 새로이 등장하고 있는 〔중간계급〕 집단들은 시장을 그들의 일차적인 활동공간으로 여기며, 개인적 지출과 소비를 그들의 물질적 성공과 '현대적인' 문화 취향을 과시하기 위한 주된 영역으로 여기고 있다.

그들은 새로운 소비 시스템들을 위한 주요 시장과 소비주의적 근대성의 전위 모두를 구축하고 있다. 동시에 시장화 과정은 주요 도시 및 신흥 기업지구에 사는 사람들과 농촌지역에 사는 사람들 사이의 소득격차를 확대시켰다. 공공서비스의 긴축, 국가연금의 가치하락 그리고 젊은이들의 급격한 도시 이주는 수많은 사람들에게 소비가 이제 선택이 아닌 필수의 문제가 되었다는 것을 의미한다.

두 번째 역학은 세대와 관련된다. 인구가 노령화되고 어떤 경우에는 감소하는 북반구에 위치한 기존의 자본주의 국가들과는 뚜렷하게 대조적으로, 많은 신흥 경제국들은 종종 30살 이하가 과반수를 차지할 만큼 압도적으로 젊은 인구를 갖고 있다. 현재 10대에 들어서고 있거나 또는 20대 초반인 사람들은 전후 재건과 민족국가 형성시기의 궁핍을 경험했다고 하기에는 너무 젊다. 새로운 소비풍경이 지금까지 그들이 알고 있는 전부이다. 결과적으로 이 새로운 소비풍경이야말로 전적으로 자연스러운 행동의 공간인 것처럼 나타난다.

근본주의

시장화와 모바일 소비주의의 전 지구적 확장이 지리적, 상상적 경계들을 점차 사라지게 만든 지난 20년 동안 민족적, 종교적 형식의 순수성을 방어하고 내부인과 외부인, 적과 동지 사이의 예리한 구별을 끌어내는 근본주의 운동의 유례없는 부활이 나타나고 있는 것은 일견 역설적이다.

9·11 공격 이후 서구의 보수적인 논평자들은 이슬람 운동을 근본주의의 주요 담지자로 묘사하는 경향을 보였다. 이는 너무나 단순한 태도이다. 심지어 알카에다로 대표되는 공격적인 이슬람 근본주의조차 단순히 서구 근대성에 대한 전면적인 거부라고 볼 수 없다. 이슬람 근본주의는 독실한 무슬림의 첫 번째 의무가 신앙을 통한 보편적 형제애라는 생각에 근거하여 전근대적인 결속을 동원할 수도 있었다. 그렇지만 그들은 발전된 기술들과 더욱더 개방된 시장들에 의해 등장한 전 지구적으로 이용 가능한 것들의 이점을 완전히 받아들였다. 이슬람 근본주의는 빈 라덴의 연설을 녹화한 비디오를 전 세계인이 시청하도록 하기 위해 새로이 부상하는 위성 서비스를 이용했으며, 인터넷상에 주요 근거지를 구축했다. 또 다른 현대의 이슬람 근본주의들은 다양한 (종교적, 민족적, 국가적) 정체성을 끌어들였으며, 다양한 세력들에 의해 형성되어왔다. 〈이코노미스트〉에서 지적한 것처럼, "어떤 무슬림적인(이들 중 몇몇은 그 뿌리가 민족적이며, 몇몇은 국가적인) 색깔을 띠게 된 다양한 운동들을 테러리즘이라는 단순히 선정적인 문구 아래 묶는 것은 수많은 사례들의 배후에 있는 실재적인 불만들을 무시하는 것이다"(*The Economist*, 2004). 종교적 근본주의가 이슬람 세계에 한정된 것도 아니다. 최근 몇 년간 인도에서는 BJP 당

의 성장과 더불어 힌두교 내에서도 근본주의가 부활했다. 또한 그러한 갈등이 세계를 바라보는 종교적 관점과 세속적 관점의 차이 때문인 것도 아니다. 가장 격렬한 몇몇 주장들은 종교 공동체들 내부의 근본주의자와 코스모폴리턴들 사이에서 일어났다. 예를 들어 말레이시아 국무총리인 압둘라 아마드 바다웨이(Abdullah Ahamd Badawai)는 주요 야당인 범말레이시아 이슬람 당(PAS)의 '보수적인 이슬람'과 투쟁하기 위한 노력 속에서 '이슬람 하다리'(*Islam Hadhari*)라는 개념을 담고 있는 60쪽에 달하는 문서를 최근 내놓았다. 이를 통해 그는 더욱 관대하고 포용적이며 외부 지향적인 신앙적 시각을 주장했다(Sardar, 2004).

흔히 종교 공동체들과 연관 짓곤 하지만, 체첸공화국 내에서처럼 또 다른 근본주의 운동들은 지지자들에게 식민주의를 청산하기 위한 것으로 보였다. 일차적으로 그것들은 현존하는 국가 경계에 이의를 제기하고, 주변부 집단들이 그들 자신의 조국을 건설할 권리를 주장하는 것과 관련된다. 그 운동들은 민족적, 종족적 정체성에 뿌리를 둔 오랜 역사를 지닌 상상적 공동체에 의존하며, 자신들의 주장을 강행하기 위해 테러활동을 수행할 준비가 되어 있다. 이러한 계획들은 결국 현존하는 민족국가 공동체의 통합과 우월성을 분명히 하기 위한 국가적 캠페인들 그리고 이질적인 요소들을 제거하거나 익입하려는 시도들과 맞부딪치게 될 것이다. 이러한 반응들은 모든 이방인들을 잠재적인 테러리스트로 여기게 되는 요새화된 심리상태를 조성하며, "'본국'을 방어하기 위해 어느 때보다 높은 경계와 장벽들을 만들고자 하는 욕망"을 나타내게 된다(Peel, 2004). 신뢰의 분위기를 확산된 두려움과 공포로 대체하는 것은 코스모폴리터니즘이 번영하기 위해 요구되는 이방인들에 대한 포용성과 개방성의 가치들을 광범위하게 훼손시킨다. 그럼에도 불구하고 코스모폴리터니즘은 정치적 의제에서 멀어지기는커녕 최근 추진력을 얻고 있다.

오늘날의 세계를 조망하면서 많은 논평자들은 냉전 시기의 친숙한 대립이었던 자본주의와 공산주의 사이의 이원적 대립이 모바일 소비주의와 근본주의, 맥도널드 세계(McWorld)와 지하드(Jihad) 사이의[4] 대립으로, 다시 말해 상업적 세계화로의 몰두에 맞서 역사적으로 뿌리 깊은 분리와 고유성을 주장하는 것으로 대체되고 있다고 보았다. 이는 제3의 중요한 운동인 비판적 코스모폴리터니즘을 무시하고 있다.

비판적 코스모폴리터니즘

일반 사람들의 지위가 신민(*subjects*)에서 시민으로 이행한다는 것은 사회적 삶에 대한 근대적 개념화의 중심에 놓여 있다. 시민이 된다는 것은 공유된 자원들의 분배 전반에 대한 결정과 경쟁적인 입장들 사이의 논쟁이 힘보다는 숙의를 통해 해결되며, 차이와 반대의견을 어디에도 속하지 않는 타자, 이방인 또는 외부인의 징표로 여기는 것이 아니라 합쳐지면 하나의 풍부하고 복합적인 전체를 이루는 퍼즐의 조각들로 여기는 도덕 공동체의 일원이 되는 것이다. 이것이 코스모폴리턴에 대한 본래적인 개념화이다.

칸트가 주장했던 것처럼, 시민권의 이상은 포용적이며 동등한 권리를 전제하기 때문에 그것이 국경에서 멈출 이유는 없다. 그러나 역사적으로 민족국가가 시민권의 권리들에 대한 주요한 제도적 보장자로서 행동했기 때문에, 그러한 권리들의 지속성과 활력은 그것들을 승인하는 특정국가들의 자발성에 주로 의존했다. 시민권의 보편화를 목적으로 하는 국가들의 연합에 대한 칸트의 꿈은 그 강제력이 제한적인 것으로 판명된 UN을 통해 부분적으로만 실현되었다. 그러나 한편으로 인터넷의 출현은 다시 활력을 얻은 코스모폴리턴적 시민권

4) 옮긴이 주: 벤저민 R. 바버(Benjamin R. Barber)가 1992년에 *The Atlantic Monthly*에 실렸던 기사 제목을 차용해 1995년 펴낸 *Jihad vs. McWorld*라는 책에서 가져온 표현.

의 이상을 펼치고, 정교화하며, 행동의 지침으로 삼을 수 있는 새로운 문화적 공간을 제공했다. 멀티미디어와 쌍방향성 모두를 지닌 채, 웹사이트는 사상을 촉진시키고 지지를 동원하며 참여를 독려하기 위한 새로운 가능성들을 열어젖힌다. 주목을 끌기 위한 발의들은 모든 범주의 표현형식들(텍스트, 스틸 및 동영상, 연설 및 녹음)을 끌어올 수 있으며, 그것들을 어떤 형태로든 결합시킬 수 있다. 하이퍼링크 목록들은 이용자들을 접근이 승인된 또 다른 정보로 너 멀리 인도한다. 이용자들은 책, 배지, 포스터, 티셔츠를 구매함으로써 운동의 대의를 재정적으로 지지할 수 있다. 그들은 온라인 토론에 참여하여 자신의 자료를 제공할 수도 있다. 인터넷의 전 지구적인 지리적 도달 범위와 결부된 ―아직까지는 매우 불균등하지만― 이러한 참여와 연계의 다양한 형태들은 인터넷을 경계들을 가로질러 연대를 형성하는 독특한 생산공간으로 창조해낸다. 역설적으로 비판적 코스모폴리터니즘의 현대적 개념들을 가장 효과적으로 동원하는 것은, 소비에 대한 비판적인 문제제기이다.

지난 20년 동안 기하급수적으로 성장한 새로운 수많은 사회운동들은 모바일 소비주의에 의해 찬양된 상품들이 어디에서 왔으며 어떤 사회적 비용을 치를 것인가에 대한 지속적인 질문들을 제기했다. 그러나 그들의 답변은 노동착취에 대한 전통적인 초점을 넘어 세계무역의 비대칭적인 조직화와 시장화 정책의 강행이 낳은 환경오염, 아동착취, 토착민들에 대한 강탈, 여성들의 예속화 그리고 구조화된 지역적 불평등까지 끌어안는 방향으로 나아갔다. 이러한 쟁점들은 다양한 인터넷 활동들을 통해 탐구되고 고민되고 있다. 급진적인 저널리스트들과 논평자들은 거대 출판사와 서점 체인에 접근할 수 없게 만드는 장벽들을 우회하여 온라인 출판을 시작하고 있다. 급진적인 영화 제작자들은 그들의 작품을 유통시키기 위해 넷을 이용하고 있다. 비판적 지식인들은 그들의 전문지식을 모아 전례 없는 규모의 지식과 정보의 개방된 창고를 만들고자 한다. 전적으로 자발적인 기여에 의해 편찬된 온라인 소스 위키피디아(Wikipedia)는 이미 세계역사에서 가장 거대한 백과사전이 되었다. BBC와 다른 공영방송들은 그들의 축적된 프로그램과 전문지식을 더욱더 광범위하게 이용할 수 있도록 만들기 위해, 그리고 핵심쟁점들에 대한 공적 논의를 위한 다양한 공간들을 개방하기 위해 넷을 이용하고 있다.

현재 이러한 진취적 행동들은 원칙이라기보다는 오히려 예외로 남아 있다. 그러나 그것들은 개방적인 접근과 잠재적으로 전 지구적인 도달범위를 부여함으로써 코스모폴리턴적 시민권을 위한 관념적 기초를 다음과 같은 3가지 주요한 방식을 통해 제공한다. 첫째, 그것들은 사람들로 하여금 멀리 떨어진 다른 사람들의 안녕, 그리고 그들 자신을 위해 요구하는 권리 및 기회를 다른 모든 사람들에게 확장하는 것이 자신들의 안녕과 불가분하게 결합되어 있다는 것을 인식하도록 고무하는 문화적 자원들을 제공한다. 둘째, 그것들은 사람들이 이러한 목표를 달성하기 위한 최선의 방법을 결정하는 데 필요한 정보와 설명을 제공한다. 셋째, 지리적으로 분산된 행동들을 상호 간의 직접적인 관계 속으로 가져오는 접촉의 지점들과 논의의 공간들을 제공함으로써, 그것들은 추상적인 세계 공동체 개념을 이름을 가진 개인들로 채우며, 개인적인 전기들(*biographies*)과 구조적인 변화 사이의 연계들을 생생한 경험 속에서 찾도록 유도한다.

그렇지만 이러한 코스모폴리터니즘을 위한 핵심자원들에 대한 접근은 현재 국가 내부와 전체 대륙들 모두에서 지극히 불평등한 방식으로 분배되어 있다(Norris, 2001). 이것에 대항하기 위해 동등한 접근을 목표로 수많은 개발계획들이 현재 준비되고 있다. 이는 공동의 컴퓨터 기기 개발에서 공공 인터넷과 휴대폰 사이의 새로운 관계를 발전시키는 것까지 아우르고 있다. 하지만 우리가 앞에서 지적한 것처럼, 이러한 동일한 혁신들은 모바일 소비주의와 근본주의자들의 강령들에 대한 동원 모두의 잠재적 도달범위 또한 확장시킨다. 기업의 포획과 실존주의적 인클로저〔국가 주도에 의해 실체적으로 나타나고 있는 사유화/상업화/민영화/시장화—옮긴이]는 항상 존재하는 가능성들로 남아 있다.

전보는 문화적 상호교환을 물리적 전달로부터 분리시킨 최초의 커뮤니케이션 테크놀로지였다. 초기의 열광자들은 이렇게 상상했다. 전선과 케이블이 상호 연결된 전 지구적 시설망이 일단 형성되면 "상이한 국민들과 인종들이 말 그대로 서로 앞에 나타나게 될 것이며 … 그들은 공통의 공감에 의해 움직이게 될 것이고, 공통의 이해관계에 영향받게 될 것이다"(Standage, 1998). 그러나 이러한 새로운 네트워크들이 비즈니스 서비스와 군사적 논리들을 위해 구축되고 작동될 것이라는 점은 이내 명백해졌다.

현재 우리는 강렬해지는 전투의 한가운데에 놓여 있다. 그러나 그것은 새뮤얼 헌팅턴(Samuel Huntington)이 말하는 문명의 충돌(*Clash of Civilizations*)은 아니다. 그것은 민족국가, 민족집단 그리고 종교적 교리에 대한 상상적인 순수성 유지를 주장하는 부활한 근본주의들 그리고 모바일 소비주의와 코스모폴리턴적 시민권이라는 전 지구화의 미래에 대한 두 개의 대립된 견해들 사이의 투쟁이다. 사회적 삶, 그리고 아마도 인간적 생존의 미래가 이러한 비전들 중 어느 것이 승리하는가에 달려 있을 거라고 말하는 것은 과장이 아니다. 제국과 코스모폴리터니즘에 대한 이러한 상상적 재개념화 사이의 투쟁에 있어 글로벌 커뮤니케이션 시스템들의 미래 조직화가 중추적인 역할을 할 것이라는 것 또한 분명하다. 분석가로든 실천가로든 커뮤니케이션을 전공하기로 선택한 우리에게 이것은 만만치 않은 도전이지만 또한 전례 없는 기회이기도 하다.

참고문헌

Barber, B. (1996). *Jihad vs. McWorld: How Globalism and Tribalism are Reshaping the World.* NY: Ballantine.

Buck-Morss, S. (2000). *Dreamworld and Catastrophe: The Passing of Mass Utopia in East and West.* Cambridge, MA: MIT Press.

Chin, Y. C. (2005, June). Chinese television between the nation state and the global market: A case study of Shanghai television. Paper presented at the meeting on *Media and society in China Today.* London: Univ. of Westminster.

Conant, C. A. (1898). The economic basis of 'imperialism'. *The North American Review, 167*(502), 326~340.

______ (1899). Can new openings be found for capital?. *The Atlantic Monthly, 84,* 600~609.

Cullity, J. (2002). The global desi: Cultural nationalism on MTV India. *Journal of Communication Inquiry, 26,* 408~425.

Curtin, M. (2005). Murdoch's dilemma, or what's the price of TV in China?. *Media, Culture and Society, 27*(2), 155~175.

The Economist (2004, September). The war for Islam's heart. *The Economist.* 69~70.

Foster, R. J. (2002). *Materialising the Nation: Commodities, Consumption and Media in Papua New Guinea.* Indianapolis: Indiana Univ. Press.

Fung, A. (2004, June). Think globally, act locally: China's rendezvous with MTV. Paper presented at the meeting of on *Intercultural Communication,* Wuhan Univ. P. R. China.

Canguly, L., & Kraidy, M. M. (2004, May). Crorepati and hybridity: the story of 'Who wants to be a millionaire?' in India from a political perspective. Paper presented at the annual conference of the *International Communication Association,* New Orleans.

Harvey, D. (2003). *The New Imperialism.* Oxford: Oxford Univ. Press.

Iwabuchi, K. (2005). Discrepant intimacy: Popular cultural flows in East Asia. In J. N. Erni & S. K. Chua (Eds.). *Asian Media Studies:*

Politics of Subjectivities (pp. 19~36). Oxford: Blackwell Publishing.

Juluri, V. (2005). The whole world is watching us: Music television. In J. N. Erni & S. K. Chua (Eds.). *Asian Media Studies: Politics of Subjectivities* (pp. 161~182). Oxford: Blackwell Publishing.

Kant on the Web (2005). Immanual Kant, Perpetual peace: A philosophical sketch[first published 1795] Retrieved 9 June 2005. http://mtholyoke.edu/acad/intrel/kant1.htm.

Kristol, W. (2004). We must make common cause against barbarianism. *Financial Times*, 9 September, p. 13.

La Pastina, A. C., & Staubhaar, J. D. (2005). Multiple proximities between television genres and audiences: The Schism between telenovela global distribution and local consumption. *Gazette*, *67*(3), 271~288.

Levitt, T. (May-June 1983). The globalisation of markets. *Harvard Business Review*, *61*, 92~102.

Marx, K. (1946). *Capital: A Critical Analysis of Capitalist Production: vol.1.* London: George Allen and Unwin.

Marx, K. & Engels, F. (1968). *Selected Works in One Volume.* London: Lawrence and Wishart.

Mazzarella, W. (2003). *Shovelling Smoke: Advertising and Globalisation in Contemporary India.* Durham: Duke Univ. Press.

Merz, C. (1926, January). When the movies go abroad. *Harpers*, 159~165.

Murdock, C., & Golding, P. (2001). Digital possibilities, market realities: The contradictions of communications convergence. In L. Panitch & C. Leys (Eds.). *A World of Contradictions* (pp. 111~129). London: Merlin Press.

Norris, P. (2001). *Digital Divide: Civic Engagement, Information Poverty and Internet Worldwide.* Cambridge: Cambridge Univ. Press.

Peel, Q. (2004). The fallacy of the war on terror. *Financial Times*, 9 September, p. 13.

Sardar, Z. (2004). Can Islam change? *New statesman*, 13 September, pp. 24~27.

Sinclair, J., Jacka, E. & Cunningham, S. (1996). *New Patterns in Global*

Television: Peripheral Vision. Oxford: Oxford Univ. Press.

Sinclair, J., & Harrison, M. (2004, February). Globalisation, nation and television in asia: The cases of india and china. *Television and New Media*, *5*(1), 41~54.

Sklair, L. (2001). *The Transnational Capitalist Class*. Oxford: Blackwell Publishing.

Standage, T. (1998). *The Victorian Internet*. London: Weidenfeld & Nicholson.

Stivens, M. (1998). Theorising gender, power and modernity in affluent Asia. In K. Sen & M. Stivens (Eds.). *Gender and Power in Affluent Asia* (pp. 1~34). London: Routledge.

Watts, J. (2005a). Microsoft censors chinese bloggers. *The Guardian*, 15 June, p. 11.

_____ (2005b). China's new consumers get a taste for luxury goods. *The Guardian*, 18 June, p. 3.

Wood, E. M. (2003). *Empire of Capital*. London: Verso.

Zhang, Y. B., & Harwood, J. (2004, March). Modernization and tradition in an age of globalisation: Cultural values in Chinese television commercials. *Journal of Communication*, *54*, 156~172.

제 3 부

공공의 문화를 방어하며

제 8 장

인클로저에 맞서서

문화 공유지의 구축 *

공유지 논쟁

"우리의 통행권을 빼앗기지 말자,
폭정에 저항하지 않을 수 없네, 우리 모두 뜻을 모으세"
〔노팅엄(Nottingham)의 인클로저 반대운동 노래. Thompson, 1991〕

1794년에 검은 옷을 입은 6명의 남자들이 마차에서 내려와 울타리를 허물기 시작했다. 울타리는 베드퍼드(Bedford) 공작이 런던 남부의 스트리섬(Streatham) 공유지 둘레에 세운 것이었다. 그것은 상당히 함축적 의미를 지닌 작은 사건이었다. 만일 사람들이 역사적 공유지를 사용할 권리를 다시 주장하지 않고 사유재산으로의 전환에 반대하지 않았다면 "런던에는 … 오늘날 공원이 없을 것이다"(Thompson, 1991). 이 사건과 나라 곳곳에서 일어난 비슷한 지역적 저항은 수세

* 원 논문 출처: Murdock, G. (2001). Against enclosure: Rethinking the cultural commons. In D. Morley & K. Robins (Eds.). *British Cultural Studies* (pp. 443~460). Oxford, Oxford Univ. Press.

기 동안 지속됐던 토지 인클로저[1]에 반대하는 게릴라전을 마무리하는 작은 충돌이었다. 1794년까지 영국 전역의 4분의 3에서 울타리 작업이 성공적으로 수행되었고(Wordie, 1983), 반(反)인클로저 운동은 주요 전투에서 패배했음이 명백했다. 공유지를 버팀목으로 하여 가축 방목, 화목(火木) 수집, 이삭줍기와 같은 관습적 권리들을 누리던 지역경제는 집약적 자본주의 농업 시스템에 의해 대체되었다.

이러한 과정은 튜더(Tudor) 왕조 시대인 1500년대에 시작되었다. 당시 영주들은 종종 의회가 제정한 법의 뒷받침을 받아 수세대 동안 공동으로 작업해온 토지를 사들여 목초지로 전환함으로써 급성장하는 면직물 산업에 공급하기 위한 집약적 목양(牧羊)을 확보했다. 공식적으로 지명된 감독관이 회계장부를 들고 촌락으로 내려가서 공유지를 구획하여 "잘 정돈된 직사각형으로 나눠서 별개의 소유자에게 분배하고", 과거의 모든 관계와 상호 의무를 무효화했으며 호혜성을 시간제 임금으로 대체했다(Rifkin, 1998). 촌락민은 노동자가 되었다.

'출입금지'라는 경고가 공유지에 대한 접근투쟁을 중단시키지는 못

---

1) 옮긴이 주: 영국에서 12세기에 시작된 토지의 인클로저 운동은 마을사람들이 공동으로 사용하는 초원, 목초지, 경작지 등을 각 개인의 소유로 분할하거나 통합하는 현상을 말한다. 인클로저 이전에 마을사람들은 토지를 공동으로 사용하면서 개인에게 할당된 조각난 토지에서 작물을 경작하고, 추수기 이후에는 공동체 주민의 가축이 풀을 뜯는 등 공동으로 활용했다. 영국에서 인클로저가 급격히 이루어진 1차 시기는 1450~1640년으로 주로 장원의 영주가 소유한 소와 양들이 풀을 뜯어먹도록 한 것으로 누구나 사용할 수 있는 땅에 울타리를 치고, 자신의 영토로 선언했다. 이러한 현상에 대해 토머스 모어는 그의 책 《유토피아》에서 "양이 인간을 잡아먹는다"고 말했다. 넓은 농경지와 주민의 거주지를 양치기와 개가 지키게 됐다. 또한 1750~1860년에는 농지의 효율성을 높이기 위해 2차 인클로저가 대규모로 이루어졌다. 공유지의 인클로저 과정은 영국에서 19세기 말에 대부분 이루어졌다. 인클로저의 결과로 농민들이 토지를 빼앗기자 일을 찾아 도시로 이주했다. 자신의 몸 이외에는 아무것도 가진 것이 없는 이들이 노동력을 팔아 생활하기 위해 공장에서 일하게 되면서 노동계급을 형성하게 되었다.

했다. 많은 농촌가구가 비참할 정도로 낮은 임금으로 근근이 살아가면서 밀렵, 낚시, 과수원 과일서리 등으로 식량을 보조했다. 오래된 오솔길이나 공공 통행로는 그 길이 가로지르는 사유지의 주인이 동의하든 안 하든 여전히 이용되었다. 접근권에 대한 갈등이 시골에만 한정된 것은 아니었다. 공적 공간을 구성하는 것이 무엇인가와 그것이 어떻게 이용되느냐에 대한 논쟁은 산업도시 생활의 변함없는 특징이었다. 노상 소란행위에 대한 특성 지역의 다툼에서부터 1866년의 하이드 파크(Hyde Park) 울타리 사건과 같이 보다 일반적 반향을 불러일으킨 사건들에 이르기까지, 사생활과 예의범절을 요구하는 목소리는 대중적 요구와 끊임없이 충돌했다.

그해 선거권을 상당히 확대시켰을 선거법 개정안이 부결되었고, 이는 국가 전역에서 시위를 촉발시켰다. 런던에서 개혁연맹은 하이드 파크로의 저항행진을 개최했다. 하이드 파크 공원은 명목상 공중에게 개방되어 있었지만, 대체로 "런던의 중산층은 자신들만을 위한 가족용 유락 정원으로 여기고 있었고 … 거기서 대중집회가 열린다는 생각은 혐오와 경각심을 자아냈다"(Dover Wilson, 1966). 집회 예정일에 공원의 문이 내무장관의 명령으로 폐쇄되었다. 군중의 일부는 이것을 받아들이기를 거부했고, 울타리 한쪽을 허물어 화단을 짓밟고 공원으로 신입했다. 아무도 다치지 않았음에도 불구하고 '점잖은' 사람들은 '무뢰배'의 침입에 경악했다. 후일 논평자가 주목했듯이, "1866년 7월 영국에서 하이드 파크 울타리가 붕괴된 것은 1789년 7월 프랑스에서 있었던 바스티유의 붕괴와 마찬가지라고 해도 과장은 아니다"(Dover Wilson, 1966). 개혁적 공립학교 교장 토머스 아널드(Thomas Arnold)의 장남인 매튜 아널드(Matthew Arnold)는 3년 후 출판된 그의 영향력 있는 저서 《문화와 무정부》(*Culture and Anarchy*)에서 영국 기득권층의 두려움을 강력히 표현했다. 그는 깊은 호수의 밑바닥 진흙에서 떠오르는 괴물의 이미지를 연상시키는 구절에서 울타리 파괴를 "미숙하고 덜 발전되고, 오랫동안 반쯤 숨겨진 상태로 놓여 있던 노동계급이" 이제 "은둔에서" 벗어나 "원하는 곳에서 모이고, 원하는 것을 고함치고, 원하는 대로 파괴할" 권리를 요구한다는 적극적인 증거로 제시했다(Arnold, 1869). 그는 이러한 움직임들이 견제를 받지 않을 경우 불가피하게 유혈 계급전쟁으로 이어진다고 보았다. 그는 권력층이 "최상의 지식과 이념을 우세하게 만들어 사회 전반에 걸쳐 전달하려는" 문화계 거장들의 노력을 지원함으로써 이러한 대재앙을 저지하는 데 일조해야 한다고 주장했다(Arnold, 1869).

그가 보편적 지식의 확산과 문화적 경험의 공유를 사회분열을 치유하는 방법으로 본 최초의 인물은 아니다. 로버트 필 경(Sir Robert Peel)이 1830년대에 주장했듯이, 모든 사람에게 개방된 국립미술관을 런던의 심장부에 건립한 주된 이유는 "국가의 빈부계층 간 연대감을 공고히 하고 각자 동일한 명작을 감상하는 즐거움을 누릴 수 있도록 하기 위한 것이었다"(MacGregor, 1997). 이러한 추동력은 19세기를 지나면서 꾸준히 탄력을 받아 박물관, 도서관, 교육기관과 같이 모두에게 개방되고 자선활동과 국고를 통해 자금을 대는 일련의 문화적 장소를 만들어냈다. 이것은 숨김없는 가부장주의적(*paternalistic*) 프로젝트였다. 그것은 문화 공유지에 대한 아주 까다로운 정의를 내세우기 시작하면서 공유문화에 대한 더욱 개방적이고 논쟁적인 이해는 배제시켰다. 레이먼드 윌리엄스(Raymond Williams)가 올바르게 주장했듯이, "공유문화는 구성원의 집단적 실천에 의해 지속적으로 재형성되고 재정의되는 것이지, 그 안에서 소수가 형성한 가치가 전승되고 다수에 의해서 수동적으로 생활화되는 것이 아니다. 이 때문에 그는 '공유지 문화'(*culture in common*)라는 용어를 선호한다"(Eagleton, 2000). 주최 측이 "위대한 것" 또는 유용한 지식으로서 중요한 것들을 정의하고, 그것들을 분류와 전시에 배정할 권리를 보유했다. 이렇게 새로운 상징적 공간에 들어간 보통 사람들은 시야에서 벗어난 부엌에서 준비된 문화의 잔치에 초대된 손님처럼 입장했다. 아널드가 "우세하게 만들기"란 표현으로 시사했듯이 이러한 새로운

'공유지 문화'의 창출은 호의적인 몸짓으로 보인 것만큼이나 공격적인 행위였다. 그것은 공유된 문화공간에서 승인되지 않은 모든 구조와 규제받지 않은 활동을 제거할 것을 요구했고, 공무원의 기획 기술 및 선교사의 열정과 더불어 검열관의 수정펜과 경찰의 곤봉을 불러냈다. 그것은 또한 커뮤니케이션의 중심 시스템을 장악하는 것이었다.

옥스퍼드 대학 시학 교수인 아널드는 주로 제도화된 교육과 인쇄물의 발전이란 관점에서 생각했다. 그러나 《문화와 무정부》란 책이 등장할 즈음에 더 선견지명 있는 관찰자들은 현대의 조건에 부응할 수 있는 문화 공유지가 인쇄장치보다는 오히려 전파의 흐름을 토대로 한 커뮤니케이션 형식을 중심으로 더 잘 조직될 것이라고 이미 주장하기 시작했다.

전기적 친화성

1844년 봄 새뮤얼 모스(Samuel Morse)는 "신은 무엇을 초래했는가?"라는 메시지를 워싱턴의 대법원에서 40마일 떨어진 볼티모어의 수신국을 향해 성공적으로 전송했다. 동시대인들은 그가 혁명의 문을 열었음을 의심하지 않았다. 과거에 편지와 소포 또는 꽃다발로 전달되었던 감성들이 이제 점(*dot*)과 선(*dash*)으로 이루어진 그의 단순한 디지털 부호로 옮겨져, 산천으로 가지가지 뻗어나간 대규모 통신망을 따라서 펄스(짧은 전파)의 형태로 송신되었다. 커뮤니케이션은 교통과 분리되었다. 이제 더 이상 마차에서 바퀴가 빠지거나 낙석이 도로를 막는 것이 문제가 되지 않았다. 전보 메시지는 거친 지형과 매서운 날씨를 헤치고 거의 즉각적으로 전달되었다. 거리(*distance*)의 압제는 패배했다. 사람들 사이를 고립시켰던 황량한 공간에는 전파가 끊임없이 왕래했다.

전보는 이민과 디아스포라(*diaspora*)[2]로 훼손된 사회적 유대가 회복될 수 있고 더욱 포괄적인 동포감이 새롭게 만들어질 수 있다는 약속을 제시했다. 모든 사람이 참여할 수 있는 집단적 대화의 전망을 제공한 것처럼 보였다. 〈미국 전보잡지〉(*American Telegraph Magazine*)는 이렇게 새롭고 철저히 현대적인 문화 공유지를 구축한다는 생각에 공공연히 열광하며 다음과 같이 주장했다.

> 광범위하고 널리 퍼져 있는 거의 모든 인구가 전보와 번개 같은 정보와 공감의 친화성에 의해 … 함께 묶일 것이고, 그것은 우리를 모든 곳에서 단연코 '한 사람'이 되게 할 것이다(Czitrom, 1982, p. 10).

그러나 이러한 민주적 추동력은 기업자본과 관료국가를 위한 커뮤니케이션 기반시설을 제공하는 전보의 중추적 역할로 인해 제대로 발휘되지 못했다. 〈국가 전보 검토와 운영자의 동료〉(*National Telegraph Review and Operator's Companion*)가 전보매체 등장 7년 후인 1853년 주목했듯이, "전보가 탄생한 바로 그때부터, … 그 시스템은 상업의 시녀가 되었다"(Standage 1998). 경제적 정치적 이해가 어떤 지점이 서비스가 연결되고 어떤 지점이 유보될 것인지를 결정했고, 평범한 계층이라면 대부분 심각한 긴급상황이나 또는 특별한 경우에 한하여 사용을 고려할 수 있는 수준으로 메시지 전송 요금을 책정했다. 전보

---

2) 옮긴이 주: 특정 민족이나 또는 인종집단이 기존에 살던 땅을 자의적이나 또는 타의적으로 떠나 다른 지역으로 옮겨 거주하는 현상을 말한다. 디아스포라는 본래 살던 지역을 떠나 항구적으로 다른 지역에 거주한다는 점에서 계절적 또는 생활환경에 따라 주기적으로 주거지를 이동하는 유목(*nomad*)과 구별된다. 디아스포라 문화는 원래의 거주지 주민의 문화와 차이가 나타난다. 왜냐하면 이주한 지역의 문화가 새로 옮겨 간 지역의 기존문화와 융합하거나 또는 저항하는 과정에서 다른 방식으로 전개되기 때문이다. 디아스포라 문화 중 결속을 강조하거나 고유의 종교를 그대로 유지하는 경향이 있는데 팔레스타인 이외에서 펼쳐진 유대인의 유대문화가 그러한 예다. 디아스포라의 용어는 확장되어 전쟁과 식민지화로 고국을 등져야 했던 난민이나 이주민과 그 후손들을 가리키는 뜻으로 사용된다.

의 공유지에 울타리가 폭넓게 들어선 것이다.

이러한 기업화에 직면하여 관찰자들은 공유문화라는 유토피아적 이상을 추구할 수 있는 대안공간을 찾기 시작했다. 많은 이들이 무선기술을 고려했는데, 마르코니(Marconi)가 세기의 전환기에 그것을 보여주었다. 예찬론자들은 라디오 전파가 대기를 통과하고 천연자원은 공공의 소유이기 때문에, 무선통신은 사적 이해에 의해 강탈되거나 특정한 노선에 국한되지 않을 것으로 추정했다. 그리고 통신접속이 비물질적이고 물리적 연결망에 의존하지 않기 때문에, 그것은 무한정 이동적이고 유연하여 엄청나게 멀리 떨어진 거리에서도 사람들이 말하고 들을 수 있게 만들 것 같았다. 새로운 유형의 문화 공유지에 대한 이 같은 도취는 1923년의 어느 미국인의 다음과 같은 말에서 잘 포착된다.

> 자 우리는 인디애나에 있는 집, 작은 뒷방에 앉아 있다. 집 너머로 뻗은 전선 하나 없지만, 우리는 미국 전역에서 소년들이 말하는 것을 들었으며 … 누군지 모르는 다른 이들의 거대한 합창을 들었다. … 매일의 일상에서 벗어나 장엄함으로 가는 위대한 행보다(Sconce, 1998, p. 217에서 재인용).

그러나 이러한 규제되지 않은 접속의 이동성에 대한 우려가 권력의 밀실에서 점증했다. 예찬론자들에게는 지리적 사회적 경계로부터 마법 같은 해방이었지만, 정부에게는 혼란스럽고 위험한 존재였다. 제1차 세계대전 종전 이후 주요 자본주의 국가에서 나타난 광범위한 사회불안은 대중적 소요와 혁명 — 러시아에서 볼셰비키의 권력장악으로 더욱 부채질된 — 에 대한 오랫동안 내재되어온 두려움을 부활시켰다. 이러한 배경에 맞서 새로운 대중민주주의 시대의 정부들은 라디오의 잠재적 동원 능력을 합리성의 재구축과 국가의 통합이란 과제를 위해 활용해야 한다고 확신했다. 그들은 이용 가능한 전자기 스펙

트럼이 희소자원이기 때문에 전파 간 간섭에 따른 서비스 혼란을 발생시키기 전에 제한된 수의 채널만 수용 가능하다고 주장하면서, 사전 협의된 개입을 정당화했다. 방송할 권리는 주의 깊게 규제되어야 했다. 그러한 논리가 우세해졌다. 표준 라디오 수상기의 전송 능력은 제거되었고, 라디오 예찬론자들이 꿈꾸던 수평적 네트워크는 중앙에서 프로그램을 배포하는 수직적 시스템으로 대체되었다. 이용자는 청취자가 되었다.

방송과 공동체

1920년대 방송의 공고화는 재구성된 문화 공유지에 대해 서로 다른 개념을 제공하는 — 대중민주주의와 대량소비라는 — 두 가지의 거대한 형태의 출현과 동시에 일어났다.

여성 참정권의 부여로 '시민'은 마침내 영국에서 보편적 정체성이 되었다. 역사상 처음으로 모든 성인은 사회적 경제적 삶에 완전하고 동등하게 참여하고 그것의 미래 형태를 만드는 데 기여할 권리를 부여받았다. 이와 함께 복잡하고 끊임없이 변천하는 사회질서에 의해 생성되는 다양한 도덕적 코드와 생활방식에 대한 존중에 기초해서 공동체 의식을 구축하는 데 기여할 책임도 주어졌다. 이러한 새로운 사회계약(*social contract*)은 그것을 지탱하는 데 필요한 자원이 곧 나온다는 기대를 통해 작성되었다. 그러한 자원 중 일부는 물질적인 것이었는데, 적절한 평생 수입, 의료 서비스, 개인의 안전, 그리고 교통에 대한 접근권 등이었다. 그러나 다른 것들은 문화적인 것이었다. 우리는 정보, 지식, 재현, 참여 등 시민권을 위한 4가지 기초적인 문화적 자원을 확인할 수 있다.

적극적 시민권이란 이상은 세상에서 무슨 일이 왜 일어나는가에 대한 보편적 알 권리를 전제한다. 좀더 구체적으로는 시민들의 삶의 기회와 선택에 대해 중요한 권한을 가진 정부와 기업이 무엇을 하고 있고, 비판자들이 제안하는 행동과 변화의 선택지는 무엇인가에 대한 알 권리를 주장한다. 하지만 정보 자체만으로는 사람들이 삶 속에서 근거 있는 결정을 내리거나 또는 공공정책의 쟁점에 대해 사려 깊은 입장을 취하는 데 필요한 자원을 제공하지는 못한다. 그러기 위해서는 또한, 개인의 일생을 역사와 연결시키고, 벌어지는 사건들을 숨어 있는 근본 과정과 연계시키고, 현존하는 조건의 원인을 규명하는, 분석과 해석의 틀에 대한 접근이 요구되며, 더불어 서로 경쟁하는 설명과 해석들 사이에서 평가를 내릴 수 있게 하는 판단의 기준에 대한 접근이 요구된다. 동시에, 사람들은 다양한 정체성들 속에서 그것들과 맞물려 사회생활을 하기 때문에, 시민권에 대한 복합적 개념은 그들이 공공문화의 중심적 공간에서 그들의 다양한 삶과 열망이 재현되는 것을 볼 권리를 포함하며, 더불어 이러한 재현을 창조하는 데 기여할 권리, 즉 문화소비자뿐만 아니라 문화생산자가 될 권리를 포함한다.

보편적 시민권을 둘러싸고 형성된 문화 공유지에 관한 이러한 비전은 그 시작부터 대량소비 시스템의 출현에 기반을 둔 또 다른 개념과 경쟁해야 했다. 후자의 세계에서 사람들은 스스로를 다른 사람의 필요와 정체성을 존중할 책임이 있는, 도덕적이고 정치적인 공동체의 구성원이 아니라, 자신의 필수품과 욕망을 급증하는 상품의 배열로 충족시키는 시장의 행위자로 생각하도록 부추겨졌다. 그것은 자본주의의 주권자 개인을 시민보다는 소비자로 구성했고, 경쟁하는 브랜드 사이에서의 선택을 현대 생활의 중심적 권리로서 제시했다. 공유된 운명과 상호적 책임의 감각은 모든 개인적 결점과 사회적 문제에 대한 해결책은 구매할 수 있다는 약속에 의해 주변부로 밀려났다. 새로운 상품들은 자신을 유용한 물건이기보다는 정체성의 표현으로 제시했다. 상품들은 그들의 구매자는 누구이고, 누구이길 바라는가에 대해 속삭이고 중얼거리면서, 사회계층의 구분이라는 친숙한 지도를 시장의 구분이라는 밝게 채색된 이미지로 덧칠했다. 삶의 전망에 관한 토론은 라이프스타일의 선전에 의해 가려졌다. 이러한 새로운 충성관계를 강화하기 위해 광고는 소비의 축복을 통해 사람들이 다시 태어날 수 있다고 그들에게 설득하기 위해 복음주의적 십자군을 지속적으로 고용했다.

그렇다면 이제 방송은 문화와 공동체조화 사이의 연계에 대한 두 개의 서로 다른 견해와 관련해 어떠한 입장을 취해야 하는가의 문제에 직면하게 되었다. 미국에서는 다양한 형태의 공공 및 공동체 사업에 대한 적극적 방어에도 불구하고, 방송은 대개 사기업의 수중에 떨어졌고 대량소비 문화의 출현을 일반화하는 데 이용되었다. 영국에서는 라디오 수신기 제조업자의 컨소시엄에게 부여된 상업적 독점방송으로 시작한 것이 (두 차례의 공개 청문회를 거친 후에) BBC라는 공기업으로 전환되었다. BBC는 시민권의 책임 있는 행사를 위한 자원을, 단일한 보편적 수신료를 지불하는 모든 라디오 수신기 소유자에게 제공한다는 임무를 부여받았다. BBC는 초기에 이루어진 몇 차례의 광고주 후원 시도 이후 어떤 상업적 내용도 전달하지 않았다.

BBC는 새롭게 통합된 '공유지 문화'의 개발에 의해서 매튜 아널드의 온정주의적 프로젝트를 추구하기 시작했다. 벽이 없는 박물관, 도서관, 극장, 세미나실과 교회를 지향했다. 여전히 상업적 독점방송이었던 BBC가 책임 있게 행동할 것을 신뢰해달라고 회의론자들을 설득시키려고 노력하던 때인 1924년에 최초의 프로그램 편성국장인 루이스(Lewis)가 일찍이 강조했듯이, 이 프로젝트를 추구함에 있어 고위 경영진은 '중간자 입장'을 그들의 자연적 토대로 보았다. 그들의 "일반정책"은 "높은 수준의 공중 취향을 유지하는 것이었고, 어떤 경우라도 방송이 봉사하는 대다수 공중의 폭넓고 다양한 감수성을 어떤 형태로든 해치면 안 된다는 것"이었다(Lewis, 1924). 따라서 그들은 제도권 지식인과 전문가의 견해에 바탕을 둔 주요 정당 정치인의 주장을 선호했다. 그들이 공유한 방송에 대한 경험과 시각은 거슬리고,

욕정을 일으키고, 불경스럽고, 또는 질서에 어긋난 것을 규제하는 상당히 선별적인 문화 표현의 전통을 배경으로 했다. 동시에 새로운 실험적 매체로서, BBC는 현대의 사회조건에 의문을 제기하고, 일상의 경험과 딜레마에 기반을 둔 내용을 제공해야 한다는 시각에서 열정적으로 일하는 프로그램 제작자를 끌어들였다.

교실과 설교단같이 가부장적 표현양식이 일으킨 강력한 반향은 분출하기 시작한 수용자의 접근과 참여 요구를 부재실했다. 하이드 파크의 적절한 사용을 두고 벌어진 초기의 난투에서처럼, 공영방송이라는 공동공간이 어떻게 배치되어야 할 것인가를 둘러싼 싸움이 벌어졌다. 관료주의는 상쾌한 산책, 호수에서 배젓기, 음악당 콘서트와 같은 역할을 하는 라디오를 선호했다. 표현의 확대를 추구하는 집단은 연속극 변사, 즉흥연극과 소풍, 그리고 유행음악을 틀기 위해 잔디밭에 가져온 축음기 등과 같은 방송을 위해 로비를 벌였다. 이에 따라 하향적 '공유지 문화'(*culture in common*)와 상향적 공유문화(*common culture*) 사이의 긴장이 방송사의 조직 및 제작현장에서 매일매일 벌어졌다. 정규 텔레비전 서비스의 도입과 더불어 참여와 재현을 균형 있게 조정하는 것이 한층 더 큰 문제로 등장했다. 누가 다른 사람의 삶을 조명할 자격이 있는가와 어떤 형식이냐는 물음이 누가 발언권이 있느냐는 오래된 논쟁에 추가되었다. 또한 경쟁의 노래로 이러한 문제가 더욱 복잡해졌다.

마침내 상업 텔레비전이 영국에 도입되었을 때, 그것의 '돈을 인쇄하는 면허권'〔많은 돈을 벌어들이는 방송사업권 — 옮긴이〕에는 대중 수용자에게 접근할 것을 보장해달라는 광고주의 요구에 부응해야 한다는 것뿐 아니라 시민권을 위한 자원 제공이라는 공공서비스 프로젝트를 지속해야 한다는 강력한 요구도 충족해야 하는 이중의 인장이 찍히게 되었다. 원이 항상 쉽사리 정사각형으로 될 수는 없는 일이었다. 빠르게 변화하는 국민의 생활을 포착하기 위한 새로운 형태의 시사물과 다큐멘터리 편성, 사실적 형식을 갖춘 텔레비전 픽션물 시도

등은 광고와 게임 쇼 속에서 늘어난 유혹적인 소비적 드라마로 인해 끊임없이 침해당했다. 비에 휩쓸린 거리와 부서진 삶의 현실을 보여주는 불편한 이미지와 나란히 "영상적, 감각적 현혹과 즐거움에 대한 몰입"이 끊임없이 배치되었다(Marling 1994). 전후(戰後) 상황을 배경으로 경쟁하는 이러한 이미지들은, 더 나은 삶과 스타일에 대한 열망을 차단된 이동성과 좌절된 희망의 구렁텅이에서 허우적거리게 만드는, 일련의 홈 코미디(시트콤)들에서 가장 끈질기게 맞부딪혔다. 코미디 중에서 〈핸콕의 반시간〉(*Hancock's Half Hour*), 〈스텝토와 아들〉(*Steptoe and Son*), 〈오직 바보들과 말(馬)들뿐〉(*Only Fools and Horses*) 등은 영국 텔레비전에서 가장 인기 있는 프로그램으로 남아 있다. 이것들은 디킨스(Dickens)나 또는 메이휴(Mayhew)가 창조할 만한 성격의 사람들, 예를 들면 협잡꾼, 암거래상, 갱 단원, 자수성가한 사람, 거리 청소부, 주식 중개인, 넝마주이 등이 사는 런던 생활의 초상화를 그렸다. 비록 동시대에 제작된 단막극보다 비평적 관심을 훨씬 적게 받았지만, 그 작품들은 전후 영국 생활에서 소비주의와 정치적·약속, 풍요와 실망 사이의 충돌에 대한 풍부한 안내서를 제공했다고 주장할 만하다. 우리는 이런 감정의 구조가 프로그램 등장인물들을 통해 아주 잘 표현되는 것을 볼 수 있다.

문화자본에 대한 토니 핸콕(Tony Hancock)의 허세는 시드 제임스(Sid James)의 졸부 전략에 부딪힌다. 해럴드 스텝토(Harold Steptoe)의 자기개발을 위한 야망은 아버지의 상스러움과 외로움에 대한 두려움이라는 암초에 부딪힌다. 델 트로터(Del Trotter)의 백만장자의 꿈은 그의 아파트와 찌그러진 삼륜차를 가득 채운 2류 상품 더미 아래 묻힌다. 이러한 픽션의 삶 속에서 소비주의라는 열린 지평은 실질적인 평등과 기회라는 정치적 약속이 파기되면서 지속적으로 약화된다.

이렇게 규제된 이중 시스템이 지속된 약 20년간, 만일 영국 텔레비전이 최선을 다해 하향식 주도와 현실에 기반을 둔 경험과 만나는 문화 공유지 — 비록 경쟁에 대한 개방도 차별적이었고 더 폭넓은 재현의 압력에 대한 반응도 변덕스러운 것이었지만—건설을 향해 어느 정도 나아갔다면, 케이블과 위성 방송의 도래와 더불어 이러한 임시적이고 불완전한 민주적 기반마저 붕괴되기 시작했고 기업의 인클로저 과정은 재개되었다.

유료 문화

유료가입 채널의 등장으로 텔레비전은 더 이상 모든 사람이 이용할 수 있는 문화공간이길 포기하고 상품이 되었다. 프로그램 접근권이 처음으로 비용지불에 의존하게 됐다. 유선중계 회사들은 오랫동안 유료가입에 대한 안전신호를 제공했지만〔유료가입은 없을 것이라고 했지만—옮긴이〕, 종합유선방송(상업 케이블)과 위성 서비스의 도입은 과거의 관행을 파기했다. 이러한 움직임에 대해 옹호자들은 방송사업자의 문화독재를 무너뜨리고 주제별로 배열한 채널을 시청자들에게 낱개로 판매함으로써 개별적 필요에 따라 시청 메뉴를 조합하는 것을 허용한다는 점에서 소비자 선택의 확장이라며 환영했다. 경제학자 앨런 피콕은 방송재정에 대한 정부 보고서에서 다음과 같이 강력하게 주장한다.

> 영국 방송은 소비자 주권에 기초한 세련된 시장 시스템을 향해 움직여야 한다. … 그것은 시청자와 청취자가 자신의 이해(*interests*)에 대한 최선의 심판자이고, 그러한 이해는 그들이 가능한 한 많은 대안적 공급원으로부터 자신이 요구하는 방송서비스를 구매할 선택권을 가질 때 가장 잘 만족시킬 수 있다는 것을 인정한다(내무성, 1986).

그러나 새로운 시장에서 모든 이해가 동등하지 않다는 것이 곧 밝혀졌다. 영국의 새로운 디지털 텔레비전 채널 중의 하나를 운영하는 방송사업권을 획득한 컨소시엄 회장인 마이클 그린(Michael Green)은 10년 후 회사의 성공에 대한 강연회에서 솔직히 인정했다.

나는 〔입찰의 주요 경쟁자인〕 DTN의 프로그램이 더욱 혁신적이라는 점을 충분히 수용한다 — 하지만 우리는 사람들이 시청하길 원하는 프로그램을 가져야 한다. 조류관찰 채널, 또는 오페라 감상 채널은 시청자의 눈길을 끌지 못할 것이다(Culf, 1997).

안전한 상업적 원칙을 토대로 하는 복수 채널의 세계에서는 각 시청자 집단의 크기와 그에 대해 광고주가 느끼는 매력에 따라 서비스와 재현(*representation*)의 자격이 부여된다. 그러나 그린의 언급은 또 다른 측면을 드러낸다. 여기서 사회적 세분화의 지도는 전적으로 소비와 여가 선호도의 차이를 중심으로 구성된다. 그러한 경향에 깊이 새겨져 있는 것이 소비주의이다. 공유된 사회적 환경을 토대로 한 이해(*interests*)를 고려할 여지는 조금도 또는 전혀 없다. 대처(Thatcher) 수상의 측근인 노먼 테빗(Norman Tebbit)은 10년도 더 이전에 대사관 만찬에서, 다른 방송에서는 적절히 담지 못하는 이해를 표현하기 위해 특별히 설립된 채널 4(Channel Four)의 초대 대표인 제러미 아이삭(Jeremy Isaacs)을 비판하면서 이러한 점을 충분히 밝혔다.

"당신 잘못한 것을 알고 있지, 동성애자와 그런 부류를 위해 만든 모든 프로그램들 말이야"이라며 그가 말했다. "의회는 결코 그러한 방송을 하라고 법을 만든 것이 아니야. 당신이 표현해야 하는 이해는 전혀 그런 게 아니란 말이야. 골프와 항해와 낚시 프로그램이야. 취미활동 말이야. 그게 우리가 의도한 거라구"(Isaacs 1989).[3]

---

3) 옮긴이 주: 제 2의 독립적인 방송국 설치를 위한 '1980년 영국 방송법'에 근거를 두고, 1982년에 웨일스(S4C)를 제외한 전국 방송으로 채널 4는 개국했다. 당시 영국의 다른 방송들(특히 BBC와 ITV)과 차별화된 프로그램으로 주목을 받기 시작했는데, 채널 4는 영화에 대한 과감한 투자로 영국 영화 제작에서 주목할 만한 역할을 했다. 스티븐 프리어스 감독의 〈나의 아름다운 세탁소〉(1985), 널 조던 감독의 〈크라잉 게임〉

디지털 압축으로 인해 늘어난 텔레비전 서비스가 열어젖힌 채널 선택과 유료시청의 시대에 시청자들은 더욱 강력하게 도덕적 공동체보다는 시장을 구성하는 것으로 여겨진다. 다가올 시청각 경제에서 공공서비스 편성은, 끊임없이 시민권을 위한 문화적 자원이 재정의(再定義)되고 그것을 쟁취하기 위한 투쟁이 펼쳐지는 보편적으로 접근 가능한 공간이기를 멈추고, 특별한 이익의 또 다른 형태인 틈새시장이 된다.

이처럼 새로운 시장중심 제도의 지지자들은 어떤 집단의 이해는 부응되지 않은 채 남아 있을 것이고, 이는 현대의 민주주의 정체(政體)에서 문제가 될 것이라는 점을 인정한다. 따라서 그들은 공공보조를 위한 남은 역할에 동의한다. 피콕(Peacock) 보고서가 지적했듯이 "사람들이 시민과 유권자의 자격으로 지지하지만 방송사업가 관점에서는 상업적으로 자기부양 능력이 없는 것으로 보이는 공공서비스 유형의 프로그램에 대한 공적 재원을 통해, 직접적인 소비자 시장을 보충할 필요성은 항상 있다"(내무성, 1986, 133단락). 이러한 기준에 들어맞는 프로그램 리스트는 현대의 시민권에 필수적인 지식 접근, 표현의 다양성 그리고 공개토론 등을 유지하기 위한 중심적 카테고리를 대부분 포함하는데, 다음과 같다. '책임 있는 시민권'에 기여하는 시사 및 다큐멘터리 프로그램, "상업적 생산물의 평가에서 정치, 이데올로기, 철학과 종교에 이르기까지 모든 것을 다루는 비판적이고 논쟁적인 프로그램"과, 말 안 해도 시청자들이 요구했을 내용들을 다양한 표현형태로 실험적으로 다루는 대중적 편성이다(내무성, 1986).

(1992)과 같은 영화는 국제적으로도 크게 성공한 바 있다. 1987년 칸 영화제에서는 영국 영화에 대한 공헌을 인정받아 로셀리니 상(Prix Rossellini)을 수상하기도 했다.

디지털 수익

공영방송은 문화적 공유지의 구축에서 특정 시장에 대한 서비스로 아직 완전히 이동하지 못했다. 하지만 BBC가 유료 채널 사업에 진출하고 새로운 편성과 서비스를 개발하기 위해 상업방송사와 동반자적 관계에 들어가겠다고 한 결정은 이런 방향으로의 중요한 행보로 기록된다. 그러므로 현대의 공유지 옹호자들은 자신들이 백 년 전의 라디오 예찬론자들과 마찬가지 입장에 있음을 깨닫는다. 라디오의 잠재력에 집중되었던 민주적 대화의 확장을 향한 20세기 전환기의 열망처럼, 현재의 희망은 인터넷으로 옮겨 갔다.

낙관론자들은 넷(*the Net*)의 짧은 역사를 풀뿌리 활동주의와 자기 실행(*do-it-yourself*) 문화의 예상치 못한 승리로 본다. 그들은 군산 복합체의 심장에서 비롯되었고, 핵 위기 시에 안전한 커뮤니케이션을 보장하기 위해 만들어졌으며, 대학과 연구소에서 학문적 교류를 위한 매체로 수용되었고, 마침내 단순한 단일 이용 시스템을 도입한 월드와이드웹의 창조를 통해 공공영역으로 진입하는 하나의 시스템을 본다. 넷의 지지자들은 기회 있을 때마다 전자적 공동체를 찬양한다. 전보와 라디오에 대한 초기의 예찬론자들처럼, 그들은 넷 커뮤니케이션이 정보를 ― 문서에서 사람의 두뇌까지 ― 어떤 사물에 담아서 지구의 광활하고 울퉁불퉁한 표면을 가로지르거나 그 위로 또는 아래로 전송하는 절차에 수반되는 변조로부터 해방되었고, "가상공간(*cyber-space*)이라는 전자들의 부드러운 물결 속에서" 자유롭게 날아다닌다고 본다(Benedikt, 1991). 또한 그들은 기존에 정립된 커뮤니케이션 위계질서의 해체를 찬미한다. 낡은 전통의 방송이 민중 참여를 위한 가능성이 제한된 수직적인 하향식 분배체계로 구성되는 반면, 웹은 각각의 참여자들이 소비하는 만큼 생산도 할 수 있는 수평적 네트워크로 구성된다고 제시한다. 이러한 제도 안에서의 교환은 온정주의나 가격에 의해 조직되는 것이 아니라, "담론의 모든 참여자들이 상호이익에 따라 조정하며 앞뒤로 주고받는"(Jacobson, 1995) 호혜성에 뿌리를 둔다.

한편, 비관론적 관찰자는 넷의 공동체성보다는 분열성에 초점을 맞추는 경향이 있다. 토드 지틀린(Todd Gitlin)이 주장했듯이, 넷은 분명히 "공중의 복수성(複數性)이라는 가능성 — 친화성과 이해관계를 중심으로 구성된 차별적 집단의 발전을 위한 가능성을 풍부하게 한다. 분명하지 않은 것은 이렇게 특징한 공중들(*publics*)의 증식과 활성화가 하나의 공중(*a public*)의 창출에 기여하는가 — 공동의 관심 의제를 설정하기 위해 그리고 서로 경쟁하는 접근법들에 대해 토론하기 위해 사회적 이데올로기적 차이를 넘어 접촉하는 시민들의 적극적이고 민주적인 만남을 풍부하게 하는가이다"(Gitlin, 1998). 따라서 넷은 현대의 문화 공유지 구축 문제에 대한 단순한 해결방안을 제시하기보다, 오히려 지금까지 발명된 가장 개방적 커뮤니케이션 제도가 "최악의 경우 … 전반적으로 폐쇄문화를 조장할 수 있다"(Eagleton, 2000)는 가능성을 불러일으킨다. 이 점에 반대해서 더욱 낙관적인 관찰자들은 비록 넷의 탈중심적인 특성이 공유된 경험, 안정적 유대 그리고 지속적 헌신의 창출에 대한 문제가 있을지라도, 현대 민주주의의 끊임없이 변천하는 조건 속에서 영속적 합의의 성취는 비현실적이고 아마도 바람직하지 않기 때문에, "지속적인 대화와 일시적 협정"을 촉신시키는 것이 실현 가능한 유일한 선택방안이라고 주장한다(Dahlberg, 1998).

그러나 최근, 확장된 민주주의와 되살아난 상호성이라는 이러한 유토피아적 꿈이 기업 인클로저라는 친숙한 동력에 의해 폭넓게 침식되었다(Bettig, 1997). 초기의 회의적 반응을 접고 주요 커뮤니케이션 및 소비재 기업은 넷으로 대거 이동했고, 넷이 문화 및 다른 상품을 배포하는 주요 매체로 신속하게 자리 잡을 것이라는 기대 속에 새로운 지적 재산권으로 문화자원의 자유로운 이용에 장벽을 치고 입장티켓을 파는 사이트를 개설했다. 또한 광고주들은 넷을 상업정보를 위한 새로운 주요 무대로, 화면에서 상품을 바로 주문할 수 있도록 허용하는 전자상거래라는 새로운 형태를 통해 판촉과 구매 사이의 간극을 없애는 것으로 인식했다. 디지털화는 확실히 상당히 큰 거래이익을 가져올 것으로 기대된다.

이처럼 합심해 벌이는 상업적 추진의 결과, 넷은 이제 그 잠재력과 이용방식을 놓고 서로 대립하는 견해들 간의 갈등이 점증하는 영역이다. 수평적 네트워크의 지도는 위계서열의 모델과 대립한다. 호혜성이라는 시스템은 이용 대가 지불의 원칙과 나란히 발전한다. 선물의 관계는 상품의 교환과 대조를 이루며 나란히 놓여 있다. 민주주의의 핵심적 습관을 유지하기 위해 요구되는 지속적인 집단적 대화는, 개인적 소비라는 행복한 순간으로의 초대에 의해 끊임없이 조금씩 밀려나고 있다. 협력적 문화생산은 사전에 포장된 쾌락으로 대체되고, 상호작용은 상업적 거래를 향하도록 유도된다.

디지털 공유지의 건설

우리는 이제 커뮤니케이션 융합시대로 들어서고 있다. 이것은 부분적으로는 모든 문화적 표현형식을 0과 1이라는 보편적 단일 언어로 옮기는 디지털 기술의 결과이다. 또한 부분적으로는 한 매체와 다른 매체를 분리시키고 기업으로 하여금 이 비무장 지대를 지나지 못하도록 하는 규제 장벽을 점진적으로 제거한 결과이다. 이제 이러한 장벽이 무너지고 커뮤니케이션 시스템 내에서 빠른 통합이 일어나고 있으며, 컴퓨터, 통신, 문화산업의 주요 기업 행위자들이 디지털 무대에서 최선의 이점을 누리기 위해 경쟁하고 있다. 이러한 기업 융합은 인클로저를 지향하는 강력한 힘이다. 아테네의 아고라는 많은 설명이 제시하는 것보다 훨씬 풍부하고 다양한 문화공간인데, 이를 모델로 삼아 디지털 공유지를 구축하기 위한 강력한 노력을 통해 이에 맞설 필요가 있다. "건축학적으로 인상적이지는 않지만, 〔그것은〕 밀집한 도시 중심가와 불규칙한 개방 공간의 뒤섞임으로… 공공건물이 작업장, 시장 가판대, 선술집의 한가운데에 있었다"(Jackson, 1987). 디지털 아고라는 즐거움과 숙의, 자발적 구축과 공적인 후원의 균형을 맞추면서 그런 다양성을 유지할 필요가 있다.

이처럼 새로운 문화공간을 위한 기본적 재료는 이미 손에 쥐어져 있다. 박물관, 도서관, 학교와 대학, 그리고 공영방송 조직 등 모든 주요 공공문화 기관이 인터넷 사이트를 개발 중이다. 그 목적은 각 기관의 소유물과 전문성을 폭넓게 이용할 수 있도록 만들고, 이용자들이 담당직원에게 이야기하고 이용자끼리 대화하도록 격려하기 위한 것이다. 이와 동시에, 증가하는 사회집단과 운동은 넷을 토론 전개, 교류 네트워크 구축, 그리고 활동의 상호조정 등에 이용하고 있다. 이처럼, 디지털 공유지 구축은 이러한 다양한 계획들을 — 분배 또는 상업적 교환의 확장된 시스템으로서가 아니라, 전문 조직과 사회운동, 기성 문화 및 신규 문화, 전문가와 현장의 경험들이 만나고 협력하는 새로운 공간으로서, 그리고 차이를 인정하고 존중하며, 우리의 공동의 미래를 정의하고 조직하기 위한 합당한 조건에 관해 토론하는 확장된 포럼으로서 작동하는 — 새로운 공동체 네트워크로 통합할 필요가 있다. 이러한 프로젝트가 진행되려면 두 가지의 기본적인 조건이 충족되어야 한다. 하나는 보편적 접근권이고 다른 하나는 진입과 (웹) 항해를 위해 쉽게 이용할 수 있는 지점의 제공이다.

지금까지 인터넷 접속은 개인 컴퓨터를 통해 연결되었고, 상대적으로 높은 장비 가격은 참여를 심각하게 제한했다. 디지털 텔레비전 시스템이 진입양식으로서 PC를 대체하면 접속이 증가할 것이다. 하지만 그때조차도 많은 저소득 가계는 '디지털 혁명'에 들어갈 입장권을 구매할 여유가 없을 것이다. 그들은 아날로그를 디지털 장비로 전환하기 위한 비용과 넷에 접속하기 위한 전화요금에 의해 배제될 것이다. 이러한 장벽은 상대적으로 쉽게 해소될 수 있다. 첫째, 모든 사람이 아날로그 수상기로 디지털 신호를 볼 수 있도록 셋톱박스를 제공하는 것이다. 둘째, 수상기를 넷에 연결하는 모든 지역전화 요금을 폐지하는 것이다. 후자의 방안은 유료 사이트와 전자 상거래 서비스를 개발하는 조직들에게 혜택을 부여하는 것이다. 하지만 그들에게 낮은 거래세를 부과함으로써 디지털 공유지 개발 비용에 기여하도록 요구할 수 있다. 이것은 핵심적인 공공 소유물의 디지털화를 지원하고, 사회단체가 제안한 개발 재원을 조달하고, 공공장소의 접속지점에 투자하기 위해 사용할 수 있는 지속적인 수입을 제공할 것이다. 그러나 이용자들은 일단 접속하더라도, 날로 증가하는 이용 가능한 사이트의 대열 속에서 어떤 길을 선택할 것인가라는 문제에 여전히 직면할 것이다.

디지털 공유지의 관문과 항해 시스템을 위한 가장 분명한 호스트는 BBC이다. 시청자들이 BBC를 통해 넷에 접속한다는 것은 BBC가 중심적 문화기관이자 현대의 시민권을 위해 폭넓은 문화자원을 제공할 공영방송 의무의 논리적 담지자로서 생존하기 위한 전제조건이다. 무료로 이용하는 비상업적 인터넷 자원을 폭넓게 그리고 쉽게 사용하도록 안내를 받을 접근권을 갖는 것이야말로, 디지털 시대에 있어 공중의 기본적인 문화권리다. BBC는 자신의 공공 웹사이트를 유럽에서 가장 방문객이 많은 콘텐츠 사이트로 구축함으로써 그 기초는 이미 만들었다. 하지만 끊임없이 경쟁적인 시장에서 그 사이트는 주로 BBC와 수용자와의 관계를 강화하기 위해 운영된다. 브랜드 강화를 수행중인 것이다. 그 결과 해당 사이트의 토대가 너무 협소하고 자기인용의 경향을 보임으로써, 진정으로 개방적인 디지털 공유지를 위한 토대를 제공하기는 어렵다. 그 웹사이트는 BBC의 조직과 제작 활동으로 진입하는 지점의 역할을 뛰어넘어, 다른 공공문화 기구가 제공하는 자원뿐만 아니라, 공식 후원 사이트에 의해 그려진 문화적 지형을 확장하고 도전하는 내용물을 생산하는 수많은 제작, 공동체, 캠페인 집단에게 이르는 길을 찾기를 원하는 누구나 들르는 기항지가 될 필요가 있다. 디지털 공유지는 하향식 주도권과 상향식 개입이 만나는 영원한 교차지점을, 그리고 후원을 받은 '공유지 문화'와 스스로 만들어낸 '공유문화' 사이의 지속적인 만남과 대화를 제공하는 것을 목표할 것이다.

1930년에 베르톨트 브레히트(Bertold Brecht)는 방송이 상업적이고 관료적인 기구의 하향식 수단이 되었음을 주목하면서 민중적 상호작용의 잠재력 회복을 요구했다. 그는 청중에게 "이것이 유토피아라고 생각한다면 … 왜 그것이 유토피아적인지 심사숙고하라"며 스스로 질문하도록 부추겼다(Brecht, 1979). 이제 반세기가 더 지난 지금, 정보 고속도로 위를 질주하는 교통의 소음과 외침에 주의 깊게 귀 기울인다면, 상업용 화물의 천둥소리 너머로 1794년 그날 아침 스트리섬 공유지를 덜거덕거리며 지나가던 전세마차의 희미한 쇠바퀴 소리를 들을지도 모른다. 인클로저는 항상 맞서 싸울 수 있는 것이며, 가장 단단해 보이는 울타리조차도 의지만 있다면 허물 수 있다는 것을 상기시키는 그 소리를.

참고문헌

Arnold, M. (1869). *Culture and Anarchy*. Cambridge: Cambridge Univ. Press [1966].

Benedikt, M. (1991). Introduction. In M. Benedikt (Eds.). *Cyberspace: First Steps*. Cambridge, Mass.: MIT Press.

Bettig, R. (1997). The enclosure of cyberspace. *Critical Studies in Mass Communication*, *14*(2), 138~157.

Brecht, B. (1979, Winter). Radio as a means of communication. *Screen*, 20, 24~28.

Cuff, A. (1997). 'Second-best' wins digital TV fight. *The Guardian Weekly*, July 6th, p. 11.

Czitrom, D. (1982). *Media and the American Mind: From Morse to McLuhan*. Chapel Hill: Univ. of North Carolina Press.

Dahlberg, L. (1998). Cyberspace and the public sphere: Exploring the democratic potential of the net. *Convergence*, 4(1), 70~84.

Dover, W. J. (1966). Editor introduction. In J. Dover Wilson (Eds.). Matthew Arnold, *Culture and Anarchy* (pp. xi~xl). Cambridge: Cambridge Univ. Press.

Eagleton, T. (2000). *The Idea of Culture.* Oxford: Blackwell.

Gitlin, T. (1998). Public sphere or public sphericules? In Tamar Liebes & James Curran (Eds.). *Media, Ritual and Identity* (pp. 168~174). London: Routledge.

Home Office (1986). *Report of the Committee on Financing the BBC [The Peacock report].* London: HMSO, Cmnd. 9824.

Isaacs, J. (1989). *Storm over 4: A Personal Account.* London: Weidenfeld and Nicholson.

Jackson, J. B. (1987). Form follows function. In N. Glazar & M. Lilla (Eds.). *The Public Face of Architecture* (pp. 117~123). New York: Free Press.

Jacobson, R. (1995). Reciprocity versus interactivity: Principles of democracy and control for an information age. In Slavko Splichal & Janet Wasko (Eds.) *Communication and Democracy* (pp. 197~206). Norwood New Jersey: Ablex Publishing Corporation.

Lewis, C. A. (1924). *Broadcasting from within.* London: George Newnes Limited.

McGregor, N. (1977). A National state of emergency: If Britain's museums start charging admission, the doors will close to the people. *New Statesman*, 7 November, pp. 36~38.

Marling, K. A. (1994). *As Seen on TV: The Visual Culture of Everyday Life in the 1950s.* Cambridge, Mass.: Harvard Univ. Press.

Rifkin, J. (1998). *The Biotech Century: How Genetic Commerce will Change the World.* London: Phoenix.

Ross, E. A. (1910). The suppression of important news. *Atlantic Monthly*, *105*, 303~311.

Scone, J. (1998). The voice from the void: Wireless, modernity and the distant dead. *International Journal of Cultural Studies*, *1*(2), 211~

232.

Standage, T. (1998). *The Victorian Internet: The Remarkable Story of the Telegraph and the Nineteenth Century's Online Pioneers*. London: Weidenfeld and Nicholson.

Thompson, E. P. (1991). Custom, law and common rights. In E. P. Thompson (Eds.). *Customs in Common*. London: The Martin Press.

Wordie, J. R. (1983). The chronology of english enclosure. *The Economic History Review(Second Series)*, Vol. XXXVI, No. 4, Nov., 483~505.

제 9 장

공영방송과 민주주의 문화

소비자, 시민 그리고 코뮤나르드 *

재상상된 공동체(*Re-Imagined Communities*)[1)]

2004년 봄, 세계에서 가장 잘 알려진 공영방송사인 BBC는 이듬해의 프로그램 계획을 발표했다. 상업채널과의 효과적인 경쟁을 도모하기 위한 '통속화' 경향에 대해 BBC를 비판하는 목소리가 높아지면서, BBC는 적극적이고 교양 있는 시민권을 뒷받침하고, 국민의 문화적 생활을 풍부하게 하고, 모든 국민을 대상으로 하는 교육에 기여하고, 공동체를 유기적으로 연결하고, 좀더 포용력 있는 사회를 창조하는 데 보탬이 되도록 하는 핵심적 원칙에 대한 의무를 재확인할 기회를 갖게 되었다(BBC, 2004).

---

* 원 논문 출처: Murdock, G. (2005). Public broadcasting and democratic culture: Consumers, citizens and communards. In J. Wasko (Ed.). *A Companion to Television* (pp. 174~198). Oxford: Blackwell.

1) 옮긴이 주: 기존의 다양한 상상의 공동체(*imagined communities*)를 넘어 20세기에 들어와 대중정치의 시대가 열리고 대량생산과 대량소비의 새로운 경제와 문화가 도래하면서 시민과 소비자라는 개념을 중심으로 새로운 상상의 공동체가 새로운 미디어에 힘입어 만들어졌음을 지칭하는 표현.

공공서비스 방송(*Public Service Broadcasting*: *PSB*)의 역사는 이러한 이상이 어떻게 이해되어 왔는가, 다양한 조직형태와 재원 구성을 통해 어떻게 제도화되어 왔는가, 그리고 어떻게 지속적으로 논쟁되고 다투어지면서 도전받아 왔는가 등에 대한 이야기를 중심으로 하고 있다. 하지만 현재 전 세계적으로 공영방송이 직면하고 있는 딜레마를 이해하기 위해 우리는 텔레비전 이전 시대로 돌아가, 제1차 세계대전 직후에 형성된 현대적 방송의 기원을 다시 살펴볼 필요가 있다. 그 당시 받아들여진 핵심적인 결정들, 그 결정들이 만든 제도와 시스템, 그리고 그 결정들을 정당화하기 위해 사용된 주장들이 현재의 정책과 논쟁을 위한 기본 틀을 근본적이고 지속적으로 규정하고 있다.

방송(*broadcasting*)의 발상은 농업노동에서 만들어진 이미지에 바탕을 두고 있다. 즉 구부린 팔에 들고 있는 씨앗 바구니 속에 손을 넣어 넓은(*broad*) 원호 모양으로 고르게 씨를 뿌리며 경작지를 걷는 사람의 작업이다. 방송신호가 송신기의 범위 안에 살며 안테나와 수신기를 가진 모든 사람들이 접근할 수 있게 된 이래, 전파는 이러한 농사의 모델을 문화적 영역으로 옮기는 완벽한 기술을 제공했다.

유선으로 연결하는 실험들 가운데 가장 유명한 것은 1895년 설립된 헝가리의 부다페스트 메신저(the Budapest Messenger)가 시 주변에 있는 6천여 가입자들에게 매일 뉴스, 음악, 토크 서비스를 제공하기 위해 전용 전화선을 이용한 것이다. 그러한 실험들은 비록 점차 줄어들기는 했지만 1918년까지 이어졌다(Briggs, 1977). 라디오 전화에 대한 논의가 방송 시대에도 이어졌지만 그 아이디어는 진지하게 추구되지 못했고, 방송은 지상 송신기의 네트워크를 사용하는 매스 커뮤니케이션의 무선 시스템으로 이해되었다. 케이블을 통한 연결은 영국 등에서 개발되었지만 영국의 유력 사업자 중 하나인 리디퓨전(Rediffusion)이라는 이름이 시사하듯, 그것은 직접 수신이 선명하게 이루어지지 않거나 불가능한 변두리 지역의 가정으로 방송신호를 중계하는 것에 한정되었다. 그것은 그 외의 서비스를 제공하는 허가를 얻지 못했다. 이러한 기술적 정착은 방송서비스의 정치경제학에 중요한 결과를 낳았다.

첫째, 신호들이 서로 방해하지 않도록 중앙에서 전파를 통제할 필요가 제기되었다. 열정적인 무선 아마추어에 의한 전송이 군사적 커뮤니케이션을 방해할 수 있다는 점은 특히 정부의 걱정거리가 되었다. 전파 공간은 개인이 소유할 수 없기 때문에 국가가 개입하는 형태로 할당되어야만 했다. 영국에서는 1926년에 개국한 BBC를 통해 공적 독점형태를 택했다. 미국에서는 방송에 대한 논의의 주요 준거인 1934년 통신법(the Communications Act)에 따라 중앙 규제기구인 FCC를 설립했다. FCC는 주파수를 할당하고 대부분 상업적 회사인 방송사업권자의 행위를 감독한다. 방송사업자는 공공서비스의 요구를 일정 부분 충족해야 했지만 그것은 최소한의 수준이었다.

둘째, 대부분의 대중적 문화생산물과는 달리, 방송은 개인적 사용을 위해 대가를 지불하고 판매되는 상품이 아니라 경제학자들의 전문용어로 말하면 공공재였다. 극장 관람석은 한 번에 한 사람밖에 이용할 수 없고, 관객은 그들의 즐거움을 방해하는 앞자리의 머리 큰 사람이나 모자 쓴 사람, 말 많은 커플 등을 만날 수 있는 반면, 방송 프로그램은 다른 사람이 즐기는 것을 방해하지 않으면서 누구나 동시에 즐길 수 있었다. BBC의 초대 사장이었던 존[John, 후의 리스 경(Lord Reith)]이 1924년에 출판한 저서 《영국의 방송》(*Broadcast over Britain*)에서 주목한 것처럼, "얼마나 많은 사람들이 듣는가는 문제가 아니다. 참여하고자 하는 사람들을 위한 공간은 충분하다"(Reith, 1924). 그의 관점에서 보면 보편성에 대한 이러한 잠재력은 가격 시스템에서 벗어나는 것과 결부되어 방송을 대중 커뮤니케이션의 독특한 민주적 형태로 만들었다. "방송에는 더 많은 돈을 지불하는 사람들만을 위한 것은 없기" 때문이다. 그러나 소비자가 직접 지불하지 않고 방송서비스 재원을 조달하기 위해서는 단지 두 가지 방법이 있다. 일반세에 의한 직접 교부의 형태든 아니면 대개 수신기 소유자가 해마다 수신료를 지불하는 형태로 징수하는 목적성 세금으로 충당하든, 공적 보조금에 의해 재원을 마련하는 방법이다. 또 다른 대안은 가정의 대중 수용자에게 메시지를 전달하려는 광고주로부터 재원을 구하는 방법이다. 이렇게 재원을 조달하는 두 가지 방법 사이에서 선택을 하는 것이나, 많은 경우에 그렇듯이 양자의 조화를 이루는 것은, 수용자들의 참여를 유도하는 상상의 공동체에 대해, 그리고 수용자들이 자신에 대해 스스로를 재구성하여 공공선에 기여할 수 있는 사회적 행위자로 여기도록 하는 방법에 대해 근본적인 함의를 갖는 것이었다.

복잡한 현대사회에서 모든 사람은 공동체의 일원(코뮤나르드)[2]이다. 그들은 특정한 의식(儀式), 이야기 그리고 지원 네트워크에 입각해 정체성을 부여하는 다양한 상상의 공동체에 속한다. 그것은 종교적 믿음, 지역성, 정치적 신념, 직업, 성, 나이 또는 스타일 등의 공동체일 수 있다. 방송은 처음부터 이러한 개별적 충성심을 초월하는 보편성을 위해 매체 잠재력을 이용하려 했다. 대량생산과 대중민주주의의 등장은 이런 경계들을 넘어서서 노동자, 시민 그리고 소비자라는 3가지의 지배적 정체성을 만들어냈다. 이 중 첫 번째 것은 사회주의와 공산주의 운동의 정치적 수사(修辭)의 핵심이었으며, 집단적 조직화와 투쟁에 호소했기 때문에 방송사에게는 큰 어려움을 제기했다. 왜냐하면 러시아에서의 볼셰비키 집권과 제1차 세계대전 이후 국내에 널리 퍼진 노동 및 사회 불안을 목격한 많은 서구 국가들이 집단적 조직화와 투쟁은 민주적 질서를 크게 위협하는 것으로 보았기 때문이다. 당장의 위기가 지나가고 난 후에조차 좌파정당과 노조의 영향력과 그들의 전파 접근권은 지속적으로 문제가 되었다. 그러므

---

2) 옮긴이 주: communard. 코뮌(*commune*)의 구성원이라는 의미로 여기서 '코뮌'은 단순한 공동체보다 복합적이고 역사적인 맥락을 함축하지만 편의상 이렇게 옮겼다. 대문자를 써서 'Communard'라고 표현하면 1871년 파리코뮌의 참여자를 뜻한다.

로 대중 수용자에게 접근하기 위한 노력은 다른 두 개의 주요한 근대적 정체성, 즉 소비자와 시민에 집중되었다.

소비주의 문화는 미국에서 가장 잘 발달했다. 1913년 헨리 포드는 조립라인 과정을 도입하여 T-모델 자동차를 대량생산하기 시작했다. 1916년에 세탁기, 1918년에 냉장고가 출현하면서 등장한 새로운 가정 풍경은 모든 사람이 다시 태어날 수 있다는 약속의 문을 열어 주었다. 기본적인 생활수준을 유지하기 위해 발버둥 치던 옛날에서 벗어나, 시장에서의 모든 선택이 자기표현의 행위가 되는 라이프스타일의 영역으로 진입할 것 같았다. 필수품의 지배는 선택의 열린 지평에 자리를 내줄 것이었다. 초기의 마케팅 담당자는 이러한 움직임의 맨 앞에 가정 예산을 관리하는 여성이 있다고 믿었다. 그래서 방송의 가정적인 면이야말로 판촉을 위한 매력적 무대가 되었다. 그러나 유럽 대부분의 가정과 대공황으로 타격을 입은 미국의 많은 가정에서, 이러한 새로운 소비풍경은 1950년대에 이르기 전까지는 아직 현실화되지 못했다. 상업방송은 광고와 판촉을 프로그램이 주는 끊임없는 즐거움과 통합하여 상상의 풍경을 만들어냄으로써, 실제 소득이 욕망을 충족시킬 수 있을 만큼 늘어났을 때 이 상상의 풍경이 소비자 선택의 목적지가 되도록 만들었다.

유럽에서는 제1차 세계대전의 타격과 재앙에서 회복되면서 좀더 중요한 문제가 있었다. 성인 남자들의 보통선거권이 도입되고 몇몇 나라에서 여성에게도 투표권이 부여되면서 정치과정에 대한 대중의 참여를 처음으로 이야기할 수 있게 되었다. 사람들은 더 이상 왕과 대공〔공국의 군주 — 옮긴이〕의 충성스런 신민이 아니며 스스로가 결정하지 않은 형태의 지배를 받지 않게 되었다. 그들은 "존엄을 지닌 채 두려움 없이 사회생활에 온전히 참여하고 그 미래를 결정하는데 도움을 줄 권리"(Murdock, 1999)를 지닌 시민이었다. 이것은 다른 사람에게도 똑같은 권리를 보장해야 할 의무와 함께 주어진다. 그러나 러시아에서 볼셰비키가 집권하고 뒤따른 내전에서 군사적 저항의(상당한 규모의 영국과 미국 군대에 의해 지원된) 패배는 군중 지배의 어두운 이미지를 다시 부각시켰다. 당시의 많은 논평자들은 군중과 몰이성의 승리를 피할 수 있는 유일한 방법은 책임 있는 시민권이라는 새로운 문화를 건설하는 것이라고 생각했다.

모범 시민은 군중의 일원과는 정확히 대립되는 개념이었다. 그들은 집단적이기보다는 개별적으로 행동했다. 그들은 감정에 휩쓸리기보다 이성적 주장에 열려 있었다. 이해갈등을 해결하기 위한 비폭력적 방법을 모색하고 차이를 인정하며 반대의견을 수용할 준비가 되어 있었다. 이를 위해 그들은 사회적 쟁점에 대한 정보를 찾고, 상대방 입장에 대해 주의 깊게 귀를 기울이고, 어떤 행동을 선택하는 것이 그들 자신의 사적 이익뿐만 아니라 보편적 공익을 강화할 것인가를 고려하며, 자신의 결정을 투표장에서 조용히 비공개로 표현하도록 장려되었다. 이러한 관습의 자양분이 되는 민주주의 문화를 구축하는 것은 대중의 정치참여를 이루어내고 볼셰비즘에 대항하는 데 필수적인 것으로 보였다. 이러한 과제에서 다시 한 번 방송은 그것이 지닌 잠재적 보편성 때문에 필수적인 역할을 부여받았다.

민주주의의 육성

많은 논평자들에게 옛날의 전제정치나 새롭게 등장하는 독재체제로부터 민주주의를 구별하는 기준은 결정이 명령에 의해 부과되지 않고, 개방적 숙의(*deliberation*)가 지속되는 과정에 근거한다는 것이었다. 방송 연구에서 공론장이라는 하버마스의 핵심개념은 이러한 이상(理想)을 표현하는 가장 영향력 있는 개념이다(Dahlgren, 1995).

하버마스에게 민주주의는 그것이 어떤 결정들을 지배하는 타당성 있는 규범과 가치를 만들어낼 때만이 실질적으로 숙의적인데, 그것은 규범과 가치의 적용에 영향을 받는 모든 사람들이 잠정적인 합의에 도달하기 위해 그 규범과 가치의 타당성에 대해 토론하도록 허용함으로써 가능하다. 이를 위해서 두 가지 기본 조건이 충족되어야 한다. 첫째로 모든 화자(話者)와 입장은 그들의 주장이 다른 참여자들의 신념과 다르더라도 경청될 수 있는 동등한 기회가 부여되어야 한다. 둘째, 숙의는 화자가 진실하고 성실하고 개방적이며 자발적으로 자신의 주장을 지지할 것이라는 기대를 원칙으로 해야 한다. 그러한 토론이 "국가의 행위와 관련된다면" 하버마스에게 그것은 우연한 대화나 사교적 모임, 텔레비전과 같은 매스미디어 등 어디에서나 "정치적 공론장"을 구성한다(Habermas, 1989). 그는 이러한 논쟁공간이 18세기 런던의 커피하우스나 신문에서 유래한 것으로 보지만 대개 투표권이 있고 유창하게 읽을 줄 아는 남자에게만 제한되고 여자나 빈곤층을 배제했으며 공공 커뮤니케이션의 급격한 상업화로 약화되었다는 것을 인정한다. 공공서비스 방송은 완전한 시민사회를 위한 3가지의 필수적인 문화적 자원에 개방된 접근을 허용함으로써 매개된 정치적 공론장을 보편화할 기회를 제공했다. 현재의 사건들과 권력자의 행위에 대한 포괄적이고도 정확한 정보, 해설과 설명을 통해 일차적 정보를 유용한 지식으로 바꿀 수 있는 맥락적 프레임에 대한 접근, 그리고 서로 다투는 주장들, 열망들, 입장들이 지속적으로 세심하게 검증될 수 있는 토론장에 대한 접근.

그러나 그들이 보기에 원래 무지하거나 교육을 못 받은 인구에 직면한 공공서비스 방송사들은 시범을 보임으로써 숙의하는 법을 가르치는 역할을 스스로 떠맡았다. BBC의 첫 프로그램 편성자인 찰스 루이스(Charles Lewis)가 지적한 바에 따르면, 방송은 "문제에 대한 양쪽 전문가의 설명을 들을 수 있는, 전에는 결코 가질 수 없었던 기회"를 공중에게 제공했다(Smith, 1974). 이 말의 이면에는 공영방송이 제작하는 사실주의 프로그램을 지배하게 된 두 가지 가정이 전제되어 있다. 중립자 역할을 하는 전문 방송사가 다루는 어떤 쟁점이든 항상 두 가지의 주요한 입장만 있다는 것, 그리고 수용자의 역할은 듣는 것이지 말하는 것이 아니라는 것이다. 이렇게 공공연한 가부장적 입장은 대변/재현(*representation*)을 둘러싸고—그 말이 영어에서 갖는 두 가지 의미 모두에서—지속적인 갈등을 낳았다.[3] 하나는 다른 사람들의 삶에 대해 말하고 그들의 견해를 표명할 권리를 누가 가지고 있는지에 관한 논란이고 다른 하나는 표현과 논쟁을 조직화하는 방식으로서 특정 프로그램 형식의 가치와 적절성에 관한 주장들이다. 이 과정에서 대중들의 정치참여를 위로부터 관리하고 실행하는 것은, 무시되거나 잘못 표현되었으며, 프로그램의 주류에서 배제되었다고 주장하는 이해 공동체에 의해 지속적으로 도전을 받았다.

하버마스는 근래에 부분적으로는 신 사회운동의 등장에 대한 대응으로 재정식화한 입장에서, 사람들을 공동체의 일원으로 포섭하는 무수한 이해집단과 풀뿌리 운동에 의해 제기된 쟁점이 발언권을 얻는 공간으로서 정치적 공론장을 다시 제시했다. 그는 그것이 "의회라는 체제에서 채택되고 논의되는 방법으로" 사회적 분출들의 초기 조짐을 짚어내고 그것들을 주제화(*thematizing*)하고 극화(*dramatizing*)하는 조기 "경보 시스템"으로 작용한다고 본다(Habermas, 1996). 곧 살펴보겠지만 공공서비스 방송은 새로운 재현의 형식을 개발함으로써 아래로부터 증가하는 압력에 대응했다. 그러나 이런 정식화를 통해 '주제화'와 '극화'를 강조하는 것은, 정보와 주장에 대한 강조라는, 하버마스의 정치적 공론장 모델에 놓여 있는 또 다른 문제에 대응하지는 못한다.

뉴스, 시사나 다큐멘터리 프로그램을 능동적 시민권을 뒷받침하는 필수적 요소로 특히 강조하는 공공서비스 방송의 정신 속에서 이런 문제가 반복되는 것을 볼 수 있다. 문제는 대부분의 사람들이 텔레비전으로 주로 시청하는 것은 사실주의 프로그램이 아니라 픽션, 오락

---

3) 옮긴이 주: 방송이 수용자들의 목소리를 '대변'하고 그들의 삶을 '재현'해야 한다는 것을 둘러싼 갈등을 말한다.

그리고 코미디라는 것이다. 하버마스는 공론장에 대한 그의 첫 저작에서 소설에 초점을 두고 2차적 문화공간, 즉 문학적 공론장을 제시했다. 그는 이것이 사람들로 하여금 인간성이 무엇이고 사랑에 빠지고 병이 들거나 죽는 것이 의미하는 것이 무엇인지를 탐색하게 할 수 있도록 하고, 다른 사람의 입장이 되어보는 것이 어떤 것인지를 상상할 수 있도록 하는 공간을 제공한다고 보았다. 그에게 이것은 정치적 공론장과는 관계없는 별개의 공간이다. 그러나 민주주의 문화는 시민들이 좋은 삶과 좋은 사회의 관련성을 이해하고, 더 나아가 그들 자신의 삶의 기회가 공동체적 삶의 보편적인 수준과 필연적으로 연결되어 있다고 이해하는 것이 필요하다는 것을 받아들인다면, 픽션을 볼 때 요구되는 공감과 투영의 습관, 사물을 바라보는 기존의 방식을 비트는 코미디와 예술의 능력은 필수 자원이 된다. 이러한 "정서적이며 미학적이고 감정적인 커뮤니케이션 양식"은 정치적 공론장과 나란히 문화적 공론장을 구성한다(McGuigan, 2004).

그러나 하버마스의 숙의민주주의 모델에서는 사람들이 자신의 의도, 욕망, 선호를 인식하고 다른 사람들과의 거래를 통해 그것들을 실현시키려고 하는, 신중하고 자발적인 주체로서 참여한다. 이것은 확실히 이미 형성된 입장을 제시하고 옹호하면서도 좀더 개방적인 숙의를 지향하는 도론과 관련이 있다. 그것은 시민들 스스로가 자신이 이해한 것이 불완전하다는 것을 인식하고 "새로운 전체로 통합될 수 있는 다른 부분적 관점"(McAfee, 2000)을 발견하기 위해 대화하는 것을 전제로 한다. 이처럼 "다른 것을 향하고 받아들이는" 정치는 개방적 숙의가 요구하는 고정관념 탈피를 위한 전제조건이다. 결과적으로 민주적 문화의 발전은 모든 범위의 프로그램에서 표현의 자원이 제공되도록 동원하는 것을 필요로 한다. 그러나 많은 공공서비스 방송의 역사에서 볼 때, 기존의 가정을 회의하고 차이와 반대에 열려 있는 문화적 공유지를 만들어낸다는 이상은 통일된 상상의 공동체로서의 국민을 건설함으로써 대중의 참여를 관리하려는 전략과 충돌했다.

국민공동체의 확보

제1차 세계대전 직후 유럽의 많은 나라들에서는, 국민이라는 상상의 공동체를 국가가 관장하는 행정의 총체에 묶는 유대는 두 가지의 압력을 받고 있었다. 그것은 바로 완강한 종교적 정체성과 계급적 연대로 돌아가려는 힘이었다. 공영방송이 지역적 집단적 충성심을 능가하는 사회적 연대의 원천으로서 국민의 우월성을 확고하게 하는 열쇠로 간주된 것은 이런 배경에서였다. 존 리스의 휘하에 있던 당시의 BBC는 국민을 통합시키기 위해 고안된 일련의 만들어진 전통을 도입했다. 여기에는 영국 국회의사당 탑 위의 시계 빅 벤(Blg Ben)의 울림을 방송하고, 영국 축구 결승전, 옥스퍼드와 케임브리지의 보트 경기 등과 같은 전국 스포츠 행사를 중계하는 것이 포함되었다. 영국 왕가는 통합의 의식(儀式)에서 중심역할을 했다. 1925년 공공서비스 조직으로 BBC를 설립한 위원회에 제출한 의견서에서 리스가 주장한 대로, 대영 박람회에서 행한 조지 5세의 개회사를 방송하는 것처럼 라디오를 통해 왕의 목소리를 각 가정에 전달하는 것은 "전 국민을 하나로 만드는"(Scannel, 2000) 효과를 가졌다. 그 후, 왕은 매년 크리스마스에 국민과 대영제국에 대한 방송연설을 하게 되었고 그 전통은 현재까지 이어지고 있다. 이러한 방송은 또한 대영제국의 이질적인 영토 특히 백인 정착 지역을 상상 속의 조국으로 연결시킴으로써 영국의 국제적인 위상을 유지하는 데 도움이 되었다. 예를 들어 전국 라디오 방송의 발전을 감독하기 위해 3년 전에 설립된 캐나다 라디오 방송위원회는 1935-36년 연차보고서에서 왕의 크리스마스 메시지를 그해 캐나다에서 방송되는 주요 행사로 환영했다(Vipond, 1994).

이처럼 국민의 (그리고 제국의) 사회통합을 위한 정기적인 기념행사를 뒷받침한 것은 박물관, 도서관, 콘서트 홀, 특히 학교와 대학 등 제도화된 공공기관이 이미 선별해놓은 요소들에 기반을 둔 국민문화를 보편적으로 주창한 것이었다. 그것은 국민의 그리고 보다 확장해서 서구 기독교 전통의 특성이 어떻게 공식 정본(*official canon*)에 수용된 작품들[4]을 통해 최고로 표현되는가를 보여주기 위한 것이었다. 리스는 공영방송의 핵심적 역할 가운데 하나는 "현명한 사람들의 지혜와 쾌적한 문화를 차별 없이 접근할 수 있도록 보장"하는 것이라고 단언했다(Reith, 1924). 그러나 그는 '현명함'과 '문화'를 구성하는 것은 당연히 지적이고 창의적인 엘리트에 의해 규정된다고 보았다.

이러한 특성들을 결속하려는 이러한 노력은 모순적 효과를 가지고 있었다. 한편으로 그것은 창의성과 표현의 토착적 형식에 대한 평가절하를 정당화하는 공공연한 온정주의적 계획으로서 재현의 문제를 더 악화시키는 것이었다. 다른 한편으로는 공식적 교육제도 안에서 성공에 필요한 문화적 자본에 대한 접근권을 동등하게 함으로써 노동계급의 아이들에게도 계층이동의 길을 제공했다. 그러나 전문가들은 공공서비스 방송이 이전에는 접근을 거부당했을지도 모르는 사람들에게 새로운 시야와 경험을 열어준다는 점에서 '이끌어냄'이라는 원래 라틴어 의미에서의 '교육적' 속성 또한 지닌다고 보았다. 그들은 공공서비스 방송을 벽이 없는 교실, 박물관, 도서관 그리고 콘서트 홀로 보았다. 그들은 문화를 상업적 오락 포장품이라는 가장 낮은 단계에서 신성한 문화적 가공물이라는 가장 높은 단계로 사람들이 서서히 올리기는 사다리라고 생각했다. 가벼운 오락이나 코미디에 이어 클래식 음악 연주, 위대한 연극을 각색한 드라마가 오도록 짜인 프로그램 편성을 통해, 사람들의 현재의 취향을 보다 '고양된' 어떤 것으로 끌어올리는 발판으로 이용함으로써 부지불식간에 그들을 변화시킨다는 것이다.

국민의 문화와 특성에 대한 선별적인 찬미는 미국에 의한 문화적 지배의 증가로 인해 좀더 탄력을 받게 된다. 제1차 세계대전 이후

4) 옮긴이 주: 엘리트들에 의해 공식화된 국민의 특성이 중요시된다는 비유적 표현.

할리우드의 전 세계적 지배와 재즈의 인기 상승은 유럽 등지의 많은 관찰자들로 하여금 미국식 상업방송을 상상의 통합을 수행하는 또 하나의 행위자로 여기도록 만들었다. BBC는 1928년 미국의 오락산업 영향력이 점차 늘어나는 것에 대한 내부 보고서를 의뢰할 만큼 관심이 컸다. '옥토퍼스'(The Octopus)[5]라는 그 보고서는 "국민의 사고방식과 더불어 특성이 점차 미국화된다(Frith, 1983)는 의견을 내놓았다. 국내 문화와 미국 문화의 경계가 침투되는 것은 '국가냐 미국이냐'(Raboy, 1998)라는 구호 아래 공공서비스 방송을 지키기 위해 싸우는 캐나다에서 더욱 뜨거운 쟁점이 되었다. 광고의 지원을 받는 방송서비스는 "캐나다는 스스로의 정신도 없고, 표현하고 계발할 특성도 영혼도 없다"(McChesney, 1999)고 믿는 사람들에게나 어울리는 것으로 묘사되었다. 국민의 문화와 언어의 활력에 대한 관심은 수입 프로그램에 쿼터제를 도입하여 국내 제작을 지키려는 지속적인 노력으로 이어졌다.

이상(理想)의 제도화

공영방송은 제도적으로 두 개의 핵심적인 조직 원칙에 토대를 두었다. 상업적 시장 압력과 거리를 두는 것 그리고 편성과 창작에 관한 결정이 국가나 정부의 개입으로부터 독립되도록 보장되어야 한다는 것이다. 실제로 이 두 가지 이상 모두는 완전히 유지하기 어려운 경우가 많았다.

공공기관으로 BBC의 설립을 추진하던 1924년에 찰스 루이스(Charles Lewis)는 공공서비스 방송(*PSB*)은 "관영이 아니다. 그것이 어떤 정치적 정책의 나팔수가 되는 것은 치명적이다. 그것은 독립적인 공공기구로 자신을 정립해야 한다"(Smith, 앞의 책에서 재인용)고

5) 옮긴이 주: 문어발식으로 확장하며 여러모로 해를 끼치는 존재.

주장했다. 이 주장의 지지자들은 그 존재는 국가가 보장하지만 어떠한 문화적 활동을 어떻게 수행하는가를 결정하는 것은 국가의 지시로부터 절대적으로 독립적인, 구조적으로 보면 대학과 같은 제도라고 공공서비스 방송을 생각했다. 이러한 구상은 공공영역의 제도는 독립적인 전문가들에 의해 수행되어야 한다는 깊은 확신에서 나왔다. 그러한 전문가들은 "직업적인 자부심이나 시민적 의무에 대한 의식 또는 그 두 가지의 혼합이" 사적인 이익추구를 대체한다(Marquand, 2004)는 것이다. 투철하고 적절한 직업의식을 가진 그들은 사적 이익보다 공적 이익이 우선하고 "시민권이 시장의 힘이나 이웃 및 연고와의 유착을 능가하는 으뜸패"라고 볼 것이다. 이런 철학이야말로 '공공서비스 방송'에 '서비스'라는 핵심단어를 넣게 한 것이다.

그러나 국내 상황이 불안해지거나 해외에서의 군사행동에 대한 대중적 지지를 이끌어낼 필요가 있을 때, 민주적 정부들도 지배적 정치노선을 따르고 정부가 규정하는 대로의 '국민의 이익'을 옹호하도록 방송인들에게 압력을 넣고 싶은 유혹을 이기기가 결코 쉽지 않았다. 그 결과 BBC의 역사는 그 시대 방송인들과 정부의 충돌로 점철되어 있다. 그 예는 1926년 총파업에서, 수에즈 운하 침략, 포클랜드/말비나스 전쟁, 북아일랜드 소요를 거쳐, 이라크 침공에 대한 영국의 지원을 정당화하는 빌미가 된 후세인의 '대량살상무기' 보유에 관한 핵심 정보기관의 보고에 대한 조작[6]이라는 최근의 논란에 이르기까지 널려 있다.

이 모든 사례에서 압력의 행사는 직접적 통제까지는 이르지 않고 멈추었다. 하지만 다른 나라에서 정부는 그러한 거리낌이 없었다. 1930년대 프랑스에서 뉴스 내용은 공공 소유의 방송국과 전화를 연결하여 정부각료가 조정했고 1939년 수상은 모든 공공 네트워크를 자

6) 옮긴이 주: 2003년 BBC가 "정부가 이라크전쟁을 정당화하려고 대량살상무기 정보를 조작했다"고 보도함으로써 영국 정부와 BBC 간에 보도의 정확성 여부에 관한 격렬한 공방이 벌어졌다.

신이 직접 관리했다(Smith, 1998). 히틀러가 집권한 독일에서 방송은 나치의 무기가 되었고, 스페인 내전에서 승리한 프랑코는 방송을 그의 친구와 지지자의 손으로 넘겼다. 상업화와 거리를 두는 것 역시 많은 지역에서 어려운 일로 드러났다.

〔제1차 세계대전이 끝난〕 1918년 직후 몇 년 동안 방송에 관한 대부분의 실험은 아마추어, 교육단체, 그리고 새로운 매체의 상업적 잠재력을 알아보려는 기업가에 의해 이루어졌다. 라디오 수신기 제조업자들은 사람들이 정기적인 프로그램을 수신할 수 있다면 라디오를 더 많이 구입할 것을 깨닫고 나서는 특히 적극적이었다. 1922년 전파 주파수7) 사용을 관할하는 영국의 우정성은 라디오 생산자 컨소시엄인 영국방송 유한회사(British Broadcasting Company)에 프로그램 서비스 개발을 위한 독점권을 부여했다. 그것은 확신에 따른 것이라기보다는 행정적 편의에 따른 임시조치였다. 그러나 회사를 바꾸어놓으려는 당시의 경영책임자 리스의 끊임없는 시도와, 희소한 자원을 관리하기 위해 공적 조직을 사용해야 한다는 것에 대한 폭넓은 지지(전쟁 당시의 경험에서 비롯된)가 맞물려 1925년 정부 위원회는 영국 방송의 미래 형태가 라디오 수신기 소유자에게 수신료를 의무적으로 부과하여 재원을 마련하는 독점적 공공서비스 방송사여야 한다는 결정을 내렸다. 1926년 BBC는 민영회사에서 공공조직(British Broadcasting Corporation)으로 바뀌었고 리스는 초대 사장이 되었다.

그러나 대서양 너머 미국에서는 방송의 미래상이 아직 정착되지 않은 상태였다. 1920년대에 교육, 종교, 커뮤니티 그리고 노동단체 등이 비상업적 방송을 실험하면서 주파수대에 대한 수요가 늘어났다. 이러한 상황을 관리하기 위해 1927년 라디오 법(The Radio Act)에 의해 주파수를 할당하기 위한 임시기구로 연방라디오위원회(The Federal

---

7) 옮긴이 주: radio spectrum. 라디오 커뮤니케이션에 사용될 수 있는 모든 주파수 범위로 약 1만Hz부터 300GHz까지의 주파수 대역을 말한다.

Radio Commission)를 설립했다. 그들의 결정은 비상업적인 주도권을 약화시키고 두 개의 주요 상업조직인 NBC와 CBS의 수중으로 통제권을 넘겼다. 1931년 광고에 의해 유지되는 그들 소유의 또는 가맹된 네트워크는 전체 미국 방송의 거의 70%에 달했다(McChesney, 1993). 이러한 구조는 1934년 통신법에 의해 공식적으로 뒷받침되었다. 바로 그때부터 오늘에 이르기까지 "상업적 이해가 미국 방송을 지배하게 되었다. 상업적 이해는 최우선의 고려사항이었고 모든 공공서비스의 이해는 상업방송의 요구가 충족되고 난 다음의 일이 되었다"(McChesney, 2003). 공적으로 재원이 조달되는 전 국민의 방송을 위한 논거는 거대한 대륙에 걸쳐서 보편적 서비스를 실시하는 것이 거의 불가능하다는 이유 때문에 약화되었다. 결과적으로 "미국은 많은 주에서 동일한 프로그램 수신이 (위성 시대 이전에는) 어렵다는 단순한 이유 때문에라도 유럽과 같이 시청자에게 수신료를 부과하는 것이 곤란하다는 것을 알게 되었을 것이다"(Smith, 1998).

그렇다면 1930년대 중반에는, 방송 운영에 대한 두 개의 서로 다른 주요 해법에 도달한 상태였다. 미국에서 방송은 사적으로 소유된 회사가 운영하며 광고주에게 팔아먹을 수용자를 모으는 데 몰두하는, 시장지향적인 사업이었다. 공공서비스의 주도권은 있다손 치더라도 제도 외곽으로 밀려났다. 이와 반대로 영국에서 방송은 칙허상에 의해 설립된 공공의 전유물이었다. 재원은 의무적으로 납부해야 하는 수신료로 조달하며 모든 시민들에게 완전한 시민권을 실현하도록 문화적 자원을 제공할 의무가 부여되었다. 미국식 상업 프로그램은 잉글랜드 남부에서도 볼 수 있었지만 그것은 영국 해협 너머로 신호를 보내는 유럽 대륙의 일부 방송사에 의한 것으로 극히 미미했다.

당대를 선도하던 세계 강대국들에 의해 만들어진 이러한 뚜렷한 두 갈래의 길은 전 세계에 걸쳐 방송에 대한 사고에 영향을 미쳤다. 두 경쟁국이 특별한 영향력을 미치던 나라에서는 그들이 선택한 방식을 적극적으로 옹호하고 수입했다. 남미의 많은 국가에서는 미국 방식을 채택한 반면, 영국의 식민지였던 인도와 같은 나라는 영국 모델을 따랐다. 그 밖의 지역에서는 방송 시스템을 결정할 때 필요와 국내 정치가 이데올로기만큼이나 영향을 미치기도 했다.

유럽의 국가들은 대개 공공서비스 독점 모델을 선택했다. 대부분은 1933년에 프랑스에서 그리고 사적으로 소유되었던 Oy Ylesradio AB 지분의 과반수를 국가가 매입한 1934년에 핀란드에서처럼, 원래는 상업적 시스템이었던 것을 국영화한 BBC를 따랐다. 단 하나의 예외는 순수 민영 시스템을 발전시킨 룩셈부르크였는데 이는 국경을 넘나드는 상업방송 프로그램이 공공서비스 독점을 무너뜨리는 데 결정적 역할을 하게 된다. 그러나 어떤 곳에서는 이데올로기적 선호가 현실적인 제약에 부딪혔다. 예를 들어 인구가 상대적으로 적고 흩어져 있는 뉴질랜드에서는 정부가 공중의 호주머니에서 방송서비스 유지를 위한 충분한 비용을 받아내기가 어려웠다. 그 결과 공영방송사가 상업방송사와 경쟁하고 공적 재원과 광고수입을 합쳐서 재원을 마련하는 이원적 시스템이 등장했다. 또 다른 지역에서 공영방송은 민간 투자자, 특히 신문사의 투자지분을 끌어들여 그들을 경쟁자로보다는 협력자로 받아들였다. 이러한 전략은 지분의 60%를 시민단체에 할당하고 일반 기업에 20%, 신문사에 20%를 할당하여 비영리 조직이 방송을 운영하도록 한 스웨덴에서 가장 발달했다. BBC 모델에서 이탈한 다른 사례들은 좀더 명백한 정치적 고려에 의해 이루어졌다.

BBC는 비록 주요 지역에서 지국을 운영했지만 런던에서 감독하는 강력한 중앙집중적 시스템이었는데 그러한 방식은 통제에 대한 끊임없는 논란을 불러일으켰다. 대조적으로 비교적 늦게(1871년) 민족통일을 이룬 독일에서는, 공적 프로그램은 부분적으로 독일 우정성에 의해 도입된 의무적 수신료로 재원을 조달받지만 방송국 운영은 각 지방의 위원회에서 감독했다. BBC 모델에서 이러한 책임은 '위대하고 선량한 사람들'(*great and the good*)에 대한 비밀명단에서 정부가 지명한 경영위원회에 귀속되었다. BBC의 최고책임자를 포함하여 주요 간부를 임명하는 경영위원들은 출근하여 외투를 벗는 순간부터 자신의 개별적 이해는 문 밖에 두고 일반적인 공익에 따라 행동할 것으로 기대되었다. 이러한 방법은 사회적 표현과 대중적 참여를 조직화하여 방송을 운영한다는 측면에서는 그다지 이상적이지 못했다. 다른 국가에서는, 비록 주요 교회나 정당을 중심으로 한 기존 집단들을 선호하는 경향이 있긴 하지만, 시민사회 내의 이해집단을 대표하는 문제를 다른 방법으로 풀었다. 예를 들어 네덜란드는 가톨릭, 개신교, 사회민주당, 자유당 등이 시민사회를 구성하는 4개의 '기둥'으로 지명되어, 각각 자신의 방송국과 전체 송출상의 비율을 할당받았다.

풍요의 비전: 텔레비전과 재건

텔레비전 방송은 1930년대 중반에 시작되었다. 1936년 8월 독일에서 베를린 올림픽이 중계되었고 석 달 뒤 영국에서 정규방송이 시작되었다. 미국은 조금 늦은 1939년 4월 첫 방송이 시작되었다. 1939년 가을 전쟁이 선포되자마자 영국에서 방송은 중단되었다. 미국에서는 진주만 폭격 후에 중단되었다. 두 나라에서는 교전을 멈춘 1940년대 후반에야 방송이 재개되었다. 텔레비전이 아직 사치품이었고 수용자들의 숫자는 여전히 적었던 이러한 초기 재개국 시기, 라디오 시대에 만들어졌던 조직제도를 다시 검토할 수 있는 기회가 있었지만, 라디오 시대의 구조가 그대로 답습되었다. BBC는 전국적 독점체제를 계속 보유했다. 미국의 주요 네트워크들은 그들의 지배력을 유지했다. 독일에서는 나치체제의 집중화와 정치화를 피하고자 하는 요구에 의해 각 지역이 방송규제를 위한 유일한 기반으로서의 역할을 확고히 했으며, 네덜란드에서는 '기둥 집단' 방식이 지속되었다.

3개의 주요 유럽국가인 영국, 프랑스, 서독에서는 1950년대 초에 텔레비전 방송이 시작되어 운영 중이었지만, 전 유럽 대륙에 방송이 도입된 것은 노르웨이가 마침내 방송을 시작한 1960년대였다. 텔레비전 매체가 탄력을 얻고 공공서비스 방송 독점에 의해 지배되는 수용자들이 점점 늘어나자, 이들에게 접근하려는 민간 투자자의 압력이 강화되기 시작했다.

1950년대 텔레비전의 확산은 합심을 통한 전후 재건의 추진과 함께 이루어졌다. 하지만 이러한 움직임은 다시 두 가지 방식으로 상상되었다. 유럽에서는 일차적으로 집단적 사업으로 이해되었다. 집중폭격과 점령으로 인한 피해 이후 정부는 교육받을 권리, 주택공급과 의료의 사회화, 소득의 재분배 등을 확대하는 새로운 복지국가에 의해 생활여건과 삶의 기회가 점진적으로 향상될 것이라고 약속했다. 하지만 이러한 집단적 사업과 그것이 그려내는 능동적인 시민권과 동등한 자격부여라는 상상의 풍경과 나란히, 확대된 개인소비에 바탕을 둔 해방이라는 또 다른 비전이 있었다. 개인적인 계층이동, 풍요로운 가정, 개성적인 스타일이라는 이미지가 여기에 이용되었다. 미국에서 수입하거나 그 주요 포맷을 모방한 상업적 프로그램은 그러한 비전을 가정에 전달하는 완벽한 매체였다. 광고와 시트콤 및 연속극에 나오는 멋진 부엌과 실내장식의 장면 사이를 매끄럽게 움직이는 카메라의 효과는, “의상, 사물, 볼거리, 새로운 것, 가장 최신의 것들을 깊이 감상하는 즐거움에 빠지는, 비이성적인 현혹”이었다(Marling, 1994). 복지국가와 슈퍼마켓이라는 경쟁하는 이상향 사이의 싸움은, 시장에서 쓰는 비유로 말하면 미국과 소련 사이의 냉전과 같은 것이었다. 개인의 선택과 국가의 관리, 개인주의와 집단주의는 완전히 대립되는 것으로 표현되었다.

독립의 비전: 방송과 국가 건설

이러한 경쟁적인 구상들 간의 싸움은 식민지에서 독립적 민족국가로 이행하는 개발도상국에서 가장 치열하게 전개되었다. 그들은 주요 자본주의 강대국인 '제1세계'와 소련과 중국이라는 공산주의 강대국에 의해 발전한 '제2세계' 사이에 불안정하게 위치한 '제3세계'로 보였다. 그들을 '자유세계' 진영으로 끌어들이는 것이 냉전의 주요한 목표가 되었다. 미국의 영향력 하에 위치한 지역, 특히 중남미에서 이러한 목표는 체제의 중심에 광고로 지원되는 프로그램 채널을 도입하는 것으로 보장되었다. 예를 들어 1947년 멕시코에서 영국과 미국 시스템의 상대적인 장점을 고려하여 정부가 지명한 위원회는 연방기구가 규제하되 방송국은 민간이 소유하는 미국 방식을 선택했다. 그 결과 외국인 소유가 금지되어 구조적으로는 국영의 성격이었지만, 문화적으로는 프로그램의 광범위한 수입에 의해 강력한 미국 지향적 성격을 띠게 되었다. 1958년 전국과학기술청(the National Polytechnic Institute)이 광고 없이 운영하는 공교육 채널을 도입했지만 미국 시스템에서와 마찬가지로 극히 주변부로 남아 있었다.

이와 대조적으로 1947년 영국에서 독립한 인도는 경제적 자립을 추구하기 위한 핵심정책으로 교육수준 제고와 국민통합 강화를 목적으로 1959년 정부는 BBC의 노선을 따라 국가건설에 이바지하기 위한 국영독점 텔레비전으로 두르다르샨(Doordarshan)을 설립했다. 초기에는 뉴델리에 국한했지만 송출 시스템을 확장하여 1972년에는 봄베이, 1975년에는 캘커타까지 확대했다. 그해 인도 정부는 위성방송이 지니는 교육적 잠재력을 실현한 최초의 국가 중 하나가 되었다. 산아 제한, 농업기술 향상 등에 관한 프로그램을 대륙의 2천 개가 넘는 마을에 내보내는 위성교육텔레비전실험(the Satellite Instructional Television Experiment: SITE)을 1975년에 시작한 것이다.

상업적 경쟁과 시장의 실패

유럽에서도 역시 대부분의 국가들은 여전히 공영방송이 새롭게 등장한 복지국가가 제공하는 물질적 자원과 더불어 시민들에게 상상력의 자원을 제공하는 문화복지의 중심이라고 여겼다. 그러나 텔레비전 시청자에게 접근하려는 상업적 압력이 증가함에 따라 이러한 이념의 벽에 금이 가기 시작했다. 핀란드에서는 독특한 협조체제 속에서 공영방송사 YLE가 관리하는 방송시간의 한 부분을 민간이 소유하는 MTV(Mainos Television)에 판매하여 공공서비스 프로그램을 위한 재원의 일부를 충당했다. 1980년대 중반까지 MTV는 YLE가 소유한 두 개 채널의 전체 프로그램 중 약 4분의 1을 공급했다. 그러나 상업적 이해관계에 가장 광범위하게 방송을 개방한 것은 그때까지 공영방송의 보루였던 영국이다.

실질소득이 증가하여 대중 소비주의가 안정적으로 확대되면서 영리집단들은 상업 텔레비전 서비스 도입을 요구하며 정부에 점점 강한 압력을 행사했다. 그들은 성공했고 1954년 7월 30일 독립텔레비전법(The Independent Television Act)에 의거해 방송서비스에 대한 BBC의 독점이 형식상 종식되었다. 여기서 '독립'이란, 국가재원에서 비롯되는 압력으로부터 자유롭다는 의미였다. 그러나 새롭게 도입된 이원적 시스템에서 경쟁은 주의 깊게 통제되었다. ITV의 회사들은 허가 지역 내에서 광고수입을 징수하며 방송할 수 있는 독점권을 부여받았다. 반면 BBC는 수신료에 대한 독점적 권리를 유지했다. 수용자를 놓고는 경쟁했지만 재원을 놓고 경쟁하지는 않았다. 게다가 이러한 새로운 영역을 관할하기 위하여 설립된 규제기구는 상업적으로만 따지면 수지가 맞지 않는 다양한 교육, 소수자, 기타 프로그램들을 제작할 것을 요구하여 방송사업권 보유자에게 실질적인 공공서비스의 의무를 부과했다. 이 조건은 이중의 비용을 부담하게 만들었다. 생산비 지출이라는 비용과 시청률이 낮아서 인기 프로그램에 비해 광고수입이 적을 것 같은 프로그램으로 방송 시간대를 채워야 하는 기회비용이다.

1980년 이전에 완전한 이원적 텔레비전 시스템을 발전시킨 또 다른 유일한 나라는 이탈리아다. 실비오 베를루스코니는 전국 상업채널을 금지하는 법의 허점을 이용하여 거의 동시에 전송하는 방식으로 사실상의 전국방송을 실시하는 지역방송국들의 네트워크를 시작했다. 이러한 초기의 편법을 기반으로 베를루스코니는 Canae 5, Rete 4, Italia 1이라는 3개의 주요 전국채널을 발전시켰다. 이에 맞서 공영방송 조직 RAI(Radiotelevisione Italiana)가 운영하는 3개의 채널이 있었다. 1987년에 이르러 기독민주당에 의한 철저한 통제는 무너졌고 채널들은 3개의 주요 정당에게 배분되어 첫 번째 채널은 기독민주당, 두 번째 채널은 사회당, 세 번째 채널은 공산당에 주어졌다. 이 채널들 중 어떤 채널도 객관적인 보도, 공개적인 토론과 논평을 제공하지 않았지만, 적어도 그들의 편파들(*biases*)은 잘 알려져 있다. 그러나 일련의 정치적 부패 추문이 있은 후 이러한 구획화(*lottizzazione*) 시스템에 대한 대중의 지지는 약화되었고, 기회를 잡은 베를루스코니는 1994년 포르차 이탈리아(Forza Italia)라는 새로운 정당을 창당하고 자신의 채널을 동원하여 이른바 '깨끗한 손'(*clean hands*) 꼬리표를 달고 수상에 선출되었다.

공공서비스 방송의 온정주의를 비판하는 사람들은 사적으로 운영되는 방송이 "공공서비스 방송의 고유 목적처럼 보이는 많은 것들을 성취했고" 또한 "공익 임무의 수행에서 탁월한 기록을 보인다"고 주장한다(Jacka, 2003, p. 180). 이러한 평가는 전 유럽에 걸쳐 과도한 상업화, 질 낮은 프로그램, 소유자의 정치적 야심에 대한 봉사의 대명사가 된 베를루스코니의 채널에는 적용될 수 없다. 이와 대조적으로 규제된 복점(複占) 하에 있던 기간의 영국 ITV의 경험은 이 주장을 강력히 뒷받침한다. 그들은 포퓰리즘을 추구하지만 포퓰리즘은 두 가지 측면을 갖는다. 한편에서는 이미 확고하게 자리 잡고 있으며 광범위하게 공유되는 문화적 선호와 세계관에 호소함으로써, 대량광고가 요구하는 폭넓은 기반의 이해관계들을 결합한다. 그것은 대중적 취향과 상식을 찬양하고, 무엇을 할 것인가를 우리에게 말하려고 하는 지식인, 저명인, 참견 잘하는 사람을 비웃는다. 다른 한편에서 권위에 대한 이러한 불신은 급진적 측면을 지닌다. ITV는 두 가지 모두의 의미에서 포퓰리스트였다. 그것의 최고의 프로그램은 BBC가 독점적 시기에 내보냈던 대부분의 프로그램보다 더 일상의 문화, 매일의 생활경험을 토대로 하고 있었고 권력자에 대해서도 더 경멸적이고 미심쩍어했다. 이러한 경쟁은 BBC에 활력을 불어넣었고 보다 폭넓은 목소리와 관점에 문호를 열었다. 그러나 이러한 성과는 독특한 조합의 규제와 재원 방식에 기인한 것이었다. 좀더 강력한 경쟁이 도입되기를 원하는 사람들은 이를 너무 '편안한 복점'이라고 비판했다. 이런 사례가 시민권을 위한 포괄적인 자원을 제공하는 상업방송의 능력에 대한 일반적인 옹호가 될 수는 없다.

그 이유는 가장 좋은 조건에서조차 상업방송은 여전히 광고에 의존하기 때문이다. 단순히 수용자 대중을 포섭하기 위한 필요 때문에 주류 프로그램과 이미 익숙하고 잘 수용되며 성공적인 방향을 지향함으로써 사회적 소수를 대변하는 데 불리하게 작용한다는 것만이 아니다. 또는 광고주가 우호적인 판매환경을 유지하기 위해 프로그램에 영향력을 행사하려 한다는 문제만도 아니다. 광고에 대한 의존은 시민권을 위한 완전한 자원을 제공한다는 핵심 프로젝트의 기반을 좀더 근본적인 측면에서 약화시킨다. 첫째, 모든 방송시간의 일정 부분을 제품판촉을 위해 편성하기 때문에 상업방송은 상업적 목소리에 특권을 주고 다른 목소리를 위한 공간은 제한된다. 둘째, 민주적인 숙의는 사람들로 하여금 다른 참여자들이 진실하게 그리고 성실하게 말하고 있다고 신뢰할 것을 요구한다. "상업적 커뮤니케이션은 진실은 없고 단지 전략과 주장만 있을 뿐이라는 생각을 촉진시킨다"(Wintour, 2004). 셋째, 광고는 시청자들이 개인적 구매행위를 통해 자신의 소망을 실현할 권리를 지닌 소비자로 자신을 바라보도록 만든다. 그것은 구매를 통해 사회적 계약에서 벗어나는 기회를 제공한다. 당신이 차를 살 여유가 있다면 왜 대중교통의 개선을 지지하겠는가? 우편주문 목록과 슈퍼마켓의 실용적 민주주의는 투표구의 정치보다 더 즉각적인 혜택을 주는 것처럼 보인다. 가격은 자유로 향한 문으로 보이고 세금은 선택의 부정으로 보인다. 사적 이해는 공익에 우선한다.

케네디 대통령이 임명한 연방통신위원회(FCC) 위원장 뉴턴 미노(Newton Minow)가 1961년 봄에 미국 텔레비전을 "게임 쇼… 시청자 참여 쇼, 정형화된 코미디, 그리고 소리치고 유혹하고 불쾌함을 주는 끝없이 많은 광고물이" 지배하는 '거대한 황무지'라고(Minow, 1964) 비난하는 연설을 한 것은 바로 이러한 '시장의 실패' 때문이었다. 그의 비판은 미국 내에서 비영리적 주도권의 파편화와 싸우면서 공영방송의 위상을 좀더 확고히 하고자 하는 캠페인의 좋은 근거가 되었다. 결국 이러한 압력에 의해 의회가 재원을 지원하는 공영방송사 설립을 위해 1967년 공영방송법(The Public Broadcasting Act)이 제정되었다. 그것은 주요 네트워크가 제공하지 않는 시민권을 위한 자원을 생산함으로써 시장의 실패를 만회하기 위한 방법으로 여겨졌다. 그 열망은 "PBS(the Public Broadcasting Service: 미국 공영방송망)가 하지 않는다면 누가 하겠는가?"라는 슬로건에서 잘 드러난다. 특히 "논쟁과 도론을 위해 좀더 공개된 토론장"을 제공하고 "우리가 미국 전체를 그 모든 다양함 속에서 볼 수 있도록" 할 책임이 있었다(Hoynes, 2003a). 그러나 이러한 목표는 재원조달 문제로 인해 출발부터 어려움을 겪게 된다.

PBS의 자금은 주로 3가지 재원에서 나왔다. 연방정부와 주정부의 보조금, 기업 후원금, 그리고 시청자 후원금인데, 각각 프로그램에 압력을 행사했다. 공적 재원은 임의 재량에 의한 허가 형태이기 때문에 정치적 흥정과 비우호적 정치인들에 의한 삭감에 끊임없이 노출되어 있었다. 기업 후원자는 그들의 판촉전략에 걸맞은 프로그램에 이해관계를 연결시켰다. “직접적 기여자로서의 시청자를 강조하는 것”은 PBS가 “좀더 넓은 의미에서의 공중을 대신해 잠재적 기부자를 겨냥한 프로그램을 개발”하도록 장려했다(Hoynes, 1993). 정기적인 기부자들은 평균 이상의 교육을 받고 더 많은 소득을 올리는 사람들일 것이므로, 프로그램은 지속적으로 그들의 취향과 기호 쪽으로 기울었다. 이것은 공동체 내에서 PBS가 없으면 들을 수 없었을 집단의 목소리를 제공해야 한다는 목표 달성을 어렵게 만들었다. 그러나 주변부 집단을 어떻게 제대로 대변할 것인지에 대한 문제는 PBS에 한정된 것이 아니었다. 그것은 공공서비스 방송 전반에 걸친 문제가 되었다.

누구를 대변할 것인가

1960년대 후반 시민사회의 구성에 중대한 변화가 있었다. 기존 집단들, 특히 노조와 정당은 대중들의 충성을 잃어갔다. 새로운 이해 공동체와 동원의 지점이 등장하고 있었다. 어떤 것은 소수언어 사용자들의 회복된 지위의식과 권리를 중심으로 조직되었다. 어떤 것은 환경보호, 여성의 권리 확대, 동성애 인정을 위한 사회운동으로부터 자라나왔다. 또 다른 것은 탈식민 시대의 이주와 이산의 경험, 그리고 제국적 사고방식을 해체하고 동등한 인정과 존중에 기반을 둔 다인종 문화를 발전시키려는 노력에 뿌리내리고 있었다. 이렇게 새롭게 부상하는 공동체 기반들에 대해서 두 가지 반응이 있었다. 하나는 단순한 대상이라기보다는 협력자로서 새로운 공동체 주민들을 동원하는 BBC의 *Open Door*[8]와 *Video Diary* 시리즈 같은 형식의 새로운 프로그램이며, 다른 하나는 좀더 의욕적인 것으로 새로운 공영방송 조직이다.

1977년 오스트레일리아는 유럽 남동부, 아시아와 중동 등에서의

---

8) 옮긴이 주: BBC의 퍼블릭 액세스 프로그램.

이민 유입에 따라 SBS(Special Broadcasting Service)를 설립했다. 처음에는 라디오에 국한하여 새로운 이민사회를 위한 다중언어 서비스로 출발했으나 1980년에 텔레비전 방송을 시작했으며 그 역할도 확대되었다. 1990~93년 방송계획에 따르면 그 목적은 "혁신적이고 수준 높은 다중언어 및 다문화 서비스를 제공하여 오스트레일리아의 다문화 사회의 현실을 묘사하고 출신과 배경을 떠나 오스트레일리아인들의 필요에 부응하는" 것이다(Debrett, 1996). 그러나 시민사회의 변화하는 지평에 대한 가장 의욕적인 대응이라고 주장할 만한 것은 영국의 채널 4(Channel 4) 개국이었다.

1997년 영국 텔레비전의 미래에 대한 정부 보고서는 BBC와 ITV에 의한 복점이 새롭게 대두되고 있는 이해의 지형들을 적절히 대변하지 못하고 있다고 강렬하게 비판했다. 이러한 비판은 비어 있는 네 번째 전국채널을 새롭고 독립적인 조직체에 할당하도록 하는 압력으로 작용했다. 그 조직체는 새로운 공동체 주민들과 밀접한 관계에 있는 다양한 범위의 프리랜스 제작자들로부터 프로그램을 위임받아 송출하는 방송사로서의 역할을 담당할 것이었다. 뜨거운 논란이 있었지만 이 방안이 수용되고 1979년 출범을 앞둔 마거릿 대처의 보수당 정부는 이를 지지했다. 또한 정부는 채널 4가 웨일스어로 된 프로그램을 많이 방송하도록 하라는 웨일스의 민족주의적 주장을 수용했다.

처음에는 시장의 힘을 확대하려는 신자유주의 정부가 급진적인 프로그램 제작자와 운동가들이 그토록 열정적으로 환영하는 계획을 지지한다는 것이 모순처럼 보였다. 그러나 지나고 나서 보면, 채널 4 조직의 핵심적인 두 가지 특성이 정부의 일반적인 시장화 촉진 정책과 완벽하게 부합했다는 것을 알 수 있다. 첫째, 독립제작에 대한 의존은 프로그램 제작에서 BBC와 ITV의 복점체제를 무너뜨리고 보수당의 기업 관련 입장의 핵심이었던 중소형 사업의 영역을 열어주었다. 둘째, 채널 4는 전적으로 광고에 의해 재원을 마련했다. 처음에는 채널 4에 연간 징수금이 지급되었고, 이에 동의하는 대가로 광고

시간을 판매할 권리가 ITV 회사들에게 주어졌다. 직접적인 광고 압력으로부터 한발 떨어져 프로그램을 편성하는 이 제도에서는, 제작을 위임하는 편성자에게 상당한 자유가 주어짐으로써 전반적으로 ITV가 부응하지 못하는 취향과 관심을 제공하고 프로그램의 형식과 내용에서 혁신과 실험을 촉진하려는 채널의 입법 목적을 추구할 수 있었다. 동시에 광고에 대한 ITV의 독점적 통제력이 확대되었다. 1990년 더 큰 경쟁을 도입하기 위하여 교차보조제도가 중단되었고, 채널 4는 자신의 광고를 판매하는 것이 허용되었다. 많은 비평가들에게 이것은 실험기간이 끝나고 상업 서비스 흐름에 통합된다는 것을 의미했다. 이러한 이행은 그 조직의 당초 계획의 핵심이라고 할 수 있는 '다양성'이 조직의 어휘로부터 실질적으로 사라지고 그 대신 '시청자가 결정한다', '위험감수', '제품의 질'과 '상업' 등과 같은 사업적인 어휘로 대체된 것으로 표현되었다(Born, 2003). 이것은 동떨어진 예가 아니라 공공서비스 방송을 시장화하려는 보다 폭넓게 깔려 있는 조직된 움직임의 일부였다.

공공서비스의 시장화

1980년 서유럽의 17개 주요 국가 중에서 영국과 이탈리아만이 공공서비스 채널과 지상파 상업 서비스가 경쟁하는 이원적 시스템을 두고 있었다. 나머지 15개 국가는 여전히 공공서비스 독점이었다. 단지 4개 국가(노르웨이, 스웨덴, 덴마크, 벨기에)에서만 전적으로 공적 재원에 의해 유지되고 있었으며, 나머지는 공적 재원과 광고수입을 혼합하여 운영되었지만 말이다. 1997년에 이르면 10개 이상의 나라가 이원적 시스템을 도입했고 3개 이상의 나라가 도입을 적극적으로 논의했다. 전적으로 공적 재원에 의존하는 공공서비스 독점은 완전히 사라졌다(Siune & Hulten, 1998). 이러한 극적인 구조변화는 텔레비전 시장에 좀더 많은 경쟁을 도입하려는 정책에 의해 가속도가 붙은 서유럽 전체에 걸친 시장화 동인의 증가를 보여준다. 반면 상업적 제공자에게 부과되는 공공서비스에 대한 요구는 완화되었고, 형식적으로는 여전히 공적 영역인 조직을 포함하여 모든 조직의 성과를 평가하는 척도로 시장의 기준이 부각되었다(Murdock & Golding, 2001).

시장화는 소련의 붕괴와 함께 중동부 유럽에까지 확대되었다. 이상주의자들은 국영방송을 사회가 직접 관리하고 통제하는 공영방송으로 발전시킬 수 있는 기회라고 보았다. 하지만 공적 개입에 대한 깊은 불신, 시민사회 제도의 취약성 그리고 자유로운 표현은 자유로운 시장에서 가장 잘 보장된다는 믿음이 이러한 계획을 손상시켰다. 그 결과는 민주주의적 경쟁환경의 상대적 강도에 따라 지배적 정치세력이 방송을 장악하거나 아니면 상업적 기업의 논리가 게임의 규칙을 결정하는 이원적 시스템의 도입으로 이어졌다(Jukubowicz, 2004).

인도와 같은 개발도상국의 주요 근거지에서도 공영방송이 압력을 받았다. 1990년 봄, 위성 아시아샛 1호(AsiaSat 1)가 중동과 아시아 지역의 38개국을 포괄하는 수신범위를 갖춘 서비스를 시작했다. 1991년 홍콩에 기반을 둔 컨소시엄은 5개 채널을 인도에 내보내는 스타TV(Star TV) 서비스를 개시하기 위해 이 새로운 플랫폼을 이용했다. 도시의 아파트 지역과 공동 위성수신 안테나를 연결하는 임시 케이블의 급속한 성장으로 이 서비스의 이용이 더욱 늘어났다 . 1993년 루퍼트 머독은 스타TV의 지배권을 사들였고, 1년 뒤 미국의 수입 프로그램에 의해 점령된 스타TV는 모든 텔레비전 소유 가구의 약 4분의 1이 수신할 수 있는 것으로 추산되었다. 그러나 처음부터 그것은 Zee TV와 강력한 경쟁에 직면했다. Zee TV는 1992년 방송을 시작했고 영어보다는 힌두어가 사용되었으며, 게임쇼와 대담쇼 형식의 프로그램의 현지 각색물과 인도 영화를 중심으로 편성되었다.

위성채널이 선보인 새로운 소비풍경은 민족국가 건설에 이바지한다는 두르다르샨(Doordarshan)의 역사적 임무와 정면으로 배치되는 것이었다. 이 채널은 1976년 이래 광고가 허용되었지만 정부는 운영 재원의 80%를 광고로 충당하도록 하여 변화된 경쟁 환경에 대응했다. 이러한 필요를 충족하기 위해 드라마, 게임쇼 그리고 다른 인기 프로그램 형식에 집중함으로써 소비자 지향의 새로운 중산층에 대한 호소력을 극대화하는 새로운 편성전략이 요구되었다. 이 과정에서 상업적으로 유지가 어려운 프로그램은 주변부로 밀려나거나 폐지되었다.

기업화와 관련한 이러한 사례는 3가지의 다른 측면, 즉 민영화, 자유화 그리고 규제의 재조정과 나란히 진행되는 좀더 일반적인 시장화의 한 부분이다.

공동으로 소유하던 자산과 자원이 사적 투자자에게 팔리는 민영화는 모두가 사용할 수 있는 공유지를 사적 소유지로 만드는 인클로저 운동의 직접적인 후속편이다(Murdock, 2001). 프랑스의 가장 대중적인 공공채널 TF1의 매각이 주목할 만한 예외이긴 하지만, 공적 소유의 주요 텔레비전 방송국이 사유화되는 일은 상대적으로 드물었다. 그러나 1980년부터 2000년까지 20년 동안 공적 소유 시설이 상업 텔레비전 서비스에 투자하도록 풀어주어 유럽의 모든 PTT(우편, 전신, 전화 회사)들은 이윤지향적인 공기업으로 이행했다. 그들은 특히 텔레커뮤니케이션과 텔레비전 모두에 이용될 수 있는 기술인 케이블과 위성에 의해 송신되는 새로운 서비스에 더욱 적극적이었다.

소비자가 직접 지불하는 요금에 기반을 두는 제3부문을 구축함으로써 상업 케이블과 위성 서비스는 유럽 전역에서 방송시장을 자유화하고 경쟁을 격화시키는 데 선도적인 역할을 했다. 프랑스의 위성 유료 TV 서비스인 카날 플뤼(Canal+)는 TF1이 매각되기 3년 전인 1984년 서비스를 시작했다. 1984~1985년에는 서독에서도 상업 케이블과 위성의 등장으로 공공서비스 독점이 무너졌다. 노르웨이와 스웨덴에서는 스웨덴 회사 킨네빅(Kinnevik)이 운영하는 위성채널 TV3가 1988년 등장하면서 SVT와 NRK에 의한 전통적인 전국 공공서비스 독점에 처음으로 구멍을 냈고 단지 4년 뒤인 1992년 두 나라에 전국적 상업채널이 도입되었다. 영국에서는 루퍼트 머독의 스카이TV 위성 시스템이 BBC와 ITV에 도전장을 내밀었다. 1988년 처음 발족한 이 위성 시스템은 1990년 경쟁자인 영국위성방송(British Satellite Broadcasting)을 인수하여 독점적인 지위를 확보했다. 스카이TV는 EU의 회원국이 아닌 룩셈부르크에 기반을 둔 위성 시스템을 사용했기 때문에 영국 정부와 EU 모두의 규제를 피했다. 그러나 EU는 새로운 위성 시스템을 전혀 규제하려 들지 않았다. 반대로 이전에는 보호되었던 시장을 경쟁에 개방하려는 전반적인 정책과 함께, 1989년에는 유럽 공동체에서 텔레비전 프로그램의 단일 시장을 만들기 위해 국경 없는 텔레비전 지침(Television Without Frontiers Directive)을 발표했다. 이것은 텔레비전 프로그램을 수신하는 나라가 아니라 그것을 송신하는 나라만이 그 나라 법에 따라 프로그램을 통제할 권리를 갖는다고 명시했다. 예를 들어 런던에서 TV3를 전송한다는 것은 그것이 방송되는 스칸디나비아의 엄격한 텔레비전 광고 규정을 지킬 필요가 없다는 것을 의미한다.

유럽에서 시청자를 확보하기 위한 치열한 경쟁은 기존 지상파 상업채널의 운영과 관련된 규제를 완화하도록 국내의 규제기구에 압력을 기하게 만들었다. 영국에서는 두 주요 정당이 소유와 광고라는 핵심 부문에서의 상업적 전략에 대한 여지를 확대하는 '가벼운 개입' 접근을 지지하게 되면서 상당한 성공을 거두었다. 일련의 인수 및 합병은 ITV 체제에서 개별 회사의 수를 점점 줄어들게 만들어 궁극적으로 주요 영어권 시장 모두를 아우르는 단일 통합회사를 낳았다. 허용되는 광고의 양과 유형을 규제하는 규정은 완화되었고 프로그램 광고후원은 확대되었다. 동시에 공익 프로그램 요건을 희석시키거나 폐지하려는 주장은 힘을 얻었다. 다시 그들은 규제기구로부터 긍정적인 답변을 받을 수 있었다. 영국에서 텔레커뮤니케이션과 방송을 감독할 책임이 있는 기구인 커뮤니케이션청(Ofcom)은 최근 "시청자와 수익에 대한 경쟁이 점점 치열해지면서 상업 지상파 방송사들은 수익성에 대한 압력을 지속적으로 받을 것이고, 이것은 앞으로 규제의무를 이행하려는 그들의 능력에 영향을 미칠 것이다"(Ofcom, 2004) 라고 지적함으로써, 그들의 공공서비스 의무를 뉴스와 지역 뉴스 그리고 독창적인 영국 제작물로 제한하는 논거를 강화했다. 이러한 양상은 미국에서도 네트워크 소유규제의 유례없는 완화, 주요 공공서비스 의무의 해제 등으로 이어졌다.

그러나 시장에서 더 많은 활동의 자유를 얻기 위한 로비와 함께 상업적 텔레비전 회사들은 전통적으로 공영방송사가 통제하던 자원에 대한 더 많은 접근권을 얻기 위해 압력을 넣어왔다. 그 결과 중의 하나가 공영방송 채널이 자체에서 만든 것보다는 독립제작사에 위임한 프로그램의 양을 점점 늘리도록 의무화한 것이다. 다른 하나는 프로그램에 대한 공적 자금이 더 이상 공공서비스 조직에 의해 독점되어서는 안 된다는 강경한 주장이 늘고 있다는 것이다.

이에 대한 근거는 시청자들이 텔레비전의 소비자로서 즐기는 프로그램과 시민으로서 공적 생활의 전반적인 수준에 대한 기여를 높이 평가하는 프로그램을 명확하게 구분하는 데 의존한다. 이러한 구분은 '공적 이해'를 구성하는 것이 무엇인지에 대한 아주 다른 개념들에 의해 뒷받침된다. 시장 수요 모델에서는 수용자 크기에 의해 입증된 것으로서 공중이 관심을 가지는 것과 동일시하는 반면, 사회적 수요 모델에서는 시민권의 적극적 발휘를 통해 공익을 명확히 제시하고 발전시키기 위해 필요한 문화적 자원을 제공하는 것으로 본다(Raboy, Proulx & Dahlgren, 2003). Ofcom은 "비록 TV 시장이 소비자가 원하고 구매하고자 하는 모든 프로그램을 제공한다고 할지라도, 전체적으로 사회가 가치를 부여하는 프로그램을 충분히 제공한다고 볼 수는 없을 것이다"라고 지적했다(같은 책, p. 9). 이러한 주장은 대처 수상이 위원회에 위임하여 1986년에 출판된 BBC의 미래에 대한 보고서에서 처음으로 윤곽을 갖추었다. 소신 있는 신자유주의 수장의 이름을 붙여 피콕 보고서(Peacock Report)로 알려진 그 보고서는 생산과 유통의 분리를 주장했다. BBC의 수신료 독점을 끝내고 시민과 유권자로서 사람들이 지지할 것 같지만 방송기업의 입장에서는 상업적으로는 자립할 것 같지 않은 프로그램 계획에 투자되도록 새로운 기구가 공적 자금을 분배한다는 것이다(내무성, 1996). 위원회는 "비판적이고 논쟁적인 프로그램", "예술에 대한 수준 높은 프로그램", "공인된 교육 프로그램", "새로운 스타일과 표현형태의 실험적인 프로그램" 등을 "공공서비스 프로그램 유형"에 포함시켰다. 이러한 기준을 조건으로 하여 모든 제작자가 재정 지원서를 낼 수 있었다. 이런 생각이 당시 영국에서는 거의 진행되지 않았지만, 정부가 수신료를 새로운 조직인 방송위원회(나중에 New Zealand on Air: NZOA)에 넘겨준 뉴질랜드에서 시도되었다. 위원회는 화면에 나오는 프로그램으로 만들어지는 뉴질랜드의 다양성을 높임으로써 뉴질랜드의 정체성과 문화를 반영하고 발전시키는 임무를 부여받았다(New Zealand on Air, 1997). NZOA가 "뉴질랜드에서 현지 콘텐츠에 대한 전담 옹호자"(Horrocks, 2004)이지만 그 임무를 완수하는 데 두 개의 주요한 문제에 직면했다. 첫째, 공공서비스 방송 수신료의 인상에도 불구하고 그 금액이 너무 적고 좁게 분산되어 있어서 국내 공공서비스 프로그램의 완전한 다양성을 지원할 수가 없었다. 둘째, 재정적 지원을 확보한 제안 프로그램이 편성시간대를 얻을 수 있냐 아니냐에 대한 결정권은 여전히 방송사에게 있었다. 치열한 경쟁 환경에서 소수자의 관심 프로그램을 내보내는 것은 같은 시간대에 편성되는 좀더 인기 있는 프로그램으로 벌어들일 수 있는 광고수입을 잃어버리기 때문에 실질적인 기회비용을 수반했다(Murdock, 1977). 공영방송인 '텔레비전 뉴질랜드'가 이러한 노골적 경제논리를 무시할 수도 없었는데, NZOA를 만든 일련의 개혁 프로그램이 TVNZ를, 재무부를 위해 가능한 한 많은 수입을 올리도록 하는 책임이 부과된 국가소유 기업으로 바꾸었기 때문이다.

뉴질랜드 방식은 공기업을 마치 사기업인 것처럼 운영하도록 요구하거나 부추기는 과정인 기업화의 극단적인 형태다. 시장화는 좀더 온건한 형태로 많은 나라에서 추구되었다. 그러나 BBC의 경우가 보여주는 것처럼, 시장에서의 성공은 그와 모순되는 새로운 압력을 가져왔다. 예를 들어 BBC가 운영하는 자회사 BBC World는 점차 상업적 활동에서 수입을 올리는 데 성공했다. 이것은 프로그램에서 파생된 상품(잡지, 책, 음반, 장난감)의 판매, 미국에 기반을 둔 상업적 파트너와의 공동 벤처, 해외시장에서의 프로그램과 포맷 판매, 광고로 지원되는 역외 채널의 출시를 포함한다. 한편으로 이러한 사업은 시장지향적인 정부에 의해 조직의 효율적 운영, 창의적 투자에 대한 수익 극대화, 전국적인 서비스 제고와 확대에 이용될 수 있는 부가수익 창출의 증거로 환영받았다. 동시에 그것들이 성공적이면 성공적일수록 공적 보조금에 대한 독점적 접근권의 주장을 약화시킨다. BBC의 미래에 관한 위원회보고서가 언급한 대로 "BBC가 이익을 만들어내는 새로운 상업적 역할을 찾는다면, 불가능하지는 않겠지만 수신료의 존재를 정당화하는 것이 매우 어려울지도 모른다"(National Heritage Committee, 1993). 그로부터 10년, 방송이 아날로그에서 디지털 시스템으로 지속적으로 바뀌면서 상황은 훨씬 더 복잡해졌다.

디지털 숙의

텔레비전과 텔레커뮤니케이션의 통합이 진전되면서 디지털화는 방송환경에서 3가지 주요 변화를 가속화한다. 첫째, 방송신호를 압축함으로써 이용 가능한 잠재적 채널수를 엄청나게 늘리고 경쟁을 격화시킨다. 둘째, 프로그램이 가정용 컴퓨터에서 휴대전화에 이르기까지 다양한 다른 장치를 통해 전달될 수 있도록 해줌으로써 텔레비전 수상기가 전통적으로 지녀온 시청에서의 장악력을 무너뜨린다. 셋째, 즉석 투표에 응하거나, 프로그램과 광고에 진열된 상품을 주문하거나, 또는 프로그램을 따라 인터넷에 접속해 프로그램 제작자나 다른 시청자와 소통하고 제시된 쟁점과 논쟁에 대해 더 깊이 파고드는 것을 통해서, 시청자로 하여금 방송화면에서 제시되는 것과 상호작용할 수 있는 기회를 발전시킨다.

상업적 회사에 있어 경쟁의 격화와 수용자 분산이 미칠 수 있는 부정적 효과를 상쇄하는 것은, 채널 재원의 중요한 형태로서 고객 시불의 도입, 강력한 소비의사를 지닌 레저와 개인적 관심사에 부응하는 새로운 맞춤형 채널을 만들 기회, 그리고 쌍방향성을 충분히 이용함으로써 구매와 즐거움을 새로운 방식으로 결합시키는 형태의 프로모션을 발전시킬 기회 등이다. 이러한 발전에 대한 열렬한 지지자들은 소비자 선택의 자유가 유례없이 확장되는 것을 찬미한다. 민주적 문화를 약화시킬 가능성에 대해서는 별로 언급하지 않는다. 여기에 3가지 명백한 문제가 있다. 첫째, 일차적으로 고객 이용료에 의해 새로운 채널 재원을 마련하는 것은 방송의 역사적 보편성을 깨뜨리고 리스가 격렬히 반대한 것처럼 1등급과 2등급 서비스, 또는 현재 불리는 대로 프리미엄과 기본 패키지 사이에 명확한 차이를 만들어낸다. 능동적 시민권을 위해 요구되는 충분한 범위의 문화적 자원에 접근하는 것이 지불능력과 연결되는 것은 불가피하다. 둘째, 상업적 프로모션을 프로그램 형식 및 유통과 더욱 철저하게 통합함으로써, 통제된 상호작용은 다른 목소리와 관점에 대한 여지를 훨씬 더 좁힌다. 셋째, 기존의 소비 및 이해 공동체를 겨냥한 새로운 맞춤형 채널을 만드는 것은 상업적 의미에서는 타당한 반면, 민주적 문화가 의존하는 차이에 대한 이해와 숙의에 대한 개방적 태도를 기르는 데 필요한 방식으로서 사람들이 덜 친숙한 문화적 지평에 들어가거나 낯선 이에게 나아가려고 하는 것을 고무할 가능성을 축소한다.

많은 전문가들은 디지털화가 공공서비스 방송을 위한 논거를 폐기한다고 본다. 그들은 공공서비스 방송을 쓸모없게 만든 기술혁명에 의해 무너져서 이미 그 시대가 끝났다고 보고 있다. 영국 상업 케이블 서비스에 대한 상당한 경험을 지니고 있는 경영인 애덤 싱어(Adam Singer)가 말한 대로, "사회적 이익을 위해 희소한 공공소유 전파를 사용한다는 전통적 모델은, 모든 희소성이 일단 사라지면, 유지되지 않는다"(Singer, 2004). 이것은 역사에 대한 편의적인 오해다. 앞에서 주목한 것처럼, 공공서비스 방송의 조직과 정신은 언제나 기술적인 고려뿐 아니라 문화적 전략과 정치적 필요의 산물이었다. 이러한 입장은 여전히 유효하다. 채널의 다양성이 공공서비스 방송을 문화적 골동품의 박물관에 넣어버리는 것을 정당화시키지는 않는다. 반대로 디지털 기술에 의해 열린 가능성 덕분에 공공서비스 방송이 시민권을 두터운 문화적 자원으로서, 그리고 사회적 경계를 넘어서 숙의를 지속하게 하기 위한 열린 공간으로서의 잠재력을 완전히 구현할 수 있는 기회를 최초로 얻었다는 설득력 있는 사례가 있다.

잘 활용할 수 있는 조직적 구성과 새로운 형태의 수용자 참여를 통해 이러한 잠재력을 현실화하기 위한 방법을 찾는 것은 단지 공영방송뿐 아니라, 민주적 문화를 발전시키고 깊이 있게 하는 데 관심 있는 모든 이가 직면한 과제다. 이를 위해서는 두 가지 조건을 충족해야 한다. 첫째, 제공되는 모든 서비스는 이용 시점에 무료여야 하며 가능한 한 광고로부터도 자유로워야 한다. 둘째, 방송은 수용자가 첫 번째로 들르는 포털을 구축하여 가능한 한 폭넓은 목소리와 입장에 개방적인 숙의를 위한 공간과 함께 정보와 해석에 필요한 가능한 한 넓은 범위의 자원에 대한 접근을 제공함으로써, 인터넷상으로 수용자를 따라가야 한다. 공공서비스 방송은 현재 이러한 도전과 씨름하면서, BBC의 성공적인 어린이 서비스와 같은 새로운 디지털 채널을 시작하고, 개별 프로그램에서 나온 정보와 부가적 자료를 제공하고 나아가 점점 더 프로그램 아카이브, 시청자가 그날의 쟁점을 토론할 수 있는 메시지와 게시판, 그리고 다양한 사회운동과 이해집단이 만든 사이트에 대한 링크 등으로의 접근을 제공하는 종합적인 웹사이트를 발전시키고 있다. 이러한 시도는 처음으로 특정 집단의 주장이 일반적 이익과 관련해 평가될 수 있고 공적 이해의 의미가 재조정될 수 있는, 시민들과 공동체주민들 사이의 확대되고 역동적인 만남의 공간을 만들어낸다. 앞으로 공공서비스 방송이 직면한 핵심과제는 이러한 새로운 디지털 문화 공유지가 제공하는 가능성을 기반으로 하여, 텔레비전과 민주주의 문화 사이의 관계를 재구축하는 것이다. 그것이 성공적이라면 현재의 변화의 순간은 끝의 시작이 아니라 시작의 끝으로 기록될 것이다.

참고문헌

BBC (2004). *The Year Ahead: BBC Statement of Programme Policy 2004/2005.* London: British Broadcasting Corporation.

Born, G. (2003). Strategy, positioning and projection in digital television: Channel four and the commercialization of public service television in the UK", *Media, Culture and Society, 25*(6), 773~799.

Briggs, A. (1977). The Pleasure telephone: A Chapter in the prehistory of the media. In Ithiel de Sola Pool (Eds.). *The Social Impact of the Telephone.* Cambridge, Mass.: MIT Press.

Dahlgren, P. (1995). *Television and the Public Sphere: Citizenship, Democracy and the Media.* London: Sage Publications.

Debrett, M. (1996). *Public Service Television — Constraints and Possibilities: A Study of Four Systems.* Univ. of Auckland Department of Political Studies.

Frith, S. (1983). The pleasures of the hearth: The making of BBC light entertainment. In Tony Bennett et al. (Eds.). *Formations of Pleasure* (pp. 101~123). London: Routledge.

Habermas, J. (1989). *The Structural Transformation of the Public Sphere: An Inquiry into a Category of Bourgeois Society.* Cambridge, MA:

MIT Press. 한승완 역 (2001). 《공론장의 구조변동》. 나남.

______ (1996). *Between Facts and Norms: Contributions to a Discourse Theory of Law and Democracy*. Cambridge, Mass.: MIT Press.

Home Office (1986). *Report of the Committee on Financing the BBC*. London: HMSO.

Horrocks, R. (2004). The history of New Zealand television: An expensive medium for a small country. In R. Horrocks & N. Perry (Eds.). *Television in New Zealand: Programming the Nation* (pp. 20~43). Melbourne: Oxford Univ. Press.

Hoyes, W. (2003a). Branding public service: The 'New PBS' and the privatization of public television. *Television and New Media*, *4*(2), 117~130.

______ (2003b). The PBS brand and the merchandising of public service. In M. P. McCauley et al. (Eds.). *Public Broadcasting and the Public Interest* (pp. 41~51). Armonk, N.Y.: M. E. Sharpe.

Jacka, E. (2003). 'Democracy ad defeat': The impotence of arguments for public broadcasting. *Television and New Media*, *4*(2), 177~191.

Jakubowicz, K. (2004). Ideas in our heads: Introduction of PSB as part of media system change in central and eastern europe. *European Journal of Communication*, *19*(1), 53~74.

McAfee, N. (2000). *Habermas, Kristeva, and Citizenship*. Ithaca, NY: Cornell Univ. Press.

McChesney, R. W. (1993). *Telecommunications, Mass Media, and Democracy: The Battle for Control of US Broadcasting, 1928-1935*. Oxford: Oxford Univ. Press.

______ (1999). Graham spry and the future of public broadcasting. *Canadian Journal of Communication*, *234*(1), 25~47.

______ (2003). Public broadcasting: Past, present and future. In M. P. McCauley et al. (Eds.). *op. cit.*, pp. 10~24.

McGuigan (2004). The Cultural Public Sphere. Loughborough Univ., Department of Social Sciences. Inaugural Lectures as Professor of Cultural Policy.

Marquand, D. (2004). *Decline of the Pubic: The Hollowing-out of Citizenship.* Oxford: Policy Press.

Minow, N. N. (1964). *Equal Time: The Private Broadcaster and the Public Interest.* New York: Atheneum.

Murdock, G. (1997). Public broadcasting in privatised times: Rethinking the New Zealand experiment. In P. Norris & J. Farnsworth (Eds.). *Keeping It Ours: Issues of Television Broadcasting in New Zealand* (pp. 9~33). Canterbury: Christchurch Polytechnic.

______ (1999). Right and representations: Public discourse and cultural citizenship. In Jostein Gripsrud (Eds.). *Television and Common Knowledge* (pp. 7~17). London: Routledge.

______ (2001). Against enclosure: Rethinking the cultural commons. In D. Morley & K. Robins (Eds.). *British Cultural Studies* (pp. 443~460). Oxford: Oxford Univ. Press. (이 책의 8장).

Murdock, G., & Golding, P. (2001). Digital possibilities, market realities: The contradictions of communications convergence. In L. Panitch & C. Leys (Eds.). *A World of Contradictions* (pp. 111~129). London: Merlin Press.

New Zealand on Air (1997). *Local Content Research: New Zealand Television 1996.* Wellington: New Zealand on Air.

National Heritage Committee (1993). *The Future of the BBC Volume 1: Report and Minutes of Proceedings.* House of Commons Session 1993-4. London: HMSO.

Ofcom (2004). *Ofcom Review of Public Service Television Broadcasting. phase 1: Is Television Special?* London: Office of Communications.

Raboy, M. (1998). Canada. In A. Smith & R. Patterson (Eds.). *Television: An International History* (pp. 162~168). Oxford: Oxford University Press.

Raboy, M., Proulx, S., & Dahlgren, P. (2003). The dilemma of social demand: shaping media policy in new civic contexts. *Gazette, 65*(4-5), 323~329.

Reith, J. C. W. (1924). *Broadcast over Britain.* London: Hodder and

Stoughton.

Scannnell, P. (2000). Public service broadcasting: The history of a concept. In E. Buscombe (Eds.). *British Television: A Reader* (pp. 45~62). Oxford: Clarendon Press.

Singer, A. (2004). Television in the digital age. *The Guardian*, May 3, p. 17.

Siune, K., & Hulten, O. (1998). Does public broadcasting have a future? In D. McQuail & Karen Siune (Eds.). *Media Policy: Convergence, Concentration and Commerce* (pp. 23~37). London: Sage.

Smith, A. (1974). *British Broadcasting.* Newton Abbot: David and Charles.

______ (1998). Television as a public service medium. In A. Smith (Eds.). *Television: An International History* (pp. 38~54). Oxford: Oxford Univ. Press.

Vipond, M. (1994). The beginnings of public broadcasting in canada: The CRBC, 1932-35. *Canadian Journal of Communication, 19*(2), 151~171.

Wintour, P. (2004). Media blamed for loss of trust in government. *The Guardian*, 6th May, p. 12.

제 10 장

디지털 공유지 건설

인터넷 시대의 공영방송 *

텔레비전 방송이 시장의 힘에 종속된 채 상품화되고 있는 지금은 실감하기 힘들지만 … 한때 대다수 사람들은 텔레비전 방송을 공공시설(*public facility*)로 여겼고, 모든 방법을 이용하여 사상을 제시할 수 있는 곳이며, 모든 사람의 이익이 민주적으로 교환되는 영역으로 생각했었다.
— Joan Bakewell (프로그램 연출가. 1954년부터 BBC에서 근무하였으며, 현재는 은퇴) (2004, p. 182)

바로 지금이 공적 영역을 회복하거나 어쩌면 재창조해야 할 때이다.
— David Marquand (정치이론가. 전 옥스퍼드 맨스필드 대학 총장)

텔레비전에 관한 최근 20여 년간의 논쟁은 공영방송을 향해 작별을 고하고 완전히 상업화된 커뮤니케이션 환경을 요구하는 합창소리로 가득 찼다. 논쟁자들은 채널이 증가함에 따라 전파의 범위가 극히 제한적이었던 시대에 만들어진 조직이나 규제기구가 별 필요가 없어졌다고 주장한다. 이들은 수신료 강제징수가 개별 소비자의 선택을 억

* 원 논문 출처: Murdock, G. (2005). Building the digital commons: Public broadcasting in the age of the internet. In P. Jauert & G. F. Lowe (Eds.). *Cultural Dilemmas of Public Service Broadcasting* (pp. 213~230). Gotebourg: NORDICOM Goteborg Univ.

제하는 것이기 때문에 받아들일 수 없는 것이며, 점차 자유경쟁 시장이 되어가는 시대임에도 공영방송이 공공자금에 대한 독점권을 갖는 것은 불공평한 혜택을 주는 것이라고 본다. 이 같은 냉혹한 공격에 직면한 윗세대 방송인들은 사실상 게임은 끝났다는 조앤 베이크웰[1](Joan Bakewell)의 느낌을 공유한다. 그들은 일생 동안 봉사했던 공영방송의 이상이 사라져간다고 한탄하면서 "옛 꿈이 좋은 것이기 때문에, 비록 그 꿈이 실현되지는 않았지만 그런 꿈을 꿨다는 것이 기쁘다"(Tracey, 1998)는 로버트 제임스 워커(Robert James Walker)의 말에 동감한다.

나는 이러한 비관주의가 잘못되었다는 것과 공영방송은 철학적으로나 현실적으로나 마침내 자신의 때가 도래한 프로젝트라는 점을 논하고자 한다. 데이비드 마퀀드(David Marquand)가 매우 웅변적으로 주장했듯이, 개인화와 상업주의가 증가하는 시대일수록 어느 때보다 더더욱 공공의 영역을 재창조해야 한다. 방송은 오늘날 문화적 삶의 중심이며 예측 가능한 미래에도 그렇게 남을 것이기 때문에, 공공서비스를 다시 고찰하는 것이 이 프로젝트에 핵심적이라고 하겠다. 우리가 그 프로젝트를 추구하기 위해서는 우리에게 친근한 아날로그 지도를 버리고 새로운 디지털 차트를 그려야 한다. 공영방송을 독자적 조직으로 생각하지 말고, 새로이 등장하는 공공과 시민 주도권의 네트워크에서 중요한 연결고리로 보아야 한다. 그러한 주도적 실천들이 모여서 새로운 문화적 공유 공간인 디지털 공유지의 기반을 제공한다. 디지털 공유지는 상업적 이해관계와 새로운 도덕적 근본주의에 의한 사유화의 압박을 물리치고 인클로저에 저항하는 새로운 연결망을 만드는 데 유용하다.

---

1) 옮긴이 주: 2009년 올해의 저널리스트 상을 수상하고, 〈인디펜던트〉와 〈가디언〉 등에서 논설위원으로 활동한 영국에서 유명한 저널리스트이자 BBC에서 근무하기도 했던 프로그램 사회자이다. 그녀는 BBC의 금기(*taboo*)들을 들춰내 지적한 바 있다.

공영방송의 핵심논리는 완전한 시민권에 필요한 충분한 문화적 자원을 제공한다는 약속에 있다. 그러나 이러한 공식화의 핵심단어인 '시민권'과 '문화'는 시작부터 지속적인 논쟁의 대상이 되어왔다. 이러한 갈등의 근원은 처음 등장한 방송을 대중매체로 형성해낸 환경들과 그때 이루어진 결정들이 가진 지속력의 결합에서 찾을 수 있다.

재상상된 풍경

제1차 세계대전 직후에 이전에는 주로 소규모 아마추어들의 주도로 다양하게 이루어지던 방송이 관료조직에 집중된 전문영역이 되었다. 아마추어 무선통신의 시대는 끝났고 이제 방송은 전문화된 분배 시스템에 의해 매일 매일의 프로그램 스케줄을 수용자들에게 전달하고 있었다. 그러나 무엇을 방송하고 어떻게 청취자들에게 다가갈 것인가를 계획하기 위해 방송은 두 가지의 거대한 사회적 변동 속에서 스스로를 자리매김해야 했다. 대량소비 시스템의 등장과 대중민주주의의 도래가 그것이다.

1913년 헨리 포드의 새로운 조립라인을 통해 첫 번째 T형 자동차가 출시됨으로써 자전거가 처음으로 도입했던 이동기기의 개인소유는 확장되었다. 1916년은 자동세탁기가 등장했고, 멤피스(Memphis)의 클래런스 사운더스(Clarence Saunders) 거리에 직원이 주문을 받지 않고 고객이 선반을 둘러보고 물건을 직접 고르도록 하는 최초의 식료품 매장인 피글리 위글리(Piggly Wiggly)가 개장했다. 새롭게 상상해볼 풍경은 힘들고 단조로운 가사노동이 없어지고 개인의 선택이 확장되는 것이었다. 가정은 계속 수지타산이나 걱정하는 공간이기를 멈추고 자기표현과 사회적 과시의 무대가 될 것 같았다. 기본적인 생활수준을 유지하기 위한 노동은 라이프스타일을 만들어내는 기쁨에 자리를 내주게 될 것이었다. 개인의 해방이라는 이러한 환상을 판매하는 일은 광고산업을 태동시켰다. 카피라이터와 이미지 생산자들로 불어난 직업군은 전속력으로 대량생산을 해대는 새로운 시스템을 지키기 위해 필요한 대량의 수요를 유지하는 일을 떠맡았다. 광고 캠페인이 광고주의 제품을 더욱 인상적으로 홍보할수록, 그것은 새로운 경제 시스템을 떠받드는 지배 이데올로기인 소비주의를 더욱 공고히 했다. 소비주의에 의해 세속적 구원이 상품으로 판매되었다. 불완전한 신체, 외로움, 인간관계의 실패와 같은 일상생활의 괴로운 흔적은 스킨 크림, 페퍼민트 치약, 샴푸, 유행하는 새로운 외투, 축음기와 같은 상품의 손길을 통해 치유될 수 있다고 약속했다. 누구도 배제되지 않았다. 모든 사람은 다시 태어날 수 있을 것만 같았다. 셀프리지(Selfridges) 백화점과 시어스 로벅(Sears Roebuck) 백화점 체인점의 대형건물에는 많은 매장이 있었다. 단지 필요한 것은 구매라는 개인의 선택이었다.

사회적 계약을 벗어나 구매를 통해 자신의 방식을 추구하라고 사람들을 고무함으로써 소비주의는 공동의 해결책에 대한 지지를 분해하는 강력한 용해제로 작용했다. 당신이 어디로든 운전할 수 있는데 대중교통의 상태에 대해 왜 걱정하겠는가? 그러나 전쟁의 폐허로부터 회복 중이던 대다수의 유럽인과 대공황에 직면해 있던 많은 미국인들에게 새로운 소비풍경은 제 2차 세계대전 직후까지는 실현될 수 없는 것이었다. 따라서 사회적 차원에서 생활수준과 삶의 기회를 향상시키는 방안이 상당한 대중적 지지를 받았다. 그것은 새로운 대중 참여정치의 중심에 있었다.

1918년 이후, 과정이 평탄치 않았으며 마지막까지 심한 논쟁을 불러왔음에도 불구하고, 여성들은 다수의 주요 유럽국가에서 투표권을 얻을 수 있었다. 영국에서는 1928년에 완전한 성인 참정권이 마침내 도입되면서 최초로 진정한 대중민주주의를 말할 수 있게 되었다. 시장에서 개인 스스로 선택하는 소비자일 뿐만 아니라, 이제 사람들은 공동생활의 건설과 이를 결정하는 법과 규칙에 대해 발언할 권리를 지닌 시민이었다. 시민권의 개념은 좁게 보면 주로 지방과 전국 선거에서 투표권을 갖는 것과 동일시되었다. 넓게 보면 그것은 공동의 삶의 모든 영역에 온전히 참여하고 그것이 미래에 취할 모습을 만들어가는 데 기여할 권리를 의미했다. 이렇게 확장된 개념에서의 적극적인 시민권은 시민들 스스로가 창의적으로 조직한 지역 합창단이나 이웃과 함께하는 거리 축제와 기업의 횡포와 정부의 실패에 대항하는 대중시위까지 포괄했다. 좁은 시민권을 고수한 사람들에게 이러한 집단적 행동은 군중을 폭동으로 연상하게끔 하는 불편한 이미지를 확산시켰다. 그들이 '좋은 시민'으로 의식화한 것은 현재의 문제에 대해 그들 스스로 부지런히 알아가고, 주요 정당들이 제시하는 경쟁적인 정책안을 합리적으로 판단하며, 비밀투표함에서 자기의 선호를 진지하게 밝히는 것이었다. 그러나 양쪽 모두 적극적 시민권이 평등과 존엄에 기반을 둔 참여를 뒷받침하는 다양한 자원을 요구한다는 것에 대해서는 인식을 같이했다.

이러한 자원 중 일부는 확실히 물질적인 것이었다. 평생 수입, 품위 있는 주거, 의료혜택에 대한 접근, 안전한 공공장소, 제대로 작동하는 공중교통체계, 합리적인 휴일과 휴식시간이 그것이다. 이것을 확보하는 것은 복지에 대한 국가의 책임을 확장하게끔 투쟁하는 하나의 초석이었다. 그러나 문화적인 것들 역시 명백했다. 우리는 정보, 지식, 숙의, 재현, 참여에 대한 권리를 핵심적인 문화적 권리로 규정할 수 있다.

첫째, 정보권(*Information Rights*). 현재의 사건과 상황에 관한 그리고 시민들의 삶의 수준과 기회에 특별한 영향력을 지닌 정부 및 기업과 같은 기관들의 행동, 동기, 계획들에 관한 이해되기 쉽고 객관적인 정보가 시민들에게 주어져야 한다.

둘째, 지식권(*Knowledge Rights*). 시민들은 모든 범위의 해석 틀에 접근할 수 있어야 한다. 이를 통해 가공되지 않은 정보를 설명으로 전환하고, 원인을 알아내고, 주목되지 않은 연관성을 조명하고, 특정 사건과 결정이 어떻게 모든 삶과 선택에 영향을 미치는지를 규명해서, 개입과 변화를 위한 모든 범위의 선택방안을 펼쳐볼 수 있다.

셋째, 숙의권(*Deliberative Rights*). 복잡한 사회에서는 늘 둘 이상의 해석과 제안이 다양하게 제시되기 때문에, 적극적 시민권을 위해서는 경쟁하는 입장들을 이용 가능한 증거에 대비해 시험하고 그들의 윤리적 전제에 대해 질문을 던지고, 그들이 공적인 삶의 질에 가져올 결과를 엄격하게 평가할 수 있는 자리인 숙의적 토론장(*deliberative fora*)에 대한 접근이 필요하다.

독일의 철학자 하버마스가 강력히 주장했듯이, 원칙 있는 숙의는 현대 민주주의를 규정하는 특성으로서, '국가의 행위에 연결된 쟁점'이 토의되는 모든 사회적 공간, 그가 '정치적 공론장'이라고 부르는 집단적 영역의 핵심임무이다(Habermas, 1989). 그는 또한 이와 나란히 있는 공간으로, 독자들이 다른 사람의 입장이 되어봄으로써 자기 인식과 감정이입을 발전시키는, 소설을 중심으로 이루어진 '문학적 공론장'(*literary public sphere*)을 규정하는데, 그는 이것을 정치적 공론장과는 완벽히 구분되는 것으로, 따라서 시민권의 형성과는 별다른 관련이 없다고 본다. 흥미롭게도, 이러한 논지는 방송에 관해 작성된 시장지향적인 정책 보고서에 강하게 반영되었다. 신자유주의 경제학자인 앨런 피콕 교수가 의장직을 맡고 있는 위원회가 발간한 방송 재정에 관한 영향력 있는 영국 보고서가 대표적이다. 그것은 모든 BBC 서비스를 유료가입을 통해 판매할 것을 권장하면서도, 경쟁적인 다채널 시장에서 시민권을 위한 필수적 자원을 제공하는 프로그램 일부는 방송기업가의 관점에서 볼 때 상업적으로 자립하기 어렵고, 그렇기 때문에 공적 보조금을 지속적으로 필요로 한다는 점을 인정한다(내무성, 1986). 그러한 목록은 뉴스, 시사물, 다큐멘터리를 우선으로 하며, "상품에 대한 평가에서 정치, 사상, 철학, 종교에 이르기까지 모든 것을 포괄하는 비평적이고 논쟁적인 프로그램" 역시 포함한다. 이와 같은 방송업무의 구분에서 두 가지 주장이 뒤따른다. 첫째, 정보, 지식, 숙의를 충분하게 제공하는 것은 이제 더 이상 상업방송의 역할이 아니다. 둘째, 공영방송은 이러한 영역에 주안점을 두어야 하며 인기 드라마, 코미디, 오락의 제공에서 상업방송사와 경쟁해서는 안 된다. 놀랍지 않겠지만, 두 가지 주장 모두 공공서비스라는 의무를 내던지고 공공서비스 조직과의 경쟁영역을 축소하기를 희망하는 상업채널들에 의해 강력히 홍보되었다.

이러한 입장은 시민들이 이미 그들 자신의 의도와 욕구 그리고 선호를 알고 있으며 단순히 다른 사람들과 효과적으로 교환하기 위해 정보와 해석의 틀을 필요로 한다고 가정한다. 그러나 노엘 맥피(Noelle McAfee)가 지적한 것처럼, 시민들이 이미 완전히 형성된 입장을 채택하고 있다면 왜 번거롭게 논쟁이 아닌 숙의에 참여하는가. 논쟁은 따지거나 공격하는 것에 대응해 입장을 방어하는 것이지만, 숙의는 "자기 자신의 관점을 버리고 다른 관점을 택할 의지가 있다는 것"을 의미한다(McAfee, 2000). 이것이 요구하는 상상의 도약을 위해 그리고 다른 사람들의 주장을 공평하고 정당하게 다루기 위해서는, 그러나 우리는 먼저 이렇게 물어보아야 한다. "다른 사람이 되는 것, 어떤 특정한 유형의 사람이 되는 것은 어떤 경험일까? 이런 사람들은 어떻게 해서 그렇게 되었을까?"라고(Mepham, 1990). 소설, 드라마, 코미디는 이런 질문을 탐구하는 데 자유자재로 이용할 수 있기 때문에, 그것들은 공영방송의 핵심적 근기를 뒷받침하는 데 절대적으로 중요하다.

넷째, 재현권(*Representation Rights*). 시민권을 향상시키기 위한 문화적 개입을 가늠할 때 우리는 영어에서 'representation'이라는 용어가 내포하는 두 가지 의미, 즉 문화적 형식 및 장르의 체계와 사회적 대표체계 모두의 의미에서 재현/대변의 문제에 즉각 직면하게 된다. 만약 우리가 누군가의 경험, 신념, 열망이 그 복합적인 성격 그대로 온전히 묘사될 권리를, 그리고 그것을 거부하고 경멸하는 것이 아니라 공감하고 통찰하는 것이 시민권의 문화적 기본 권리라고 장려하는 방식으로 묘사될 권리를 받아들인다면, 이제 이런 질문이 필요하다.

'공공문화의 주요 무대에서는 누구의 삶과 의견이 집중적으로 재현/대변되며, 누가 배제되거나 주변화되는가?' 그리고 '특정한 문화적 형식들은 사건과 상황에 대해 말하고 바라보는 방식을 어떻게 구조화하는가? 그것들은 어떤 관점을 우선시하고 익숙한 고정관념을 동원하는가? 또는 그것을 해체하는가?' 그러나 우리는 또한 다른 질문들도 해야 한다. 문화적 표현은 사회적으로 어떻게 조직되는지, 누가 다른 사람들을 대신할 자격이 있는지, 다른 사람들의 관점과 희망을 표현한다고 주장하는 사람이 그들에 대해 갖는 책임은 무엇인지, 그리고 잘못 재현된 사람들이 그에 대응하고 바로잡을 권리는 무엇인지에 대해가 그것이다.

마지막으로 참여권(*Participation Rights*). 이러한 질문들은 참여에 대한 쟁점을 끄집어낸다. 곧 살펴보겠지만, 공영방송은 전통적으로 수용자를 화자나 행위자보다는 청취자로, 혹은 이미지 메이커보다는 구경꾼으로 구성했다. 그러나 지난 20년 동안 이런 배타적인 의식은 영상문화를 만들어내고 공공 토론을 조직하는 데 더 많은 참여를 요구하는 시청자와 청취자를 증가시켜왔다. 재현과 참여를 두고 벌어지는 최근의 갈등은 공영방송의 조직과 사회적 임무 인식에 대한 장기적인 긴장에 뿌리를 두고 있다. 최근에 벌어지고 있는 논쟁의 맥락에서 중요한 질문은 이 모순이 지금 극복될 수 있는가이다.

모순된 프로젝트

보통선거권 쟁취를 위해 1백여 년 동안 싸워오는 과정에서 공적 지원을 받아 시행된 일련의 문화적 사업들이 제공한 시설들은 무료이거나 상당한 보조금을 받는 것이었다. 그 제도들에는 성인교육 과정, 공공 도서관, 미술관, 연주회, 박물관 등이 있다. 그것들의 주된 목표 중 하나는 책임 있는 시민권을 고취하는 것이었다. 공영방송이 이러한 사업을 확대하고 일반화하였으나, 출발부터 전문성, 교육, 국가 건설이라는 핵심적인 개념을 둘러싼 모순들로 점철되었다.

모든 공공기관이 그렇듯이 공영방송은 영리보다는 "성과에 대한 자부심이나 시민으로서의 의무감"이라는 동기를 가지고(Marquand, 2004), 자신들이 적절하다고 생각하는 전문적 판단을 행사할 수 있는 자율권을 주장하는 새로운 계층의 전문가 영역으로 비쳤다. 국가와 적절한 거리를 유지하겠다는 이러한 고집은 신파를 국가안보를 위한 서비스로 장악하려 시도하는 정부에 대해 대항하는 가치 있는 방어벽이 되었고, 과격한 반대, 국내 불안, 대외적 갈등을 보도하고 설명하는 방식을 두고 충돌이 계속되었다. 동시에 공영방송은 보통 사람들이 전하는 내용은 아마추어적으로 전문가 기준에 미달한다는 이유에서 그들의 기여를 지속적으로 배제했다. 보통 사람들의 목소리란 시민의 소리(*vox pops*)[2] 라든지 환호하는 청중, 게임쇼 출전자 또는 사회문제에 관한 뉴스 화면에 등장하는 사람 등으로 프로그램 제작자가 결정하는 조건에 제한된 것이었다. 리젠트 도로의 꼭대기에 있는 브로드캐스팅하우스[3] 로 BBC 본사가 이사하면서, 에릭 길(Eric Gill)이라는 논란이 많은 예술가에게 의뢰했던 조각품이 정문 앞에 설치되었다. 그 작품은 셰익스피어의 연극 〈템페스트〉에 나오는 프로스페로와 아리엘을 소재로 한 것이었다. 프로그램 기획자와 제작자는 기술직 및 보조 직원들이 지닌 전문성의 도움을 받아 그들이 만들어낸 시끌벅적한 소음으로 섬을 가득 채우는 새로운 매체의 마법사가 될 것이었다.

아래로부터의 표현을 신중하게 걸러내는 것은 최고의 사고와 최고의 언어를 되도록 널리 전파하기 위해 시작된 공영방송의 강력한 교육 프로젝트에 의해 강화되었다. 한편으로 이것은 해방적 개입이었

---

2) 옮긴이 주: TV나 라디오에 등장하는 거리에서의 시민 인터뷰.

3) 옮긴이 주: BBC의 본사 이름. Broadcasting House.

다. 지역성에 의한 제약을 없애고 모차르트의 음악과 셰익스피어의 연극 그리고 아인슈타인의 생각에 쉽게 접근할 수 있게 함으로써 수많은 청취자와 시청자의 상상의 지평을 확대했다. 또 다른 면에서는 'culture'의 'C'를 대문자로 표시하여[4] 공식 정본(*official canon*)이 된 예술가와 전문가의 작품과 동일시함으로써, 보통 사람들의 창의성과 평범한 지식에 대한 평가절하를 강화했다. 이러한 판단의 위계구조는 프로그램 혼합전략(*mixed programming*)으로 구조화됐다. 버라이어티쇼 바로 다음에 디킨스의 소설을 방송함으로써 수용자들은 문화의 위대한 사다리로 올라가도록 장려되었는데, 무지에서 개화로 옮겨갈 것을 권유받는 것이었다. 이 일반적인 프로젝트 내에서 국내 문화, 넓게는 서유럽 문화의 특권적 지위가 인정되었다.

러시아에서 볼셰비키가 권력을 장악하고 반혁명을 지원하는 연합적 개입이 실패한 후, 유럽 정부들은 노동분규의 확산과 지역적 불만이라는 형태로 가시화된 대중봉기라는 유령에 사로잡혔다. 정부들은 이에 대처하여 특정 집단에 대한 충성주의를 배제하고 국가를 사회적 정체성의 주된 원천으로 설정하기 시작했다. BBC는 유일한 전국방송사로서 국왕의 크리스마스 담화나 프롬나드 콘서트 마지막 날의 맹목적 애국주의, 웨스트민스터에 있는 빅벤의 종소리 방송, 축구 결승전이나 템스 강에서의 옥스퍼드-케임브리지 보트 경주대회 중계 등을 통해, 일련의 단결 및 경축 의식을 새로 만들거나 되살림으로써 특히 상징적 국민화를 위해 적극적인 역할을 담당했다. 하지만 이처럼 국가적 문화를 증진한 이면에는 또 다른 동기가 있었다.

문화산업이 전쟁의 피해를 입지 않고 새로이 등장한 대중 마케팅과 결합한 1920년대 미국은 소비의 즐거움과 편안함을 적극적으로 조장하는 대중오락에서 세계적인 지배세력으로 부상했다. BBC의 한 내부 연구에 의하면 대중적 레저의 모든 부문에 촉수를 뻗치는 문어로

4) 옮긴이 주: 진정한 문화만 문화로 인정한다는 의미.

묘사된, 할리우드의 승승장구와 재즈 및 미국 팝뮤직의 세계적인 성공에 직면하여, 공영방송은 국가적 상황과 이슈를 다루는 국가적 문화 프로그램 제작을 촉진해야 할 동기가 하나 더 늘어났다. 캐나다의 한 공영방송 캠페인 슬로건의 표현대로 "국가냐 혹은 미국의 한 주냐"(*the state or the United States*)의 둘 중 하나를 선택해야 했다. 공영방송은 캐나다 세금으로 운영되었고 미국산 프로그램은 너무나 인기가 있었기 때문에 그것을 전적으로 무시할 수는 없었지만, 그 존재는 쿼터제와 편성 및 내용 제한을 통해 통제되었다. 초기 BBC의 댄스뮤직 전문가였던 크리스토퍼 스톤이 설명했듯이, 그는 자신이 진행하는 주간 쇼에 어쩔 수 없이 '미국산 작품'을 최소한 하나는 포함시켜야 했지만, "그것들을 소개할 때는 음성에 약간의 비웃음"을 조심스레 섞었다(Camporesi, 2000).

국가적 표현의 중심성을 강조하는 것은 상당량의 자원을 국내 제작에 배치하는 것에 긍정적인 효과를 가져왔고, 변화하는 국가적 상황과 국민감정 구조에 대한 대립적 견해를 소통하는 공간을 열어주었다. 이와 함께 특히 영국에서는 섬나라 근성이 강화되었고 자국 우선주의가 강조되었다. 그 결과 세계의 다른 곳을 볼 때는 제국이라는 프리즘을 통해 비쳐지거나 또는 민주주의가 공산주의와 경합하는 이중성으로 비쳐졌다.

당시의 모든 제도적 구성과 마찬가지로, 세계적인 기준점 역할을 했던 영국 본래의 공영방송 개념은 조심스럽게 관리되고 엄격하게 경합하는 가운데 촉진적이면서도 동시에 제약적이었다.

재현을 둘러싼 논쟁

공영방송을 보다 더 광범위한 시각과 목소리 그리고 창의적 비전에 개방하기 위한 노력은 재현과 참여라는 이슈로 모아졌다. 1960년대

중반 이후 주류 프로그램에서 경시되거나 제대로 재현되고 있지 않다고 생각한 사회 구성원들이 접근의 확대와 스스로의 목소리를 낼 권리를 줄기차게 요구했다. 여기에는 여성단체, 동성애자 단체, 민족적·언어적 소수집단 그리고 사회운동에 참가하지는 않지만 자신이 대수롭지 않게 여겨지고 정형화되고 멸시당하는 것에 지친 시민들이 포함되었다. 이에 대해 공영방송은 평범한 사람들의 발언과 일상생활에 근거한 새로운 프로그램 형식을 개발하는 반응을 보였다. 그들은 참여 토크쇼나 시민 배심원을 통해 동시대의 이슈를 다루었다. 명령 투의 논평을 뺀 다큐멘터리를 제작했고 가정, 직장, 기관에서 이루어지는 현실적인 삶과 대화에 최대한 다가서기 위해 조심성 있는 촬영방법을 사용했다. 그리고 전문가의 조언을 받지만 편집권은 여전히 보유한 가운데 청중이 자신의 삶을 직접 촬영하고 자신의 관심사를 자신이 결정한 방법으로 소개할 수 있도록 카메라를 청중에게 건넸다. 구조적 차원에서 보면 영국의 채널 4[5]와 오스트레일리아의 공영방송 SBS[6] 등은 재현과 참여라는 요구에 부응하여 만들어진 것이다. 이런 새로운 채널들은 주류 공영방송 채널이 간과했던 계층을 대상으로 하여 기존 프로그램을 명시적으로 보완하기 위해 고안되었다. 재현과 참여의 권리를 확장시키려는 이러한 움직임은 그러나 민영방송의 도달 범위를 확장하고자 하는 상업적 이해관계로부터의 고조되는 압력과 동시에 일어났다.

5) 옮긴이 주: 사회 소수자 계층을 위한 사회주의, 좌파, 무정부주의자들의 콘텐츠가 주를 이루는 독립방송. 지배구조가 특정인이나 특정회사가 아닌 공공에게 주어져 있다. 자체 제작은 없고 모두 외주 제작에 의한 프로그램만을 공급받는다.

6) 옮긴이 주: Special Broadcasting System. 오스트레일리아의 다문화 다언어 공영방송사.

시장화

시장화는 두 가지 주요 정책적 개입에 의해 촉진되어왔다. 자유화는 과거 공공독점(대부분의 서유럽국가)이나 영국과 같이 강력한 공공서비스 규제를 지닌 복점이었던 방송시장에 경쟁을 도입하게 했다. 1980년에 공영방송과 상업채널이 경쟁하는 이원적 시스템을 가진 국가는 이탈리아와 영국밖에 없었다. 나머지 국가들은 순수 민영 시스템을 운영했던 룩셈부르크를 제외하고는, 공영방송 독점체계 그대로였다. 1997년이 되자 오스트리아, 아일랜드, 스위스에서만 여전히 공영방송이 독점되고 있었는데 3개 국가 모두 상업채널의 도입을 적극적으로 준비하고 있었다. 민영 텔레비전 회사들은 활동영역을 크게 늘리는 동시에 소유와 광고에 관한 법적 규제의 완화를 요구함으로써 운신의 폭을 넓히는 데 성공하면서 규제의 근본 목적을 재정의하게 만들었다. 유럽연합 경쟁위원회의 위원장이 최근 설명한 바와 같이 "널리 정의되던 '공공의 이익'에서 자유롭고 공정한 경쟁이 보장되고 소비자 이익을 증진하는 시장개방 쪽으로 무게중심이 옮겨 갔다"(Lowe, 2004). 이런 과정에서 완전한 시민권의 요구가 의례적으로 환기되긴 했지만 어느 정도 뒤처져 있었다.

살수록 경쟁이 지열해지는 환경에서 상업방송들은 공공서비스 프로그램을 제공함에 따르는 손실을 감수할 수 없으며, 그런 과제는 공적 재원으로 지원받는 기관에 의한 단독의무가 되어야 한다고 그 어느 때보다 목소리를 높이고 있다. 이런 주장은 분명히 확산될 것이다. 따라서 이제 공영방송의 미래는 그 어느 때보다도 더 중요하다.

디지털 개입

미래를 예상할 때 우리는 정부가 다른 용도를 위한 주파수대 확대를 꾀하고 있다는 점에서 공영방송이 아날로그에서 디지털 기술로 이동해야 한다는 사실을 인정해야 한다. 일부는 이미 아날로그 채널의 '중단' 날짜를 확정했다. 이런 변화는 방송과 그 운영환경 및 시청자와의 관계를 근본적으로 바꾸어놓을 잠재력을 가지고 있다. 그런 가능성 중 일부는 이미 현실화되고 있다. 많은 공영방송사가 디지털 압축을 통한 추가역량을 이용해 새로운 디지털 채널을 출범시키고 특정 계층을 대상으로 하여 시사나 다큐멘터리 그리고 예술 프로그램을 위한 공간을 확대하거나 코미디나 드라마에서 혁신적인 아이디어를 시도해볼 수 있는 환경을 제공하고 있다. 미취학 아동을 위한 BBC의 새로운 디지털 방송 CBeebies나 BBC 3, BBC 4 등과 같은 채널이 여기에 해당하는 사례다. 공영방송은 또한 디지털 기술이 지닌 쌍방향 능력을 적극적으로 실험했다. 가령 BBC는 최근 시청자에게 자신이 보고 싶은 올림픽 경기를 선정하고, 원하는 라디오 드라마 구성방안을 제시하며, 온스크린 메뉴에서 추가정보를 끌어당겨 뉴스에 관련된 이야기를 더 알아보고, 방송이 끝난 후 특정 프로그램과 관련된 온스크린 활동에 참가하도록 초대했다. 이런 혁신은 여전히 실험 중이지만, 공영방송의 범위를 확대하고 시청자 선택의 폭을 넓혀주리라는 것은 분명하다. 그렇다 하더라도 방송사와 시청자 간의 근본적인 힘의 관계는 변하지 않는다. 본질적으로 상의하달(*top-down*) 시스템이라는 데는 변함이 없다. 시청자는 여전히 프로그램 제작자가 마련하는 선택지에 반응하고 있다. 선택할 수 있는 메뉴가 늘어났다고 하더라도 시청자 자신이 직접 제작에 참가하는 것은 아니다. 다른 한편으로는 월드와이드웹을 비롯한 인터넷이 공영방송의 역사적 제약을 보다 근본적으로 해결할 가능성을 보여준다.

인터넷의 폭발적인 성장으로 조심스런 방관자들조차 희망에 들떠입을 열게 되었지만, 이는 가능성뿐만 아니라 문제점도 동시에 수반함을 인식하는 것이 중요하다. 여기에 내가 특히 중요하다고 생각하는 3가지 사항이 있다.

첫째, 개인용 컴퓨터를 통해 인터넷에 접근할 때, 소득이나 연령, 교육에 따른 계층별 차이가 여전히 심각해 수많은 빈곤가정이나 노인, 저학력자들이 영원히 배제될 가능성에 직면해 있다. 설사 그들이 기본적인 접속이 가능하다 하더라도 인터넷에서 제공하는 보는 기능에 접근하는 데 필요한 언제든 어디서든 연결되는 초고속 광대역에는 여전히 접근이 불가능할 것이다.

둘째, 인터넷을 통해 관심분야가 더없이 세분화되고 더욱 전문화된 분야로 나뉜다는 것은 폭발적으로 늘어난 케이블과 위성 채널이 만들어내는 텔레비전 시청의 개인화와 개인용 녹화기의 도래를 비추는 거울이다. 이러한 기술들이 결합하여 기존에 즐겨 보던 것만을 보고, 자신의 의견과 동일한 의견만 들을 수 있게 된다. 세상의 견해가 갈수록 양극화되고 있으며, 논의 시스템의 작동을 위해서는 지식과 존중을 기초로 하여 견해 차이를 뛰어넘는 대화가 그 어느 때보다도 중요한 상황에서, 집합적 공간을 도려내는 것은 민주적 문화에 대한 중대한 도전을 나타낸다.

셋째, 다른 보는 문화산업 부문과 마찬가지로 인터넷이 기업활동에 중요한 무대가 되고 있다. 지난 10년 동안 증가한 소비의 개인화는 미디어 소유권의 유례없는 통합과 더불어, 사이버공간을 마치 쇼핑센터처럼 재개발하려는 글로벌 멀티미디어 기업을 만들어낸다.

이런 점들은 나쁜 소식이지만, 이에 반해 좋은 소식도 있다. 상품화 과정과 대립하는 강력한 두 가지 경향이다. 하나는 공공재에 관한 철학의 부활에 기초하고 있고, 다른 하나는 호혜주의 윤리에 지배받는 선물 주기의 도덕경제에 근거하고 있다.

오픈 넷

공중파 방송은 극장 관람권 같은 상품과는 달리 누구나 접근이 가능하고 모든 사람이 다른 사람을 방해하지 않으면서 동시에 즐길 수 있다는 점 때문에, 경제학 용어사전에서 공공재로 분류되어왔다. 하지만 이미 살펴본 바와 같이, 공영방송은 공동 삶의 질과 민주적 문화 발전에 기여한다는 목적을 가진 활동으로서 처음부터 보다 더 일반적인, 철학적 의미에서의 '공공재'로 생각되기도 했다. 공공자금의 지원을 받는 다른 기관들은 공간과 위치의 제약으로 인해 방송이 지닌 보편성에는 이르지 못했다. 이런 물리적 제약을 인터넷이 해소함으로써 공공문화 기관이 처음으로 완전한 의미에서의 공공재가 될 수 있게 했다. 많은 기관들이 신속하게 이 점을 이용하고 있다. 공공 도서관과 기록보관소가 자료를 디지털화하고 있으며, 미술관과 박물관이 일체의 소장품을 온라인으로 볼 수 있도록 하고 있다. 자료들이 공공 소유이거나 대중을 위해 증여된 것일 경우는 보편적인 접근에 아무런 문제가 없다.

하지만 공립대학에서는 문제가 된다. 강의와 출판은 전통적으로 그것을 만든 교직원이 소유하거나 또는 약간 수정된 규칙에 따르면 제작이 가능하도록 유급시간과 시설을 제공한 기관이 소유하는 지적 재산권으로 간주되어왔기 때문이다. 그러나 대학의 학자들은 저작권자로 하여금 그들의 저작물이 자유롭게 접근되고 비상업적 목적을 위해서 사용될 수 있도록 허용을 설득당함으로써 공공재를 창출하기 위해 사적 권리들을 동원하는 크리에이티브 커먼즈(*Creative Commons*)라는 대항적 철학을 수용하는 중이다. MIT 교직원들은 이런 정신을 토대로 최근 자신들의 강의를 누구나 읽고 이용할 수 있도록 전부 인터넷에 올리는 데 동의했다.

이렇게 공공재의 철학이 확대됨에 따라서, 인터넷에서는 호혜주의 윤리에 기반한 동료 간의 수평적인 교환 네트워크에 토대를 둔 지적이고 창의적인 생산이 급증하는 현상이 발생하고 있다. 다수에게 흥미를 끌거나 도움이 되리라고 생각하는 것을 업로딩한다. 어떤 대가를 요구하지는 않지만 다수의 사람들도 나에게 도움이 될 만한 자료를 올릴 것으로 기대한다. 도덕적 선물 주기 경제를 가상거래에 맞게 변형한 것이다. 이처럼 서면으로 작성하지는 않았지만 실제로 작동하고 있는 사회적 계약의 좋은 사례가 바로 자발적인 기고만으로 이루어진 세계역사상 최대의 백과사전인 위키피디아(Wikipedia)이다. 이러한 협력적 교환은 참신한 형태의 뉴스와 논평도 창출하고 있다. 한국의 오마이뉴스는 현재 1만 5천 명의 '시민기자'가 기사를 작성하고 관찰하고 의견을 제시한다. "그 결과 특정한 쟁점에 관하여 풍부한 의견과 소식들이 표현되고 있는데, 그중 일부는 모순적이기도 하고, 일부는 예상치 못한 연계나 통찰도 있다"(Uricchio, 2004).

방송과 인터넷

방송사 역시 온라인으로 이동해 웹 기반을 마련했다. 상업방송사들이 만든 많은 사이트들은 속보, 프로그램 리스트, 특정 쇼에 대한 홍보, 프로그램에 등장한 상품의 전자상점, 시청자 게시판 등에 형성된다. 그들의 목적은 그 채널의 상상 커뮤니티에 시청자를 전폭적으로 참여시켜 고객 충성도를 공고히 하자는 것이다. 갈수록 경쟁이 심해지고 있는 시장에서 이런 조치는 상업적 의미에서 합당하다. 공영방송 역시 시청자를 놓고 경쟁을 벌여야 하지만 그 이상이 요구되고 있으며 일부는 이미 가능성 모색에 적극성을 보이고 있다.

BBC의 공용 웹사이트는 현재 유럽에서 가장 신뢰받고 널리 이용되는 인터넷 사이트 중 하나이다. BBC는 시민권의 충실화를 위해 문화적 자원을 제공한다는 공영방송의 핵심적 소명을 인터넷을 통해 확대할 수 있는 방안을 모색함으로써 이러한 지위에 올랐다.

시사와 다큐멘터리 프로그램을 광범위한 인터넷 자원으로 뒷받침함으로써 정보와 지식에 대한 권리가 확대되어왔다. 제기된 이슈에 관심에 있거나 더 많은 것을 알고자 하는 사람은 누구나 BBC 사이트를 방문해 다양한 추가정보와 관련된 다른 출처 및 기관으로의 링크를 찾을 수 있다.

숙의권(熟議權)은 시청자나 청취자가 최근 프로그램이나 현재의 쟁점을 논의할 수 있도록 광범위한 게시판을 설치함으로써 확대되어왔다. 동일한 논의의 장에 전문가와 일반인이 똑같이 의견을 올릴 수 있는 곳이 많은데, 가령 영국에서 유전자 조작 농작물에 대해 국가적 논쟁이 벌어졌을 때 BBC는 그 쟁점에 대한 논의를 위해 과학 게시판을 할애했다.

참여권(參與權)은 공중파 방송 스케줄에서 누락된 프로그램을 웹으로 옮김으로써 확대되었다. 시청자가 자신의 생활 단면이나 의견을 동영상으로 만들어 올릴 수 있는 BBC의 비디오 네이션(*Video Nation*) 프로젝트가 좋은 사례이다. 이 프로그램을 온라인상에 제공하여 전자 기록장치에 저장해서 언제든지 접근할 수 있도록 함으로써 기고물의 살아 있는 활동을 연장할 수 있다는 이점이 추가되었다.

이제 전자 기록 및 검색 시스템에 대한 훨씬 더 야심찬 계획이 BBC 미래 전략의 초석으로 부상하고 있다. 지난주에 방송된 다양한 라디오와 텔레비전 프로그램에 대한 접근과 재생은 이미 가능하다. 하지만 최근에 발표된 창의적 아카이브(*Creative Archive*) 프로젝트는 훨씬 더 진전이 있다. 창의적 공공재의 허가(*creative commons licensing*)에 의해 개발된 저작권 모델을 이용해 BBC의 전체 소장 프로그램을 온라인에 올려 비상업적 용도로 이용할 수 있도록 한다는 것이다. 이는 공공서비스가 생긴 이래로 그 제공에 있어 가장 중요한 혁신임이 분명하다. 시청자가 프로그램을 다시 볼 수 있을 뿐만 아니라 같은 프로그램을 직접 재편집하거나 자신의 제작물에 일부를 편입시킬 수 있어 일반 시청자의 창의성에 대단한 자극을 제공한다.

이러한 개입은 참여하고자 하는 열의가 편성자나 채널 책임자의 문을 세차게 두드림에 따라 그동안 힘을 키워왔던, 공영방송 문화 모델의 변화를 가속화시켰다. 그 결과 지정된 전문가와 예술가가 짜 맞춘 가치와 우선순위에 의해 만들어진 '공유지 문화'(*culture in common*)를 중시하던 태도에서 "구성원의 집단적 작업에 의해 계속해서 다시 만들어지고 재정의되는" 공유문화(*common culture*)의 민주적 가치를 더욱 중시하는 방향으로 이행했다(Eagleton, 2000).

이런 발전은 전체적으로 공영방송의 역할에 대한 중대한 재정의를 의미한다. 공영방송은 오리지널 제작을 위한 핵심센터로 남겠지만 프로그램은 더 이상 개별적인 이벤트가 아니라 다양한 활동과 참여를 위한 잠재적 출발점이 될 것이다. 앞으로 문화적 시민권에 대한 기여를 평가함에 있어 공영방송이 제공하는 온라인 자원의 범위와 조직은 프로그램의 품질이나 다양성만큼이나 중요할 것이다.

디지털 공유지

이러한 자원을 개발하기 위해서는 문화산업을 호환성 없는 기술로 분리되어 동떨어져 있는 개별 기관들로 묘사했던 과거의 아날로그식 지도를 포기하고, 디지털 공유지를 구성하는 새로운 공공 및 민간 기관 네트워크에서 공영방송이 상업적 인클로저에 대한 공동의 거절, 자유롭고 보편적인 접근권, 호혜주의 그리고 협력활동에 대한 헌신으로 정의되는 연결공간의 중심이 되는 디지털 차트를 구축해야 한다. 이 공간은 그 범위에서 전 지구적 잠재력을 지닌다. 국경을 넘어 국가별 기관과 현지의 독창력을 연결하여 가장 쪼들리는 사람도 최고의 자원을 가진 사람과 똑같은 자원을 누릴 수 있다. 공영방송은 앞서 설명한 인터넷과 관련된 문제를 해결할 수 있는 최적의 기관이라는 점에서 디지털 공유지 구축에 핵심적인 역할을 맡을 수 있다.

현재 인터넷에서 소외되는 양상들을 보면 단지 개인용 컴퓨터나 접속의 비용뿐만 아니라 무능력감, 상징적 배제, 현재 제공되는 것과의 무관함도 원인이 되고 있다(Murdock & Golding, 2004). 텔레비전은 어디에나 있고 친숙하며 일상생활에서 널리 사용되는 존재이므로 참여를 가로막는 이러한 상징적 장벽에 부딪힐 가능성이 줄어든다.

공영방송은 또 파편화(*fragmentation*)에 대처할 수 있는 능력이 있다. 실시간으로 보든 다시보기를 하든 상관없이, 프로그램을 이용해 온라인 활동에 시동을 거는 것은 적어도 경험의 공유를 위한 최소한의 기반이 될 수 있다. 뿐만 아니라 웹 서핑에는 재핑(*zapping*)과 개인용 녹화라는 자체 인클로저에 대처할 수 있는 능력이 있다. 현재 종합편성이 특색 있는 채널 정체성 만들기에 뒤처지는 경우가 많지만, 특정 관심사를 찾기 위해 방송사 웹사이트를 방문하는 이용자는 다른 광범위한 가능성에 마주치게 되며 그중에서 일부는 뒤따라가 보고 싶은 마음이 생길 것이다.

마지막으로 공영방송은 대중의 높은 신뢰를 이용해, 영리 목적이 아닌 디지털 공유지 원칙에 기반을 둔 기관과 운동으로의 링크를 원하는 사람들이 선택하는 포털이 될 기회를 가지고 있다. 동시에, 공영방송을 디지털 공유지의 중심으로 재구축하는 프로젝트의 앞에는 엄청난 장애가 도사리고 있다. 방송사에게 발생하는 그리고 적어도 처음에는 시청자에게도 발생할 상당한 추가비용이 그중 하나다. 인터넷 사용지점을 개인용 PC에서 디지털 TV로 이동하는 것은 오디오나 비디오의 스트림 서비스를 미래 이윤추구의 핵심이라고 보는 빌 게이츠와 다른 컴퓨터 회사들의 야망과도 겹치는 지점이다.

하지만 여기서 싸워 이기는 것을 포기하기에는 걸려 있는 몫이 너무도 크다. 전 세계적으로도 민족, 국가, 종교적 근본주의가 '그들'과 '우리', 정의로운 자와 사악한 자, 자국 시민과 이민자와 같이 넘을 수 없는 선을 그어 나누고, 단지 소비주의에 의해서만 결합되고 스타일을 공유하는, 가시적이고 일회적인 커뮤니티만이 증가하고 있는 상황에서, 다양성에 가치를 두고 힘보다는 숙의를 통해 문제를 해결하려는 세계시민주의적인 시민권 의식의 육성이 그 어느 때보다 더 중요해졌다. 이것은 막중한 과제인 동시에 비교할 수 없는 기회이기도 하다.

참고문헌

Bakewell, J. (2004). *The Centre of the Bed*. London: Sceptre.

Camporesi, V. (2000). *Mass Culture and National Traditions: The BBC and American Broadcasting, 1922-1954*. Fucecchio: European Press Academic Publishing.

Eagleton, T. (2000). *The Idea of Culture*. Oxford: Blackwell.

Habermas, J. (1989). *The Structural Transformation of the Public Sphere: An Inquiry into a Category of Bourgeois Culture*. Cambridge, Mass.: The MIT Press. 한승완 역 (2001). 《공론장의 구조변동》. 나남.

Home Office (1986). *Report of the Committee on Financing the BBC*. London: HMSO, Cmnd. 9824.

Lowe, Ph. (2004). Media concentration and convergence: Competition in communications. Speech to the *Oxford Media Convention*, January 13th 2004.

McAfee, N. (2000.) *Habermas, Kristeva, and Citizenship*. Ithaca: Cornell Univ. Press.

Marquand, D. (2004). *Decline of the Public*. Cambridge: Polity Press.

Mepham, J. (1990). The ethics of quality television. In Geoff Mulgan (Eds.). *The Question of Quality*. London: BFI Publishing.

Murdock, G., & Golding, P. (2004). Dismantling the digital divide: Rethinking the dynamics of participation and exclusion. In Andrew Calabrese and Colin Sparks (Eds.). *Toward a Political Economy of Culture: Capitalism and Communication in the Twenty-first century*. Lanham: Rowman and Littlefield.

Uricchio, W. (2004). Cultural citizenship in the age of P2P networks. In Ib Bondebjerg and Peter Golding (Eds.). *European Culture and the Media*. Bristol: Intellect Books.

제 4 부

소비자, 시민 그리고 코뮤나르드

제 11 장

권리와 재현

공적 담론과 문화 시민권 *

두 가지 서사의 이야기

포스트모던을 둘러싼 논쟁에서 가장 매력적인 주제 중 하나는 거대서사(*grand narratives*)와 그것이 지닌 총체화 작업의 붕괴에 관한 이야기다. 1972년, 세인트루이스의 프루트아이고(Pruitt-Igoe)에 위치한 대단위 주택단지 폭파가 이런 이야기의 가장 극적인 순간이었다. 이 폭파는 크게 근대 건축이 '소멸하고'(Jencks, 1984), 깨끗하고 간소했던 생활공간이 다원적이고 개인화된 양식을 가진 교외의 생활방식과 라스베이거스의 오락과 방종으로 바뀌는 순간을 보여주는 것으로 널리 거론된다. 상상력을 가두었던 근대성의 바스티유 감옥의 죄수들은 감금에서 벗어나 자유로워졌다. 일반적인 것은 지역적인 것으로, 표준적인 것은 맞춤화된 것으로 대체된다. 다양한 정체성들이

* 원 논문 출처: Murdock, G. (1999). Rights and representations: Public discourse and cultural citizenship. In J. Gripsrud (Ed.). *Television and Common Knowledge* (pp. 7~17). London: Routledge.

만개하고 억압되었던 것들이 돌아온다. 리오타르(Jean-Francois Lyotard)가 1985년에 주장했듯이, "서구 근대성의 특징이었던 거대서사는 … 특수한 문화적 정체성을 지나치거나 초월하여 보편적 시민 정체성을 지향하는 데 관심을 두었다"(Kahn, 1995). 이제 끊임없는 차이의 반복만이 존재한다.

그것은 풍요로운 풍경을 배경으로 한 서사다. 만약 리오타르가 "번창하는 유럽연합의 범위를 넘어서" 해체와 재구성의 시기로 이제 막 진입하고 있는 사회들을 보았다면, 시민 정체성의 문제가 논쟁의 중심으로 떠오르고 있는 것을 목격했을 것이다(Bulmer & Rees, 1996) — 베를린 장벽을 무너뜨린 군중들, 베이징 한복판에서 민주화 운동을 짓밟으려는 탱크의 행렬을 홀로 막아섰던 학생, 감옥에서 석방된 날 바로 남아공의 인종차별정책을 새로운 민주주의로 이끄는 길을 걷는 넬슨 만델라에 의해. 그들이 요구한 것은 계몽주의의 가장 강력한 정치적 유산 — 완전하고 평등한 시민권과 그것의 일반적 인권 관념으로의 확장 — 이었던 것이다.

시민권에 대한 요구는 프랑스 혁명의 전투적 요구였던 자유, 평등, 형제애에서 그 영구적 표현을 찾을 수 있지만, 이 용어들의 관계가 한 번도 적절히 규정되지 않았기 때문에 논쟁이 끊이지 않았다.

1830년대에 프랑스의 철학자 토크빌(Alexis de Tocqueville)이 또 다른 근대 '혁명적' 공화국이었던 미국을 여행했을 때, 그는 '감정적 습관'이라 불렀던 시민제도의 풍부한 네트워크에 의해 육성된 공감과 상호주의와, 서로에게서 점점 더 분리되는 시민들의 경쟁적 개인주의 정신 사이에 형성된 긴장관계를 보고 충격을 받았다. 그 이후로 이러한 균형 또는 불균형은 미국 정치철학에서 지속적인 관심사였다. 이것은 최근에 개인적 자율과 선택권을 강조하는 자유주의자들과 충성과 호혜를 공유하는 결합의 필요를 강조하는 공동체주의자들(*communitarians*) 사이의 논쟁에서도 찾아볼 수 있다(Mulhall & Swift, 1992).

자유와 형제애의 적절한 관계에 관한 철학적 논쟁의 부활이 미국과 다른 서구 민주주의 국가들에서의 신자유주의적 사회 및 경제 정책의 부상과 맞아떨어지는 것은 우연이 아니다. 뉴라이트가 시민권을 기업경제 논리에 의해 형성된 시장에서의 개인적 선택권의 문제로 꾸준히 환원하면서, 다렌도르프와 같은 '급진적 자유주의자'들은 "시민권의 사회적 권리는 기업가적 진취성과 혁신적 정신을 필요로 하는 선택의 기회만큼이나 진보에 있어 중요한 요소"라고 주장하기에 이르렀다(Dahrendorf, 1990). 이에 대응하여 보수주의자들은 "시민적 또는 사회적 덕목"(그들이 종종 '돌봄의 덕목'이라 부르는)의 촉진이 "자유시장과 연관된 '활력의 덕목'—자립, 자족, 기업가정신, 야망—을 붕괴시키고 따라서 개인적 자유의 기본적 조건을 약화시킨다"고 주장한다(Himmelfarb, 1996).

자유와 충성심, 권리와 책임의 관계가 지속적인 논쟁을 일으킨다는 사실은 텔레비전을 현대적 시민권의 중심적 구성요소가 되도록 만들었다. 텔레비전은 전체 공중의 삶과 함께하는 중추적인 담론의 공연장이기 때문에, 이런 공론의 무대에서 어떤 연사들이 발표의 기회를 갖는가, 그들은 누구를 위해 말하는가, 그들은 누구의 경험과 관점과 주장을 표현하는가, 그리고 어떤 질문을 던지는가 등에 관한 문제가 사회에 영향을 주는 것이 분명하다(Price, 1995). 그러나 시민권과 텔레비전의 변화하는 관계를 좀더 자세히 탐구하기에 앞서, 시민권의 차원들을 좀더 주의 깊게 구체화할 필요가 있다.

단순한 시민권에서 복합적 시민권으로

일반적인 관점에서 시민권의 기본적 권리를 정의하면, 존엄성을 가지고 두려움 없이 사회생활에 온전히 참여하며, 사회적 삶의 미래의 형태를 만드는 데 기여할 수 있는 권리라고 할 수 있다. 그러나 이러한 이상을 뒷받침하기 위해 보장해야 하는 구체적 권리들이 무엇인지에 대한 정의는 고정되어 있지 않았다. 그러나 그런 권리들은 사회적 행위의 새로운 영역과 (어린이와 같이) 새롭게 등장하는 사회집단에 이르기까지 점차 확장되어왔고, 그들에게 줄 단순한 명목만이 아닌, 엄청난 양의 자원의 특징과 분배는, 그런 권리들에 수반되는 사회적 책임의 형태가 무엇이냐의 문제와 함께, 끊임없는 논쟁거리가 되어왔다. 결과적으로, 시민권 개념은 비교적 단순한 시민권에서 점차 복합적인 시민권 개념으로 이행했다.

시민권에 대한 원래의 정의는 근대성을 구성하는 사회의 중요한 두 영역, 즉 한편으로 정부와 국가, 그리고 다른 한편으로 시민사회 간의 관계에 관한 논쟁에서 발전된 것이다. 이로부터 두 개의 주요한 시민권 개념이 형성되었다.

국가와 관련된 시민의 권리는 (재판 없는 구금이나 고문과 같은) 국가와 국가의 대행기관에 의한, 또는 다른 시민에 의한 자의적인 폭력의 행사로부터 보호받을 권리를 중심으로 형성되었다. 이 중 두 번째 조건을 충족시키기 위해 결투, 복수, 자경단의 제재 등 허가받지 않은 사적 폭력의 사용을 금지하고 적절한 수준의 경찰과 군대를 통해 시민들의 개인적 안전을 보장하는 '야경국가'라는 국가관이 널리 확산되었다. 시민 간의 분쟁, 시민과 국가의 분쟁은 법의 지배를 통해서 해결되어야 했다. 모든 시민들은 법 앞에서 차별받지 않는 평등권, (가장 전형적으로는 성인 보통선거권을 통해) 새로운 법을 제정하거나 과거의 법을 폐지하는 것을 결정하는 대표자를 선택하는 참여권, 그리고 배심원 제도를 통해 특정한 사건에 대한 법의 실제 적용에 참여할 권리를 주장했다.

이러한 권리들은 격렬하고 광범위한 투쟁을 거친 후에야 비로소 자유민주주의의 핵심요소로 정착되었으며, 심지어 오늘날까지도 해결되지 않은 많은 문제들이 남아 있다. 예를 들어 사형은 국가권력의 용납할 수 없는 행사인가? 국가안보를 이유로 시민을 감시할 수 있는 국가권한의 적절한 제한선은 무엇인가? 이런 권리들에 수반되는 책임은 무엇이며 또 그 권리들을 어떻게 최대한 보장할지에 대해서는 더더욱 합의된 것이 없다. 예를 들면, (오스트레일리아와 같이) 유권자의 투표참여를 법적으로 강제해야만 하는가?

언뜻 볼 때 시민사회와 관련된 권리는 논란이 적어 보인다. 물론 민주주의 시민권에서 권리란 양심과 신념의 자유, 결사의 자유 그리고 표현의 자유를 포함한다는 일반적 합의가 있다는 것은 확실하다. 그러나 난점들 또한 있다. 표현의 권리에는 말하는 사람뿐만 아니라 듣는 사람의 권리도 포함된다. 현대의 문화에서 정체성의 확산은 특별한 문제를 일으킨다. "어떤 정체성에 소속될 자유, 정체성의 정의에 기여할 자유"(Melucci, 1988)와, "새로운 의미를 창출하기 위해 소속에서 벗어날 자유"(Melucci, 1989)를 모든 사람이 향유해야 한다는 주장은, 현대의 정치가 귀속, 충성, 연대의 형태를 두고 벌어지는 정체성의 정치에 점점 더 중심을 두고 있다는 생각에 맞닿아 있다. 이것이 이번에는 "개인과 사회집단들이 자신이 무엇인지 혹은 무엇이고 싶은지에 따라 인정받을 수 있는 조건을 요구한다". 그러나 어떤 사람의 정체성을 구축하기 위해 다른 사람의 정체성을 퇴출하거나 부정해야 한다면 어떻게 해야 하는가? 피억압자가 자신이 만들어낸 억압을 행사한다면? 공공담론의 주요 영역에서 표현의 자유를 얼마나 제한할 수 있는가? 공공담론의 주요 거래소로서 텔레비전은 권리의 행사와 침해를 견주어보면서 매일같이 차이의 정치를 성사시켜야 한다.

이러한 딜레마에 대한 그럴듯한 해법 중의 하나는 특별히 설정된 '비주류' 프로그램이나 세분화된 채널들에 차이들을 할당함으로써 충돌을 피하는 것이다. 즉 모든 사람에게 내보내는 방송(*broadcasting*)에서 자신을 명확히 하는 집단에게 제공하는 '협송'(*narrowcasting*)으로 이동하는 것이다. 그러나 이것은 곧바로 또 다른 문제를 야기한다. 그것은 차이에 대한 존중과 실현 가능한 현대적 '공공선' 개념을 발전시킬 책임이 결합되는, 서로가 공유하는 문화적 공간을 만드는 것을 불가능하게 한다. 이것을 달성하는 것은 분리뿐만 아니라 연대를 인정하고, 차이뿐만 아니라 공동체의식을 재조정하는 것을 요구한다. 그것은 다양한 경험, 정체성 그리고 지위들을 동일한 상징적 영역에서 맺어주고, 그들의 상호작용을 탐색하며, 독특한 정체성에 대한 인정과 존중을 공동으로 가지고 있는 문화의 재생과 조화시키는 데 달려 있다. 스튜어트 홀(Stuart Hall)은 오늘날의 분열과 파편화의 상태에서 우리가 "서로를 잡아먹지 않고 동일한 공간에 존재할 수 있다는 것을 의미하는 충분한 공유문화를 창조하는 것"이 어느 때보다 필요하다고 주장했다(Hall, 1994).

이에 대해, 텔레비전에 종사하는 많은 이들은 그들이 매일같이 '공유된 문화'(*shared culture*)의 창조를 돕고 있다고 주장할 것이다. 그렇기는 하다. 그러나 그 문화라는 것은 점점 더 소비자의 모습과 소비주의 이데올로기에 기반을 두는 것으로, 정체성과 실현은 시장에서 구매할 수 있다는 관념이며, 좋은 삶(*good life*)이란 상품의 세계 속에 완전히 잠김으로써, 즉 포스트모더니즘의 새로운 세례를 통해서 찾아질 수 있다는 관념이다. 이런 과정은 두 가지 방식으로 시민권을 훼손한다. 첫째, 그것은 사회적이고 정치적인 참여에 비해 개인적인 소비에 특권을 부여함으로써 시청자를 서로 교차하는 도덕 공동체들의 구성원보다는 쇼핑객으로 대한다. 둘째, 사회적 차이를 선택과 스타일의 차이와 동격화함으로써, 충분한 복잡함 속에서 차이를 조정하는 것에 기반을 두는 '공공선'의 개념에 도달하려는 그 어떤 시도도 부정한다.

권리를 뒷받침하기

'소비자'와 '시민' 사이의 긴장관계는 민주주의의 요구와 자본주의의 역학 사이에 일반적으로 형성되어 있는 문제적 관계의 일부이다. 시민사회는 애초에 방대하고 느슨한 편리한 개념이었다. 그것은 국가에 속하지 않는 모든 기관과 단체들을 포괄했기 때문에 자발적 공동체 집단과 사회운동뿐만 아니라 자본주의의 초기 조직까지 포함했다. 그러나 19세기가 지나고 기업소유권이 점점 집중됨에 따라 주요 자본주의 기업의 활동과 목적이 시민권의 확장과 대립한다는 것이 점점 명확해졌다.

만약 사람들이 완전한 시민이 되고자 한다면, 그들은 사회적 소속을 보장하고 참여를 촉진하는 물질적 상징적 자원에 접근할 수 있어야 했다. 권리는 공적인 뒷받침을 받아야 했다. 이는 국가가 최소한의 경찰국가로서의 역할을 포기하고 시장자본주의의 작동에 개입할 것을 요구했다. 이러한 계획의 많은 부분은 기업권력의 자의적 사용으로부터 노동자와 소비자로서의 시민들을 보호하고 사회적 참여를 위한 최소한의 토대를 보장하는 데 목표를 두었다. 그것은 최저임금, 건강과 안전, 휴일과 병가 권리, 그리고 노동조합권 등과 같은 영역에의 개입을 포함했다. 한 세기에 걸친 싸움에도 불구하고 이런 영역들에서 합의는 정착되지 않은 상태다. 권리는 언제나 불안정하다. 권리는 언제든지 약화되고 역전될 수 있다. 보다 많은 '유연성'을 주장하는 기업들은 끊임없이 대립각을 세운다. 이러한 움직임에 대응하여 이번에는 동등한 기회, 긍정적 차별〔사회적 약자에 대한 우대 — 옮긴이〕 그리고 환경오염에 대한 기업의 책임이나 흡연으로 인한 건강위험 등과 같은 영역에서 저항과 새로운 권리요구가 일어난다.

공익을 위해 기업의 힘을 억제하려는 시도들과 함께, 시장이 제공할 수 없거나 제공하지 않는 시민권을 위한 핵심자원을 공공재정으로 지원함으로써 시장실패를 보완하려는 긍정적인 시도들이 착수되었다. 품위 있는 사회적 참여를 뒷받침하는 데 필수적인 물적 토대 즉, 일생 동안의 기본 소득, 일정 수준의 의료서비스, 안전한 가정적 공적 공간 등이 복지제도의 소관이 되었다. 그것은 사회적 소속을 보장하는 실질적인 전략으로, "좋은 사회에서는 박탈당하거나 배제되는 하층계급이 있을 수 없고, 있어서도 안 되며, 지금까지 그런 계급을 형성했던 구성원들 모두는 더 큰 사회 공동체의 완전한 일부가 되어야 한다"는 가정을 전제로 한 것이었다(Galbraith, 1994).

그러나 참여를 위한 기본적인 물적 조건의 보장에 덧붙여 완전한 시민권은 또한 적절한 상징자원에 대한 접근과 그것을 효과적으로 사용할 수 있는 능력을 필요로 했다. 완전한 문화적 권리를 보장하려는 노력은 교육제도, 박물관과 미술관, 공공 도서관과 공영방송 등의 공공기관의 발전에 초점을 맞추었다. 그것들은 세금으로 지원되어야 했고 모든 사람들에게 동등하게 개방되어야 했다. 그러나 그것들이 문화적 권리를 얼마나 성공적으로 구현했느냐를 평가하는 것은 이러한 권리가 어떻게 정의되느냐에 달려 있다.

문화적 권리의 정의

우리는 4가지의 기본적인 문화적 권리를 살펴보는 데서 시작할 수 있다.

1. 정보에 대한 권리(*Rights to information*).

시민들은 그들의 선택범위를 구성하는 조건들에 관한, 그리고 주요한 사회적, 정치적, 경제적 행위자들, 특히 사람들의 삶에 중요한 영향력을 가지고 있는 사람들의 행동, 동기, 전략에 관한 적절한 정보에 가능한 한 폭넓게 접근할 권리를 가진다. 이들은 국가기관, 정부, 기업, 야당과 시민단체, 초국가적 기관과 조직을 포함한다.

2. 경험할 권리(*Rights to experience*).

시민들은 개인적이고 사회적인 경험을 재현하는 가능한 한 다양한 방식에 접근할 권리를 가진다. 텔레비전에서 정보는 주로 뉴스, 시사와 다큐멘터리 등 현실 프로그램의 전유물이 되어온 반면, 경험의 탐색은 주로 허구(*fiction*)를 통해 달성되어왔다. 존 메팜(John Mepham)이 주장한 대로, 이야기를 공유하는 것은 완전한 시민권의 역량과 호혜성을 발전시키는 핵심적 자원이다.

> 이야기는 사람들의 삶에서 변함없이 발생하는 질문들에 대답하려는 노력 속에서 그들이 의지할 수 있는 탐구의 형태를 제공한다. 내게 무엇이 가능한가, 나는 어떤 사람이 될 수 있는가, 나의 삶이 무엇으로 구성되는가, 내가 아닌 누군가가 되는 것, 특별한 유형의 다른 사람이 되는 것은 어떤 느낌일까? 우리는 이런 질문들에 끊임없이 대답하기 위해 노력해야만 한다. 그렇게 함으로써 우리는 … 풍부한 상상력을 통해 다른 사람들에 대해 잘 알고 선택과 반응을 할 수 있다. … 이러한 질문들과 능력들 그리고 기술들은 자아에 대한 의식, 즉 정체성을 갖는 데, 그리고 사회적 관계의 체계 내에서 타인들과 바람직한 교류를 하는 데 밑바탕이 된다(Mepham, 1990, p. 60).

3. 지식에 대한 권리(*Rights to knowledge*).

정보와 경험에 대한 접근은 세상에 대한 '두터운 기술'(*thick description*)과, 감정이입과 타인의 눈을 통해 세상을 바라보는 능력에 기초한 '체감구조'(*structure of feeling*)를 제공해준다. 그러나 그것이 설명을 제공하지는 않는다. 특정한 사건들과 삶들이 타성과 변화의 뿌리 깊은 과정에 의해 어떻게 형성되는지, 개인의 일대기들이 어떻게 역사에 정박되어 있는지를 그것은 드러내지 않는다. 특별한 것을 일반적인 것에, 미시적인 것을 거시적인 것에 연결시키는 것은 연계, 유형, 과정을 알려주고 설명을 제시하는 해석의 틀에 대한 접근을 필요로 한다. 그런 해석 틀은 정보와 경험을 지식으로 옮긴다. 현재를 형성하는 힘들을 설명하고 현재가 과거와 연결됨을 추적함으로써, 그것은 변화를 위한 전략을 만들어가는 길을 연다.

이와 동시에, 현대의 지식세계가 과거 어느 때보다 더욱 균열되고 도전에 직면해 있다는 포스트모더니스트들의 지적은 옳다. 지식은 더 이상 전문가들에 의해 신중하게 포장되는 선물이 아니다. 그것은 끊임없이 벌이는 자리다툼 속에 있는 이해관계가 되었다. 결과적으로, 오늘날의 상황에서 문화적 권리는 이러한 다툼의 핵심적 논쟁과 주장들에 대한 접근을 보장해야만 한다.

4. 참여의 권리(*Rights to participation*).

전통적으로 공영방송은 시청자를 화자(*speaker*)보다는 청취자(*listener*)로, 이미지 메이커(*image-maker*)보다는 구경꾼(*spectator*)으로 규정지어왔다. 그러나 최근 15년 동안 이러한 비대칭적 관계는 시청자들이 스스로의 삶과 열망에 대해 자신의 목소리로 말할 권리와, 그들에게 중요한 것들을 그들이 선택한 방식으로 묘사할 권리를 요구하면서, 꾸준히 변화했다. 공적인 의미를 만들어내는 참여에 대한 요구는 재현과 관련된 어려운 쟁점들을 부각시킨다.

재현의 문제

재현(*representation*)[1]에 관해 생각할 때 우리가 확고하게 유념해야 되는 것은 영어로 표현될 때 그 말이 담고 있는 두 개의 주요한 의미이다. 재현에 관한 문제는 먼저 사회적 위임의 문제, 즉 누가 다른 사람들을 위해 대신 말할 수 있는가, 그리고 그들은 그들이 대변한다고 주장하는 유권자들에게 어떤 책임을 지는가의 문제이다. 그러나 그것은 또한 문화적 형식과 장르의 문제로서, 언어와 이미지의 원재료들이 특정한 표현형식—다큐멘터리, 연속극의 에피소드, 단막극—속에서 결합되는 방식들에 관한, 그리고 이런 것들이 완전한 시민권의 행사를 위해 요구되는 정보, 경험, 해석, 설명의 자원으로서 얼마나 잘 기여하는가에 관한 문제이다.

이런 두 가지 의미 모두에서, 텔레비전 속의 재현방식은 최근 들어

1) 옮긴이 주: 여기서 representation은 (정치적으로) '대변하다'와 (문화적으로) '재현하다'라는 두 가지 의미를 모두 포괄하지만 편의상 '재현'으로 옮겼다.

상전벽해와 같은 변화를 겪었다.

담론/이미지/형식

텔레비전이 공적인 관심, 논쟁, 가치와 관련된 문제들을 다루는 방식은 영상(*pictures*)과 말(*speech*)이 어떻게 결합되어 프로그램이 만들어지는가에 관한 문제와 불가분하게 연결되어 있다(Corner, 1995). 존 엘리스(John Ellis)가 지적하듯이, 형식과 장르들은 이 과정에서 핵심역할을 수행한다. 그것들은 사회적 담론과 공명하는 이미지의 유동적이고 대립적인 흐름을 구조화되고 접근 가능한 앎의 양식으로 전환시키는 장치로서, 관련된 담론의 영역을 상대적으로 '개방된' 또는 상대적으로 '닫힌' 방식으로 다룰 수 있다. 우리는 두 가지 기본적인 질문을 던짐으로써 프로그램의 개방성 정도를 평가할 수 있다. 먼저, 경쟁하는 담론들의 다양성을 위해 프로그램이 얼마나 많은 공간을 제공하는가? 공식적이거나 지배적인 담론에 얼마나 기대고 있으며, 대안적이고 반대적인 입장에 대해 얼마나 개방적인가? 두 번째, 담론들의 경쟁은 어떻게 조직되는가? 공간(*space*)과 정당성의 측면에서 하나의 특정한 관점이 선호되고 특혜를 누리는가? 또는 말하고 바라보는 경쟁적 방식들이 좀더 공평하게 다뤄지고 있는가? 프로그램이 결론을 확정하지 않은 채 시청자로 하여금 판단하게 하는가, 아니면 특정한 결론을 중심으로 끝나는가?

이런 식의 평가를 통할 때, 복합적 시민권은 다양한 입장을 보여주면서 시청자들의 참여를 요구하는 개방적 프로그램에 의해 가장 잘 수행된다는 결론에 이를 수 있을 것이다. 존 엘리스가 주장하듯이, 개방적 프로그램이 논쟁과 딜레마를 통해 추구하는 것은 어떠한 하나의 결론이나 해결점보다는, 문제를 철저하고 샅샅이 다루는 것이다. 그것들은 생각을 만들어내고, 상상력의 길을 걷게 하며, 일단 잠정적인 결론만을 내릴 뿐이다. 이런 과정은 특정 형식의 다큐멘터리와 시사 제작물뿐만 아니라, 일상생활의 문제와 우연성을 다루는 연속극에도 적용된다. 이들은 끊임없이 지속적으로 펼쳐지는 이야기들에 기반을 두기 때문에, 특정한 사건들을 다양한 시점에서 볼 수 있고 안이한 수용의 위험성을 인식할 수 있는 확장된 공간을 제공한다.

개방적 형식에 대한 이러한 찬사는 하나의 특정 담론을 중심으로 구성된 프로그램을 인정하지 않는다. 그러나 닫힌 형식의 경향이 복합적 시민권의 필요에 부응하는 상황은 없을까? 관료집단의 지배담론을 해체하고, 불편한 문제를 질문하고, 반론을 제공하고자 하는 연구와 주장(*advocacy*)을 위한 공간은 없는가? 정보와 지식에 대한 권리라는 관점에서 보면, 이는 분명히 있어야 한다.

정보와 경험보다 지식을 제공하기 위해 텔레비전을 활용하는 데 따르는 문제는, 그것이 말의 매체일 뿐 아니라 영상매체라는 사실로 인해 더 심각해진다. 우리 공론장의 기존모델은 합리적 논쟁에의 헌신에 깊이 뿌리박혀 있다. 그러나 이미지는 일관된 순서에 의해 작동하지 않으며, 쉴 새 없이 변화한다. 이미지는 연상을 통해 작동하며 함축된 의미들의 충돌을 촉발시킨다. 이미지는 연속성이 아니라 동시성을 통해 보여준다. 이것은 이미지 자체와 더불어 이미지가 활성화시키는 기억과 정체성이 주는 즐거움과, 주변상황과 권력에 대한 이해를 도모하는 설명에 대한 추구 사이에 영구적인 긴장을 만들어낸다. 이러한 딜레마를 탐색하는 데서 우리는 재현의 문제를 단순히 특정 프로그램들의 구성과 관련해서가 아니라, 상징적 형식들과 사회적 관계들의 각축전이 벌어지는 무대로서 전체적인 프로그램 편성과 관련해서 생각할 필요가 있다.

포퓰리즘의 정치경제학

오늘날 텔레비전 시스템에서 재빠르게 대중영합주의적 형식으로 변화하는 구성을 고려하지 않고 이런 문제를 다루는 것은 불가능하다. 공공서비스 방송의 전통은 온정주의적 정신(*ethos*)에 입각해 있었다. 그것은 전문가들이 평범한 일반인들보다 더 많이 알고 있고, '작가들'(글쓴이나 프로그램 제작자)은 더 깊고 폭넓은 방식으로 동시대의 현실과 경험을 다루며, 그들은 바로 앞의 분명한 것 너머를 바라보기에, 이런 통찰과 시각을 최대한 폭넓은 공중에게 전해주는 것이 방송의 책무라는 것을 가정한 것이다. 하지만 비록 방송이 정보, 경험, 지식에 대한 시민의 권리를 뒷받침하는 프로그램을 생산했다 하더라도, 이 프로젝트는 모순에 기반을 둔 것이었다. 그것은 '평범한 사람들이' 정치공동체에 포괄되고 참여하는 문화를 그들을 생산과정에서 배제시키는 것을 통해 조성했다는 사실이다.

이처럼 손쉬운 배제는 1970년대 중반부터 지속적으로 부상한 더 많은 접근권에 대한 사람들의 요구를 부채질했다. 점점 더 많은 집단들이 자기 자신을 대변하여 말할 권리를 원했다. 오늘날 우리는 대중들이 자신의 삶과 관심사에 관해 자세히 이야기하는 새로운 형식의 토크쇼가 성장하고 있음을 볼 수 있다. 전문가들 사이의 대화가 일반인들의 생생한 경험의 증언들로 대체되었다. 다큐멘터리 영역에서 '전지적 목소리'(*voice-of-God*)로 화면을 설명하는 탐사 프로그램이, 시청자들이 직접 편집하여 그들 삶의 중심에 있는 상황, 열정 그리고 딜레마 등을 자세히 담은 영상일기로 전환되는 것을 볼 수 있다. 이러한 움직임들은 일련의 재현양식에 새로운 형식을 추가함으로써, 사회적 문제들의 표준목록에서 제외된 쟁점들을 끌어들였고, 공공영역의 중심에 토착 담론을 자리 잡게 했다. 그러나 그와 동시에 지식에 대한 권리를 뒷받침하는 텔레비전의 능력을 약화시켰다.

그런 변화로 인해 능력과 통찰에 대한 온정주의적 위계질서가, 일반 상식을 유일하게 갖출 만한 지각으로 찬미하고 수용자의 크기(*audience size*)[2]를 의사소통의 유일한 성공기준으로 제시하는 포퓰리즘의 열린 지평으로 대체되었다. 이처럼 평범함을 주창하는 것은 새로운 상업주의의 정치경제학과 잘 맞아떨어진다. 채널의 급증과 시청자 충성도의 분열로 인해 지배적인 취향과 정신적 지형을 거스르기보다는 순응함으로써 예측 가능한 즐거움을 전달하는 방식은 그 어느 때보다 이점을 누린다. 이는 대중과 틈새 수용자 모두에게 적용된다. 그 결과 시민권은 두 가지 측면에서 침해당한다. 공식적 도표상으로 사회적 정치적 주변부에 있는 집단에게는 케이블이나 다채널 시스템에서 분명한 경계를 정해 분리된 채널이나 채널 구획, 또는 기존 방송 시스템 내에서 시청률이 낮은 시간대의 프로그램 등이 제공됨으로써 주변부의 지위를 확인해준다. "여기서 접근권이라는 것은 주변화된 사람들이 주변화된 사람들에게 말하도록 허용하는 기술을 수용한다는, 다른 경우라면 권리를 박탈당했을 사람들을 위한 내부용 커뮤니케이션 망을 개발한다는, 다른 의미를 띠게 된다"(Price, 1995). 이 같은 배제/포함은 공공 커뮤니케이션의 주요 대중채널들로 하여금 날로 확산되고 교차하는 정체성들을 가로지르는 많은 만남과 논쟁을 조율해야 하는 문제를 회피할 수 있게 하고, 이미 문화적 중심을 차지하고 있는 그룹이나 관점 주위로 수용자들을 모으는 데 집중할 수 있게 한다. 이 과정에서 적용 가능한 공공선 개념을 다시 성사시키려는 노력과 결합된 것으로 차이에 대한 인정과 존중에 기반을 둔 공유문화 건설이라는 프로젝트는 우선순위의 목록에서 서서히 제외된다.

디지털 형식의 새로운 텔레비전의 등장은 이러한 문제를 해결하기보다는 악화시킨다. "(전체 대중이 아니라 개별 가정에 도달하는 제작자의 능력인) 주소접근기능(*addressability*)과 (송신자와 수신자가 서로 소통

---

2) 옮긴이 주: 상업광고, 라디오 방송, 텔레비전 프로그램 등의 수용자인 개인이나 가구의 수.

하는 능력인) 복합적 쌍방향성을 띤 새로운 기술"은 현재는 공공영역에 있는 언어(*speech*)의 경로를 변경해서 그것을 가입 시청자에 의해 구매되는 상품으로 전환시키는 것을 기반으로 한다(Price, 1995). 이러한 조건 하에서 채널의 증식은 공공영역에서의 재현의 다양성이 감소한다는 것을 의미한다.

공론장과 공적 담론

이런 민영화의 시대에, 아직 끝나지 않은 시민권 프로젝트를 추구할 일말의 기회를 만들어내려면, 우리는 공공 커뮤니케이션 활동의 기본 원칙을 그 어느 때보다 더 힘 있게 방어해야 한다. 다음 4가지 조건이 필수적이다.

1. 공공 커뮤니케이션 활동은 상대적으로 열린 재현의 장을 제공해야 한다. 이것은 국가와 정부 그리고 기업 세계라는 두 개의 주요 담론권력의 중심에 의한 부당한 영향과 선택권의 행사에 반대하는 강한 보호 장벽을 요구한다. 스폿광고에서 PR 차원의 과대선전과 기업 후원에 이르기까지 모든 형태의 상업적 인어가 침투하는 것을 제한하는 것은 점점 더 판촉에 이용당하는 문화 시스템에서 한층 더 중요해졌다.

2. 다수와 소수, 주류와 비주류 사이의 구분을 무너뜨리고, 최대한 폭넓은 범위의 정체성과 입장들 간의 만남과 논쟁을 촉진하는 재현, 참여 그리고 조정의 형식을 발전시켜야 한다. 개별 사회집단과 운동들이 발전시킨 주장의 영역에 끊임없이 의존해야 하며, "대화하고 논쟁하는 목소리들"을 공공영역의 중심으로 가져와야 한다(Dahlgren, 1995).

3. 정보와 경험의 다양성 촉진은 지식의 틀에, 그리고 그러한 지식

의 틀을 평가하고 시험할 수 있는 원칙들에 접근할 수 있는 시민의 권리와 균형을 이루어야 한다.

4. 모두가 공공 커뮤니케이션이 제공하는 충분한 범위의 서비스를 동등하게 이용할 수 있도록 보장해야 한다. 그런 서비스의 공공재로서의 지위를 방어하고 상품으로의 전환에 저항해야 한다.

현재의 환경에서, 새롭게 출현하는 영상산업 내에서 공영방송을 새로이 만들고 생존 가능한 공공영역을 건설하기 위해 투쟁하는 것은 엄청나게 큰 과제이다. 그러나 복합적 시민권의 권리들을 방어하고 확장하려는 일말의 희망을 찾고자 한다면 이것은 필수적인 과제이다. 성공의 가능성은 창의적 대응에 있다. 우리는 즐거움을 제공하고 시민권의 핵심역량을 증진하는 프로그램 유형에 대해 고민하는 것에서 시작하여, 그 다음에 그것을 지원하고 발전시키는 데 필요한 조직적, 재정적, 정치적 조건으로 거슬러 올라가 작업할 수 있다.

'현존하는' 공영방송에 대한 (나 자신을 포함한) 비판자들과 재현의 '자유'시장에 대한 열성 지지자들은 공히 왜 우리가 과거에도 약속 달성에 그토록 자주 실패했던 제도적 이상에 기초해 미래의 모델을 만들어야 하는지를 분명 물을 것이다. 하지만 답은 단순하다. 재구성되고 재상상되면서, 그것은 여전히 시민권이 갖는 문화적 권리들을 뒷받침하는 문제에 대한 가장 개방적이고, 유연하며, 포괄적인 해결책을 제공하기 때문이다. 그러나 이에 대한 설득력 있는 회의론자들에 맞서기 위해서는 정치 철학, 담론과 수사학 연구, 텍스트 분석, 수용자 연구와 정치경제학 등에 걸쳐서 상당히 힘든 작업을 요구할 것이다. 또한 우리는 우리가 옹호하는 것을 실천해야 할 것이다. 이러한 시각적(視角的) 지적 정체성의 차이들은 존중할 필요가 있다. 하지만, 우리는 무엇보다도 이러한 모든 차이들을 넘어서 현대 커뮤니케이션의 경제적, 사회적 그리고 미적 생활을 접합시키는 새로운 공유의 뼈대를 건설해야 할 것이다.

참고문헌

Bulmer, M., & Rees, A. M. (1996). Conclusion: citizenship in the twenty-first century. In Martin Bulmer & Anthony M. Rees (Eds.). *Citizenship Today: The Contemporary Relevance of T. H. Marshall*. London: UCL Press.

Corner, J. (1995). *Television Form and Public Address*. London: Edward Arnold.

Dahlgren, P. (1995). *Television and the Public Sphere: Citizenship, Democracy and the Media*. London: Sage Publications.

Dahrendorf, R. (1990). *Reflections on the Revolution in Europe*. London: Chatto & Windus.

Galbraith, J. K. (1994). The good life beckons. *New Statesman and Society*, 28 January, 14~16.

Himmelfarb, G. (1996). The unravelled fabric—and how to knit it up. *Times Literary Supplement* 4859, 17 May, 12~13.

Jencks, Ch. (1984). *The Language of Post-modern Architecture* (4th ed.). London: Academy Editions.

Kahn, J. S. (1995). *Culture, Multiculture, Postculture*. London: Sage.

Melucci, A. (1988). Social movements and the democratisation of everyday life. In John Keane (Eds.). *Civil Society and the State: New European Perspectives*. London: Verso.

______ (1989). *Nomads of the Present: Social Movements and Individual Needs in Contemporary Society*. London: Hutchinson Radius.

Mepham, J. (1990). The ethics in quality television. In Geoff Mulgan (Eds.). *The Question of Quality*. London: BFI.

Mulhall, S., & Swift, A. (1992). *Liberals and Communications*. Oxford: Basil Blackwell.

Price, M. E. (1995). Free expression and digital dreams: the open and closed terrain of speech. *Critical Inquiry*, 22(1), 64~89.

Sanders, Cl. (1994). A leading indicator. *Times Higher Educational Supplement*, 13 May, 17~18.

제 12 장

비판적 연구와 수용자 활동*

현실주의자로서 연구자

많은 논자들은 미디어 수용자를 이해하는 데 있어 비판적 연구자들의 공헌이 다소 빈약하다고 지적했다. 그들의 말이 옳다. 하지만, 이 글에서 내가 주장하는 것은, 연구조사의 새로운 방법을 제시하고 이미 확립되어 있는 연구문제들을 새롭게 조망하는 두 가지 측면에서 비판적 연구가 장차 중심적인 역할을 할 것이라는 점이다. 여기서 제시하고자 하는 접근법의 특징은 그것이 현실주의 철학에 기초하고 있다는 점이다(Bhaskar, 1979, 1987; Outhwaite, 1987). 이것은 주류 연구를 지탱하는 다양한 실증주의와 구분되며, 오늘날 주요 대안으로 제시되고 있는 상징적 상호작용주의 및 현상학과 같은 해석학적

* 원 논문 출처: Murdock, G. (1989). Critical inquiry and audience activity. In B. Dervin et al. (Eds.). *Rethinking Communication. Volume 2: Paradigm Exemplars* (pp. 226~249). New York: Sage Publications.

접근법과도 구분된다.

이는 비판적 연구자들이 실증적 방법론에 관심이 없다는 것을 의미하는 것은 아니다. 그들은 비판적이지 않은 다양한 연구에서 나온 자료들을 이용하고 있으며, 자신의 데이터를 만들어내기 위해 기존의 다양한 방법론들을 활용한다. 비판적 연구는 그것이 활용하는 연구 테크닉에 의해 규정되지 않는다. 그럼에도 불구하고 많은 논자들은 관찰, 심층인터뷰, 개인적 진술 등에 의해 생산된 '물렁한'(*soft*) 데이터만이 인정될 수 있는 증거를 제시하고, 모든 유형의 수적 계산은 원칙적으로 거부되어야 하는 것처럼 처리했다. 이는 다룰 수 있는 문제들의 범위를 협소화하는 비생산적인 태도다. 또한 '엄격한'(*hard*) 데이터를 취급하는 것은 필연적으로 실증주의와의 타협이라고 추정한다는 점에서 잘못 알고 있는 것이다. 그렇지 않다. 만약 누가 무엇을 소비하는가를 알아보려면, 그리고 여기서 주장하는 비판적 접근을 위해서는, 잘 설계된 샘플 서베이가 결과를 도출하기 위해 신뢰할 만하며 효율적인 방법이다. 그러나 주류 연구자들이 서베이 '결과'를 최종 산출물로 간주하는 반면, 비판적 연구자들은 이 결과가 다른 방법으로 답해야 할 연구문제를 부과하는 것으로 본다. 부르디외가 지적하듯이 "독립변수와 종속변수 사이의 상관관계 설정에 의해서는 아무것도 이해할 수 없다.… 통계적 관계는 명확히 숫자적으로 정의되지만, 해석되지 않는다면 의미가 결여되어 있고 순수한 데이터로만 남는다"(Bourdieu, 1984). 비판적 해석은 두 가지 차원에서 작동한다. 그것은 행위자가 자신의 소비활동을 어떻게 해석하는가에 대한 충분한 설명과 더불어, 상황 속 경험과 의미체계가 어떻게 더 넓은 상징적, 사회적 구조와 연결되고 그에 의해 형성되는가를 보여주는 지속적 시도를 포함한다.

따라서 비판적 연구와 여타 접근법들의 명확한 차이는 이용 가능한 연구자료들을 이론적으로 맥락화하는 방법과 설명을 구성하는 방법에 있다. 현실주의자들에게 이론과 실증주의적 실험은 동일한 무게를 갖는다(Lovell, 1980). 그들은 많은 주류 연구의 독단적 실증주의와 다양한 해석학적 연구의 '두터운 기술'(*thick description*)을 넘어선다(Geertz, 1973). 마찬가지로, 그들은 인정된 실증적 자료와 무관하게 거대담론적 성찰이 편리하게 부유하는 장 보드리야르(Jean Baudrillard) 같은 사람의 추상화된 이론을 거부한다. 그러나 비판적 연구의 핵심적 특징은 설명에 접근하는 방식이다. 현실주의자들에게 수용자 활동에 대한 연구는 (실증주의적 접근법에서처럼) 외적 관찰이나 측정으로, 또는 (해석학적 관점에서처럼) 참여자에 의한 이해나 설명으로 한정될 수 없다. 비판적 연구는 소비와 반응이라는 즉자적인 행위를 넘어 수용자 활동의 맥락과 자원을 제공하는 잠재된 구조를 분석하는 것이어야 하며, 나아가 그런 구조가 어떻게 일상의 삶에서 의미를 만들고 취하는 과정을 조직하는가를 보여주어야 한다.

구조주의(*Structuralism*)에서 구조화(*Structuration*)로

'구조'(*structure*)는 매우 다중적인 용어이기에, 여기서 나는 특정한 방식으로 이 용어를 사용한다는 점을 명확히 하고자 한다. 구조는 장애물을 세우는 것과 같이 부정적 관점에서 주로 사고되었다. 그러나 구조가 행위의 어떤 유형을 촉진함과 동시에 다른 선택을 막는 방식에 주목하는 것 역시 동일하게 중요하다. 말하자면, "구조는 제약과 같은 것이 아니라, 제약하고 가능케 하는 양면을 갖고 있다"(Giddens, 1984). 둘째, 기든스와 마찬가지로 나는 구조가 행위 외적인 것이 아니라 일상생활의 구체적 행위를 통해 재생산되는 것이라고 본다(Giddens, 1986). 이로부터 구조는, 소쉬르의 언어모델에서처럼 불변하는 현존 체계가 아니라, 변형되는 역사적 형성물로 분석되어야 한다는 관점이 나온다.

이러한 접근은 행위자들이 자신이 통제할 수 없는 구조의 단지 심부름꾼이거나 이행자로만 나타나는 모든 유형의 구조주의를 거부하며, "구조는 행위를 통해 어떻게 구성되며, 동시에 행위는 어떻게 구조적으로 구성되는지를 설명하는"(Giddens, 1976) 것을 중심목표로 하는 구조화 이론을 발전시키려는 시도를 지지한다. 구조화 이론(*structuration theory*)이라는 용어는 이러한 문제에 접근하는 자신의 특별한 방식을 설명하기 위해 기든스에 의해 만들어졌지만, 나는 여기서 오늘날의 여러 사상가들(그중 부르디외가 가장 중요하다)의 연구에서 행위자와 구조의 변증법적이고 역동적인 관계들을 파악하기 위한 유사한 노력들을 특징짓기 위해 이를 사용한다. 서로 간의 차이점과 불일치에도 불구하고, 그들은 모두 상호작용이나 실천의 개별적 사례들을, 가족이나 직장과 같은 구체적 제도들이 부여하는 당면한 맥락들뿐만 아니라, 그것들을 둘러싸고 있는, 물질적이고 상징적인, 총제적인 구조적 구성물들에 연관시킬 필요를 강조했다(Layder, 1981). 분석을 위한 첫 번째 과제는 이러한 폭넓은 구성물들을 개념화하는 것이다. 둘째는 그것들이 일상적 행위에 영향을 미치고 반대로 그 행위에 의해 변화되는 방식들을 추적하는 것이다. 잠시 후 더 자세히 살펴볼 부르디외의 접근에 의하면, 이러한 일반적 구조의 논리는 사회화 과정을 통해 내면화되면서, 광범위하고 다양한 구체적 실천들을 발생시키고 뒷받침하는 성향과 능력의 기반(*matrix*)을 생산한다. 이런 실천들은 반대로 지배적인 제도와 구성물에 도전하고 변형시키는 방식으로 전개될 수 있다. 그러나 부르디외가 강조하듯이 이 과정은 권력의 행사에, 그리고 지배, 저항, 침묵의 역학관계에 단단히 얽혀 있다.

커뮤니케이션 체계는 그것이 현대 세계와 맺는 이중적 관계 때문에 이러한 상호작용의 핵심에, 보다 일반적으로는 구조화 과정의 핵심에 있다. 한편으로 커뮤니케이션 체계는 경제질서의 중심에 있다. 그것은 19세기 말 현대 자본주의가 출현한 이후 소비와 여가를 조직하는 부분적 역할을 수행했고, 현재는 생산, 분배, 그리고 금융 서비스를 조정하는 핵심역할을 담당한다. 다른 한편으로 커뮤니케이션 체계는 사람들이 세계와 그 속에서의 자신의 위치를 이해하도록 이미지, 스타일, 해석을 조직화하는 주요 메커니즘으로서 상징영역에서도 중추적 지위를 점한다. 따라서 그 이름에 걸맞은 비판적 관점은 수용자들의 상황 속 해석과 활동이 미디어 시스템 자체의 작용에, 그리고 미디어 시스템의 생산물과 그것이 사람들과 맺는 관계를 설정하는 경제적, 상징적 구성물의 작용에 연결되는 방식을 탐구해야 한다.

권력과 즐거움

무엇보다도 이것은 수용자들의 활동은 그들이 처해 있는 힘과 불평등의 구조와 관련되어 있다는 것을 의미한다. 지배기구로서 상업 미디어 문화를 분석한 호르크하이머(Horkheimer)와 아도르노(Adorno)가 주도한 초기의 비판 연구 프로젝트와는 대조적으로, 해석학적 전통의 최근 연구는 수용자 활동의 창조성과 놀이성을 강조한다. 이는 분명한 진전이며, 포괄적인 비판 연구 프로그램이 포함해야 하는 다양한 통찰과 방식을 만들어냈다. 그러나 수용자들의 능숙함을 거듭 주장하는 그들의 열망 속에서, (모두는 아니지만) 새로운 민족지학(*ethnography*)의 옹호자들 대부분은 힘의 문제를 피상적으로 다루려는 경향이 있었다. 그 결과, 미디어 시스템 내에서의 통제와 수용자의 관계라는 이슈가 결여되어 있다는 것이 현격히 눈에 띄며(Nightingale, 1984), 아울러 반대로 이러한 관계가 물질적, 상징적 자원의 불평등한 분배에 의해 구조화되는 방식이라는 더 넓은 문제 역시 그렇다.

수용자의 창조성과 즐거움에 대한 찬사는 광고와 PR의 상업적 언어와 그것을 통해 촉진되는 소비주의 이데올로기를 일상적으로 특권화하는 미디어 시스템과 너무 쉽게 결탁하며, 또한 다양한 다른 목소리, 다른 관점, 다른 정체성을 배제하거나 주변화한다. 〈댈러스〉(*Dallas*) 같은 인기 프로그램이 다양한 만족을 제공하고 다양한 방식으로 해석될 수 있다고 해서, 존 피스크(John Fiske)가 최근 주장한 것처럼, 시스템 내에서 재현과 문화적 형식의 다양성을 극대화하려는 시도가 불필요한 것은(Fiske, 1987) 아니다. 이러한 태도는 궁극적 힘은 소비자에게 있다고 주장하는 시장주의의 또 다른 버전일 뿐이다. 이는 요구, 갈망, 정체성들은 제공되는 것에 의해 형성된다는 것을 편안하게 무시한다. 또한 여기에는 "어떤 다른 형태의 생산이 유사한 방식으로 수용자의 행위를 자극할 뿐만 아니라, 또한 시청자들의 삶을 보다 구체적으로 다루어 시청자들이 자신의 환경을 바라보는 방식에 다르게 영향을 줄 수 있는지"에 대한 질문도 없다(Gripsrud, 1988). 이처럼 손실된 맥락을 복원하기 위해서는 문화적 생산과 소비가 그보다 넓은 경제적, 상징적 구성물에 의해 어떻게 구조화되는지 설명할 필요가 있다. 경제결정론의 문제는 비판적 연구에서 특별히 중심적이었기 때문에, 이는 적절한 출발점을 제공한다.

최종에서 최초로: 경제결정론에 대한 재숙고

수용자 활동에 대한 대부분의 분석들은 교환의 영역에 초점을 맞추고, 미디어 생산물을 만나고 사용하는 지점에서 시작된다. 반면, 비판적 연구는 소비가 그에 선행된 생산의 조직화에 의해 구축되는 방식을 탐구하면서 맑스를 따른다. 불행하게도, 이런 연관성에 대한 연구는 생산양식은 "최종 심급에서 결정한다"는 맑스의 유명한 명제에 의해 곤란을 겪어왔다. 이 문장의 두 개의 핵심용어 모두가 문제다. '최종 심급'(*last instance*)은 경제력과 경제관계의 분석에서 멀리 떨어져 있다 할지라도, 그것으로 돌아가는 직접적 경로를 항상 되짚을 수 있다는 것을 의미한다. 마치 미로 속에 있는 여행자를 묶고 있는 가

늘지만 끊어지지 않는 줄이, 깊은 구석에서 일련의 휘감긴 통로를 통해 입구까지 구불구불하게 연결된 것처럼 말이다. 문제를 이렇게 개념화시키는 방식은 커뮤니케이션의 경제적 차원과 상징적 차원의 일대일 관계에 대한 탐구를 고무시키는 효과를 갖는다. 이는 매개되지 않은 직접적 효과를 의미하는, "결정"(*determination*)에 대한 전통적인 정의로 더욱 강화된다.

우리는 본래의 정식에서 두 가지의 단순한 수정을 통해 이러한 분석적 구속에서 벗어나 연구를 진전시킬 수 있다. 첫째는 경제는 최종 심급에서가 아니라, 첫 번째 심급에서 결정하며(Hall, 1983), 그래서 분석의 도착점이 아니라 출발점이라는 것이다. 경제적 역학은 소비가 일어나는 핵심적 맥락을 제공하기 때문에 비판적 연구에서 결정적으로 중요하지만, 상징적 결정에 대한 완전하고도 독립적인 분석의 필요성을 부정하지 않는다. 두 번째 주요 수정은 "결정의 의미에 대하여, 예고된, 예시(豫示)된, 통제된 내용이라는 측면에서 벗어나 범위 설정과 압력행사의 측면으로 재평가"하는 것이다(Williams, 1973). 나의 관점은 경제적 역학은 의사소통 행위가 발생하는 사회적 공간의 구조화에 핵심적 역할을 하지만, 이러한 공간 속에서 상징적 영역은 자체적인 규칙에 따라 작동하고, 그러한 규칙이 스스로의 독립적 결정을 한다는 것이다. 나는 상징적 구성물의 구조적 역할을 보다 상세하게 고찰할 것이다. 그러기 전에, 경제적 역학이 소비를 결정하는 4가지 방식의 윤곽을 제시함으로써 나의 일반적 논지를 보여주고자 한다. 나는 연구를 위한 나의 관점이 가리키는 이슈들을 보여주기 위해 이것들을 선택했으며, 우리가 탐구해야 할 문제들이 이것들에 국한되지 않음은 물론이다.

소득과 불평등한 접근권

생산 시스템 내에서의 개인의 위치는 소비를 위해 요구되는 자원에 대한 접근을 직간접적으로 구조화한다. 간접적 효과는 계급과 성(*gender*)의 위치가 상황 속 의미체계와 문화적 능력에 접근하도록 매개하는 방식에서 나온다. 이는 매우 창의력 있는 연구의 초점이었다. 동시에, 소비자 선택은 부와 소비의 불평등이 야기하는 구매력의 차이에 의해 구조화된다는 매우 명백한 방식을 간과하지 않는 것 역시 중요하다. 이러한 차이는 최근 10여 년 동안 신보수주의 경제정책의 결과로 선진 자본주의 사회 속에서 더욱 두드러졌다. 구조적 실업의 증대는 복지지원의 감소와 결합해 소득격차의 간극을 더욱 넓혔다. 동시에, 문화적 영역의 '민영화'는 공적으로 제공되는 서비스의 안전망을 걷어치우면서 커뮤니케이션 재화에 대한 접근을 지불능력에 의존하게 하는 경향을 심화했다. 이러한 경향의 축적 결과 빈곤층은 이중의 불이익을 받는다. 그들은 여느 상업적 서비스 시장에서 밀려나고, 그들의 필요나 요구를 충족하기 쉽지 않은 빈약한 공적 섹터에 남겨지게 된다(Golding & Murdock, 1986). 이와 같은 새로운 경제적 원리는, 사람들이 시민권자로서 정치 시스템에 참여하는 능력은 최소한 부분적으로는, 그들의 상황을 이해하고 그들의 삶에 중요한 영향을 미치는 정부와 기업의 결정에 도전하기 위해 필요한 정보나 분석에 접근하는 것에 달려 있다는 점을 고려할 때, 폭넓은 사회적 의미를 갖는다.

노동분업과 소비양식

생산의 조직은 또한 일터 안팎에서 사회관계와 활동을 구조화하는 방식으로 소비에 영향을 미친다. 여기서 중요한 측면 중의 하나는 노동의 성적(*gendered*) 분업이다. 가정은 대부분의 남성들에게 노동으로부터 해방, 그리고 휴식과 여가의 공간으로 경험된다. 하지만, 대부분의 여성들에게는 무엇보다도 임금 노동력을 재생산하도록 요구되는 일터이다. 쇼핑, 청소, 요리, 양육 등의 "그림자 노동"(Illich,

1981)은 종종 전일제 혹은 시간제 유급노동과 더불어 행해지기도 한다. 그러나 가사노동만 하는 경우일지라도, 여성들이 원하는 바대로 쓸 수 있는 시간을 축내기 때문에 미디어 활동에 그만한 영향을 미친다. 전통적인 가부장적 결혼 속에서 남성은 자신이 좋아하는 TV 쇼와 최신 비디오를 시청할 수 있다. 여성은 남성 가족의 선점(Gray, 1987; Morley, 1986) 때문에, 그리고 그들의 주의력이 TV 내용과 남편 및 아이들의 요구 사이에서 분산되기 때문에 남성처럼 하기가 어렵다. 그 결과, 여성들의 프로그램에 대한 관여는 지속적이기보다는 산발적이며, 다른 활동들과 함께 이루어진다(Hobson, 1982). 또한 여성들은 그들이 선택하지 않은 프로그램을 시청하는 경우가 많다.

여성들의 TV 시청에 대한 구조화와 마찬가지로, 여성들의 가정 내 역할에 대한 조직화는 그들의 프로그램 선호에 영향을 미친다. 예를 들어 도로시 홉슨(Dorothy Hobson)에 따르면, 여성들은 사적 생활, 개인적 관계, 감정적 표현을 반영하거나 찬미하는 연속극이나 시트콤 같은 장르들을 선호한다. 반대로, 그들은 딱딱한 경제와 제도화된 정치처럼 공공적이거나 남성에 의해 지배되는 내용을 다루는 뉴스나 시사 프로그램에 대해서는 시큰둥하다. 이는 흥미 있는 주장이지만, 본질론적 구분을 설정하는 데 가까이 갈 위험이 있다. 매우 구체적인 사회적, 지리학적 위치에 기반한 소규모의 응답자들에 의한 민족지학적 연구들로부터 비롯된 추측처럼, 이는 다양한 노동과 가정 배경 속에서 여성 연구가 뒷받침되기 전까지는 일반화될 수 없다. 이러한 제한은, 그녀의 세부자료가 향후 연구에 매우 풍부한 제언을 하고 있긴 하지만, 연애물 독자에 대한 재니스 래드웨이(Janice Radway)의 연구에도 적용된다.

래드웨이는 특히 가정생활의 감정적 요구가, 그리고 아무도 여성의 감정적 자원을 재생하는 데 책임이 없다는 사실이, 여성의 "휴식"을 보호하고 감정을 지탱하기 위해 의도된 소비전략을 발생시킨다는 것에 흥미를 가지고 있다. 그래서 여성이 "연애물을 구매할 때, 그들은 개인적 공간과 간접적 관심을 구매한다"(Radway, 1984a). 동시에 그들은 가정적 책임으로부터의 이러한 도피를 정당화할 필요를 느낀다. 그 결과, "여성들은 시간과 돈을 지출한 대가로 무엇인가 가치 있는 것을 획득했다는 것을 회의적인 가족들에게 보여주기 위해 독서를 통해 배운 (역사상의 시기나 다른 나라에 대한) 실제적 자료들을 적극적으로 활용한다". 이러한 주장은 또한 여성들이 "자신이 독자적일 수 있고 보다 낫게 변화하고 있다고 믿도록" 해주기 때문에 여성들의 로맨스에 대한 몰두를 그들 자신에게 정당화한다(Radway, 1984a).

상품성 까발리기

대부분의 해석학적 연구들과 마찬가지로, 래드웨이의 분석은 소비에 시간을 할애하는 것을 오직 그것이 수용자들에게 갖는 효용과 의미라는 관점에서 바라본다. 이는 수용자 활동을 적절하게 이해하기 위해 분명 핵심적이지만 그 자체로 충분하지는 않다. 비판적 연구는 텍스트의 즐거움이 수익을 극대화하기 위한 생산자들의 전략에 의해 구조화되는 방식에도 관심을 기울여야 한다. 이러한 연구의 출발점은 맑스의 《자본론》 1권 첫 장에서 언급하는 상품에 대한 유명한 논의이다. 여기서 맑스는 상품을 "상반되는 것, 즉 가치와 사용가치를 한데 묶어놓은 것"이라 표현했다(Preteceille & Terrail, 1985). 자본가들은 상품을 그것을 만들기 위한 비용은 얼마이고 시장에서 얼마에 팔릴 수 있는가에 의해 평가한다고 맑스는 주장했다. 상품의 완전한 가치는 생산비용을 보전하고 잉여가치를 실현하는 가격으로 팔림으로써 만회된다. 하지만, 가치를 가격, 즉 교환가치로 표현하는 것을 통해 시장거래는 생산과 연루된 착취를 은폐하고, 가치를 상품 자체의 본질적인 특성으로 제시한다. 맑스는 이 과정을 상품 물신숭배라고 불렀다. 그러나 맑스는 논지를 펼치면서 교환가치를 가치의 편의적인 약어쯤으로 사용했고, 대부분의 후속 연구자들 역시 이를 따랐다. 상품은 물신적이기 때문에, "마치 자발적인 발생에 의한 것처럼 소비자들의 눈앞에 나타나고 사라진다"(Jhally & Livant, 1987). 소비자들의 관심은 상품으로 무엇을 할 수 있는가 또는 상품이 그들을 위해 무엇을 할 수 있는가 등과 같이 상품의 사용가치에 모아진다.

이러한 맑스의 분석에 대한 새로운 관심은 미디어 학자들 중에서는 댈러스 스마이드(Dallas Smythe, 1981)에 의해 주도되어, 커뮤니케이션을 상품체계로 재검토하는 방향으로 비판적 연구자들을 이끌고 있다. 특히, 이러한 관점은 가격조정 과정에 의해 사용의 패턴이 구조화되는 방식에 초점을 맞춘다. 그중 가장 흥미로운 것은 상업텔레비전 시스템에 관한, 그리고 임금노동과 유사한 노동형태로서의 시청에 관한 잘리와 리반트(Jhally & Livant, 1986)의 분석이다. 이 시스템 속에서 교환되는 주요 상품은 특정 그룹이 광고를 보면서 소비하는 시간이다. 프로그램의 역할은 이러한 시청자의 활동을 포획하고 유지하는 것이며, 광고를 위해 호의적인 상징환경을 제공하는 것이다. 그러나 리모콘 사용이 일반화되면서 시청자들은 프로그램 사이 시간에 채널들을 가로지르는 잽(*zap*)이 가능해졌고, 광고 없이 프로그램을 시청하게 되었다. 이에 대응하여 광고주들과 프로그램 제작자들은 광고 메시지를 프로그램 자체에 집어넣는 새로운 전략을 고안했다. 제작에 새로운 조건을 부여하고 특정한 형식의 담론 및 표현 스타일에 특혜를 줌으로써, 가격조정 과정을 보장하는 이러한 시도들은 수용자 활동을 새로운 방식으로 구조화하며, 이는 지속적으로 조사할 만한 가치가 있다. 그러나 안타깝게도 텔레비전 시청의 물질적 기반을 강조하고자 하는 열망 탓에 잘리와 리반트는 논거를 과장했다.

대부분의 비판적 연구자들은 "사용가치를 이해하기 위해서는 교환가치와의 관계에 대한 적절한 맥락화가 있어야 한다"(Jhally & Livant, 1986)는 것에 동의한다. 그러나 나를 포함하여 많은 연구자들은, "교환가치가 사용가치를 종속시킨다"(Jhally & Livant, 1987)는 주장에 대해서는 견해를 함께하지 않을 것이다. "종속하다"라는 단어는 "맥락화하다"라는 단어보다 더 강한 용어이고, 우리가 앞서 비판했던 경제결정론의 수정되지 않은 의미로 다시 되돌린다. 이는 또한 '기호가치'(*sign values*)라는 커뮤니케이션 상품의 세 번째 차원의 중요성을 격하시킨다.

모든 상품들은 커뮤니케이션의 수단으로 작동한다. 상품은 자신의 소유주에 대한 무언가를 이야기한다. 상품이 어떻게 이러한 능력을 발휘하는지 이해하기 위해서는 단지 내용전달 시스템으로서가 아니라 독립적인 재화로서 커뮤니케이션 설비에 대해 더 많은 관심을 기울일 필요가 있다. 책, TV 수상기, 하이파이 시스템 역시 소유주들의 문화적 취향, 사회적 관계 그리고 판타지를 표현하기 위한 가정 내 실내장식의 일부 '모습'이다. 우리는 왜 일부 사람들은 바우하우스 스타일의 크롬 및 무광의 검은색 금속을 선택하는 반면, 일부 사람들은 엘리자베스 시대 풍의 찬장에 TV 수상기를 올려놓고 가죽제본 책 스타일의 케이스에 비디오를 넣어놓는지 살펴보아야 한다. 이는 미디어 사용에 대한 연구를 소비의 사회학과 인류학에서 이루어지는 보다 일반적인 연구에 다시 연계시키는 것을 수반한다(예를 들어 Miller, 1987).

여기서 쟁점이 되는 것은 교환가치, 사용가치, 그리고 기호가치 간의 복잡한 상호작용이다. 이는 지금까지보다 더 많이 조사할 가치가 있다. 가정 내 컴퓨터들은 적절한 사례이다. 서로 다른 소득그룹들이 어느 유형의 컴퓨터를 구입할 수 있는지를 결정함으로써, 가격은 사용 옵션을 구조화하는 데 일차적으로 중요한 역할을 한다. 하지만 옵션이 실제로 사용되는 방식은 소형 컴퓨터를 둘러싸고 있는 홍보 담론의 그물망 속에 이용자들이 어떻게 위치해 있는가의 문제에 따라 크게 달라진다. 가정용 컴퓨터를 그것의 응용프로그램에 의해 규정되는 안정적인 정체성을 지닌 단순한 기술상품으로 제시하는 혁신 모델의 관점과 대조적으로, 우리는 가정용 컴퓨터를 경쟁하는 담론들, 특히 한편으로는 정부와 교육 시스템과 다른 한편으로는 오락 산업으로부터 나오는 담론들 간의 투쟁의 장으로 바라본다. 이 투쟁은 컴퓨터의 적절한 사용을 두고 벌어지는 부모와 자식 간의 갈등—아이들이 컴퓨터 게임에 몰두하는 것에 반대하여 자기계발을 위한 '진지한' 사용을 추구하는 부모들—속에서 정기적으로 발생한다(Murdock, Hartmann, & Gray).

기술과 사회친화성(*sociability*)

가정 내 컴퓨터에 대한 연구는 기술 또는 기술들의 결합을 통해 생산조직이 커뮤니케이션 활동을 구조화하는 방식에도 관심을 이끈다. 비판적 관점에서 보면, 기술은 (기술결정론에 근거한 주장과 같이) 사회적 관계의 외부에 있는 것이 아니라, 항상 특정한 구성의 권력관계 속에서 고안되고 적용되어 사회친화성의 패턴에 관련된 결과를 낳는다는 점에서 사회적 관계의 확장이다. 그러나 이러한 효과는 결코 일방향적이지 않다. 예를 들어 컴퓨터 사용자들은 상호교류를 규제하는 중심점에 수직적으로 연결될 뿐만 아니라, 비위계적 교환의 네트워크 속에서 수평적으로 연결될 수 있다. 프랑스 비디오텍스트(*videotext*) 프로그램 미니텔(Minitel)은 흥미로운 사례를 보여준다. 이 프로그램은 원래 가입자들에게 다양한 데이터베이스를 제공하는 정보 시스템으로 기획되었지만, 다른 가입자들과 접촉할 기회를 준다는 것이 가장 큰 특성이 되었다. 이 프로그램은 독신 남녀를 위한 디지털 싱글스바(*singles bar*)나 외로운 사람들을 위한 서비스로 기능하는데, 실제로는 만나지 않아도 된다는 이점이 있다. 몇몇 사람들은 만나지만, 다른 사람들은 가상 인격을 보여주면서 스크린 속에서 대화하는 것을 선호한다.

그러나 비즈니스 커뮤니티 밖에서는 이용자들이 생산자로 기능하는 수평적 교환은 여전히 비교적 드물다. 쌍방향성을 제공하는 커뮤니케이션 기술의 급속한 성장에도 불구하고, 대부분의 가정 내 이용자들은 그 옵션의 범위가 다른 누군가에 의해 설계된 소프트웨어에 국한되어 활동한다. 가정용 컴퓨터에서 모험 게임을 하고, 전자 여론조사에 응답하는 사람들은 확실히 선택들을 하긴 하지만 그것들은 신중하게 조정된 것이다. 다시 한 번 질문의 핵심은 "이러한 기술이 어떤 즐거움을 제공하는가?"가 아니라 "상호작용이 발생하는 조건을 조정하는 권력을 누가 가지고 있는가?"이다.

일터 밖에서 일어나는 커뮤니케이션 기술과 사회친화성의 상호작용에 관해 좀더 일반적으로 생각해보기 위해서는, 두 가지 차원을 구분하는 것이 중요하다. 상호작용의 장소(*site*) — 가정인가 공공장소인가 — 와 상호작용의 양식(*mode*) — 개인적인가 집단적인가 — 이 그것이다. 소설과 같은 몇몇 기술매체들은 결과를 나타내는 매트릭스에서 하나의 특정한 위치에 한정되는 경향이 있고(이 경우는 가정/개인), 텔레비전과 같은 다른 기술들은 4가지의 모든 기본적 위치를 점한다〔가정/개인, 가정/집단, 공공장소/개인, 공공장소/집단 — 옮긴이〕. 실제로 대부분의 사람들은 TV를 가정에서 혼자 또는 가족들과 함께 시청한다. 동시에, 왕실의 결혼식과 같은 특별한 이벤트 프로그램을 친구나 이웃들이 같이 시청할 때 가정은 또한 집단적 시청의 장소가 될 수 있다(Dayan & Katz, 1985). 이와 유사하게, 스포츠 경기장의 대형화면 설치는 주요 장면의 즉각적인 다시보기를 생생한 집단경험의 중요한 한 부분으로 만들었다. 하지만, 바에서 혼자 술을 마시며 TV화면을 보는 것을 잠깐만 떠올려보면 알 수 있듯이, 다른 사람들과 함께하는 TV시청이 항상 사회적 행위인 것은 아니다.

이러한 구별은 커뮤니케이션 기술과 사회적 삶의 '사영화'의 관계에 대한 순진한 주장들과 단절하고, 텔레비전과 같은 기술들이 공적 영역과 사적 영역의 경계를 재구획짓는 데 일조하는 방식에 관해 일련의 문제들을 제기하게 한다. 메이로비츠(Joshua Meyrowitz, 1985)가 지적했듯이, 이러한 과정을 완전히 이해하기 위해서는 물질이 결정하는 것뿐만 아니라, 상징이 결정하는 것에도 관심을 기울여야 한다. TV는 일상활동을 위한 새로운 초점과 동반자를 제공함으로써뿐만 아니라, 타인들의 경험을 해석할 수 있도록 하는 이미지와 정보에 대한 접근의 조건을 변화시킴으로써 사회적 관계들을 재구성한다.

더욱이, 미디어 생산물은 사람들의 공적인 자기표현을 촉진하는 데 중요한 역할을 한다. 이와 관련해서 개인 주문에 맞출 수 있는 상품들—규격화된 자동차 모델을 고속엔진 자동차나 차대가 낮은 자동차로 개조하는 것처럼—과 그렇지 못한 상품들 간의 구별은 중요하다(Gottdiener, 1985 참조). TV 프로그램이 예를 들어 스타일에 관한 발상처럼 자기표현을 위한 자원을 제공하는 것은 확실하지만, TV 프로그램은 스크린 위에 표현되기에 소비자에 의해 물리적으로 변경될 수 없다. 다른 커뮤니케이션 상품들은 그것이 가능하기에 결과적으로 자기창조적이고 공적인 주장을 위한 공간을 더 많이 허용한다. 예컨대, 스프레이로 채색된 개조된 광고 게시판, 규격화된 패션이나 취미를 고의적으로 거부하며 잘라내고 짜깁기한 펑크스타일의 옷, 턴테이블에 손을 올려 음반을 앞뒤로 움직이며 변형시킨 연주 트랙 위에서 삶에 대한 개인적 발언을 암송하는, '랩'을 위한 반주로서 상업적 댄스 음반을 이용하는 것 등이다. 이때, 이러한 독창적 활동들은 보다 폭넓은 상징적 구조들에 의해 여전히 한계가 지어진다. 그렇다면 이러한 구조들, 그리고 그 구조들이 수용자 활동을 조직화하는 방식을 어떻게 이해해야 할까?

기호에서 담론으로

이 질문에 대한 가장 영향력 있는 대답 중 하나는 언어(*language*)와 말(*speech*)의 구분을 통해 사회 속에서 이루어지는 기호적 삶을 연구하는 새로운 과학을 부르짖었던 소쉬르를 추종하는 기호론자들에게서 찾을 수 있다. 이러한 공식화 속에서, 언어(그리고 확장해서 모든 기호체계)는 개별적 스피치 행위를 촉진하는 동시에 속박하는, 결합과 배제라는 어느 정도 불변의 규칙에 의해 지배되는 외적 구조로서 나타난다. 해석학적 접근이 사회적 행위자들의 실천적 창조성을 찬양하는 지점에서, 구조주의자들은 그들을 숨겨진 언어의 끈에 의해 조종되는 복화술사의 인형으로 묘사한다.

이러한 공식화에는 두 가지 문제점이 존재한다. 이는 상황 속 행위의 창조성을 인정하지 않기 때문에, 구조화의 역동적이고 변증법적인 성격을 다루지 않는다. 둘째로, 앞의 내용과 연관된 것인데, 이는 엄청나게 몰역사적이다. 시간에 따라 구조가 변화하는 방식을 설명할 수 없다. 이런 점들은 진정한 비판적 관점을 위해서는 심각한 장애요소다. 따라서 나는 기호체계보다는 담론구성의 개념을 가지고 연구하는 것을 선호한다.

담론구성은 사회나 사회의 일부를 묘사하고 설명하는 조직화된 방식이다. 그것은 적절한 특정 시점에 나타나며, 추적 가능한 역사를 지닌다. 담론구성은 4가지 주요 요소를 포함한다. 유사성과 대립을 나타내는 분류체계, 핵심적 구분을 구체화하고 정착시키는 선호 라벨과 이미지, 핵심적 요소들을 함께 연결시키는 논증과 추론의 형식, 차이를 도덕적 구별로 전환시키는 평가의 원리. 이러한 개념과 관련해 몇 가지 점들은 강조할 필요가 있다. 첫째, 담론구성이 조직된 것이라 할지라도 반드시 일관되지는 않는다. 그것은 종종 논리적 불일치와 모순을 드러낸다. 더욱이, 여기에는 글이나 말로써의 설명에 의해 정립된 분석적 연관들과, 선호된 이미지에 첨부된 함축적 의미들 간의 괴리가 종종 존재하는데, 특히 종종 그런 것처럼 이런 함축이 다양한 해석에 열려 있는 경우에 그렇다. 둘째, 나와 동료들이 주장하는 것처럼, 심지어 논쟁의 조건에 대한 매우 높은 수준의 합의를 기대하게 하는 '테러리즘'과 같은 영역에서조차, 대항적 구조를 제공하는 경쟁 담론들 간의 지속되는 투쟁이 존재한다(Schlesinger,

Murdock, & Elliott, 1983). 이는 서로 다른 담론구성은 서로 다른 의사소통 자원들에 의해 지지되기 때문에 사상의 '자유'시장 속에서 대체로 동등하게 경쟁한다는 다원주의자들의 개념을 받아들이는 것을 의미하는 것이 아니다. 그것은 '지배이데올로기 테제'의 다양한 변형물을 거부하는 것이다. 담론구성은 특히 전통적으로 정의되는 이데올로기와 같을 수 없기 때문이다. 담론구성은 지배적인 권력구조를 유지하거나 대항하기 위해 특정한 집단들에 의해 적극적으로 공표되고 촉진되는 한에서는 불가피하게 이데올로기적 차원을 갖는다 (Thompson, 1984). 동시에, 이데올로기 개념은 내가 여기서 사용하는 담론구성이라는 개념을 전부 포괄하지 못한다. 담론구성이 제시하는 명제나 논증은 그것이 지지하는 이해나, 그것을 끌어들이는 당면한 정치적 활용—방어나 도전—을 초월하는 진실한 가치를 포함하고 있기 때문이다.

담론구성은 미디어 시스템 속에서 순수한 상태로 나타나지는 않는다. 그것은 항상 특정한 표현양식과 미적 관습을 활용하는 구체적 생산형태에 의해 매개된다. 이러한 역학관계가 생산물의 담론 내용과 관계없이 반응을 부가적으로 구조화한다. TV가 재현하는 '테러리즘'에 대한 우리의 연구에서, 두 가지의 주요 차원을 따라 프로그램 형태를 분류하는 것이 유용하다는 것을 발견했다. 첫째는, 다원적이고 제한적인 것인데, 양적 측정이다. 이는 얼마나 많은 담론이 프로그램 내에 도입되었는가를 나타낸다. 두 번째는, 열린 형식과 닫힌 형식 사이의 구분으로 움베르토 에코(Umberto Eco, 1981)의 방식을 따라 담론들이 텍스트 내에서 조직되는 방식에 초점을 맞춘다. 닫힌 텍스트는 두 가지 주요 특성을 갖는다. 첫째, 닫힌 텍스트의 담론들은 어느 하나가 여타의 것들보다 선호되고 수용자들에게 더 진실되고 타당한 것으로 표현되기 위해서 명백하고 잘 표시된 위계구조 속에 배열된다. 이는 비경쟁적이거나, 단순히 경쟁이 조작되었다는 것을 의미하는 것은 아니다. 경쟁 때문에 생겨나는 투쟁은 닫힌 담론의 두 번째 특징에 의해 해결된다. 선호된 담론의 우월한 주장이 의심의 여지 없이 증명되는 명백한 결말이 그것이다. 반면, 열린 텍스트는 도입된 담론들 간에 발생하는 평등주의적이고 불확정적인 관계들에 의해, 그리고 모호하거나 개방적인 결말에 의해 특징지어진다.

이러한 접근은 '의제설정'(*agenda setting*)이나 조지 거버너의 '배양'(*cultivation*) 분석과 같은 흥미 있는 몇몇 창의적 논의를 포함하여 수많은 주류 연구를 뒷받침하는, 의미의 '양동이 이론'(*bucket theory*)을 단호하게 탈피한다. 양동이 이론은 문화적 형식들을 자신의 책임 속에서 하는 독립적 역할 없이 한 지점에서 다른 지점으로 의미를 전달하는 단순한 용기라고 간주한다. 앞서 소개한 관점은 또한, 대중음악은 '청취자의 듣는' 방식을 표준화해서 반응의 변화를 불가능하게 한다는 아도르노의 주장처럼 정형화된(Adorno, 1941), 몇몇 비판적 접근이 보여주는 조야한 텍스트 결정론을 피한다. 이와 마찬가지로, '이용과 충족' 연구가 그러하듯이, 텍스트는 수용자가 자신들에게 적합한 것을 고르기 위해 자신들의 뜻대로 어슬렁거릴 수 있는 가상 쇼핑몰이라는, 정반대의 오류 역시 피한다. 공평히 덧붙이자면, 이러한 전통의 몇몇 연륜 있는 연구자들도 이제는 이것을 실수라고 인정하면서, "텍스트는 무한정 개방되어 있는 것이 아니고, 독해의 가능성을 몇몇에 제한한다는 것을 우리는 명백히 인식해야 한다"(Blumler et al., 1985)라고 인정한다. 여기서 조망한 관점은 미디어 텍스트는 담론들의 가변적인 조합이며, 구체적인 조건들 속에서 생산되며, 특정한 범위의 표현법칙과 스타일을 활용하는 것이라고 본다. 이러한 관점은 수용자의 활동을 제약하거나 촉진하는 텍스트의 조직화 방식에 대한 전반적인 질문들을 제기하도록 한다.

비판적 연구에서 텍스트 분석은 수용자 활동분석에 대한 대체물로서가 아니라 그러한 분석의 다차원성을 경고하는 방식으로서 중심적 역할을 수행한다. 반응들은 텍스트로부터 직접적으로 읽힐 수 없다. 그러나 마찬가지로, 텍스트에 대한 불충분한 분석은 잠재적 반응의 복합성을 과도하게 단순화하는 한계를 지닌다.

판단과 주이상스(*Jouissance*)[1]

수용자 활동에 대한 현재의 수많은 연구들의 문제 중 하나는 반응의 이성적 차원에 대한 과도한 강조이다. 이는 특히, 제러미 벤담(Jeremy Bentham)의 마음을 기쁘게 할 만큼, 수용자를 공리적 계산 속에서 다양한 선택들의 이익과 비용을 조심스럽게 평가하는 호모 이코노미쿠스로 위치 지우는 "이용과 충족" 이론에서 명확하다. 그러나 이는 또한 스튜어트 홀(Hall, 1980)의 "부호화/해독"(*encoding/decoding*)이라는 영향력 있는 비판적 모델 속에서도 탐지할 수 있다. 이 모델에서 수용자-텍스트 관계에서 즐거움과 욕망의 역할은 암호해독의 중심적 메타포가 인식작용을 특권화한다는 방식으로 주변화된다. 이처럼 소홀히 다루어진 측면들은 이제 연구의제로 다시 견고하게 자리잡고 있다. 하지만 여러 분야에서 그렇듯이 여기서도 광고주들은 소비자를 상품에 연결시키는 그들의 역할을 인식하는 데 학계보다 앞서 있다. 어니스트 디히터(Ernest Dichter)의 유명한 마케팅 매뉴얼 "욕망의 전략"(*The Strategy of Desire*, 1960)이라는 제목에 잘 압축되어 있듯이.

정신분석학 전통은 그것이 지향하는 역동성(*dynamics*)을 사회적, 역사적 모두의 측면에서 적절하게 맥락화한다면, 비판적 연구에 많은 공헌을 할 수 있다. 여기서 조망하는 관점은 문화적 형식이 보편적인 어린 시절의 경험이나 심리적 메커니즘을 재활성화함으로써 수용자를 사물을 바라보는 특정한 시각에 무의식적으로 제한한다는 주장에 여지를 주지 않는다(예를 들어 Mulvey, 1981). 대신, 텍스트의

1) 옮긴이 주: 의식의 세계(이성)를 넘어서는 유쾌한 유희, 고통 속의 향유.

즐거움이 정체성이나 주관성의 사회적 구성에 어떻게 관여하는지에 관심을 갖는다(Ryan, 1988).

그러나 무의식적 동기와 관계에 대한 개념은 (비판적 식견을 갖춘 연구와는 대조적으로) 비판적 이론화 속에서 중요하게 부각되어왔다. 많은 논평자들은 지배적 담론은 무의식을 매우 효과적으로 식민화시킨다는 견해를 발전시켰고, 이들 대부분은 현대의 조건들 속에서 이러한 포획이 광범위한 성공을 거두고 있다는 비관적 결론을 내린다. 이런 관점은 분류, 명제, 논증의 집합으로서의 담론들과 그것들을 대중적 소비를 위해 제시하는 통로인 미적 형식들이 주는 즐거움 간의 괴리를 무시한다. 이런 형식들은 단순히 수동적인 전달 시스템이 아니다. 이들은 자체적인 역동성을 가지고 있으며, 그것을 통해 담론 내용에 반하는 반응을 발생시킬 수도 있다. 존 피스크(John Fiske, 1986)는 "지배적 통제를 벗어나는 의미"는 텍스트의 "기호적 과잉"이라고 이름 붙였다. 그러나 이는 여전히 너무나도 이성적인 공식화이다. 이는 "과잉"은 이차적인 어떤 것이며, 이데올로기적 작업이 완결되면 남겨지는 그 무엇이라는 것을 함축한다. 보다 나은 것은, 주이상스(*jouissance*: 그보다 훨씬 약한 영어 단어 *pleasure*에서는 사라져버리는 오르가슴 또는 희열과 관련된 프랑스 단어)를 발생시키는 능력을 지닌 텍스트의 "이면"이라는 롤랑 바르트(Roland Barthes)의 개념이다. "가장 따분한 것, 가장 불길한 철학에 대한 찬미로 쓰여진 어떠한 텍스트로부터도 분출될 수 있는 주이상스"(Barthes, 1975)가 그것이다.

최근의 연구는 즐거움과 정치적 판단 간의 괴리는 비교적 일반적인 것이라고 제시한다. 확실히, 수용자들은 종종 '캠프'(*camp*)[2]의 정신

---

2) 옮긴이 주: 캠프(*camp*)는 문화적 스타일이자 감수성을 의미한다. 캠프라는 개념을 부각시킨 것은 미국의 작가인 수잔 손택(Susan Sontag)이다. 수잔 손택은 1964년 "캠프에 관한 단상"이라는 글을 통해 캠프로 분류될 수 있는 예술작품들을 거론하면서 이를 '고급문화'와 '아방가르드'의 이분법을 가로지르는 제3의 감수성이라 정의했다.

으로 미디어 텍스트에 접근한다는 증거가 늘고 있다 — 정치적 평가는 중단되고 스타일과 감정의 과잉에 탐닉하는 것이다(Sontag, 1967). 한 예로, 이엔 앙(Ien Ang)은 〈댈러스〉(*Dallas*)에 대한 반응을 연구할 때 한 네덜란드 여성이 다음과 같이 인정하는 것을 들었다.

> 내가 여가시간에 읽는 것의 90%가 페미니즘 책이지만, 여자 친구와 〈댈러스〉를 보면서 파멜라(Pamela: 드라마의 등장인물 — 옮긴이)가 목이 깊게 파인 옷을 입고 계단을 내려오면 우리는 격렬하게 소리치죠. 껑충껑충 걸어가는 저 단정치 못한 여자 좀 봐라. 저 여자는 프란셀라(Prancela: 깡총이 — 옮긴이)라 불러야 돼. … 꼬치꼬치 안 따지고 그냥 즐겨요. 일종의 그룹 치료법이죠(Ang, 1985, p. 100).

그러나 〈댈러스〉의 반응에 대한 리베스(Liebes)와 캐츠(Katz)의 보다 광범위한 연구가 보여주듯이, 이처럼 장난스런 반응은 자주 일어나기는 하지만 반응의 한 형태에 불과한 것이며 가장 보편적인 것은 아니다. 그들이 만난 대부분의 시청자들은 자신의 일상생활과 프로그램을 연관 지었고, 그들이 알고 있는 사람에 대해 하는 것처럼 동일 선상에서 등장인물에 대해 판단했다. 그러나 의미 있는 소수는 우선적으로 친숙한 텔레비전 장르에 걸맞은 자체적인 규칙과 관례를 갖는 허구적 구성물로 프로그램을 대했다. 이러한 응답방식 속에서, 시청자들은 '그 텍스트'의 세계뿐만 아니라 텍스트들의 세계로 들어간다.

텍스트 폭발

"모든 문화적 생산물들은 필연적으로 관계되는 다른 텍스트들의 네트워크 안에서 존재한다"는 사실은 독자들이 "텍스트를 읽으면서 그들이 경험했던 다른 텍스트들의 백과사전을 가지고 항상 비교하고 있다"는 것을 의미한다(Allen, 1985). 이러한 비교는 복잡한 방식으로 작용하면서 수용자의 즐거움을 조건 짓는다. 재니스 래드웨이(Janice Radway)는 그녀의 로맨틱 소설 팬들이, (강하지만 여전히 전통적인) 여주인공의 개성과 (남자답지만 평범하지 않는 부드러움을 지닌) 남자 주인공의 개성, 그리고 남자 주인공이 여자 주인공을 쫓아다니고 사랑을 쟁취하는 방식을 토대로 하여, 그 장르의 '좋은' 사례에 대한 명백한 개념을 어떻게 세우는지 보여준다. 만약 이런 요소들이 적절하게 제시되지 않는다면, 그들의 관점에서 "비록 정교한 구성일지라도 쓰레기 더미에서 그 소설을 구해내지 못할 것이다"(Radway, 1984). 그러나 소설은 그 경계가 명확하다는 점에서 현재의 미디어 텍스트 중에서 다소 특별한 사례다. 다른 문화형식들은 경우가 다르다. 특히 텔레비전은 문학 텍스트를 읽는 것과의 단순한 유추의 한계를 드러낸다. 대부분의 연구자들은 텔레비전 시스템 속에서 마치 텍스트와 프로그램의 경계가 겹쳐지는 것처럼 다루기 일쑤이지만, 꼭 그렇지는 않다. 텍스트는 전송 전후에 풍부한 상징적 삶을 가지고 있다. 텍스트의 대부분은 정기적으로 발행되면서 어디서든지 가장 잘 팔리는 주간지에 속하는 TV 가이드를 통해 사전에 공표된다. 거기에는 대강의 줄거리와 더불어 스타의 프로필과 인터뷰, 그리고 제작물에 대한 뒷이야기거리를 싣는다. 이러한 지식은 수용자들의 기대를 구조화하는데 도움을 주고, 주요한 해석학적 자원을 제공한다.

상호텍스트성에 대해 생각해보자면, 존 피스크가 수평과 수직이라 이름붙인 두 가지 차원을 구분하는 것이 유용하다(Fiske, 1987). 첫째는 같은 장르 혹은 동일한 캐릭터, 스타, 감독 등등 속에서 다른 텍스트들과 비교하는 것과 연관된다. 두 번째는 사전공표, 비평, 스타의 삶이나 뒷이야기에 대한 기사 등과 같이, 원래의 텍스트에 관한 텍스트와 연관된다. 이러한 자료는, 존 엘리스(John Ellis 1982)가 그것을 둘러싸고 있는 시장의 생산물들로부터 구분하기 위해 이름붙인, 텍스트의 '서사적 이미지'를 구성한다.

많은 프로그램들이 후속의 삶을 가지고 있고, 어떤 경우는 그것들이 뒷받침하는 다양하고 부수적인 상품들을 통해 병행적 존재를 갖는다는 사실에 의해 상황은 더 복잡해진다. 시청자들은 쇼에 등장한 스타일의 옷이나 화장품을 구입함으로써, 등장인물이나 플롯을 기반으로 만든 장난감이나 컴퓨터 게임을 갖고 놂으로써, 소설화된 대본을 읽음으로써, 사운드트랙 음악을 들음으로써, 그리고 비디오를 통해 재시청함으로써 텍스트의 세계로 진입할 것을 재촉당한다. 그러니 텔레비전 텍스트의 이러한 확장된 개념 역시, 사람들이 프로그램뿐만 아니라 텔레비전을 시청한다는 핵심을 놓치고 있다.

한정된 텍스트를 접할 수 있는 책이나 영화와 달리, 방송은 이미지의 끊임없는 흐름에 기초하고 있고, 그 속에서 프로그램, 광고, 그리고 이음 방송(*continuity announcements*)[3]이 서로와 병합해 닉 브론(Nick Browne, 1983)이 명명한 '슈퍼텍스트'를 생산한다. 이러한 흐름은 두 가지의 주요 형식을 취한다. 방송국에 의해 편성된 스케줄, 그리고 채널을 넘나드는 '재핑'(*zapping*)을 통해 또는 추후 시청을 위해 비디오 레코더로 프로그램의 '시간전환'을 하여 수용자 스스로가 구성하는 순서다. 명백히 우리는, 여전히 사람들이 특정 프로그램을 시청하는 것을 조사할 필요가 있지만, 또한 제공된 것이든 그들 스스로 만들어낸 것이든 텔레비전의 '슈퍼텍스트'와 그들이 맺는 관계 역시 조사할 필요가 있다.

방송편성의 이슈는 계속해서 우리를, 시청자가 생산 시스템인 텔레비전과의 관계에서 스스로 어떤 입장을 갖는가라는 보다 넓은 문제로 이끈다. 예를 들어, 다큐멘터리 프로그램의 해석에 대한 최근 연구는 생산에 대한 지식은 사람들이 실제 삶의 문제를 다루는 텔레비

3) 옮긴이 주: 영국의 방송에서 사용되는 용어로 특정 프로그램들 사이를 이어주는 내용을 일컫는다. 보통 프로그램 스케줄이라든지 이어질 프로그램에 대한 간략한 소개, 앞으로 선보일 프로그램의 예고편이나 소개 등으로 채워진다.

전을 해석하는 방식을 구조화하는 데 중요한 역할을 할 수 있다는 사실을 시사한다. 어떤 해석들은 마치 세상을 바라보는 단순한 창문과 같이 텔레비전을 취급한다는 점에서 '투명'하다. 반면, 다른 해석들은 현실을 포착하는 텔레비전의 조작적이고 의도적인 성격과, 프로듀서들이 수용자들의 반응을 조종하기 위해 어떤 표현장치를 배치하는 방식에 대한 자각에 의해 '매개'된다(Richardson & Corner, 1986 참조). 영국에서 수행된 최근의 연구는, 텔레비전 제작의 테크닉과 속임수에 대해 많은 시청자들이 광범위한 지식을 가지고 있다는 것을 밝혀냈다. 예를 들면, 시청자들은 드라마에 출연하는 엑스트라들은 (대사가 들어가면) 급료가 더 지급되어야 하기 때문에 어떤 말도 허용되지 않는다는 것을 알고 있었으며, 자연사를 다루는 일부 장면들은 보이는 것과 같은 자연상태에서 찍은 것이 아니라 스튜디오 안에서 찍었을 것이라고 강하게 의심했다(Taylor & Mullan, 1986). 특히 텔레비전 문화에 흠뻑 젖어 성장한 젊은 시청자들은 텔레비전의 관례에 숙달되어 있으며, 이런 규칙을 가지고 놀거나 조롱하는 무질서한 코미디나 뮤직 비디오 같은 생산물에 이끌린다. 바꿔 말하면, 해석적 활동은 텔레비전 속에서 재현되는 담론뿐만 아니라 텔레비전에 대한 담론을 다루는 것까지 수반한다.

이와 같은 자기준거적인(*self-referring*) 담론들은 두 가지 차원에서 작동한다. 어떤 담론들은 텔레비전 시스템 전체에 공통적인 생산 관행에 관심을 갖는다. 다른 담론들은 특별한 기업이미지를 표현함으로써 특정 채널과 방송국에 대한 수용자의 충성을 보장하려고 시도한다. 이것은 방송국의 일반적인 광고나 홍보 활동에서뿐만 아니라 프로그램 사이의 이음 방송에서 두드러지게 나타난다.

그러나 이런 방식으로 프로그램들을 '읽기' 위해서 시청자들은 그것들이 어떻게 현실적으로, 그리고 심미적인 차원에서 결합되는지 알 필요가 있다. 결국 이는 해석적 활동의 본질적인 특징을 보여준다— 일정한 문화적 능력을 요구한다는 사실 말이다. 예컨대, 움베르토 에

코의 유명한 소설 《장미의 이름》(1983)을 보자. 이 소설은 독자들에게 최소한 두 가지 수수께끼를 제시한다. 한 차원은 중세 수도원에서 일어나는 일련의 끔직한 살인들을 둘러싼 간단한 탐정 스토리로서 독자를 추리소설의 세계로 초대한다. 동시에, 이 소설은 '잘 아는' 사람에 의해 해독되어야 하는 다른 문학작품에 대한 농담적인 암시로 가득 차 있다. 탐정 역할을 하는 수도사의 이름을 바스커빌(Baskerville)의 윌리엄(William)이라 명함으로써, 에코는 셜록 홈스의 가장 유명한 사건인 "바스커빌가의 사냥개"에서 전형화된, 전통적인 영국 추리소설을 환기시킨다. 또한 위대한 아르헨티나 소설가이며 탐정소설을 무척 좋아했던 보르헤스(Jorge Louis Borges)를 참고한 수많은 언급들을 찾아볼 수 있다. 소설의 주요 행위는 미궁과 같은 도서관에서 이루어지며, 이는 "바벨의 도서관"이라는 보르헤스의 유명한 소설을 환기시킨다. 악인은 결국 보르헤스 자신처럼 호르헤(Jorge)라는 눈먼 사서이며, 이 대단원은 도입부에서 암시되는데, 여기서 이 이야기는 보르헤스가 대부분의 삶을 보낸 부에노스아이레스의 고서점에서 발견된 책에 부분적으로 근거하고 있다고 말한다.

실제로 책의 전체적 내용은 움베르토 에코의 열린 텍스트에 대한 이론적 사고를 보여주고 있다. 열린 텍스트는 독자들에게 "최대한 폭넓은 해석적 제안"을 제공하고, 그래서 독자들은 다른 텍스트들에 대한 지식에 비추어 그들의 직감을 시험하기 위해 텍스트 밖으로 "추론적 행보"를 시도한다(Eco, 1981). 분명, 모든 독자들이 보르헤스의 언급을 인지하는 것은 아니다. 대부분의 독자들은 그에 대해서 들어보지도 않았다. 그러면 우리는 어떻게 문화적 능력의 차이를 설명할 수 있을까?

이 물음에 대답하기 위한 가장 도발적인 시도는 피에르 부르디외에게서 나왔다. 방법론과 개념상의 문제점이 있음에도 불구하고, 부르디외의 정식화는 두 가지 이유에서 비판적 연구를 위한 비옥한 출발점을 제공한다. 첫째, 그는 이러한 차이를 발생시키는 사회적 메커니즘을 탐구하기 위한 해석적 접근법에 특징적으로 나타나는, 해석과 반응의 차이에 대한 단순한 구획화를 넘어선다. 둘째, 그는 구조적 결정의 역할을 이론화하는 데서 문화적 소비에 대한 구체적인 실증적 연구와 결합시킨다는 점에서, 비판적 논평가들 중에서도 특별하다.

능력의 구성요소

부르디외에 의하면, 해석적 활동은 3가지의 주요한 문화적 능력을 요구한다. 새로운 대상을 어느 특정한 그룹에 속하도록 위치시키고 이름붙이는 분류구조에 대한 지식, 문화적 상품을 가치의 위계질서 속에 등급화할 수 있는 심미적 원칙의 소유, 그리고 서로 다른 소비 형식에 수반되는 사회적 실천에 대한 통달이다. 이런 측면에서, 디스코 춤을 배우는 것은 심포니 콘서트장이나 미술관의 특별초대전에서 어떻게 행동해야 하는지를 익히는 것만큼이나 기술을 요하는 활동이다.

문화적 대상들은 항상 한 가지 방식 이상으로 이름붙일 수 있기에, 분류구조는 반응과 이용을 구조화하는 데 핵심적 역할을 한다. 예를 들어, 〈역마차〉는 '고전 서부극', 존 웨인 주연의 영화, 혹은 존 포드 감독의 영화로 상당히 정확하게 묘사될 수 있다. 이러한 묘사들은 서로 다른 기대를 갖게 하거나 비교와 연계를 위한—즉 텍스트 간의 활동을 위한—서로 다른 가능성을 제시함으로써, 서로 다른 시청경험들을 생성하는 데 도움을 준다. 부르디외는 다음과 같이 지적한다. "보는(*voir*) 능력은 지식(*savoir*)이나 개념의 작용인데, 지식이나 개념은 보이는 것을 거명하기 위해 사용할 수 있는 말로서, 말하자면 지각을 위한 프로그램이다"(Bourdieu, 1984).

소비는 또한 상품을 평가할 수 있는 심미적 원칙을 수반한다. 프랑스에서의 실증적 연구에 기반하여 부르디외는, '대중적'인 것과 '교양 있는' 것이라는 두 가지의 상반된 심미적 체계를 구분한다. 이는 한

편의 자연주의/사실주의, 다른 한편의 모더니즘의 구분과 조응한다. '대중적' 심미성은 예술은 삶의 직접적 연속이라는 가정 속에서 작동한다. 이는 표상적으로나 감정적으로 삶의 진실을 보여주며 소비자들이 등장인물의 즐거움과 고통에 공감하고 그들을 걱정하면서 게임 속으로 빠져들도록 하는 작품을 가치 있게 생각한다(Bourdieu, 1984). 결과적으로, 그것은 몰입의 즐거움을 방해하는 형식적 실험에는 적대적이다. 반면에 '교양적' 심미성은, 예술은 자기순거적이고 자율적인 영역이라는 원칙 속에서 작동하며, 특별한 심미적 효과를 발생시키는 방식에 관심을 갖는 작품을 찬미한다. 교양적 심미성은 일상적인 삶보다는 다른 예술작품과의 비교를 우선시하는 거리두기의 입장을 장려한다. 그러나 이러한 심미적 체계들 간의 경쟁은 평등하지 않다. 그와 반대로, 이들은 힘의 불균형적 분배와 직접적으로 관련되어 있다. 그래서 "그 자체로 지적이며 지성적인 인식을 지닌 상위문화의 '냉정한' 심미성"은, 지배적인 특권 배분의 재생산이라는 이해관계 속에서 대중적 즐거움을 폄하하거나 규율하려는 목적을 지닌, 보다 넓은 이데올로기적 프로젝트의 일부이다(Walkerdine, 1986).

이런 특성 묘사는 직설적인 시작점으로서는 유용할 수 있음에도 불구하고, 특성들이 2항 대립적이라는 부르디외의 가정은 일상적 소비의 복합성을 이해하기에는 너무나 거칠다. 이는 브라질의 전국 네트워크인 글로보(Globo)에서 방송한 드라마와 관련한 브라질 시청자들의 계층 차이에 대한 최근의 연구에서 특히 명백해진다. 언뜻, 그 결과는 부르디외의 주장을 확인하는 것처럼 보인다. 노동계급의 응답자들은 "현실적 집중 속에서, 등장인물에 따라 울고 웃으면서" 프로그램을 경험한 반면, 전문직 가정들은 "프로그램의 대화, 영상적이고 기술적인 수준, 심미적 외관"이라는 관점에서 판단되는 문화적 구성물로 시청하면서, 허구적인 쇼의 세계로부터 스스로 거리를 두었다(Leal & Oliver, 1988). 그러나 자세히 들여다보면, 보다 복잡한 차이들이 드러난다. 많은 드라마를 시청한 노동계급의 시청자들은, TV 프로그램에서 누추함을 미화하는 것을 글로보의 독특한 주택 스타일의 일부로 인식하고 있었다. 비록 프로그램에 빠져 있다 할지라도, 결국 그들은 프로듀서가 그들의 관심을 유지하기 위해 특별히 모양새 있고 장르적인 관례를 활용하고 있다는 것을 잘 알고 있었다. 달리 말하자면, 그들의 독해는 상호텍스트적인 동시에 매개적이었다. 대조적으로, TV 드라마에 대한 상위계층 시청자들의 상대적인 능력 결여는 그들이 프로그램을 너무 진지하게 받아들이게 만들고, 프로그램의 내적 논리에 갇히게 했다.

부르디외의 정식화는 이처럼 반응의 층을 이루는 성격을 설명하지 못한다. 이는 부분적으로는 문화적 소비의 주요 영역인 텔레비전에 대한 그의 상대적인 관심 부족 때문이며, 부분적으로는 경쟁하는 심미성 체계에 대한 그의 설명이 리얼리즘과 모더니즘, 학술과 전위, 〔센 강의 — 옮긴이〕 좌안과 우안 간의 역사적 투쟁에 확고하게 조응하기 때문이다. 이는 대중오락에서 발견되는 모더니즘의 일상적 형식들을 설명하지 못한다(Murdock, 1980). 이는 또한 포스트모던의 문화적 형식은 훌륭한 예술과 건축물에서, '휘갈겨진' 비디오나 광고에 이르기까지 문화 분야 전체에 걸쳐 있다는 사실을 무시한다. 그 결과 부르디외는 중요한 두 가지 요소를 간과한다. 첫째, 특히 코미디와 같은 대중적 프로그래밍은, 그것의 구성적, 가공적 성질을 시청자들에게 환기시키는 모더니즘 장치를 빈번하게 결합한다. 포스트모던의 프로그래밍은 렌즈 너머 '저편의' 세상에 대한 언급보다는, 인용, 혼성모방, 외양에 대한 가차 없는 강조 속에서 다른 쇼나 이미지에 대한 암시를 주로 작동시켜 이러한 단계를 더욱 확장한다. 그 결과, 대중적 텔레비전은 하나의 단독적 미적 요소에 의해 특성화될 수 없다. 대신 이는 프로그램의 장르에 따라 리얼리즘, 모더니즘, 포스트모더니즘이라는 3가지 미적 요소를 배치한다. 둘째, 앞서 지적했듯이, TV 시청에 대한 최근의 연구들은 텍스트 간의 비교가 '대중적' 해석 활동의 일반적 특성이라는 것을 매우 명백하게 보여준다. 그래서 몰입과 거리두기를 서로 배타적인 반응양식이 아니라 함께 공존하는 가능성으로, 수용자들이 프로그램들 사이에서나 프로그램 내에서도 그 양자 사이를 오갈 수 있는 것으로 바라보는 것이 생산적이다.

부르디외 또한 판단과 주이상스의 불안정한 관계에 대한 문제를 안고 있다. 심미적 판단이 정치적이고 도덕적인 가치로부터 직접적으로 나온다는 그의 가정은, 평가와 애착, 이데올로기와 즐거움 사이의 괴리를 허용지 않는다. 우리가 앞서 지적한 그러한 괴리를 몇몇 논평자들은 텔레비전에 푹 젖어 있는 우리 사회 속에서 문화적 경험의 핵심으로 간주한다(Grossberg, 1986).

능력의 구성

문화소비에 필요한 능력을 구체화하면서, 우리는 여전히 그것들이 어떻게 생산되고, 그들의 차별적인 소유가 구조적인 지위와 어떻게 연관되어 있는지를 설명하는 문제를 안고 있다. 부르디외는 '아비투스'(*habituses*)라는 개념을 통해 이에 대해 접근한다. 그는 아비투스를 구체적인 문화실천에 영향을 주는 기본적인 "사고, 인식, 평가, 행동의 구조"라고 정의한다(Bourdieu, 1977; Bourdieu & Passeron, 1977). 다른 곳에서 부르디외는 특정한 상황에 대한 반응으로 무수히 많은 "움직임들"을 생산해내는 "게임 감각"이라고 언급한다(Honneth et al., 1986).

부르디외에 따르면, 각각의 계급이나 계급 파당은 사회적 구성 안에서 각자의 위치에 따라 변형된 아비투스를 만들어내고, 모든 사회 구성원들은 이를 공유하며, 이는 또한 문화적 실천을 위한 "규칙성, 통일성, 조직성을 부여하는 지휘자 없는 교향악단"으로서 역할을 한다(Bourdieu, 1977). 이는 구성원들 모두가 똑같은 구체적 취향을 공유한다는 것을 의미하는 것이 아니라, 그들의 선호가 동일한 일련의 이해와 평가에 의해 뒷받침된다는 것을 의미한다. 아비투스는 습관이 아니다. 그것은 고정된 규칙과 일상을 적용하는 것이 아니다. 오히려 그것은 마치 재즈 뮤지션이 잘 알려진 테마를 중심으로 즉흥연주를 하는 것과 같은 방식으로 구조화된 변화를 위한 토대를 제공한다.

이러한 정식화는 하위문화 개념을 거머쥐고 연구하는 나를 포함한 영국 연구자들이 독립적으로 발전시킨 이론과 여러 가지로 유사하다. 그 목표는 "원자화된 개인적 대중으로서가 아니라, 각 구성원들이 특정한 방식으로 메시지를 해석하는 문화적 지향성을 공유하고 있는 다수의 하위문화 형성물 혹은 집단으로 구성되는 수용자 모델"을 개발하는 것이다(Morley, 1983). 그러나 부르디외의 연구는 이러한 초기의 정식화보다 더 멀리 나아갔다. 첫째, 하위문화 연구자들은 그들의 주된 과제를 "상이하게 위치한 하위그룹이 이용할 수 있는 다양한 문화적 레퍼토리와 상징적 자원을 보여주는 지도"를 생산해내는 것으로 간주한 반면에(Morley, 1983; Eco, 1974), 부르디외는 그들 사이에서 매개 역할을 하는 아비투스가 어떻게 만들어지고 어떻게 재생되는지를 밝힘으로써 일상적 소비와 경제적, 상징적 구조 사이의 연관관계를 밝히는 데 관심이 있었다. 둘째, 그는 세대 간의 단절과 대립에 관한 하위문화적 문헌의 과대평가에 대응하면서, 계급성에 의해 발생하는 미학적 감성의 근원적인 연속성을 재강조했다.

부르디외의 기본적인 논의는 아비투스를 첫째로 가족 내에서, 둘째로 학교 시스템 내에서 훈련되는 누적된 결과로 간주하는 점에서 사회화 이론을 따른다. 일차적 아비투스는 객관적인 사회조건, 특히 생산 시스템 내에서의 가족의 위치에 대한 반응으로 발생된다. 이렇게 만들어진 아비투스가 이번에는 "교실 메시지의 수용과 동화에 대한 기초"를 형성한다(Bourdieu & Passeron, 1977). 하지만, 학교는 중간계급과 상층계급 내에서 생산되어 배양된 아비투스의 능력과 성향을 특권화시킨다. 그 결과, 하위집단 출신의 아이들은 학문세계에서 점차 불이익을 받게 되고, (학교라는) 시스템이 제공하는 추가능력을 획득하지 못하고 탈락한다. 이것들에는 전문화된 지식에 대한 접근, 공식적이고 전문적인 담론의 통달, 정교한 문화적 분류에 대한 친숙함이 포함된다. 이 모든 것들은 중요한 방식으로 소비에 영향을 준다. 그래서 학교교육은 가정교육에서 발생하는 차별적 능력들을 재생산하고 공고하게 만든다. 더구나 이러한 시스템은 특정한 취향과 활동이 특정한 사회적 집단과 연관되고, 그래서 다른 집단 구성원들에 의해 동원될 수 없다는 점에서 자기강화적이다. 이는 10대의 음악 선호에 대한 나의 연구에서 특히 명백하게 부각되었다.

음악적 취향에 대한 진술은 결코 단순한 심미적 선택이 아니다. 그 진술은 자기 이미지와 사회적 소속에 대해서도 이야기한다. 그것은 학교 시스템 안에서 실패한 사람들과 성공한 사람들 간의 경계를 나타내는 데 핵심적인 역할을 하고, 그 자체로 이러한 차별적 결과들을 생산하는 구조적 구분의 코드화된 표현으로서 기능한다. 록 뮤직 취향은 많은 논평자들이 생각하듯이 무계급적 '청년문화'의 창조와는 거리가 멀고, 현존하는 계급적 구분을 나타내고 재확인한다(Murdock & McCron, 1973; Murdock & Phelps, 1973). 우리의 연구 역시 가족 내에서 획득되는 아비투스는 일련의 행동에 대한 근본적 토대를 제공한다는 부르디외의 주장을 지지한다. 그것은 10대의 음악 취향은 부모의 가치를 거부했다기보다는 부모의 가치를 표현했다는 것을 명백하게 보여주었다. 예를 들어, 교육적으로 성공한 주요 학생층에서, '상위 40위 차트'의 상업주의에 대한 경멸과 자신만의 음악세계를 지닌 연주가에 대한 선호는 새로운 중간계급의 아비투스와 강하게 연결되어 있다. 부르디외가 보여주듯이, 교사, 창조적 예술가, 치료 전문가와 같이 문화적이고 라이프스타일 추구적인 직업으로 구성된 계층은 전통적인 상류층이나 프티부르주아가 찬양하는 소유적 개인주의에 반대하여 자기표현적인 개인주의에 중심을 둔다. 마찬가지로 이 계층은 물질적 성공과 시장능력보다 자기실현과 진실성에 가치를 둔다.

부르디외의 연구는 첫째, 그것이 제공하는 구체적인 통찰, 둘째, 구조적 형성물과 상황 속 실천 간의 관계를 이론화하기 위한 일반적 시도라는 두 가지 측면에서 모두 유용하다. 동시에 그의 주장에는 본질적인 결점이 있다. 그의 이론에서는 가족이 핵심적인 역할을 담당하지만, 가족이 정확히 어떻게 아비투스를 발생시키는지에 대한 구체적 설명이 없다. 부르디외는 아비투스가 대부분 어떤 명백한 교육을 통해서보다는 간접적으로 획득된다고 강조했기 때문에, 이는 특히 문제가 되는 지점이다. 그는 특히 가족 역할의 조직화와 언어습득 부분을 강조했다(Bourdieu, 1977; Bourdieu & Passeron, 1977). 비록 부르디외는 지금까지 자신의 후속 연구에서 이러한 주장의 함의를 실증적으로 점검하지는 않았지만, 그의 총체적인 틀은 연구가치가 있는 수많은 중요한 질문들을 제기한다.

사회언어학자들은 서로 다른 가족의 역학이 아이들의 언어습득에 어떻게 영향을 미치는지에 대해 많은 연구를 수행했다. 이 과정의 두 가지 측면이 나의 논의와 특히 관련 있다. 가족의 사회적 위치가 담론에 대한 접근을 규제하는 방식, 그리고 어떤 상황에서 누구에게 말하는 것이 적절한지에 관련한 규칙에 따라 서로 다른 담론적 언어영역에 아이들을 친숙하게 만드는 가족의 상호작용 방식(Frazer, 1987). 이 두 가지 특성은 수용자 활동에 대해 중요한 함의를 갖는다. 만약, "수용자/주체와 텍스트의 만남에서 결정적인 요인은 수용자의 의지에 따른 담론의 범위일 것이다"라는 몰리의 주장(Morley, 1980)이 옳다면, 나는 그가 옳다고 믿지만, 그렇다면 명백히 담론의 세계를 향한 어떤 사람의 초기 몰입이 미래의 담론 능력을 구성하는 데서 핵심적 역할을 수행할 것이다. 그러나 부르디외와 (그리고 라캉의 틀로 연구하는 이론과는) 대조적으로, 나는 돌이킬 수 없는 초기의 몰입을 보지 못했다. 이는 과도하게 결정론적이다. 이후에 투쟁적인 정치정당이나 종교적 숭배에 가담하게 되는 사람들이라면, 그들은 추가적 담론에 접근하면서 자신의 해석적 활동을 강력한 방식으로 재구성할 잠재력을 갖게 될 것이다. "언어로 지은 감옥"이 하나의 강력한 보호시설일 수 있지만, 탈출은 언제나 가능하다.

미디어 텍스트들은 담론의 영역을 활용하는 것과 더불어 말하기의 특별한 방식을 활용한다. 예컨대, 텔레비전 시스템 속에서 (일상적 언어 및 사투리가 사용되는) 시트콤, 드라마, 잡담 쇼 등과 같은 프로그램과 (보다 공식적이고 전문적인 표현들이 사용되는) 뉴스, 다큐멘터리, 시사 프로그램들 간에는 명백한 구분이 존재한다. 이러한 차이들이 특정 수용자 그룹과 프로그램 양식 간의 친근함을 공고히 하는 역할을 수행한다는 몇몇 증거가 있다. 예를 들면, 메리 엘렌 브라운(Mary Ellen Brown)은 참여관찰 연구에 기초하여 "여성들이 드라마에서 발견하는 하나의 큰 즐거움은 그들 자신처럼 이야기하는 유형을 확인하는 것"이라고 주장한다(Brown, 1987). 이런 확인은 두 가지 차원에서 작동한다. 그 프로그램은 여성 자신들이 사용하는 동일한 형태의 잡담을 사용하고, 동시에 그들의 친목을 공고히 하는 작은 이야기들을 제공한다. 드라마에서 담론적 영역에 의해 생겨난 즐거움은 드라마 텍스트 속에서 활용되는 담론에서 나오는 즐거움을 강화하는 것처럼 보이지만, 항상 그런 것은 아니다. 다른 장르의 경우 시청자들은 표현된 담론과 적용된 담론 영역 간의 괴리를 경험할 수도 있다(Morley, 1980). 예컨대, 사람들이 어떤 프로그램의 쟁점을 "사소하게 만든다"고 말한다면, 이는 종종 이 프로그램이 사용하는 일상적 언어가 주제의 무게에 부적절했다는 것을 의미한다.

언어사회학 연구 또한 아비투스가 가족의 상호작용 패턴에 의해 생산되고 확고해진다는 부르디외의 주장을 검토할 수 있는 방법들을 제공한다. 지위지향과 인물지향 가족에 대한 바질 번스타인(Basil Bernstein)의 구별은 거칠지만 유용하고 흥미 있는 연구문제의 출발점을 제공한다(Bernstein, 1973). 역할과 커뮤니케이션 유형들이 비교적 유동적이고 개인적 자질에 기초한 인물지향적 가족 내에서 성장하는 것은 문화적 형식의 모호성과 개방성에 대해 보다 포용적이 되도록 이끄는가? 반대로, 공식적인 지위에 의해 역할과 커뮤니케이션에 대한 명백한 구분이 이루어지는 지위지향적인 가족 내에서 어린 시절을 보내는 것이 보다 닫힌 형식의 표현에 대한 친화성을 '생산'하는가? '새로운' 중간계급 속에서 인물지향적 가족 형태가 보다 많이 보인다는 몇몇 증거가 있고, 이들 계층이 왜 모더니즘에 대해 더 많이 지지하는지에 대한 일말의 설명을 제공할 수 있을 것이다. 가족 내에서 모호함의 불용과 권위의 패턴 간의 관계에 대한 프랑크푸르트 학파의 초기 연구 역시 여기에 적절하며, 재평가될 때가 됐다. 동시에, 우리는 계급적 위치와 가정형태 간의 관계가 문제가 되지 않는 명료한 것이라고 추정할 수는 없다. 이런 주장의 흐름을 더 탐색하기 위해 우리는 계층 간의 관계뿐만 아니라 계층 내에서 가족의 역학에 대한 차이를 비교할 필요가 있다(Lull, 1987). 그래야만, 가족이 경제적이고 상징적인 구조적 형성물과 상황 속 문화적 실천의 사이를 정확히 어떻게 매개하는지에 대해 설명이 가능할 것이다.

다음은 무엇인가?

이러한 과제는 여기서 내가 서술한 관점의 핵심인, 구조적 형성물과 수용자 활동 간의 역동적이고 변증법적인 관계를 알아내려는, 보다 광범위한 프로젝트의 일부에 지나지 않는다. 내가 보기에, 실증적 자료에 기반을 둔 결론을 향해 연구하는 것이 현재 비판적 연구가 직면한 주요 과제 중 하나이다. 그러나 이러한 작업이 설득력 있게 수행되려면, 우리는 우리의 개념적 구조와 연구전략을 모두 재정의할 필요가 있다. 우리는 개인의 일대기와 역사의 관계를 그 완전한 복합성 속에서 추적하는 연구를 발전시킬 필요가 있다. 최소한, 사람들의 생활세계를 둘러싸고 조직하는 보다 넓은 구조에 대한 윤곽을 파악하여, 생활세계에 대한 해석적 연구들과 결합시키는 새로운 방법을 찾아낼 필요가 있다(Marcus & Fisher, 1986).

내가 명백히 보여주었길 바라지만, 이러한 작업은 학제 간 연구를 필요로 한다. 주류 연구 내에서 분리되어왔던 전문화된 작업들 간에 교량을 놓고, 사회심리학과 사회언어학에서부터 텍스트 분석, 정치 경제학, 문화의 역사에 이르기까지 다양한 전문지식이 함께해야 한다. 무엇보다 커뮤니케이션 연구가 당대 사회이론의 최첨단과 재연결되어야 한다. 이는 하나의 선택사항이 아니다. 여기서 제안된 맥락에 따른 미디어 수용자 연구의 진척은 오직 구조, 문화, 행위자(*agency*), 정체성이라는 4가지 핵심적 단어들 간의 상호작용에 대한 일반이론들의 정제된 성과로부터 나올 수 있는 것이라 볼 때, 학제 간 연구는 지상명령이다. 그리고 이것이 너무나 거대한 요구처럼 보인다고 말하고 싶은 사람들에게, 이는 여기서 제기된 문제들이 요구하는 꼭 그만큼이라고 대답할 수밖에 없다.

참고문헌

Adorno, T. W., & Simpson, G. (1941). On popular music. *Zeitschrift fur Socialforschung*, 9, 17~48.

Allen, R. C. (1985). *Speaking of Soap Operas*. Chapel Hill: Univ. of North Carolina Press.

Ang, I. (1985). *Watching Dallas: Soap Opera and the Melodramatic Imagination*. London: Methuen.

Barthes, R. (1975). *The Pleasure of the Text*. London: Cape.

_____ (1977). *Image-Music-Text*. London: Fontana/Collins.

Bernstein, B. (1973). *Class, Codes and Control: Vol.1. Theoretical Studies towards a Sociology of Language*. London: Paladin.

Bhaskar, R. (1979). *The Possibility of Naturalism: A Philosophical Critique of the Contemporary Human Sciences*. Brighton: Harvester Press Limited.

______ (1987). *Scientific Realism and Human Emancipation*. London: Verso.

Blumler, J. G., Gurevitch, M., & Katz, E. (1985). Reaching out a future for gratification research. In K. E. Rosengren et al. (Eds.). *Media Gratifications Research: Current Perspectives* (pp. 255~273). London: Sage.

Bourdieu, P. (1977). *Outline of a Theory of Practice*. Cambridge: Cambridge Univ. Press.

______ (1984). *Distinction: A Social Critique of the Judgement of Taste*. London: Routledge & Kegan Paul. 최종철 역 (2005). 《구별짓기: 문화와 취향의 사회학 1, 2》. 새물결.

______, & Passeron, J. (1977). *Reproduction is Education, Society and Culture*. London: Sage.

Brown, M. E. (1987). The politics of soaps: Pleasure and feminine empowerment. *Australian Journal of Cultural Studies*, 4, 1~25.

Browne, N. (1983, Summer). The political economy of the television (super) text. *Quarterly Review of Film Studies*, 174~182.

Dayan, D., & Katz, E. (1985). Electronic ceremonies: Television performs a royal wedding. In M. Blonsky (Eds.). *On Signs*. Oxford: Basil Blackwell.

Dichter, E. (1960). *The Strategy of Desire*. London: TV Boardman.

Eco, U. (1974). Does the public hurt television? in *Broadcasters and Their Audiences: Vol.1. Introductory Reports*, pp. 49~64. Torino: Edizioni RAI Radiotelevisione Italiana.

______ (1981). *The Role of the Reader: Explorations in the Semiotics of Texts*. London: Hutchinson Univ. Library.

______ (1983). *The Name of the Rose*. London: Martin Secker and Warburg.

Ellis, J. (1982). *Visible Fictions: Cinema: Television: Video*. London: Routledge & Kegan Paul.

Fiske, J. (1986). Television: Polysemy and popularity. *Critical Studies in Mass Communication*, 3, 391~408.

______ (1987). *Television Culture*. London: Methuen.

Frazer, E. (1987). Teenage girls reading Jackie. *Media, Culture, and Society, 9,* 407～425.

Geertz, C. (1973). *The Interpretation of Cultures.* N.Y.: Basic Books.

Giddens, A. (1976). *New Rules of Sociological Method.* London: Hutchinson.

______ (1984). *The Constitution of Society: Outline of the Theory of Structuration.* Cambridge: Polity.

______ (1986). Action, subjectivity and the constitution of meaning. *Social Research, 53,* 529～545.

Golding, P., & Murdock, G. (1986). Unequal information: Access and exclusion in the new communications marketplace. In M. Ferguson (Eds.). *New Communication Technologies and the Public Interest* (pp. 71～83). London: Sage.

Gottdiener, K. (1985). Hegemony and mass culture. *American Journal of Sociology, 90,* 979～1001.

Gray, A. (1987). Behind closed doors: Video recorders in the home. In H. Baehr & G. Dyer (Eds.). *Boxed In: Women and Television* (pp. 38～54). London: Pandora.

Gripsrud. J. (1988). *Watching vs. Understanding Dynasty: Theoretical and Methodological Reflection on a Comprehensive Study of an International TV Success.* Paper presented at the International Television Studies Conference, Univ. of London.

Grossberg, L. (1986). *The In-difference of Television: Or Mapping TV's Popular (Affective) Economy.* Paper presented at the annual meeting of the International Television Studies Conference, Univ. of London.

Hall, S. (1980). Encoding/decoding. In S. Hall et al. (Eds.). *Culture, Media, Language* (pp. 128～138). London: Hutchinson.

______ (1983). The problem of ideology — Marxism without guarantees. In B. Matthews (Eds.). *Marx: A Hundred Years On* (pp. 57～85). London: Lawrence and Wishart.

Hobson, D. (1980). Housewives and the mass media. In S. Hall et al. (Eds.). *Culture, Media, Language* (pp. 105～114). London:

Hutchinson.

______ (1982). *Crossroads: The Drama of a Soap Opera.* London: Methuen.

Honneth, A. et al. (1986). The struggle for symbolic order: An interview with Pierre Bourdieu. *Theory, Culture and Society,* 3, 35~51.

Illich, I. (1981). *Shadow Work.* London: Marion Boyars.

Jhally, S., & Livant, B. (1986). Watching as working: The valourization of audience consciousness. *Journal of Communication, 36,* 124~143.

Jhally, S., & Livant, B. (1987). The valourization of consciousness: The political economy of symbolism. In S. Jhally (Eds.). *The Codes of Advertising: Fetishism and the Political Economy of Meaning in the Consumer Society* (pp. 64~121). London: Frances Pinter.

Layder, D. (1981). *Structure, Interaction and Social Theory.* London: Routledge & Kegan Paul.

Leal, O. F., & Oliver, R. G. (1988). Class interpretations of a soap opera narrative: The case of the Brazilian novela Summer Sun. *Theory, Culture, and Society,* 5, 81~99.

Liebes, T., & Katz, E. (1986). Patterns of involvement in television fiction: A comparative analysis. *European Journal of Communication,* 1, 151~171.

Lovell, T. (1980). *Pictures of Reality: Aesthetics, Politics and Pleasure.* London: British Film Institute.

Lull, J. (1987). Audience texts and contexts. *Critical Studies in Mass Communication,* 4, 318~322.

Marcus, C., & Fisher, M. (1986). *Anthropology as Cultural Critique: An Experiment in the Human Sciences.* Chicago: Univ. of Chicago Press.

Meyrowitz, J. (1985). *No Sense of Place: The Impact of Electronic Media on Social Behaviour.* New York: Oxford Univ. Press.

Miller, D. (1987). *Material Culture and Mass Consumption.* Oxford:

Basil Blackwell.

Morley, D. (1980). *The Nationwide Audience: Structure and Decoding.* London: British Film Institute.

______ (1983). Cultural transformations: The politics of resistance. In H. Davis & P. Wation (Eds.). *Language, Image, Media* (pp. 104~117). Oxford: Basil Blackwell.

______ (1986). *Family Television, Cultural Power and Domestic Leisure.* London: Comedia.

Mulvey, L. (1981). Visual pleasure and narrative cinema. In T. Bennet et al. (Eds.). *Popular Television and Film.* London: British Film Institute.

Murdock, G. (1980). Radical drama, radical theatre. *Media, Culture, and Society,* 2, 151~168.

______ (1990). Television and citizenship: In defence of public broad-casting. In A. Tomlinson (Eds.). *Consumption, Identity, and Style.* London: Routledge & Kegan Paul.

Murdock, G., Hartmann, P., & Gray, A. (in press). Home computers: The social construction of a complex commodity. *International Review of Sociology.*

Murdock, G., & McCron, R. (1973). Scoobies, skins and contemporary pop. *New Society, 29.* 690~691.

Murdock, G., & Phelps, G. (1973). *Mass Media and the Secondary School.* London: Macmillan Education.

Nightingale, V. (1984). Media audiences-media products? *Australian Journal of Cultural Studies,* 2, 23~35.

Outhwaite, W. (1987). *New Philosophies of Social Science: Realism, Hermeneutics and Critical Theory.* London: Macmillan Education.

Preteceille, E, & Terrail, J. P. (1985). *Capitalism, Consumption, and Needs.* Oxford: Basil Blackwell.

Radway, J. (1984a). Interpretive communities and variable literacies: The functions of romance reading. *Daedalus, 113,* 49~73.

______ (1984b). *Reading the Romance: Women, Patriarchy, and Popular Literature.* Chapel Hill: Univ. of North Carolina Press.

Richardson, K., & Corner, J. (1986). Reading reception: Mediation and transparency in viewers accounts of a TV programme. *Media, Culture and Society*, 8, 485~508.

Ryan, M. (1988). The theory of ideology reconsidered. *Cultural Studies*, 2, 57~66.

Schlesinger, P., Murdock, G., & Elliott, P. (1983). *Televising Terrorism: Political Violence in Popular Culture*. London: Comedia.

Smythe, D. (1981). *Dependency Road: Communications, Capitalism, Consciousness, and Canada*. Norwood, NJ: Ablex.

Sontag, S. (1967). *Against Interpretation and Other Essays*. London: Eyre and Spottiswoode.

Taylor. L., & Mullan, B. (1986). *Uninvited Guests: The Intimate Secrets of Television and Radio*. London: Chatto and Windus.

Thompson, J. B. (1984). *Studies in the Theory of Ideology*. Cambridge: Polity.

Walkerdine, V. (1986). Video reply: Families, films and fantasy. In V. Burgin et al. (Eds.). *Formations of Fantasy* (pp. 167~199). London: Methuen.

Williams, R. (1973). Base and superstructure in marxist cultural theory. *New Left Review*, *83*, 3~16.

제 13 장

디지털 기술과 도덕경제*

쟁점

- 상품과 공공재 그리고 선물이라는 도덕경제의 세 측면은 현재 인터넷상의 활동을 어떻게 조직하는가?
- 이런 상황은 어떻게 변하고 있는가?
- 디지털 공유지의 전망은 과연 무엇이며 앞으로 이는 어떻게 조직될 것인가?

제 2의 인생들[1)]

보스턴 근교에 사는 39세의 한 게이 남성은 최근 기자와의 인터뷰에서, 뉴욕 롱아일랜드(Long Island)의 컬트적인 게이 소굴에 대한

* 원 논문 출처: Murdock, G. (2007). Digital technologies and moral economies. In V. Nightingale & T. Dwyer (Eds.). *New Media Worlds: Challenges for Convergence.* Oxford: Oxford University Press.

1) 옮긴이 주: 제 2의 인생은 가상공간의 또 다른 인생으로, 현실 세계의 제 1 인생과는 구별되는 인생을 뜻한다.

경의의 표시로 그가 만들었고 누구에게나 열려 있는 공간으로 설계한 불의 섬(Fire Island)을 운영하고 사교모임을 가지면서 매일 1~8시간을 온라인에서 보낸다고 말했다(Jeffries, 2006). 그의 온라인 페르소나(*persona*) 또는 아바타(*avatar*)인 비토 데소토(Vito Desoto)는 가장 광범위하고 빠른 속도로 확산되고 있는 온라인 가상세계 중 하나인 제2의 인생(Second Life, 이하 SL)에서, 주민으로 활동하고 있다. 2007년 초 SL(http://secondlife.com)에는 10만 명 이상이 활발한 활동을 하며 상주하고 있으며 주당 평균 접속자 수는 그 세 배가 넘는 것으로 추정되었다. 접속자의 대부분은 방문자이지만 그중 10퍼센트 정도는 정착하여 거주한다(Usborne, 2007).

2003년 캘리포니아의 회사인 린든 랩(Linden Lab)에서 문을 연 SL은 평범한 일반인들의 창의적 활동무대로 시작되었다. 이곳의 주민들은 '프리미티브'(*primitives*, 또는 *prims*)로 알려진 게임의 기초적 물질요소를 가지고 가상의 물건을 디자인하고 만들어내도록 장려된다. 간단한 3차원의 모델링, 프로그래밍 및 구조 매핑(*texture mapping*) 기능을 제공받아 사용하는 이 웹사이트는 "당신은 당신이 상상하는 무엇이든 창조하고 생기를 불어넣을 수 있으며, 짤막한 코드를 적어 넣으면 당신이 만든 나비가 당신을 따라다니게 할 수도 있다"(SL, 2007)는 것을 약속한다.

SL의 주민들은 그들이 만든 모든 것에 대한 지적 재산권을 가지고 있다. 웹사이트에서 설명하듯이, 그들은 결국 그것을 다른 주민들에게 쉽게 팔수도 있다. 이로 인해 번창한 내부 경제에서 주민들은 다른 주민들이 만든 물건과 옷을 사면서 게임에서 통용되는 가상화폐인 린든 달러(*Linden dollars*)를 사용하며 한 달 평균 1천만 개의 아이템을 만들고 23만 개를 거래한다(*The Economist*, 2006b).

잠재적인 부가가치를 가지고 있는 SL의 비즈니스는 여기서 그치지 않는다. SL에서 생산되는 아이템들은 린든 달러와의 공식 환율을 적용해 미국 달러로 살 수도 있다. 일부 가상 창조물들은 실제 상품으로 생산되기도 하는데, 2005년 SL의 주민 커미트 퀴르크(Kermitt Qirk)는 빙고와 아케이드 게임 테트리스를 접목시킨 트링고(Tringo) 게임을 개발해 '내부세계'에서 성공하자 이를 이용해 게임보이어드벤스 회사에 '오프라인' 저작권을 거액에 판매하기도 했다(Malaby, 2006). 이러한 "이기적인 거래행위는 … 게임의 분위기를 망쳐 모든 참가자들에게 손실을 줄 수 있다"(Castronova, 2003).

하지만 SL에서의 가장 큰 돈은 사산에서 만들어진다. 린덴 랩은 광고 공간을 판매하기보다는 이곳 주민들에게 가상의 자산을 임대함으로써 수입을 창출한다. 이것은 한 달에 100만 달러 정도의 실제 수입이 생기는 기민한 사업임이 밝혀졌다(*The Economist*, 2006). 동시에 린덴 랩은 게임세계 안에서 땅에 대한 투자를 할 수 있는 길을 열었다. 2006년 SL에서 안쉬청(Anshe Chung)으로 알려진 에일린 그래프(Ailin Graef)는 가상의 자산으로 100만 달러를 모은 첫 주민이 되었다. 그녀는 게임 속 부동산 거래를 통해 연 15만 달러 정도를 벌어들이는 것으로 추산된다. '오프라인' 세계와 마찬가지로 어떤 자산은 주민들이 해안가의 멋진 저택과 펜트하우스(*penthouse*) 아파트를 경쟁해서 구입할 때 공개시장에서 거래된다.[2] 그렇지만 다른 집들은 잠재적 구매자들을 걸러내는 대문이 있는 울타리 안(사유지)에 위치해 있다.

가상세계에 참여하는 것은 날이 갈수록, 지속적인 자기표현과 활발한 사교 그리고 창의적 놀이의 활동무대일 뿐 아니라, 사업을 벌이려는 사람들의 비즈니스 기회로 인식되고 있다. 또 하나의 유명한 온라인 게임인 프로젝트 엔트로피아(Project Entropia)의 개발업체인 마인드아크(MindArk)의 대표는 "우리는 그것이 완전한 제 2의 현실이 되기를 원한다. 우리는 당신이 친구를 사귀고 비즈니스를 하기를 원

2) 옮긴이 주: 펜트하우스는 '옥상가옥'을 말하는데, 펜트하우스 아파트는 최근 고층건물 맨 위층에 지어진 고급 아파트로 호텔이나 호화 여객선 등에 지어진 최상층의 특별객실을 의미하기도 한다.

한다"고 말한다(Hills, 2006).

이러한 상업화 몰이가 보편적으로 환영받는 것은 아니다. 많은 이용자들이 이러한 상업화를, 모두가 자유롭게 즐길 수 있는 공유된 공동체 환경의 다양성에 기여하도록 개인의 창의성을 활용한다는, 본래의 이상(理想)을 배신하는 것으로 본다. 대문이 있는 공동체를 건설함으로써 장벽을 설치하거나, 좀더 부유한 사람들이 그들이 원하는 것을 구매하도록 장려함으로써 불평등을 조장하는 것은, 개방성과 상호성의 정신에 반하는 것이다. 이런 배신감을 더욱 악화시키는 것은 현실세계의 회사들이 마케팅에 동원하려는 의도로 SL의 풀뿌리 창의성과 사회성을 자기 것처럼 이용하는 것이다. 2006년 도요타는 사이온 모델(Scion Model)의 가상 버전을 판매하기 위해 SL에 발을 디딘 최초의 자동차 제조업체가 되었다. 그 목적은 브랜드 판촉의 일환으로 입소문을 만들어내기 위해 게임 속 거래와 대화에 참여하고, 그곳 주민들이 자신의 취향에 맞게 자동차를 어떻게 개조하는지 조사하여 개선과 변경을 위한 아이디어 자료로 활용하는 것이었다.

공공문화 기관들 역시 SL이 그들의 활동에 새로운 활력을 불어넣는다고 인식하고, 공중과의 관계를 넓히고 새롭게 발전시키기기 위해 실험적으로 SL을 이용하기 시작했다. 2006년에는 세계적으로 가장 유명한 공영방송사 BBC도 SL에 있는 열대 섬을 임차해 빅 위크엔드(Big Weekend)라는 록 이벤트를 자신의 주요 라디오 채널인 라디오 원(Radio One)을 통한 정규방송과 동시에 진행했는데, 디제이 크리스 몰리스(Chris Molyes)의 아바타를 가상 진행자로 내세웠다.

이들 사례들이 분명히 보여주고 있듯이, '제 2의 인생'은 그 잠재력을 어떻게 잘 사용하고 발전시킬 것인가를 두고 경쟁하는 개념들 사이에 지속적인 투쟁이 벌어지는 공간이다. 상업주의의 팽창이 될 것인가, 아니면 공공서비스의 활성화와 무료교환을 촉진할 수 있는 기회가 될 것인가의 논란은 전체 인터넷상에서도 반복되고 있다. 이러한 논란은 서로 경쟁하는 도덕경제에 뿌리를 둔 것인데, 그에 따라 생산과 분배 그리고 사용을 조직하는 방식이 달라지고 그 결과로 형성되는 사회적 관계도 달라진다.

도덕경제(*Moral Economies*)

오늘날의 경제는 상품, 공공재 그리고 선물이라는 3가지 유형의 재화가 유통되고 있다. 이들은 각각 다른 방식으로 지불되며, 각각 다른 방식의 참여를 유도하고 다른 방식의 사회적 관계를 뒷받침하면서, 각각의 활동영역 내에서 유통된다. 〈표 13-1〉이 보여주는 기본 특성들을 합치면 경제활동 영역에 따른 도덕경제를 구성한다.

'상품'(*commodities*)은 일정한 가격에 판매되기 위해 생산된 재화와 서비스로서 상업활동과 이윤창출을 형성하는 구성요소이다. 우리는 자신의 개인적 욕구와 필요를 가장 잘 충족시킬 수 있는 재화를 얻기 위해 시장을 찾는 소비자로서 상품에 접근하도록 고무된다. 일단 원하는 것을 고르고 가격을 지불한 이상, 그 제품은 나만의 소유물이 된다. 그리고 이것을 누군가에게 빌려주거나 증여하지 않는 한, 그 물건은 본인만이 사용할 수 있으며 접근할 수 있다. 이러한 개인적

〈표 13-1〉 경쟁하는 도덕경제들

재화의 유형	**상품**	**공공재**	**선물**
지불방식	가격	세금	호혜성
정체성	소비자	시민	공동체 주민[3]
관계	개인 소유물	공유된 사용	공동 창작
영역	시장	국가	네트워크

3) 옮긴이 주: 저자는 본문에 번역된 '공동체 주민'을 프랑스 파리에서 민중들이 세운 세계 최초의 사회주의 자치정부인 파리코뮌에 참여했던 코뮤나르드(*communard*)로 표현하고 있다.

소유의 의미를 강화하는 상품 광고 역시, 재화가 생산되기 위한 사회적, 환경적 비용이나 어디서 어떻게 생산되었는가에 대한 근본적 질문으로부터 우리를 멀어지게 하고 대신 소유의 즐거움에 몰두하게 한다. 따라서 상품을 구매한다는 것은 우리들에게 생산자나 판매자들과의 지속적인 사회관계에 들어가거나 다른 누군가의 복지에 대한 책임을 갖도록 요구하지는 않는다.

'공공재'는 경제학에서 우리가 다른 사람들을 방해하지 않고 그들과 동시에 사용할 수 있는 재화나 서비스를 의미하는데, 공영방송이 대표적 예가 된다. 즉 얼마나 많은 사람들이 월드컵 경기나 올림픽 육상경기의 결승전을 시청하느냐는 문제가 되지 않는다. 적절한 수신기를 갖추고 있으면 누구나 동시에 같은 질의 신호를 같은 시간에 수신할 수 있다. 다른 공공문화 기관들은 그렇게 유연하지는 않고 이용하는 데 물리적 능력의 제한을 받는다. 원칙적으로 우리 모두는 그림을 보기 위해 런던의 국립미술관에 갈 수 있다. 하지만 실제로 너무 많은 사람들이 동시에 몰린다면 각자의 즐거움은 줄어들 수밖에 없다. 자신이 좋아하는 그림 앞에 서 있는데 인파를 헤치고 그림 앞으로 가려는 사람들에 의해 떠밀리거나, 가이드가 큰 소리로 그림의 의미를 설명하는 것을 들을 수밖에 없는 것보다 짜증스런 상황은 없다.

하지만 이러한 경제학적 정의에 덧붙여, 공공재란 용어는 두 가지의 다른 의미 역시 지니고 있다. 일상언어에서 우리가 공공기관을 언급할 때 그것은 공공의 재원으로부터 집단적으로 지불되는 공유된 자원을 말한다. 그 방식은 (공영방송의 수신료에서처럼) 직접적이거나, 전체 세금으로부터 배분되는 교부금이나 보조금에서처럼 간접적일 수 있다. 이에 머물지 않고, 우리는 이들 공공기관이 우리 개인의 만족과 발전뿐만 아니라 공공생활의 일반적 수준을 높이는 데 기여한다고 생각한다.

이렇게 확장된 공공재 개념은 우리가 시장에서 개인의 만족을 위해 구매하는 소비자가 아니라, 정치적이고 도덕적인 공동체의 일원인 시민, 즉 사회생활에 충분히 기여할 권리와 함께 누구도 그런 권리를 누릴 자격에서 배제되지 않도록 보장해야 할 책임을 동시에 지닌 그런 시민으로서 자신을 생각하도록 고무한다. 비록 이러한 이상적 시민권이 요즘 흔히 말하는 '글로벌 시민권'으로 국제화되었지만, 실제로 그것의 핵심권리를 뒷받침하는 것은 여전히 민족국가이다. 즉 시민이 된다는 것은 특정 국가가 발급한 여권을 가지고 있고, 국가의 공공문화 기관을 지원하는 세금을 납부한다는 것을 의미한다.

'선물' 경제(*Gift economies*)는 부족사회의 특징인 것으로 여전히 널리 간주되는데, 우리는 자본주의 사회의 익명 시장에서는 선물을 준다는 것에 근거한 도덕규범을 위한 여지가 거의 없다고 본다(Godelier, 1999). 그리고 우리는 선물을 우정, 사랑, 존경의 징표로 생각하지만, 인류학적 문헌은 사람들이 사회적 지위와 이점, 권력을 얻기 위한 싸움에서 어떻게 선물을 무기로 이용했는가를 보여준다(Strathern, 1988; Bourdieu). 북서 아메리카 해안의 콰키우틀(Kwakiutl) 인디언의 경우 유명인사에게 부여된 이름을 통해 그 사람의 미덕의 정도를 표현하는데, 명예는 재산을 얼마나 많이 쌓았는가보다는 얼마나 많이 남들에게 베풀었는가에 따른 것으로 "걷는 중에도 항상 담요를 준다", 혹은 "잔치에서 먹을 것을 나누어 준다"는 식의 호칭에 담겨 있다(Hyde, 2006). 이렇게 뚜렷하면서도 매우 공식인 호의에 직면하여, 수혜자들은 그들이 받은 만큼 돌려줄 수는 없지만 회피할 수 없는 보답의 의무에 직면한다는 느낌을 받을 것이다.

인터넷에서 성장하고 있는 새로운 선물경제는 보다 개방적이며, 개인적 이득보다는 호의와 상호성의 정신에 보다 폭넓게 입각해 있다(Schrift, 1997). 그것은 호혜성(*reciprocity*)의 핵심정신을 유지하고 있는데, 선물은 어떤 반응을 불러오지만 개인의 향상보다는 협력적 창조를 강조한다는 것이다. 선물경제는 사람들이 공동체의 일원, 즉 코뮤나르드로서 참여하기를 권하는데, 이 말은 파리의 민중들이 그들 자신의 공동체 기관을 만들었던 파리코뮌(Paris Commune)에서 내가 빌려온 명칭이다.

오늘날의 코뮌참여자들의 활동무대는 (상품이 거래되는) 시장이나 (공공재를 운영하는) 국가와 같은 형태의 조직이 아니라, 기술적 발전으로 새로운 장을 열게 된 인터넷, 즉 웹 2.0이라는 두 번째 국면으로 진입하고 있는 월드와이드웹과 같은 공공의 공간을 중심으로 하는 디지털 네트워크이다.

넷의 확장: 웹 2.0

웹 2.0은 기술적 혁신과 사용자들의 새로운 이용형태라는 두 가지 모두를 의미한다. 기술적 측면에서 보면 새로운 브로드밴드 네트워크가 용량을 엄청나게 확대하고, 더불어 보다 강력한 노트북 기기와 무선(*wi-fi*) 핫 스폿, 그리고 인터넷에서 이용 가능한 휴대전화와 디지털 기기가 사용자들의 이동성과 적응성을 높이면서 웹 2.0을 빠르게 성장시켰다. 이러한 기술혁신은 영화나 텔레비전 프로그램 혹은 3차원 영상과 같은 거대 용량의 자료가 인터넷에 의해 처리될 수 있게 만들었다. 동시에 우리는 인터넷 이용자가 생산하고 연출하는 콘텐츠의 급격한 성장과 함께 온라인상에서 제작되거나 유통되는 문화생산물의 성격이 변화하는 것을 목격하고 있다. SL과 같은 창조적 온라인 환경과 함께, 우리는 유튜브(YouTube)와 같이 누구나 단편영화나 비디오 클립을 올릴 수 있는 공유된 콘텐츠 사이트의 인기를 실감하고 있다.

우리는 또한 최신의 사건과 쟁점에 관한 논평을 하는 개인 웹 로그, 즉 블로그의 폭발적 증가와 풀뿌리 시민 저널리즘의 급속한 성장을 본다. 그 밖에도 온라인에서는 어디에 가면 최고의 레스토랑을 찾을 수 있는가부터 어떻게 하면 가장 편안한 항공편 좌석을 구할 수 있는가에 이르기까지 무한한 주제들이 사용자들 간의 경험과 의견으로 공유되는 추천 사이트가 떠오르고 있다. 인터넷 참여를 지탱하는 경쟁적 도덕경제들 사이의 다툼이 가장 치열하게 전개되고 있는 곳이 바로 웹 2.0에 의해 열린 새로운 공간이다. 이 공간은 그동안 상업적 기업들과 문화 전문가들이 오랫동안 누려온 독점이 도전받는 곳이다.

경쟁 속의 접속 네트워크

디지털 커뮤니케이션 기술이 제공하는 연결성은 수직적이거나 수평적으로 조직될 수 있다. 가장 최근까지도 공적 커뮤니케이션은 수직 시스템에 지배당했다. 제작물들은 중앙생산공장(신문사와 텔레비전 방송국)에서 생산되어 가정이나 밖에 있는 개인에게 배포되었다. 수용자들은 기고나 여론조사 투표를 통해 제작자에게 그들의 의견을 표현할 수 있었지만, 그들끼리 서로 소통하는 것은 제한되었다. 피드백 시스템은 일방적인 수직 연결을 따라 흐르게 디자인되었다. 이와 대조적으로 인터넷은 탈집중적이고 수평적인 시스템으로 인식된다. 이는 모든 참여자들에게 수용은 물론 창작도 할 수 있게 허용하고 그들의 기여물을 전체 네트워크에 걸쳐 이용 가능하도록 한다는 것을 의미한다. 이에 따른 결과로 대중적 창의력과 넷상에서의 P2P 교환의 급증은, 그것이 시장경제 밖에서 일어나고 있기 때문에 상업적 미디어 조직들에게는 특별한 문제를 야기한다. 그 결과, 회사들은 끊임없이 이 새로운 선물경제를 제한하고 관리할 수 있는, 그리고 그것의 역동성을 이용할 수 있는 방법을 찾고 있다.

기업의 포획

현재 주요 미디어 기업들이 추구하는 3가지 주요 전략은 인수하고, 끌어들이고, 선점하는 것이다.

소비자들의 시간과 충성을 이끌어내려는 새로운 경쟁에 직면해서 가장 간단한 선택지는 바로 그것을 사들이는 것이다. 특히 소셜 네트워크 사이트가 목표가 된다. 예를 들면 루퍼트 머독의 뉴스 인터내셔널이 마이스페이스(MySpace)를 인수한 것, 미국의 미디어 재벌인 NBC 유니버설이 여성 전문 사이트 아이빌리지(iVillage)를 매입한 사례, 그리고 영국의 지상파 상업방송사 ITV가 프렌즈 리유나이티드(Friends Reunited)를 매입한 것 등이다. 주요 인터넷 검색엔진 회사들의 인수활동 역시 활발한데 야후가 사진 공유 사이트 플리커(Flicker)를 매입했고, 구글은 동영상 게시 사이트 유튜브를 인수한 바 있다. 이들은 기존 미디어 매체(라디오와 텔레비전)에 의존하지 않으며 인구통계학적으로 다양한 소비재들의 핵심 구매층인 16~24세의 젊은 소비자들에게서 멀어지지 않으면서 온라인 커뮤니티의 판매 잠재력을 개발하는 방법을 찾고 있다. 유니레버(Unilever)의 케빈 조지(Kevin George)는 기자들에게 "우리는 소비자들과 소통해야 하는 것이지, 브랜드 우선주의로 그들의 공간을 방해하며 물건을 팔려는 것이 아니다"라고 비즈니스의 방향을 언급하기도 했다(*Economist*, 2006a). 이 목표를 추구하기 위해 유니레버는 이후 'ForBiddeN'으로 마이스페이스에 나타난 크리스틴 돌체(Christine Dolce)와의 거래를 통해 남성용 탈취제 Axe의 판촉을 위해 그녀의 사이트에 연결된 90만 명의 '친구들'을 겨냥했다. 유니레버가 주최한 판촉용 쌍방향 게임은 약 7만 5천명의 마이스페이스 이용자들을 끌어모았다. 이용자들을 끌어모으기 위한 이러한 노력은 이용자들이 자신의 제작물을 만들어낼 능력을 제한하려는 압박과 함께 진행된다.

이미 공적으로 유통되고 있는 아이디어와 문화예술품을 차용하고 변용하는 것은 창의적인 사회를 유지하는 데 중요하다. 동시에, 창작산업에 종사하고 있는 전문가들은 그들의 노력으로부터 생계를 유지하기를 기대한다. 때문에 역동적이면서도 공정한 문화는 창작자와 발명자를 보호하고 지원할 수 있는 규칙이 필요하지만 또한 그 규칙을 따르는 사람들이 과거의 통제로부터 가능한 한 자유로울 수 있도록 보장해주어야 한다(Lessig, 2004). 인쇄기술의 발명이 기계적 복제를 가능하게 만든 이후로, 이러한 경쟁적 요구들은 상업적 이익을 위한 전면적 복제를 일정 기간 동안 금지하지만 '공정 사용'은 허용하는 지적재산권 법을 통해 다루어졌다. 문화의 재생산과 통합 그리고 유통을 끊임없이 팽창시키는 인터넷의 부상은 이러한 역사적 균형을 흔들고 '거대 미디어에 떠밀려' 새로운 규제를 재촉했다. 새로운 지적 재산권 제도는 두 가지 방식으로 대중의 창의성을 차단했다. 첫째, 저작권의 보호기간을 연장했다. 현대 대중문화 산업의 많은 부분을 차지하고 있는 미국이 대표적인 예다. 1978년까지 저작권의 최대 사용기간은 저작권자의 사후 32년으로, 이후에는 공공영역에서 자유롭게 재생산되고 이용될 수 있었다. 하지만 미국은 최근 저작권 보호기간을 95년으로 연장한 바 있다. 둘째, 어떤 창작물을 복제하는 것과 그것을 기반으로 하여 변용하는 것 사이의 주요한 차이가 무너지면서, 처음으로 "평범한 개인들이 문화를 창조하고 공유하는 방식이 법망안으로 들어오게 되었다"(Lessig, 2004). 결과적으로, 비판가들이 주장하듯이, 저작권은 원래의 좋은 의도와 달리 너무도 강력해져서 개인의 창조성을 질식시키고 새로운 아이디어와 표현형식의 발견과 공유를 방해한다(Vaidhyanathan, 2006).

이러한 움직임에 대한 하나의 중요한 대응은, 거대 미디어 회사들의 로비에 의한 지적 재산권의 확장과 일부 인터넷 사용자들에 의한 창의적 노력에 대한 해적행위와 착취 사이에서의 새로운 균형을 찾기 위해 고안된 창의적 공유지 협정(*Creative Commons agreements*)의 개발이었다. 즉 "합법적으로 공유하고, 재사용하며 리믹스하자"는 표어 아래, 창의적 공유지 사이트(http://creativecommons.org/)는 창작자들로 하여금 기업 저작권의 '포괄적 권리 보유'로부터 비상업적 목적을 위해 저작물을 재사용할 수 있도록 하는 '일부 권리 보유'로 옮겨 갈 수 있도록 한다. 공공재를 창조하기 위해 사적 권리를 사용한다는 이러한 원리는 세계 주요 공영방송사인 BBC가 그들의 포부를 담은 '창의적 아카이브 프로젝트'의 기초로 채택했다(http://creativearchive.bbc.co.uk).

담장 없는 시설들

앞서 언급했듯이, 역사적으로 공공문화 기관들이 자신의 소장품과 전문성을 가능한 한 폭넓게 이용하게 할 수 있는 능력은 시간과 공간의 제약으로 제한되어왔다. 박물관, 도서관, 대학 강의실은 단지 정해진 시간에만 개방하며, 특정 장소를 방문해야만 접근이 가능하다. 하지만 인터넷은 이런 장벽을 깨트리고 공공기관들로 하여금 문화에 대한 보편적 접근을 보장하고 대중의 이해를 진전시킨다는 본연의 업무를 좀더 개방적이고 유연한 방식으로 수행할 수 있도록 허용할 잠재력을 지닌다.

공영방송은 지상 기반 송신의 광범위한 네트워크, 나중에는 케이블 네트워크와 위성방송의 도움으로 보편적 도달을 달성했지만 여전히 시간제약에 시달리고 있다. 시청자들은 정해진 편성표에 따라 방송을 시청할 수 있을 뿐이다. 비디오 녹화는 현재 편성의 시간이동을 가능하게 했지만, 프로그램 아카이브에 대한 접근은 해당 기관이 비디오나 DVD 상업물로 무엇을 출시하기로 선택하느냐에 여전히 의존해야만 했다. 프로그램 아카이브의 디지털화와 함께 인터넷은 이 제약들을 없앨 수 있는 잠재력을 갖고 있다. BBC의 창의적 아카이브 프로젝트는 과거 프로그램들을 개인의 사적 이용을 위해 자유롭게 다운로드할 수 있도록 함으로써, 이용자가 콘텐츠를 창의적으로 사용할 수 있도록 장려하는 것을 목표로 한다(http://creativearchive.bbc.co.uk/archives/2005/03). 모든 저작물들이 상업적으로 판매되지 않고, 기여자들을 적절하게 밝히며, 모든 2차 저작물을 원본과 동일한 기준으로 사용할 수 있도록 허용하는 조건 하에서, BBC의 자료를 시청자들이 자신의 창조적이고 지적인 작업에 사용할 수 있도록 허용한다. 하지만 이 계획은 단지 영국 내의 사용자들에게만 적용되어, 공공재에 대한 접근을 민족국가와 그 납세자에 연결하는 역사적 고리에 묶여 있다. 다른 공공기관들은 보다 국제적인 접근을 시도하고 있다.

1999년, 세계적인 엘리트 고등교육 기관 중의 하나인 매사추세츠 공과대학(MIT)의 교무처장은 많은 대학들이 유용한 추가 수입원으로 바라보는 원거리 교육환경의 출현 속에서 어떻게 스스로를 사리매김해야 하는지 생각하도록 교직원들에게 요청했다. 그런데 그들은 상업적 선택을 거부했으며, 대신에 세계 각지에 있는 학생들과 독학자들이 인터넷을 통해 강의노트와 참고도서 목록에 자유롭게 접속하도록 열린 교육용 소프트웨어(Open Courseware)를 시작하기로 선택했다(http://ocw.mit.edu/index.html). 이런 결정을 내린 배경이 되는 기본 원칙은 간단했다. MIT의 지적 성과물들은 대체로 공공기금으로 지원된 것이기 때문에, 시민들이 그것에 접근하기 위해 다시 비용을 지불해서는 안 된다는 것이다. 하지만 공공 도서관들은 더 힘든 선택을 보여준다.

주요 장서를 디지털화하는 것은 훨씬 더 유연한 접근을 가능하게 하지만 그 비용은 상당하다. 이런 상황에 대응해, 하버드와 옥스퍼드, 그리고 뉴욕 대학 공공 도서관을 포함해 세계에서 가장 많은 도서를 소장하고 있는 도서관들의 경우, 구글의 도서 검색과 협력하고 있다(http://books.google.com). 그 결과는 기술적으로 뛰어나며 일부 학자들로부터도 대단히 환영받고 있다(Ree, 2007). 그러나 문제점도 있다. 구글은 높은 수준의 완전하게 검색 가능한 디지털 아카이브를 만드는 비용을 감수하는 대가로 이용자들을 적절한 판매 사이트로 이끌 수 있는 권리를 갖는다. 인쇄된 장서와는 달리, 디지털 도서를 살펴보고 싶은 이용자들은 그 도서가 저작권 보호를 받는 경우 단지 소개용으로 몇 페이지만 보거나 몇 줄의 정보만 얻을 수 있을 뿐이며, 전체 내용을 얻기 위해서는 다른 서점이나 도서관으로 가도록 유도된다. 이 시도는 구글의 '고급' 링크를 활용하기 위해 고도의 검색 기술을 사용하는 거시 전략의 일부이다. 또 하나의 예는, 인터넷 경매 사이트 이베이(eBay)의 미국 외 사이트에 있는 개인 구매자들과 판매자들을 연결해주는 '클릭을 통한' 광고를 제공하기로 한 계약이다. 그러나 공공 도서관에 같은 원리를 적용하는 것은 공공재로 이해되는 도덕경제에 근거한 자유로운 보편적 접근의 핵심원리를 훼손시키는 것이다.

창의적 협력

최근 생겨난 디지털 선물경제는 원래 마이크로소프트사가 주도하여 상업회사들에 의해 개발된 운영체제의 지배에 도전했던 초기의 컴퓨터 해커들에 의해 시작된 것이다. 당시 주요 운동가 중 한 명인 리누스 토발즈(Linus Torvalds)가 말하듯이, '해커들의 우선적 윤리적 책임'은 자유로운 소프트웨어를 제작하고 정보나 컴퓨터 소스에 대한 접근을 어디에서나 용이하게 하기 위한 전문성을 공유하는 것이었다(Torvalds, 2001). '오픈 소스'(*Open Source*) 운동으로 알려진 운동의 참여자들은 누구나 쉽게 수정하고 바꾸며 자유롭게 사용하기 위한 소스 코드를 만들기 위한 컴퓨터 프로그램 개발을 시작했다. 이러한 협력적 노력은 영리적 목적의 컴퓨터 프로그램들보다 더 훌륭한 프로그램들을 생산해냈다. 리눅스 기본 운영체제, 아파치 웹 서버, 웹 브라우저 모질라 파이어폭스(Mozilla Firefox), 그리고 오픈오피스(OpenOffice. org)와 같은 오피스 소프트웨어가 바로 그것이다. 누구나 첨가하고 삭제하며 변경할 수 있다는 기본 원칙은 이후 완전히 자발적인 수많은 기고자들에 의해 생산되어 세계에서 가장 폭넓은 백과사전인 위키피디아(http://www. wikipedia. org)를 낳은 위키(Wiki) 운동으로 일반화되었다. 이것이 디지털 선물이 만든 새로운 도덕경제의 완벽한 예이다. 나는 내가 잘 아는 주제에 대해서 글을 쓴다. 글을 읽은 당신에게 대가를 지불하라고 하는 대신 당신이 전문지식이 있는 주제에 관해 기고함으로써 공공의 프로젝트에 기여할 것을 제안한다.

이것은 단순히 전문지식의 교환을 의미하는 것이 아니다. 개인의 경험, 관찰, 그리고 의견이 새롭게 수평적으로 순환하며 흐르는 것을 의미하며, 최근 몇 년 동안은 많은 사람들이 직접 목격한 중요한 사건을 공유하는 사례도 늘고 있다. 그중 몇 가지를 사례에서는, 이를테면 2005년 7월의 런던 지하철 폭발사건 당시, 생존자에 의해 촬영된 생생한 휴대전화 사진들은 터널에서 테러가 가해진 직후의 현장상황을 담은 유일한 영상자료가 되었다(Allan, 2006). 또다시 상업적 이윤을 목적으로 하는 미디어 매체들은 선별된 원래의 이미지를 재생산할 권리를 사들이면서 이러한 운동을 재빨리 자기 쪽으로 끌어들이려 한다. 하지만 시민 저널리즘은 영속성 있는 형태로 나타나기도 한다. 한국에서 처음 시작된 '오마이뉴스'는 현재 국제적 웹 신문으로 서비스되고 있으며(http://english.ohmynews.com), 주류 상업 미디어의 왜곡보도(*misrepresentation*)와 침묵에 대항할 필요를 강하게 인식한 비전문 기자들[4]의 기사에만 거의 의존하는 신문이다. 어느 기고가의 개인 성명서에 따르면, "시민 저널리즘의 최고의 아름다움은 권력의 중심이 모든 시민의 손에 있다는 것이다"(Biriwasha, 2007). 이러한 풀뿌리 보도에 덧붙여, 우리는 시사와 이슈에 대한 의견을 올리고 가정에서 제작된 예술, 픽션, 음악 그리고 영화를 풍부하게 유통시키는 웹 로그('블로그')의 확산을 언급할 수 있다.

하지만 이렇게 급증하는 대중적 분석과 창의성에 문제가 없는 것은 아니다. 그것은 흔히 비디오 클립과 사운드 바이트의 주류 미디어 문

---

4) 옮긴이 주: 언론조직에 소속되어 제도적 교육과 훈련을 받지 않은 아마추어 기자를 뜻함.

화를 재생산하는 영역에 한정되어 있다. 이용 가능한 제작물의 홍수를 헤치며 살피는 상업적 검색엔진은 중요도보다는 인기를 우선시하며 사이트의 조회 수에 반응한다. 그리고 무엇보다 중요한 것은, 많은 저소득층과 노령층 가구들이 정기적이고 주체적인 사용으로부터 영구적으로 배제됨으로써, 인터넷 접근에 대한 실질적 불평등이 계속 남아 있다는 것이다. 그렇다면 디지털 공유지의 전망은 무엇일까?

디지털 공유지 건설

공유지는 공동으로 소유되면서 우리가 미래를 나누며 함께 잘살기 위해 필요한 모든 자원으로 구성된다. 공원이 좋은 예가 될 수 있다. 이곳은 모두에게 개방되며, 즐거움과 공연, 정치적 시위 등을 위해 다양한 방식으로 사용될 수 있다. 동시에 역사적 기록이 분명히 보여주듯이, 공동의 자원에 접근하고 사용하는 것은 상업적 인클로저,[5] 대중의 표현과 반대를 억제하기 위해 고안된 국가 규제, 그리고 개인의 이익을 위해 공동의 시설물을 이용하려는 사람들에 의해 지속적으로 위협받아왔다(Murdock, 2001). 인터넷의 발전은 이 친숙한 이야기를 되풀이하는 것으로 보이기도 한다. 그렇다면 우리는 어디서 대안적 시나리오를 찾을 것인가?

한 가지 가능성은 인터넷 접근을 개인 컴퓨터에서 디지털 텔레비전 수상기로 이동하는 것이다. 텔레비전의 편재성과 친밀성은 현재의 접근의 불균등성을 완화시킬 수도 있지만, 그 자체로 인터넷 콘텐츠

5) 옮긴이 주: 인클로저(*enclosure*)는 미개간된 공유지를 울타리나 담으로 경계선을 쳐서 사유지로 하는 일로 과거 영국에서 토지경영의 현대화 과정에 나타났던 현상 중 하나이다. 따라서 상업적 인클로저는 상업적 목적에 의해 혹은 상업주의자들이 공유지의 이용을 막고 사유화하고 있는 현상을 의미한다.

의 파편화과 분산화에 대처할 수는 없다. 이 문제에 도전하는 것은 공영방송에게 디지털 시대에 공공서비스 정신을 되살려 다시 발전시켜야 한다는 다시없는 기회를 제공하는 것이다. 텔레비전 화면 밖에서 이용할 수 있는 콘텐츠는 화면에서 보이는 것만큼 중요해질 수 있다. 프로그램을 시청하는 것은 시간에 묶인 별개의 이벤트로부터, 공공문화 단체들이나 대중적 창의성과 같은 비상업적 원천에서 형성된 자원으로 가는 입구로 들어가는 것으로 바뀔 수 있다. 디지털 공공재와 선물이라는 이 새로운 조합을 조직하는 데서 공영방송이 지닌 하나의 주요한 장점은 그것이 광범위한 신뢰를 받고 있다는 것이다. 그 이유는 정확히 말해, 상업적 인클로저의 추동력과 국가와 정부의 정치적 주도권 사이에 끼어 있는 자신을 발견한 공영방송이, 적어도 현재로서는 양측 모두로부터 거리를 두려고 분투함으로써 공공의 지지를 여전히 얻고 있기 때문이다. 이것이 디지털 공유지를 건설하기 위한 가장 튼튼한 기반은 아닐 것이다. 하지만 디지털 공유지를 개발할 수 있는 구체적 기회가 여기에 있고, 다양한 방법의 확산을 통해 시청자와 청취자들은 이미 서로 대화를 나누고, 토론에 관여하고, 그들 자신의 문화생산물을 창조하며, 기관의 웹사이트상에서 제공하는 다중 연결을 통해 프로그램 이슈를 좇아가도록 고무되고 있다 (Murdock, 2005).

세계 곳곳에서 정부가 주축이 되어 아날로그 텔레비전 전송을 중단하고 디지털 시스템으로 전환함에 따라, 기존의 것과 새로운 것을 결합하는 문화적 공유지를 발전시킬 수 있는 특별한 기회가 오고 있다. 현재 만들어지고 있는 뉴 미디어 세계에서 '올드' 미디어는, 모두에게 열려 있고, 다양한 형식의 창의성을 환영하며, 새로운 형식의 이해와 상호성을 추구하기 위해 경계를 넘나드는 만남과 대화를 촉진하는 데 헌신하는 그런 공공의 문화를 건설하는 핵심열쇠가 될 수 있다.

참고문헌

Allan, S. (2006). *Online News: Journalism and the Internet.* Maidenhead: Open Univ. Press.

Biriwasha, Ma. (2007). On being a citizen journalist. http://english.ohmynes.com/articleview[accessed January 29th 2007]

Bourdieu, P. (1990). *The Logic of Practice.* Cambridge: Polity Press.

Castronova, E. (2003). On virtual economics. *Game Studies*, *3*(2), December, p. 19. at http://www.gamestudies.org/0302.casttronova/ [accessed November 10 2006]

Godelier, M. (1999). *The Enigma of the Gift.* Univ. of Chicago Press.

Hills, S. (2006). How virtual cash earns real money. *Metro*, May 3, p. 11.

Hyde, L. (2006). [1979] *The Gift; How the Creative Spirit Transforms the World.* Edinburgh: Canongate.

Jeffries, S. (2006). You only live twice. *The Guardian*, Oct. 7, p. 27.

Lessig, L. (2004). *Free Culture: How Big Media Uses Technology and the Law to Lock Down Culture and Control Creativity.* New York: The Penguin Press.

Malaby, Th. (2006). Parlaying value: Capital in and beyond virtual worlds. *Games and Culture*, *1*(2), 141~162.

Murdock, G. (2001). Against enclosure: Rethinking the cultural commons. In D. Moreley & K. Robins (Eds.). *British Cultural Studies: Geography, Nationality and Identity* (pp. 443~460). Oxford: Oxford Univ. Press. (이 책의 8장).

______ (2005). Building the digital commons: Public broadcasting in the age of the internet. In Gregory Ferrel Lowe and Per Jauert (Eds.). *Cultural Dilemmas in Public Service Broadcasting* (pp. 213~230). Goteborg Univ. Nordicom. (이 책의 10장).

Ree, J. (2007, February). The library of Google. *Prospect*, *131*, 32~35.

Second Life (2007). Create anything. http://secondlife.com.whatis/create.php [accessed January 30 2007]

Schrif, A. D. (1977). Introduction: Why the gift? In A. D. Schrift (Eds.). *The Logic of the Gift: Towards an Ethic of Generosity* (pp.

1～22). London: Routledge.

Strathern, M. (1998). *The Gender of the Gift: Problems with Women and Problems with Society in Melanesia*. Berkeley: Univ. of California Press.

The Economist (2006a). ForBiddeN fruit. *The Economist*, July 29th, p. 66.

_____ (2006b). Living a second life. *The Economist*, September 30th, pp. 97～99.

Torvalds, L. (2001). Preface to Pekka Himanen. *The Hacker Ethic and the Spirit of the Information Age* (pp. vii～xii). London: Vintage.

Usborne, S. (2007). Second life: The A-Z guide. *The Independent*, January 26, pp. 14～15.

Vaidhyanathan, S. (2006). Copyright jungle. *Columbia Journalism Review*, September/October, pp. 42～48.

제 14 장

‘디지털 격차’의 해체

참여와 배제의 역학을 다시 생각하며 *

흐린 하늘

1995년 출간된 인터넷 혁명을 위한 선언서 《미래의 길》 표지에는 마이크로소프트의 빌 게이츠가 멀리 지평선까지 뻗은 텅 빈 도로에 서서 일광욕하는 사진이 실려 있다. 그 책자의 속지에 인쇄된 광고문에는 시각적으로 함축된 의미를 읽는 훈련이 안 된 사람들을 위해 친절한 설명이 남겨 있다. 즉, 디지털 시대의 신기술이 모든 사람이 원하면 언제든지 ‘정보 고속도로’를 여행할 수 있게 해줌에 따라 “우리 삶 전체를 어떻게 변모시키게 될지” 예견하는 능력을 제공한다고 그 책은 소개한다. 빌 게이츠의 뒤에는 금방이라도 흩어질 것 같은 이른 아침의 엷은 구름이 보인다. 그러나 당대의 다른 논평자들은 낙관적

* 원 논문 출처: Murdock, G. & Golding, P. (2004). Dismantling the digital divide: Rethinking the dynamics of participation and exclusion. In A. Calabrese & C. Sparks (Eds.). *Toward a Political Economy of Culture: Capitalism and Communication in the Twenty-first Century* (pp. 244~260). Lanham: Rowman and Littlefield Publishers.

전망으로 수놓아진 푸른 하늘에서 좀더 근본적인 문제를 본다. '디지털 혁명'은 모든 사람들의 삶을 보다 나은 것으로 변화시키는 보편적인 움직임이 되기는커녕, 이미 특권을 누리고 있는 사람들의 이익을 더해 주는 한편 가난하고 소외된 사람들을 체계적으로 배제시키고 있다는 사실을 제시하는 증거가 늘어나고 있다.

아날로그에서 디지털 기술로의 전환은 가정에서 가장 널리 이용되는 두 가지 커뮤니케이션 장비인 전화와 텔레비전이 제공해온 가능성을 변화시키는 초기단계에 있었다. 그럼에도 불구하고 그 사회적 영향력에 관한 논쟁은 새로 등장하기 시작한 인터넷에 급속히 집중되었다. 그 이유를 찾기는 어렵지 않다. 첫째, 컴퓨터 통신망은 독특한 다목적 체계로 되어 있다. 인터넷은 정보와 오락 서비스의 분배 채널인 동시에 상거래의 통로이며, 대인관계의 소통을 위한 커뮤니케이션 수단이며 사회적 교류를 위한 공개토론장이다. 또한 전자 도서관이자 박물관이고 대학이며 개인적 표현과 창조의 공간인 동시에 사회적·정치적 조직의 활동무대이다. 둘째, 1990년 월드와이드웹의 등장과, 1994년의 넷스케이프, 1995년의 인터넷 익스플로러와 같은 사용이 간편한 웹브라우저의 개발은 인터넷에 대한 접근을 가로막는 기술적 장벽을 제거함으로써 보편적 참여라는 희망을 약속하게 되었다.

이런 밝은 전망은 특히 미국의 빌 클린턴과 앨 고어가 이끄는 새로운 스타일의 민주당과, 영국의 토니 블레어가 이끄는 신 노동당의 '현대화 지지자들'에게는 특히 매력적인 것이었다. 그런 전망에는 가속화되는 시장화와 공공복지 체계의 쇠퇴에 따른 문제에 대한 해결책으로서 몇 가지 이점이 있었다. 즉, 비교적 저렴한 공적 투자비용을 요구하며 (정부와) 민간회사들과의 제휴 범위를 확대시키고, 나아가 불가피한 기술주도적 변화에 대해 창의적이고 진보적으로 반응함을 의미했다. 정치적 이유로 컴퓨터 통신망을 옹호하는 사람들은 인터넷이 교육을 재편하고, 실직 노동자들을 정보경제에 관련된 직업을 얻을 수 있도록 재교육하고, 시민과 정부의 관계를 교정하며, 사라져가는 지역공동체를 다시 활성화시키는 데 핵심적 역할을 한다고 생각했다. 보편적 접근성을 권장하면서 디지털 시대의 미래 시민권에 대한 우려도 지적했다.

시민권을 "사회적 삶에 온전히 참여하고… 그 미래의 형태를 형성하는 데 기여할 권리"(Murdock, 1999)라고 정의한다면, "다양한 형태의 커뮤니케이션, 소셜 네트워크, 지역공동체 조직, 그리고 정치적 논의와 의사결정 등이 점점 더 온라인 미디어를 중심으로 이루어짐에 따라, 인터넷에 대한 접근권이 없는 사람들은 온전한 시민권을 행사할 기회를 차단당할 것이다"(Warschauer, 2003). 인터넷 접속으로부터의 차단은 곧 참정권의 박탈을 의미하는 것이다.

인터넷 접근권에 상당한 격차가 있다는 논쟁은 공적 논의를 통해 급속히 유포되기 시작하였고 미국 상무부의 국가텔레커뮤니케이션정보국(National Telecommunications and Information Administration)의 뒷받침을 얻게 되었다. 그 기관은 텔레커뮤니케이션과 정보기술에 관한 문제를 정부에 조언하는 임무를 담당하는 곳으로서, 1990년대 초에 "좌초하는 인터넷"이라는 제목으로 조사작업을 하면서 디지털 소외집단에 대한 윤곽을 그리기 시작했다. 1995년 발표된 최초의 보고서는 "미국의 도시와 시골에 거주하는 '못 가진 자'에 대한 조사"라는 다소 구식의 제목을 달고 있었다. 그러나 3년 뒤 두 번째 보고서가 발표되었을 때는 수사적 표현이 단호하게 변화되었다. "디지털 격차(*Digital Divide*)에 대한 최근 자료"라는 보고서 제목에 들어 있는 대구(對句)는, 문제의 특징을 묘사하는 주된 방식을 그대로 보여주었다.

기억하기 쉬운 이 구절은, 복잡한 문제를 쉽게 요약하려 하는 언론인·정책 입안자·학자들에게 불가항력적인 매력을 지닌 것으로 드러났다. 디지털 격차가 복수형이 아닌 단수형으로 표현되었다는 사실에서 암시되는 그런 일차원적인 사고는 불행하게도 발생한 문제를 서술하고 해석하는 데 많은 영향을 끼쳤으며, 결국 부적절하고 비효율적인 정책개입을 초래했다. 여기서 우리는 더 발전된 방향으로 나아가기 위해 '디지털 격차'라는 용어를 개념적 틀과 행동의 지침이라는 두 가지 측면으로 해체할 필요가 있다.

일차원적 정의

'디지털 격차'에 관한 많은 연구들은 인터넷 이용이 가능한 컴퓨터에 대한 기본적인 접근권을 보유하고 있는지에 초점을 맞춘다. 그 조사는 1950년대 미국 상원의원 조 매카시가 '전복 계획자' 혐의를 받고 있는 사람들에게 적용했던 질문처럼 "당신은 현재 … 이거나 과거에 … 인 적이 있습니까?"와 같은 포괄적 질문에 의해 실시되었다. 이를테면 미국의 퓨 연구소(The Pew Research Centre)가 시행한 조사는 "당신은 인터넷이나 월드와이드웹을 이용하기 위해 온라인에 접속한 적이 있습니까?"라고 질문했다. 유럽국가들 사이에서 가장 널리 이용되는 수치를 제공하는 유럽연합의 여론조사(Eurobarometer)에서도 마찬가지로 "당신은 인터넷이나 월드와이드웹에 접속할 수 있거나 접속합니까?"라는 질문이 사용되었다. 기본적인 PC의 가격이 내려감에 따라 인터넷 접근권이 꾸준히 확대되고 있음을 보여주기 원하는 정부나 자유시장 열광자들에게 이런 고무줄 같은 정의는 분명히 유리한 점이 있다. 그러나 이런 질문들은 디지털 참여와 배제에 대한 체계적인 분석의 근거로는 쓸모가 없다. 경험 많은 가정 내 이용자들과 공공장소에서 한두 번 접속해 본 사람들을 뭉뚱그려 하나의 집단으로 간주하는 것은, 매우 상이한 차원의 접근과 이용을 조직적으로 통합해버리는 것이다. 빈민구역에 사는 사람들이 공공 도서관, 학교, 지역 문화센터, 심지어 사이버 카페에서 인터넷 검색을 할 수도 있다. 그러나 그것은 가정이나 사무실에서 초고속 설비로 연결되는 인터넷에 자동 접속하는 것과 다르다. 또한 휴대용 장비를 통해 즉시 다운로드하여 모든 인터넷을 상시에 이용하는 것과 같을 수도 없다

(Norris, 2001).

인터넷은 상의하달 방식의 수직적 시스템과 P2P 방식의 수평적 네트워크 모두를 지원하기 때문에, 이용자들의 투자시간과 충성도를 놓고 경쟁하는 다양한 응용프로그램을 낳았다. 기업과 정부는 기본적으로 수직적 연결망의 수립에 관심을 둔다. 그들은 중앙에서 생산한 자료에 반응하는 방식으로 형성되는 전자사회를 꿈꾼다. 그러므로 가상 쇼핑몰과 오락구역, 원격 학습 네트워크, 이용자들이 공공의 정보를 다운로드하거나 필요한 양식을 작성하고 정치인들과 정부관리들에게 이메일을 보낼 수 있도록 설계된 전자정부 시스템 등을 건설하는 데 분주하다. 인터넷은 또한 이렇게 엄격하게 관리되는 상호작용뿐 아니라, 개인이 가족이나 친구들과 접촉을 유지하고, 자신의 의견이나 창의적인 작업을 올리며, 공유하는 관심이나 신념 또는 경험에 기반을 두는 가상 공동체에 참여할 수 있게 해준다. 따라서 온전한 디지털 시민권은 단순히 기본적 접근권의 보장에 관한 문제가 아니라, 사람들이 인터넷을 자기표현과 사회적 참여의 공간으로서 창의적으로 이용할 수 있도록 뒷받침하는 자원에 대한 지배를 필요로 한다. 이런 자원의 분배에 관한 분석을 위해서는 '디지털 격차'를 접속한 자와 접속하지 못한 자로 단순히 양분하는 사고를 버리고, 그 대신 "더 넓은 공동체의 사회적·경제적 삶 속에서 협력하고 참여하는 지위를 획득할 수 있도록"(Wilhelm, 2000) 인터넷을 이용하는 기회에 초점을 맞추는 것이 필요하다. 따라서 우리는 접속한 사람들 사이에서 발견되는 접근권의 위계구조와 이용상의 차이점을 살펴보아야 한다(Selwyn, 2002). 처음 인터넷에 접속하는 순간을 첫 직장에 진입하는 순간처럼 본다면 도움이 될 것이다. 즉, '실업률'의 숫자에서 삭제되어 문제가 해결되는 순간이 아니라, 진전과 더불어 정체, 좌절, 탈락으로 얼룩지는 경력의 첫 단계인 것이다.

계급의 실종

인터넷 접근권의 문제를 자유로운 시장의 힘에 맡기자고 강력히 주장하는 사람들은 접속의 불균등함이 일시적 조건이라는 단호한 입장을 보였다. 그들은 인터넷 접속 양상이 기존의 텔레비전 수상기 보급 곡선을 따르는 것으로 생각했다. 비교적 부유한 초기 이용자들이 새로운 테크놀로지에 대한 초기 위험을 감수하면서 길을 개척하면, 컴퓨터의 사용이 좀더 믿을 만하고 용이해지며 가격이 꾸준히 하락하면서 나머지 사람들이 따라온다는 것이다. 보수적 싱크탱크인 자유포럼(The Freedom Forum)에서 기술과 프로그램 부문의 부사장직을 맡고 있는 애덤 클레이튼 파월 3세(Adam Clayton Powell III)는, 이러한 "트리클다운(*trickle down*) 과정"은 1990년 말에 이르러 자연스럽게 완성되었고 "일부 PC의 가격이 TV보다 저렴해져서 … 컴퓨터를 원하는 미국인은 누구나 하나씩 소유할 수 있게 되었다"고 확신했다. 그러므로 그는 빈곤층의 컴퓨터 접근권 문제를 개선하기 위해 시장에 개입하거나 공적으로 투자할 필요가 없다고 생각하였으며, 언론인들이 특정 이익집단에 의해 그릇된 정보를 받아 기만당하고 있는 것이라고 생각했다. "고정관념에 사로잡힌 언론이 조사기법을 잘못 이해한 채 이익집단에 의해 오도됨으로써, 디지털 격차를 정부 개입이 필요한 위기인 것처럼 취급했다. 그 결과 더 이상 필요하지 않은 일을 처리하기 위해 수십억 달러가 지출되었을지도 모른다"(Powell, 2001).

자유시장 체제가 최소악의 분배 메커니즘이라고 굳게 믿는 사람들이 '트리클다운' 효과를 불평등한 접근권에 대한 해결책으로 보는 것은 충분히 예상할 수 있는 일이다. 마누엘 카스텔스(Manuel Castells)가 그것을 부분적으로 지지했다는 점이 오히려 더 놀랍다. 카스텔스는 "컴퓨터 가격이 하락하고 온라인에서 더 많은 응용프로그램을 구할 수 있게 되면 소수집단이나 저소득층이 가정용 컴퓨터를 소유하는데 따르는 장애가 더욱 적어질 것이며", "소수집단 사람들을 비롯한 대부분의 개인들에게 인터넷 접근권이 널리 확산될 것"이라고 확신했다(Castells, 2001). 그는, 이런 꾸준한 보급의 확산 현상이 가장 빈곤하고 차별받는 집단을 포괄하지는 못할 것이기에 이들을 더욱 주변부로 밀어낼 것이라는 점은 인정하지만 이런 룸펜 집단은 비교적 작다고 본다. 미국을 포함한 많은 선진 자본주의 국가들에서 개인용 컴퓨터의 대량생산이 "불평등을 증가시키는 구조적인 추세"와 동시에 진행되고 있다는 사실을 다른 연구를 통해 잘 알고 있는 그로서는, 이것은 이상한 결론이다. 우리가 10여 년 전에 주장했듯이, 가정용 컴퓨터 시장의 지속적인 혁신과 업그레이드의 양상과 결합되어 있는 이런 추세가 의미하는 것은, 격차를 좁히기는커녕 "빈곤층은 빠르게 움직이며 멀어지고 있는 표적을 뒤쫓고 있다"(Murdock & Golding, 1989)는 사실이다. 그 후 수집된 증거들도 이런 결론을 뒷받침했다.

신기술의 결합체인 가정용 컴퓨터는 다음 4가지 측면에서 ('트리클다운' 효과의 주된 참고 모델인) 텔레비전과 구별된다. 첫째, PC가 제공하는 창의성과 소통의 가능성에 대해 완전한 접근권을 가지기 위해서는 이용자가 소프트웨어와 하드웨어에 대해 추가로 투자해야 한다. 예를 들어 사진을 만들어 주고받기 원하는 사람은 누구나 스캐너 또는 디지털 카메라를 필요로 할 것이다. 이런 '추가장비'는 보통 기본적인 초보자 패키지에는 포함되지 않는 것들이다. 둘째, 가정용 컴퓨터의 소유가 평준화된 오늘날(영국 전체 가구의 약 45% 정도), 생산자들에게는 "비(非)이용자"에게 초보수준의 장비를 구입하도록 설득하는 것보다 기존의 상품에 가치를 추가하여 "범위는 좁으나 수익성이 높은 최상층 시장을 목표로 하는 것"이 더 큰 이익이 된다(Warschauer, 2003). 셋째, 기존의 이용자에게 지속적인 업그레이드를 권장하는 것은 계획된 노후화라는 강력한 정책에 의해 유지되고 있다. 그 정책에 따라 새로운 소프트웨어는 제한적 용량을 가진 저효율의 구식 장비에는 작동되지 않는다. 넷째, 컴퓨터를 이용해 커뮤니케이션하기 위해서 사용자는 전화나 케이블 네트워크를 통해 인터넷에 접속해야만 한다. 이러한 접속의 성격에 따라 사람들의 온라인 접속 경험의 질적 측면이나 그들이 관여하는 활동범위는 중대한 영향을 받는다.

가정용 컴퓨터 이용자들은 대부분 기존의 전화선 연결을 통해 이루어지는 기본적인 다이얼 접속 방식을 이용한다. 이 방식은 느리고 자주 중단되며 용량에 한계가 있다. 이와 대조적으로 전용 케이블 네트워크나 용도에 맞게 개조된 ADSL 전화선을 이용하여 접속하는 브로드밴드 연결은 훨씬 더 다목적이다. 아무 때나 접속할 수 있으며 웹페이지를 거의 즉시 다운로드할 수 있고, 비디오나 '용량이 큰' 다른 자료들을 편안하게 처리할 수 있다. 이런 특징은 화상회의나 전자상거래 같은 분야에서 직접적인 이익을 낳기 때문에 영국에서의 브로드밴드 시판은 비즈니스를 중심으로 이루어졌다. 그 결과, 주로 첨단기술 산업이 위치한 지역에 집중적으로 설치가 이루어져 런던에서는 거의 100% 설치가 완료된 반면, 웨일스와 남서부의 시골 지역에서는 그 비율이 55%로 떨어진다(Cabinet Office). 그러나 브로드밴드 연결이 가능한 지역에 있는 가정이라도 다이얼 방식에 비해 비싼 요금은 여전히 주된 장애로 남는다. 따라서 가장 낙관적인 산업 추정치라 하더라도 이용 가구 수는 2005년을 기준으로 전체의 30~40%를 넘지 않을 것으로 예상된다. 그러나 접속을 업그레이드할 능력이 있는 가정에서는 쌓이는 혜택을 누리게 될 것이다. 추가이득은 휴대용 컴퓨터를 소유한 사람들에게도 돌아가 공항과 시내 중심가에서 점점 늘고 있는 무선접속에 의한 인터넷 '핫 스폿'을 이용할 수 있게 될 것이다. 그러나 휴대용 컴퓨터는 기본적인 데스크톱 컴퓨터보다 훨씬 더 고가이기 때문에, 이런 탄력적인 이용은 여전히 계속해서 부유한 이용자들에게만 국한될 것이다. 카스텔스가 지적한 대로, 이런 네트워크 하부구조의 혁신으로 인해 "서둘러 따라가던 대중이 마침내 전화선 인터넷 접속을 할 수 있게 되면, 전 세계의 엘리트들은 한층 더 높은 사이버공간의 궤도 속으로 이미 달아나버린 상태일 것이다"(Castells, 2001). 그렇게 되면, 따라잡기는 고사하고 기본적인 컴퓨터 장비와 접속방식을 가진 사람들이 할 수 있는 것이라고는 "제자리를 지키기 위해 달리는 것"밖에 없으며, 이마저도 가지지 못한 사람들은 점점 더 뒤떨어져 버린다. 이러한 역학을 두고 앤서니 빌헬름(Anthony Wilhelm)은, 루이스 캐럴의 《거울 나라의 앨리스》(*Through the Looking Glass*)[1]에서 "만일 오랫동안 빨리 달리고 있으면 어딘가 다른 곳에 닿게 된다"고 한 앨리스의 주장을 간단히 일축해버린 까다로운 군주의 이름을 빌려 "레드퀸 효과"(*Red Queen effect*)라고 명명했다(Wilhelm, 2000).

그러나 이런 증거에도 불구하고 시장 옹호자들은 고집스럽게도 불평등한 접근권의 배경인 구조적인 토대의 문제를 인정하지 않으며, 자신에게 제공되는 풍부함의 혜택을 누리지 못하거나 누리려 하지 않는 인구집단에 대해 조급함을 보인다. 최근 유럽연합의 '전자유럽'(e-Europe) 체제 옹호자들은, 유럽인들은 "이런 테크놀로지의 적용에 내재되어 있는 능률과 기회를 인식해야 한다"고 지적했다(European Commission, 2002b). 만일 그들이 테크놀로지의 적용을 계속 거부한다면 그들을 현실에 눈뜨게 하는 것은 정책적 과제이다. 그러나 벤저민 컴페인(Benjamin Compaine)은 그런 식의 개입을 무의미한 노력으로 본다. 그는 미국에서 실시된 조사에서 남미계 가구의 40%는 컴퓨터가 "필요 없기 때문에" 소유하지 않는다고 응답한 사실을 들어, 그들이 물질적으로나 상징적으로 기술변화에서 배세된 것이 아니라 이른바 "자발적인" 비(非)참여를 보여주는 명백한 증거로 제시한다(Compaine 2001). 피해자를 비난하는 이런 이데올로기는, 탈락자들이 지나치게 소심하고 적응력이 없고 무관심하기 때문에 디지털 혁명에 참여해 얻어지는 명백한 이득을 보지 못하는 것이라고 주장함으로써, 차별적인 참여를 구조적 역학으로 설명하는 대신 간단히 개인적인 실패로 전가시킨다. 컴페인이 지지하는 자유방임 이론에서든, 브뤼셀〔유럽연합을 비유함 — 옮긴이〕이 옹호하는 통제 경제정책 이론에서든, 그런

1) 옮긴이 주: 《이상한 나라의 앨리스》의 후속 작품.

주장을 펼치는 것은 인터넷의 발달이 소득격차의 강화 현상과 일치하여 진행되고 있다는 사실을 간과하는 것이다.

많은 현대 자본주의 국가들에서 '1/3 대 2/3'의 분할이 지속된다는 증거가 늘어나는 양상은 영국에서 가장 집약적으로 경험된 바 있다. 평균 이하의 소득 가구에 대한 공식 통계에 따르면, 1999~2000년에 약 1,400만 명(전체 인구의 4분의 1)이 주거비를 제외한 평균소득의 절반 이하의 소득으로 생활했다. 이는 1979년에 조사된 500만 명(전체 인구의 9%)과 비교하면 거의 세 배에 달하는 수치이다(Howard et al., 2001). 2002년 12월 발표된 후속 보고서에서는 1,290만 명이 중간소득의 60% 이하로 생활하는 가구로 제시되었다. 21세기로 들어서면서 빈민 가구와 빈민 어린이 수를 감소시키기 위한 정부의 조처가 단행되었으나 그 수치는 여전히 20년 전의 두 배였다(Palmer et al., 2002). 더구나 영국처럼 탄력 있는 경제에서는, 안정되고 번창하는 영역의 사람들이 점점 늘어나는 저임금의 불안정한 영역의 노동인구와 급속히 멀어지면서 노동시장 내에서의 소득격차가 더욱 심화되었다. 영국의 최고소득층은 2000~2001년에 주당 평균소득이 7.3% 증가한 반면, 하위 10% 소득층의 경우에는 단지 4.5%의 증가를 보였다. 2001년 4월 최저임금 근로자 10%의 주당 소득은 207파운드로, 주당 평균소득인 444파운드의 절반에도 미치지 못했다. 이와 대조적으로 상위 10% 소득층의 주당 평균소득은 722파운드 이상이었다(Jenkins, 2002).

이렇게 격차가 확대되는 양상은 컴퓨터 소유와 인터넷 이용에도 그대로 반영된다. 영국 정부의 조사에서는 개인용 컴퓨터를 소유하여 인터넷을 이용할 수 있는 가구의 전체 비율이 1999년 중반의 18%에서 2002년 9월 44%로 급등한 것으로 제시되고 있지만(ONS, 2003), 이런 전체적인 수치는 사회계급들 간에 존재하는 매우 근본적인 차이를 은폐한다. 총소득으로 볼 때 최상위 10분위에 속하는 가구 중 82%가 가정에서 인터넷 접근이 가능하지만, 최하위 10분위에 속하는 가구에서는 그 수치가 10%로 떨어지고, 결과적으로 하위 50%에 속하는 모든 10분위 집단에서 그 비율은 절반을 훨씬 밑돈다(같은 책, p. 4). 이런 수치는 그 이전의 연구들(예를 들어 Russell & Drew, 2001)에서 드러난 양상을 확증하는 것인데, 결국 그런 연구들로 인해 정부 보고서는 "시장이 이 격차를 없애줄 것이라는 증거가 거의 없다"면서 "어떤 격차이든 더 벌어지고 있다"고 결론지었다(Office of the e-Envoy, 2001). 격차의 증거를 조사하던 또 다른 정부 지원 연구팀은, 만일 인터넷 가입이 자연스럽게 60%를 넘는다 하더라도 여전히 "접속할 수 없거나 접속에서 배제된 집단은 2천만 명을 넘을 것"이라는 결론을 제시했다(Booz, Allen & Hamilton, 2000).

잊혀진 자본

이런 기본적인 양상은 이미 널리 연구되어 우리에게 익숙한 것으로, 최근 16개국의 연구도 한편의 인터넷 접근권과 다른 한편의 소득수준과 소득분배 양상이 서로 "복합적인 관련"을 맺고 있음을 확인했다(Bauer, Berne & Maitland 2002). 그러나 가정용 컴퓨터의 초기 이용에 관한 연구가 보여주었듯이, 물질적 자원에 대한 지배력이 평등하지 않다는 점이 접근과 이용에서 드러나는 사회적 편차에 대한 유일한 설명이 될 수는 없다(Murdock, Hartmann & Gray, 1992). 거기에는 "비경제적 배제 요인"이 존재한다(Wilhelm, 2000). 많은 연구자들이 최근 이 추가요인을 설명하기 위해 다차원적 자원 모델을 발전시켰는데(Wilhelm, 2000; Warschauer, 2003), 우리의 관점에서는 피에르 부르디외가 발전시켜 수정된 논의의 틀이 가장 유용한 출발점이 될 것이다.

부르디외는 모든 사회적 관행이 결정적으로 3가지 기본적 자원군인 경제적·사회적·문화적 자원에 대한 계층화된 접근권에 의해 형성된다고 주장했다. 그런데 여기서 말한 '경제적'이란 용어에는 문제가 있다. 이 용어는 오직 소득의 분배에만 초점을 맞추고 있으며, 이용자의 경력을 형성하는 데 중요한 역할을 하는, 측정 가능한 또 다른 두 가지 자원인 '자유로운' 시간과 안전한 개인적 공간의 보유 여부는 무시하는 경향이 있기 때문이다. 따라서 나는 '물질적 자원'이란 용어를 선호한다.

가구 내에서나 가구들 사이에서 발생하는 이런 자원의 차별적 분배를 이해하는 것은 불평등한 접근과 이용을 설명하는 데 중요하다. 왜냐하면 직장이나 공공장소에서 접속할 장소가 급격히 증가했음에도 인터넷은 여전히 기본적으로 가정용 테크놀로지이기 때문이다. 최근 영국의 한 설문조사에서는 응답자의 79%가 집에서 인터넷을 이용한다고 응답한 반면, 35%는 직장에서, 8%는 공공 도서관에서 이용한다고 응답했다(ONS, 2002). 그러나 이는 가정 내의 모든 구성원이 반드시 동등한 접근권을 가진다는 의미는 아니다. 오히려 반대로, 이용할 수 있는 공간과 '자유로운' 시간의 배분은 거주지 규모와 방의 이용, 가정 내 통제권의 분배 등에 따라 결정된다. 어떤 가구가 인터넷이 가능한 PC를 소유하고 있는지 확인한다고 하더라도, 그것이 집안 어디에 위치하며 누가 언제 접근할 수 있는지, 또는 프라이버시의 문제나 다른 가족구성원의 방해와 경쟁 때문에 어떻게 이용이 제한되는지 등에 관해서는 아무것도 알 수 없다. 따라서 물질적 자원에 대한 차별적 지배력이 참여와 배제의 양상을 어떻게 만들어가는지 온전히 이해하기 위해서는, 기본적으로 가정 내에서의 젠더 간, 세대 간 역학관계를 탐구하고 특히 노동의 분화와 아울러 권력과 권한의 양상을 살펴보는 것이 필요하다(Murdock, Hartmann & Gray, 1992; van Zoonen, 2001).

부르디외는 이차적 형태의 자본, 즉 사회적 자본을 "상호 친분과 면식 관계라는 … 지속성 있는 네트워크를 소유한 개인이나 집단에 의해 축적된 자원의 총계"라고 정의했다(Bourdieu & Wacquant,

1992). 점차 개인주의화되어 가는 시대에 공동체 붕괴에 관심을 보이는 사회과학자들은 최근, 사회적 참여를 보증하는 사회적 자본의 역할에 새롭게 주목했다. 그중 가장 주목할 만한 학자인 로버트 퍼트넘은 그것을 "네트워크에 관한 것"이라고 간단히 정의한다(Putnam, 2001). 친구나 친지 집단은 사람들에게 권유하여 인터넷을 처음 시도하고 지속적으로 참여하고 능력을 향상시킴으로써 창의적이고 기여하는 이용자가 되도록 만드는 데 중요한 역할을 할 수 있다. 그들의 도움을 받는 범위는 "친구 집에서 컴퓨터 이용 관찰하기", "인터넷을 어떻게 이용하는지에 관해 이웃의 이야기 듣기"(Warschaur, 2003), 소프트웨어를 빌리거나 교환하기, 고장 수리 문제를 주고받기 등에 이르기까지 다양하다. 이런 구체적인 지원 형태 이외에도 구성원 모두가 온라인으로 접촉하는 사회적 네트워크에 소속됨으로써 얻어지는 일반적인 혜택이 있다. 이와 반대로, 관계의 단절은 주도적이고 지속적이며 발전적인 인터넷 참여를 더욱 어렵게 만든다.

1999년 말 미국에서 실시된 전국 표본조사에서, 집에 컴퓨터를 소유하고 있지 않은 주된 이유를 물었을 때 응답자의 거의 절반(47%)은 "필요하지 않아서"라고 대답했다(National Public Radio et al., 2001). 앞에서 본 것처럼 벤저민 컴페인 같은 보수적인 논평자들은 이런 반응을, 접속 상태에서 얻어지는 "개인적 유용성을 발견하기를 거부"함으로써 생기는 "자발적인 비참여"의 증거로 해석했다. 그러나 사회적 자본에 관한 연구에서는 그 이유를 단순히 사람들이 현실적이기 때문이라고 주장한다. 만일 조사자가 응답자들에게, 아는 사람들 중에서 PC를 가진 사람이 아무도 없기 때문에 자신도 소유할 필요를 느끼지 않는 것인지를 질문할 생각을 했더라면 그렇다는 대답을 들었을 수도 있다. 접촉하려는 상대가 답장할 수 없는 사람이라면 이메일을 보낼 수 있다는 것조차도 거의 무의미한 일이다. 예를 들어 2002년 조사에서, 영국에서 '번창하는 전문가'로 분류된 이웃과 살고 있는 사람들이 인터넷을 이용했다고 주장한 비율은 '극심한 빈곤'에 시달리거나 높은 실업률 속에서 공영주택 단지에 사는 사람들과 비교하여 거의 두 배로 나타났다(86% 대 44%). 더구나 이런 격차는 2000년대 이후 더욱 심화되었다(Russell & Stafford, 2002). 관심이 부족하다는 이유로 피해자를 비난할 것이 아니라, 작업상황이나 거주지역에 따른 컴퓨터 이용 경험의 불평등한 분배가 한편에서는 참여를, 다른 한편에서는 배제를 강화시키는 서로 다른 네트워크들을 어떻게 만들어내는지 탐구하는 연구가 필요하다.

이렇게 계층화된 사회적 자본의 분배는 문화적 자본의 불평등한 할당과도 교차된다. 여기서 문화적 자본이란 인터넷이 제공하는 의미와 지식 생산의 잠재력을 온전히 활용하는 데 필요한 상징적 자원의 복합체라고 정의할 수 있다. 이런 자원에는 숙련성, 지식, 정체성이 포함된다. 확실히 이용자는 통용되는 소프트웨어 패키지에 대해 매우 익숙하고 능숙하며 편안한 상태가 될 필요가 있다. 그러나 통신망을 단순히 준비된 자료에 대한 다운로드와 상호작용의 장치로 이용하는 대신 개인적 표현과 사회적 커뮤니케이션의 수단으로 이용하기 위해서는, 이용자들은 자신이 들어가기로 선택한 사회적 맥락 속에서 생산자이자 소비자, 화자이자 청자로서 효과적이고 창의적으로 활동하는 데 필요한 일정한 지식을 소유하고 있어야 한다. 마지막으로 이용자들은 온라인에서 '집처럼 편안하게' 느낄 수 있어야 한다.

여기서도 또한, 사람들이 인터넷을 하지 않는 것이 자발적인 선택이라는 전제는 인터넷을 둘러싼 홍보문화의 중요한 역할을 은폐시킨다. 앞에서 언급한 마케팅상의 이유 때문에, 인터넷이 가능한 가정용 컴퓨터에 대한 광고는 가난하고 연로한 사람들보다는 이동이 잦은 경영자, 부유한 가정, 열성적인 아이들, 몰입하는 청소년을 주된 대상으로 삼는 경향이 있다. 어떤 면에서 이것은 네트워크의 연령 격차가 왜 그토록 지속적으로 유지되고 있는지 설명해준다. 예를 들어, 최근 영국 정부가 '접근권'에 대한 가변적이고 편리한 정의, 즉 광적인 취미생활자와 평생에 한 번 이용해본 사람을 모두 포괄하는 정의에 기초하여 발표한 자료에 따르면 2002년 9월 현재 65세 이상 노인의 단지 17%만이 인터넷에 접속한 경험이 있는 반면, 16세~24세 성인의 경우에는 94%에 달했다(ONS, 2003). 인터넷을 둘러싼 홍보가 빚어낸 문화적 주변화는 많은 웹사이트에서 사용되는 언어와 화법에 의해 더욱 악화된다. MTV처럼 청소년을 중심으로 하는 케이블 채널의 영상을 모방하는 사이트들은 나이 많은 이용자들을 소외시키며, 정부기관이 개발한 사이트에서 사용하는 공식적 언어는 관료들의 말에 무시당하는 데 너무나 익숙한 저임금 이용자들을 단념하게 만든다.

그러나 인터넷에 대한 접근과 이용의 차별적 양상을 '경제적 불평등' 이론으로 설명하는 한계를 극복하고 비경제적 자원과 역학의 중요한 역할을 증명하는 데 몰두하던 일부 수정주의적 논평가들은, 비경제적 요인이 독자적인 힘을 갖는 것처럼 주장하고 싶은 유혹을 받아왔다. 예를 들어, 가정용 컴퓨터에 대한 접근권과 교육적 성취 사이에 확고하고 강력한 상관관계가 있다는 사실은 "인터넷 접근권을 촉진하거나 억제하는" 데에 교육이 소득보다 더 중요하다는 주장에 이용되었다(Nie & Erbring, 2000). 이는 (직업과 소득에 의해 표시되는) 부모의 계급적 지위와, 교육 시스템 내에서 자녀가 성공할 기회(정규교육을 받은 기간과 공식적으로 취득한 자격요건의 수와 수준에 의해 측정된다) 사이에 지속적인 상관관계가 있음을 보여온 수십 년간의 연구를 말끔히 무시하는 것이다. 이를테면 영국의 교육 시스템은 반복된 개혁에도 불구하고 전문직, 경영자, 사무직 가정 출신의 아이들을 지속적으로 선호했다. 그 주된 이유는 피에르 부르디외가 주장하여 널리 알려진 바와 같이, 공식적으로 승인된 문화와 지식 유형에 대한 언어적 능력과 사전적 친숙함이라는 형태로, 이른바 "거저 주어지지 않는 것"의 소유가 학문적 성공을 위해서는 필수적이기 때문이다(Bourdieu, 1973). 이런 자원을 이미 소유한 가정의 자녀들은 교육적 성취를 위한 경주에서 타인보다 유리한 출발점을 누리는 셈이다. 이와 반대로, 교과 과정에서 승인되거나 요구되지 않는 언어적·문화적 자원을 가진 가정의 자녀들은 부족한 것을 만회하는 데 어려움을 느끼다 '실패'하여 의무교육만 받은 채 교육 시스템을 떠날 가능성이 더욱 크다.

부모의 계급, 교육적 성공, 그리고 그에 따른 소득 사이의 관계는 서로 잘 들어맞는 편이지만 부르디외가 지적한 것처럼 두 가지 이유에서 완전하지는 않다. 첫째, 세대 간에는 얼마간의 상하 이동성이 존재한다. 둘째, 직업적 보상 체계의 전반적인 구조 때문에, 축적된 문화적 자본이 반드시 그에 상응하는 경제적 자본의 보유로 전환되는 것은 아니다. (학위자격에서 드러나듯이) 교사들은 많은 문화적 자원을 소유하고 있을지 모르지만 비교적 수입이 적다. 한편 자수성가한 기업가는 고소득을 즐길지 모르나 정규 수료증 하나 없이 학교를 떠났을 수도 있다.

직업과 인터넷 이용의 관계도 이와 유사하게 복잡한 특징을 보인다. 직업이 가정에서의 인터넷 이용에 어떤 영향을 미치는지 이해하기 위해서는, 직장에서 인터넷 접근권을 갖는지 알아야 할 뿐 아니라 인터넷 접속을 어떤 방식으로 이용하는지에 관해서도 파악해야 한다. 많은 직장에서는 어느 정도 컴퓨터 사용능력이 있는 근로자를 필요로 하지만, 대부분은 워드 프로세스, 도표 계산, 정보 검색을 위한 기본적인 소프트웨어 패키지를 이용할 정도의 능력만을 필요로 한다. 창의적 이용을 장려하는 직장은 거의 없고, 대부분의 근무환경에서는 피고용인의 인터넷 사용을 감시하기 위한 감시체계가 설치되어 있어 직무에 관련된 이메일 이외의 P2P 교류는 엄두를 내지 못하게 한다. 따라서 피파 노리스(Pippa Norris)가 지적한 것처럼, 관리자와 경영진은 보조금으로 지급된 휴대용 컴퓨터로 가정에서 "사무실과 쉽게 이어주는" 접속을 통해 탄력적인 이용을 즐길 수 있는 반면, 육체노동자는 "가정에서 웹을 안락하고 익숙하게 이용할 수 있도록 직장에서 숙련과 경험을 습득할" 가능성이 훨씬 낮다(Norris, 2000). 한편, 교사들은 온라인 교육과 정보교류 프로그램에 참여함으로써 창의적인 인터넷 기술을 발전시킬 수 있으나, 기업부문에서 가정 내 이용에 제공하는 보조금을 즐길 수는 없다.

부르디외의 관점을 적용하여 우리는 사회적 위치를 경제적·사회적·문화적 자원의 불평등이 교차하는 삼차원의 공간에 들어 있는 점으로 묘사할 수 있다. 그러나 이 세 가지 차원이 가정에서의 인터넷 접근과 이용을 결정하는 데 동등한 비중을 가지는 것은 아니다. 경제적 지위는 여전히 다음 두 가지 점에서 '애초부터' 결정적인 요인으로 작용한다. 첫째, 부모의 지위는 가족 내 양육과 교육에 의해 주어지는, 핵심적 문화자원에 대한 과거의 접근권을 형성하는 데 중요한 역할을 한다. 둘째, 이미 검토하였듯이 현재의 〔자신의〕 지위는 고성능 PC와 가정에서의 광대역 접속에 대한 접근권, 그것이 이용되는 조건, 그리고 사무직종이나 접속의 밀도가 높은 주변에 의해 제공되는 네트워크 자원의 이용 가능성을 규제한다.

기계실(*Machine Rooms*)

인터넷 참여를 확대하고 심화시키기 위해 고안되는 정책은 경제적인 위치의 이러한 복합적 측면들을 고려해 제시되어야 한다. 그러나 오늘날까지 "모든 국민을 위한 인터넷"(Blair, 2000)을 확산시키려는 영국 정부의 정책수립 목적은 시종일관 일차원적인 모델과 도구적인 가설 위에서 추진되었다.

대부분의 사업은 다양한 기술결정론을 기초로 실시되었고, 학교, 도서관, 지역 회관, 각 가정 등에서 컴퓨터와 인터넷을 이용할 수 있게 하면 "디지털 격차의 원인을 해결하고 모든 사람이 신기술의 혜택을 얻을 기회를 보장하게 된다"고 전제했다(Wills, 2001). 이용자가 전문성을 유지하고 창의적·참여적으로 이용하도록 촉진하는 과정에서 사회적, 문화적 역학이 하는 역할은 거의 고려되지 않았다. 전 인구의 온라인 접속을 가능하게 하려는 근본적 이유는 도구적인 것이었기 때문에 이는 놀라울 것이 없다. 일부 사업은 핵심적인 공공부문 서비스인 교육, 복지, 건강, 세금, 공공 관료제도에서 감지된 실패에 대응하기 위해 시작되었다. 어떤 사업은 점차 전산화되고 있는 경제부문에 일상적으로 참여하도록 근로자를 재교육시켜 실업을 감소시키려고 시도했다. 전형적인 사례는 2000년 봄 5만 명의 실직자와 비경제활동 인구에게 초보적인 컴퓨터 정보통신 기술을 제공할 목적으로 착수된 "영국 온라인 컴퓨터 교육" 사업이다(BMRB Research, 2002). 고용 관련 사업은 기업의 필요를 활기 있게 다루지 못한 교육 시스템의 실패를 보상하면서도 비용 대비 효과가 높은 방법으로 간주되었다. "온라인 영국"(*UK Online*) 이라는 정부 보고서의 지적에 따르면, 특히 상업적 웹사이트의 설계를 책임지는 "디지털 콘텐츠 산업"이 "학교에서 노동시장으로 들어오는, 지식과 기술을 제대로 조화시킨 인력을 조달하지 못한다"는 우려가 있다(Cabinet Office, 2001). 이어서 이 보고서는, 이 분야는 특히 "필요한 직업기술에 관하여 고등교육 기관과 더 대화를 나누는 일에 관심을 보이고 있다"고 지적한다(같은 책). 이런 맥락에서 독립적 사고, 자아표현, 사회적 책임, 시민 참여에 기여하기 위해 인터넷 이용을 활성화할 책임을 대학에 기대하는 것은 지나친 요구가 된다.

이렇게 도구적이고 기업 중심적인 정부 차원의 사업 추진은 유럽연합의 강력한 지지를 받았다. 최근 유럽연합의 보고서는 앞서서 상황을 주도하는 영국을 따르는 데 실패한 회원국들에게 실망을 감추지 않고 있다. 그 보고서의 따분한 지적처럼, 지금까지 유럽연합의 조처는 대부분 "입법을 수반하지 않았으며, 그 대신 각 유럽연합 국가들이 전자 정부, 전자 보건, 전자 콘텐츠, 그리고 유사한 사업들을 촉진하기로 서로 약속한 내용들을 실제로 이행하는지를 확인하는 일은 … 서로 간의 집단압력에 의존했다"(European Commission, 2002a). 그러나 면밀히 조사된 바에 의하면, 그 우선순위는 이러한 홍보적 수사가 주장하는 만큼 포괄적이지 못하였으며, '전자 유럽'을 건설하기 위한 당면 목표는 특히 전체 노동인력의 컴퓨터 지식을 강화시키고 유럽 컴퓨터 면허증(European Computer Driving License)을 도입하는 데 중점을 두었다.

영국에서는 또한 기업의 이권에 대한 고려 때문에 인터넷 접근권과 이용능력을 증대시키기 위해 공적 재원을 지원받아, 많은 경우 민·관 협력으로 운영되는 사업에까지 영향을 받았다. 앞으로 보게 되듯이 이윤추구를 목표로 기업이 참여한다고 해서 공공의 목적이 반드시 잘 충족되는 것은 아니다.

비용 대비 효과를 최대화하면서 네트워크에 대한 보편적 접근권을 수립하기 위한 야심찬 규모의 계획에 따라, 영국 정부의 사업은 주로 인터넷 사용 지점에서 5마일 이내에 거주하는 사람들을 2002년 말까지는 인구의 98.6%까지 늘린다는 전반적인 목표 하에 공용 접속 터미널을 제공하는 일에 집중되었다. 그 사업은 모든 공공 도서관의 온라인 접속을 가능하게 하기 위해 국가 복권수입을 투여하고, 모든 학교가 접근권을 소유할 수 있도록 지원기금을 증액하며, 전국적으로 1천 개의 정보통신 교육센터를 수립하는 단계적 사업에 착수했다. 그러나 이렇게 다양한 사업의 효과를 평가하기 위해 정부가 소집한 정책실행 팀은 "정보통신 거점의 성공적인 수립을 방해하고 목표 수용자의 참여를 억제하는 다양한 장애들을 발견"했다(Policy Action Team 15, 2000). 단기간에 집중된 산발적 개입이라는 성격을 고려하면 다양한 조직적 실패가 발생한 것이 놀라운 일은 아니다.

그중 가장 두드러진 것은 정부 여러 관련 부처 간의 협력 부족, 그리고 전국적, 지역적 전략을 통합하고 좋은 실천사례를 공유하는 '제휴된 접근법'의 전반적인 결여였다. 이용자에 대한 설문조사 결과, 인터넷 접속에 드는 실제비용 또는 추측비용이 다시 한 번 참여의 중요한 장애요인으로 떠올랐다. 거기서 그들의 답변은, 적절한 사회적·문화적 자원과 편리하고 안전한 공간과 자유시간의 제공의 실패가 어떤 핵심적 역할을 하는지 보여주었다. 그들은 지정된 장소가 접근하기 어렵고, 활용하기 어려운 시간에 개방되며, 충분한 안전을 제공하기에 부적당한 곳이 많았다고 지적하였으며, 컴퓨터 화면 앞에서 방해받지 않는 시간을 보내기 위해 필요한 아동돌봄 지원이 부족하다고 불만을 표시했다. 또 자신이 접하는 프로그램 내용이 대부분 재미없고, 필요하지 않은 데다 편안한 방식으로 이야기하지 않으며, 자신의 수준보다 지나치게 높은 지식을 필요로 한다고 응답했다. 결국 그들은 자신이 이용할 수 있는 사회적 지원의 결핍을 유감스럽게 생각하였으며, 그 결과 정책실행 팀은, 미래의 사업은 "해당 지역공동체와 같은 배경을 가진 정보통신기술 전문가와 교사들"을 활용해야만 한다고 추천했다. 공공장소가 아닌 가정에 컴퓨터가 설치된다고 해서 그런 문제가 없어지는 것은 아니다. 이 점은 영국에서 이 분야의 가장 야심차고 모험적인 사업인 컴퓨터 프로젝트(Computers with Reach project)의 진행경과를 보면 확실히 알 수 있다.

이 프로젝트는 영국의 재무장관 고든 브라운이 지휘하는 사업으로, 그는 영국이 소득격차의 증가로 "컴퓨터에 접속된 최상위 계층과 정보 상의 바닥에 있는 최하위 계층"이 분리된 사회를 향해 급속히 이행하고 있다고 지적했다(Brown, 2000). 그가 제시한 해결책은 "접속의 기회와 장비를 사람들 손에 직접 넣어주는 것"이었다(같은 책). 이를 위해 그는 1999년 3월, 10만 가구에 이르는 저소득층 가구에 가정용 컴퓨터를 지급하기 위한 예산 1,500만 파운드를 별도로 책정했다. 컴퓨터를 지급받을 사람을 파악하는 일은 그 지역의 자선단체와 자원봉사 단체가 담당했다. 회사와 공공부문에서 사용되던 낡은 PC를 사들이고 개조한 뒤 인터넷 이용이 가능한 하드웨어와 소프트웨어, 프린터를 담은 패키지를 참여 가구에게 전달하기 위해 IT 회사들이 동원되었다. 그 회사들에게는 컴퓨터 패키지당 210파운드가 지급되었고 수령자는 60파운드를 지불하도록 조건이 설정되었다. 그 계획은 공공부문의 기관이 운영하고 완전히 공적 재원으로 충당할 때 가장 효과적으로 실행되었다. "나의 자리는 내가 차지한다"(*I Take My Place*) 라는 구호 아래 리버풀에서 실시된 사업은 그 대표적 사례이다. 거기서는 60파운드의 패키지 비용이 재활기금에서 지불되었고, 지역에 기반을 둔 프로젝트 팀이 장비의 배급과 지속적인 지원을 제공할 책임을 맡았다. 그러나 그 계획이 상업적인 목적으로 시행되었을 때, 결과는 그리 긍정적이지 못했다. 일부 시범지역에서는 주민들이 미리 60파운드를 지불하였으나 컴퓨터가 배달되기까지 6개월을 기다려야 했다. 공급자들이 기계를 설치해주거나 초보 이용자들에게 사용지침서를 제공해야 할 의무도 없었다. 일부 참여자들은 외출했다 돌아와 문 앞에 놓인 기계를 발견하기도 했다. 계속되는 문제와 문의에 대한 도움을 얻는 것도 종종 어렵고 비용이 드는 일이었다. 최초 계약에는 상담전화 서비스에 관한 계약조건이 명기되지 않았으므로 일부 공급자들은 이용자들의 전화에 대해 분당 1파운드의 특별요금을 부과했다. 그중에는 초보자를 거의 감안하지 않은 사용설명서를 이해하는 데 어려움을 느끼는 이용자들이 많았다. 결국 이 사업은 기존의 공공사업과 연계된 지역에서는 시행이 잘 되었음에도 불구하고, 2002년 2월 조용히 보류되고 말았다. "그 사업에 밀접히 관여한 소식통"이 기자에게 전한 바에 따르면, 관련 부처 장관은 "그 사업에서 긍정적인 점들을 충분히 발견할 수 없었다"고 생각하게 되었다 (Humphries, 2000에서 재인용).

경제적 이주

공용 컴퓨터와 가정용 PC를 이용하는 보편적인 네트워크 사회를 세우려는 시도가 명백히 실패함에 따라, 영국의 정책 입안자들은 인터넷이 가능한 디지털 텔레비전 서비스로 관심을 돌리기 시작했다. 정책실행 팀은 가난한 공영주택 단지에서 개인용 컴퓨터 보급률이 저조한 것을 염두에 두고 "텔레비전은 어디에나 있으므로 디지털 텔레비전은 장차 그런 지역에서 가정의 인터넷 접근권을 가능하게 하는 통로를 제공할 것"이라고 주장했다(Pact 15). 그러나 문제는 인터넷에 접근하는 그 두 가지 방식이 상응하지 않는다는 점이다. 디지털 텔레비전은 그다지 포괄적이지 않으며 온라인을 이용하기 위해서는 훨씬 더 꼼꼼한 조작이 필요하다.

디지털 TV에 대한 상업적 접근의 전형적인 예는 정치적 논쟁, 사회적 참여, 개인적 창의성을 위한 공간보다 쇼핑의 기회에 주안점을 두는 서비스를 전달하는 스카이 위성 텔레비전이다. 수용자가 자신의 정규 시청을 중단할 필요도 없다. 프로그램 기본 메뉴를 통해 직접 접근하는 구매방식은 신중하게 구성된 자료의 흐름에서 필수 요소이다. 스카이 인터랙티브(Sky Interactive) 지부의 사장은 기업인 모임에서 다음과 같이 발언했다. "우리는 PC와 경쟁하는 것이 아니다. 사람들이 오락을 위해 화면 앞에 앉아 있는 하루 4시간이라는 조각과 경쟁하는 것이다"(Florsheim, 2001). 로버트 퍼트넘은 인터넷의 미래를 추측하면서 "인터넷이 주로 적극적이고 사회적인 커뮤니케이션의 수단이 될지, 아니면 소극적이고 개인적인 오락의 수단이 될지"에 대해 질문했다(Putnam, 2001). 스카이 텔레비전이나 기타 상업 텔레비전의 경우는 분명하다. 그들이 선호하는 미래는 도서관, 대학, 지역 모임, 카페의 대화 등이 아니라 오락 수단이 통합된 쇼핑몰을 중심으로 구축될 것이다.

BBC와 기타 공공서비스를 제공하는 텔레비전 채널들이 그리는 미래상은 이보다 덜 제한적이다. 방송국은 웹사이트를 이용하여 이메일 피드백, 온라인 토론, 그리고 웹에 기초한 추가적 자원과 링크를 통해 기존의 방송 프로그램이 지닌 추진력을 지속하고 확대한다. 그러나 거기에 활용되는 네트워크는 수평적이 아니라 여전히 지극히 수직적이다. 그것은 동료 간의 연결이 아닌, 개인의 분산된 노드(*node*)와 중앙에 설립된 노드 사이의 양방향 링크를 우선시한다. 그 일차적 임무는 조직의 프로그램과 그에 관련된 상품을 홍보하고 브랜드 이미지를 세련되게 만들며 수용자의 충성을 견고히 하는 것이다.

그러나 공영방송은 그 모든 실패에도 불구하고 디지털 공유지를 건설할 가장 좋은 기회를 제공하는 시스템이다. 디지털 공유지는 모든 사람에게 열려 있으며 개인적인 창의성과 참여에 친화적일 뿐 아니라, 디지털 시대의 온전한 시민권을 보장하기 위해 요구되는 집단적 토론이 수용되는 곳이다(Murdock, 2001). 우리가 공영방송을 출발점으로 삼을 때 거기에는 세 가지 장점이 있다. 공영방송은 사람들의 생활 속에서 이미 익숙하고 높게 평가되며 신뢰받는 존재이다. 공영방송은 무료 이용이 가능하다. 그리고 수용자를 대할 때 신용카드를 소지한 소비자가 아닌 도덕적, 사회적 공동체의 구성원으로 대한다. 그러나 이런 새로운 공동체적 공간을 건설하기 위해서는 최소한 세 가지의 조건이 충족되어야 한다. 첫째, 공영방송은 수직적인 동시에 수평적으로 운영되어야 한다. 둘째, 공영방송사와 기타 공공기관들(도서관, 박물관, 미술관, 대학 등)이 제공하는 전문성과 자원을, 온라인상의 사회운동이나 공동체에 의해 조성되는 활력과 풀뿌리 참여와 더불어 활용하는 생산적인 길을 모색해야 한다. 셋째, 필요한 시설을 원하는 사람은 누구나 이용할 수 있게 함으로써 접근권의 보편성을 보장해야 한다.

이런 도전에 대한 창의적이고 현실적인 해결책을 모색하는 일이야말로 오늘날 디지털 시민권을 위한 최소한의 조건을 이루기 위해 헌신하는 모든 이들이 직면하는 가장 중요한 과제임이 분명하다.

참고문헌

Bauer, J. M., Berne, M., & Maitland, C. F. (2002). Internet access in the european union and in the united states. *Telematics and Informatics*, *19*(2), 117~137.

Blair, A. (2000). *Speech at the Knowledge 2000 Conference*, 7 March 〔http://www. number-10. gov. uk〕

BMRB Research (2002). *An Evaluation of UK Online Computer Training*. London. Department for Education and Skills, Research Brief NO:329.

Booz, A., & Hamilton (2000). *Achieving Universal Access*. London: Booz, Allen and Hamilton.

Bourdieu, P., & Wacquant, J. D. (1992). *An Invitation to Reflexive Sociology*. Oxford. Polity Press.

Bourdieu, P. (1973). Cultural reproduction and social reproduction. In R. Brown (Eds.). *Knowledge, Education and Cultural Change* (pp. 71~112). London: Tavistock.

Brown, G. (2000). *Britain an the Knowledge Economy*. Speech to the Smith Institute, 16 February 〔http//www. hm-treasury. gov. uk/ press/2000〕

Cabinet Office (2001). *UK Online: the Broadband Future. An Action Plan to Faciltate Roll-out of Higher Bandwidth and Broadband Services*. London. Cabinet Office (Office of the e-Envoy).

Castells, M. (2000). *End of Millennium* (2nd ed.). Oxford: Blackwell.

______ (2001). *The Internet Galaxy: Reflections on the Internet, Business, and Society*. Oxford: Oxford Univ. Press.

Compaine, B. M. (Eds.). (2001a). *The Digital Divide: Facing a Crisis or Creating a Myth?* Cambridge, Mass.: The MIT Press.

______ (2001b). Declare the war won. In B. M. Compaine (Eds.). (2001a) *op. cit.*, pp. 315~335.

European Commission (2002a). *Towards a Knowledge Based Europe: The European Union and the Information Society*, Brussels. Directorate General for Press and Communication.

______ (2002b). *Communication from the Commission to the Council, the European Parliament, the Economic and Social Committee and the Committee of the Regions.* COM (2002) 263. Brussels. European Commission.

Florsheim, J. (2001). *Sky gets More Active.* Speech to the IEA Conference, 12 November.

Gates, B. (1995). *The Road Ahead.* New York: Viking Penguin.

Howard, M., Garnham, A., Fimister, G., & Veit-Wilson, J. (2001). *Poverty: The Facts* (4th ed.). London: Child Poverty Action Group.

Humphries, P. (2002). Recycled PCs for the poor scheme crashes. *Guardian Unlimited,* February 8th 〔http://www.guardian.co.uk/Archive〕

Jenkins, J. (2002, March). Patterns of pay: results of the 2001 new earnings survey. *Labour Market Trends,* 129~139.

Murdock, G. (1999). Rights and representations: public discourse and cultural citizenship. In J. Gripsrud (Eds.). *Television and Common Knowledge* (pp. 7~17). London: Routledge. (이 책의 11장).

______ (2001). Against enclosure: Rethinking the cultural commons. In D. Morley & K. Robins (Eds.). *British Cultural Studies* (pp. 443~460). Oxford: Oxford Univ. Press. (이 책의 8장).

Murdock, G., & Golding, P. (1989). Information poverty and political inequality: Citizenship in the age of privatised communications. *Journal of Communication,* *39*(3), 180~195.

Murdock, G., Hartmann, P, & Gray, P. (1992). Contextualising home computing: resources and practices. In R. Silverstone & E. Hirsch (Eds.). *Consuming Technologies: Media and Information in Domestic Spaces* (pp. 146~160). London: Routledge.

National Public Radio et al. (2001). Survey of americans on technology. In B. M. Compaine (Eds.). *op. cit.,* pp. 274~277.

Nie, N. H, & Erbring, L. (2000). *Internet and Society: A Preliminary Report.* Stanford: Stanford Institute for the Quantitative Study of Society.

Norris, P. (2001). *Digital Divide: Civic Engagement, Information Poverty, and the Internet Worldwide.* Cambridge: Cambridge Univ. Press.

Office of the e-Envoy (2001). *UK Online: Annual Report.* [http://www.e-envoy.gov.uk/online]

ONS [Office of National Statistics] (2002). *Internet Access: Households and Individuals.* London. ONS.

______ (2003) *Internet Access: Households and Individuals.* London. ONS.

Palmer, G., Rahman, M., & Kenway, P. (2002). *Monitoring Poverty and Social Exclusion.* York: Joseph Rowntree Foundation.

Policy Action Team 15 (2000). *Closing the Digital Divide: Information and Communication Technologies in Deprived Areas: An Executive Summary.* London. Department of Trade and Industry.

Powell, A. C. III (2001). Falling for the gap: Whatever happened to the digital divide? In B. M. Compaine (Eds.). (2001a) *op. cit.*, pp. 309~314.

Putnam, R. D. (2001). *Bowling Alone: The Collapse and Revival of American Community.* New York: Touchstone.

Russell, N., & Drew, N. (2001). *ICT Access and Use: Report on the Benchmark Survey.* London. Department for Education and Employment. Research Brief No 252.

Russell, N., & Stafford, N. (2002). *Trends in ICT Access and Use.* London. Department for Education and Skills, Research Brief No: 358.

Selwyn, N. (2002). Establishing an inclusive society? Technology, social exclusion and UK government policy making. *Journal of Social Policy, 31*(1), 1~20.

Van Zoonen, L. (2002). Gendering the internet: claims, controversies and cultures. *European Journal of Communication, 17*(1), 5~23.

Warschauer, M. (2003). *Technology and Social Inclusion: Rethinking the Digital Divide.* Cambridge, Mass.: The MIT Press.

Wilhelm, A. G. (2000). *Democracy in the Digital Age: Challenges to Political Life in Cyberspace.* New York: Routledge.

Wills, M. (2001). Forward: PAT 15: Information Technology. in *National Strategy for Neighbourhood Renewal: Policy Action Team Audit—Report by the Social Exclusion Unit*. London. Cabinet Office, pp. 197~198.

찾아보기

| 지은이 소개 |

그레이엄 머독(Graham Murdock)

런던정경대학(London School of Economics) 사회학부를 졸업하고 서섹스(Sussex) 대학에서 대학원 과정을 밟았다. 미디어와 문화, 사회의 관계를 정치경제학적으로 재조명해온 레스터(Leicester) 대학 매스커뮤니케이션 연구센터의 창립회원으로 몇 해간 주요 직책을 맡았다. 현재 영국 러프버러(Loughborough) 대학에서 '문화와 경제학과' 교수로 재직 중이며, 국제적으로 커뮤니케이션에 관한 주도적 저술가 중 한 명으로 뉴질랜드의 오클랜드(Auckland) 대학에서 사회학과 교수직도 맡고 있다. 그 밖에도 베르겐(Bergen), 브뤼셀, 캘리포니아, 헬싱키, 멕시코시티, 스톡홀름의 여러 대학에서 교환 교수직을 역임했고, 중국과 동아시아지역에서도 강의하고 있다. 그의 저서들은 지금까지 19개 언어로 번역되었으며, 2011년에는 《커뮤니케이션 정치경제의 핸드북》(*The Handbook of Political Economy of Communication*)과 4권 분량의 모음집인 《공론장》(*The Public Sphere*)이 출판되었다. 최근에는 진정한 디지털 공유지(*public digital commons*)의 가능성에 대한 연구를 하고 있다.

G. Murdock@lboro. ac. uk

임 동 욱

중앙대학교 신문방송학과를 졸업하고 영국 레스터대학(University of Leicester)에서 문화제국주의를 주제로 석사, 박사 학위를 받았다. 미국 아이오와대학(University of Iowa) 방문 연구원, 한국언론정보학회 회장, 민주언론시민연합 부이사장, 정책위원장, 광주전남 민주언론시민연합 상임대표, 한국방송학회 홍보이사, 한국광고홍보학회 편집이사, 한국언론학회 편집위원, 한국언론정보학회 매체자본연구회 회장, SBS 프로덕션 사외이사를 거쳐 현재 광주대학교 광고이벤트학과 교수이다. 미디어산업의 이윤추구 현상과 글로벌 미디어 기업의 세계적 확장과정과 이윤추구 과정에 관심을 가지고 있다. 그 외 언론개혁, 시민사회의 언론읽기, 지역언론에도 관심을 기울이고 있다.

dongukim@gwangju.ac.kr

정 수 영

성균관대학교 신문방송학과를 졸업하였다. 같은 학교에서 석사학위를 취득한 후, 일본 조치(上智) 대학 신문학과에서 언론학 석사 및 박사학위를 받았다. 현재 성균관대학교 신문방송학과 BK21 연구교수이다. 주요 관심영역은 사회적 책임과 어카운터빌리티(*accountability*)를 중심으로 한 미디어 분석 및 공공성 제고 방안, 중핵 미디어(*core media*)로서의 공영방송, 한일 간의 문화교류 및 저널리즘 비교 연구 등이다.

skk21jsy@naver.com

김 승 수

한양대학교 신문학과를 졸업하고, 서울대학교 신문학과에서 석사학위를 받았다. 영국 레스터대학에서 그레이엄 머독 교수의 지도로 언론학 박사학위를 받았다. 한국방송학회 부회장, KBS 책임연구원, 방송개혁위원회 실행위원을 지냈으며, 한국언론정보학회 회장으로 일하고 있다. 미국 텍사스대학 방문학자로 있었고, 현재는 전북대학교 신문방송학과 교수이다. 미디어정치경제학과 미디어공공성론을 공부했지만 학문적으로 모자란 점이 많다. 그래서 박사학위 지도교수였던 머독 교수님의 글을 번역하면서 공부를 하려고 했다. 최근에는 '정보역사의 정치경제학'을 쓰고 있어 2년 후쯤이면 빛을 볼 것 같다.

kiss9839@hanmail.net

한 찬 희

수원대학교 언론정보학과를 졸업하고, 문화비평을 배우기 위하여 중앙대학교 신문방송학과에 접속하였다. 이후 팬덤 문화를 연구하여 석사학위를 받았다. 현재 지상파방송 프로그램 유통문제를 카피레프트 측면에서 접근하여 박사논문을 준비 중이다. 문화가 어떠한 방식으로 표상되고 생산되는가에 관심을 갖고 있으며, 미적 실천을 포함한 이데올로기 비판에 관심을 갖고 있다.

ibanez@hanafos.com

이 남 표

성균관대학교 철학과를 졸업하고 같은 학교 대학원 신문방송학과에서 석사와 언론학 박사학위를 받았다. 현재 MBC 기획조정본부 전문연구위원이자 성균관대학교 언론정보대학원 겸임교수다. 커뮤니케이션 사상 연구에서 출발하여 미디어 정치경제학적 접근법을 바탕으로 방송통신 융합환경의 미디어 공공성, 방송정책과 제도, TV 생태계 변화 등에 관심을 기울이고 있다.

dikaion21@gmail.com

박 태 순

중앙대학교 불어학사와 신문방송학 석사 그리고 프랑스 파리 10대학에서 정보와 커뮤니케이션 예비박사(DEA) 학위를 마치고, 2003년 파리 1대학 정치대학원의 정치 커뮤니케이션 분야에서 박사를 취득했다. 한국언론재단 프랑스 통신원, 중앙선거방송토론위원회 팀장, 경인방송 시청자위원을 역임했고, 현재 성균관대학 강사 그리고 '미디어&이미지연구소(미디어로드)' 소장을 맡고 있다. 주요 관심 영역은 정치 공론장과 미디어 정책 분야이다. 학문적 이론적 연구보다는 현실 적용에 대하여 많은 관심을 가지고 있으며, 우리 사회에서 지식의 실천문제에 많은 고민을 하고 있다

parktaesoun@naver.com

신 현 호

성균관대학교에서 국가보안법에 대한 미디어 담론을 주제로 석사학위 논문을 마친 뒤 현재 동 대학원에서 박사학위 논문을 준비하고 있다. 주로 철학적인 사유들, 특히 맑스, 푸코, 들뢰즈, 네그리 등의 사상을 커뮤니케이션 철학과 연계시켜 공부해 왔다. 최근에는 미디어 법·제도에 관한 이념적인 틀로써 롤즈의 정의론과 공화주의자들에 대해 관심을 갖고 있다.

jabums@naver.com

이 진 로

서울대학교 신문학과(현 언론정보학과)를 졸업하고 같은 학교에서 석사학위를, 경희대학교에서 신문방송학 박사학위를 받았다. 미국 퍼듀대학 커뮤니케이션학과 방문학자, 한국방송학회 기획이사, 한국방송학회 지역방송연구회장, 한국언론정보학회 매체자본연구회장, 부산울산경남 언론학회장, 전국대학신문 주간교수협의회장 등을 거쳐 현재 영산대학교 신문방송학과 교수이다. 콘텐츠라는 작은 창을 통해 방송과 인터넷의 사회적 영향과 사회의 미디어 시스템 형성을 분석하는 작업이 연구의 중용지도(中庸之道)라고 한다. 미디어와 정치, 경제, 사회, 문화 등의 관계와 역동적 변화 구조 분석에 관심을 갖고 있다.

lee2jr@hanmail. net

정 연 우

중앙대학교 신문방송학과를 졸업하고 같은 학교에서 언론학으로 석사와 박사학위를 받았다. 한국언론정보학회 총무이사, 연구이사와 한국방송학회 기획이사를 지냈다. 현재 세명대학교 광고홍보학과 교수로 경영행정대학원장과 민주언론 시민연합의 공동대표를 맡고 있다. 민주주의와 문화공동체의 근간인 언론의 민주적 구조와 제도를 어떻게 만들어갈 것인가가 주요 관심이다. 특히 시민들의 조직적인 참여를 통해 정치권력과 자본으로부터 자유롭고 공정한 언론을 만드는 학문적 실천적 활동에 관심이 있다.

58cyw@hanmail. net

김 수 정

중앙대학교 신문방송학과 석사와 박사학위 과정을 거쳤고, 박사학위 논문을 준비 중이다. 한겨레경제연구소를 거쳐 한겨레미디어전략연구소에서 신문매체의 뉴 미디어 전략에 대한 연구를 주로 맡았다. 언론의 사회적 역할과 책임을 중심으로 한 미디어 내용 분석, 공론장으로서의 언론이 수행해야 할 역할, 지속가능한 미디어 생태계, 미디어교육 등에 관심을 두고 있다.

su808@naver. com

이영선

중앙대학교 정치외교학과를 졸업하고 같은 학교에서 신문방송학 석사학위를 받았다. 현재는 미국 플로리다 주립대에서 박사과정 중이며, 정치커뮤니케이션, 보건커뮤니케이션, 미디어비평 등에 주로 관심을 가지고 있다. 상호작용(*interaction*)이라는 커다란 테마 안에서, 미디어가 사회 제반현상과 어떻게 상호작용하는지에 대한 연구를 할 계획이다.

comm7421@gmail.com

김은규

중앙대학교 신문방송학과를 졸업하고 같은 학교에서 석사, 박사학위를 받았다. 미국 University of Georgia, Grady College of Journalism and Mass Communication에서 박사후 연구과정(Post-Doctoral Fellow)을 지냈다. 학술단체협의회 학술위원장, 한국언론정보학회 총무이사, 연구이사 등을 역임한 바 있다. 대안미디어, 시민미디어, 지역언론에 관심을 가지고 있다. 현재 우석대학교 신문방송학과 교수로 재직 중이다.

kimegy@woosuk.ac.kr

최은경

성공회대학교 신문방송학과를 졸업하고 영국 골드스미스 런던대학(Goldsmiths University of London)에서 텔레비전 저널리즘을 공부하고 석사학위를 받았다. 이후 영국 러프버러대학(Loughborough University) 사회과학부에서 지도교수인 그레이엄 머독 교수로부터 비판 정치경제학을 배우고 커뮤니케이션학 박사학위를 받았다. 논문은 시청각 서비스 무역과 지적 재산권 분쟁에 관한 연구로, 저널리즘과 미디어 법제, 윤리, 정책 등에 관심을 두고 연구하고 있다. 4년 동안 KBS 영국 연구통신원을 지낸 바 있다.

choice77@hanmail.net

유동주

영국 레스터대학 매스커뮤니케이션 연구센터(University of Leicester, Centre for Mass Communication Research)에서 커뮤니케이션학 석사학위를, 영국 러프버러대학(Loughborough University) 사회과학부에서 커뮤니케이션학 박사학위를 받았다. 성공회대학교 교수로 강의하고 있으며 국제커뮤니케이션, 매스미디어와 젠더, 미디어와 건강 등의 분야에 관한 연구와 저술이 있다.

djyoo@skhu.ac.kr